市莲都区文史资料第三十二辑

文化名人与莲都

丽水市莲都区政协文化文史和学习委员会 编

中国文史出版社

U0665242

图书在版编目(CIP)数据

文化名人与莲都 / 丽水市莲都区政协文化文史和学习委员会编. -- 北京 : 中国文史出版社，2021.9

ISBN 978-7-5205-3226-6

Ⅰ．①文… Ⅱ．①丽… Ⅲ．①文化－名人－生平事迹－丽水 Ⅳ．①K825.41

中国版本图书馆CIP数据核字(2021)第194532号

责任编辑：徐玉霞

出版发行：中国文史出版社

社　　址：北京市海淀区西八里庄69号院　　邮编：100142

电　　话：010-81136606　81136602　81136603(发行部)

传　　真：010-81136655

印　　装：丽水市新时代教育印刷有限公司

经　　销：全国新华书店

开　　本：16开

印　　张：23

字　　数：399千字

版　　次：2021年10月第1版

印　　次：2021年10月第1次印刷

定　　价：128.00元

序 言

  莲都,隋称括苍县,唐改丽水县,历为浙西南政治、经济和文化中心。

  "古栝士风彬彬,著闻东浙,大者光明隽伟,轨辙相望,小亦代不乏才。"①这是千百年来传颂莲都历代人才辈出的佳句。

  莲都山水隽秀,人杰地灵。唐宋以降,渐为人文渊薮,星光闪烁,名流时现。宋代有姜特立、俞文豹为文坛巨匠,而曳岭脚蔡仲龙,一年攀折榜眼、状元两重桂枝,传为千古美谈;元末有"浙东四先生"、南阳侯叶琛,实为明代开国功臣;明代有一代文宗、汤显祖恩师何镗,浙派宫廷画师吕文英;清代有一代武学宗师、女中豪杰方七娘;民国改元,有红色艺术家阙伊,开丽水城内摄影艺术之先河,并有画作《威尔逊总统像》获国际巴拿马万国博览会金奖;当代有史学专家宋晞,长于宋史研究,盛名远播。

  而历史上的外籍文士贤宦,更如繁星闪耀,在莲都这方土地上留下光辉足迹,为莲都遗赠了无数弥足珍贵的人文资源:东晋小仙翁葛洪题"灵崇"于南明;有唐"书中仙手"、括州刺史李邕三岩留题,一代文豪韩愈亲撰《处州孔子庙碑》,道门领袖叶法善、杜光庭修真于少微山;有宋一代,更是文人荟萃之盛世,诸如一代名相王安石为丽水葛氏父子撰墓铭,书法大家米芾题字南明山,秦观学士谪贬莲城作绝唱,钱塘沈括南明山携友题记,爱国诗人陆游两度南园赋诗,"中兴四大家"范成大主政处州;元代国祚虽短,但亦有众多文坛巨擘在此留下诸多名作绝唱,如赵孟頫书《处州万象山崇福寺记》,高则诚姜山悬藜阁著南戏《琵琶记》,浦江宋濂著文授高足,青田刘伯温求学、仕宦、交游处州城;明代有刘山驿却金的温州知府何文渊,数次拜谒梅山恩师故宅的大戏剧家汤显祖;清代有康熙朝国

---

① 按:语出宋代叶宗鲁《处州应星楼记碑》

之柱石姚启圣处州剿寇，书画名士戴熙手绘《姜山读书图》，诗人袁枚游历处州留绝唱；而抗日战争时期，国民党浙江省政府一度内迁于此，文人豪杰齐聚山城，留下无数轶事趣闻，如郁达夫、陈嘉庚、潘天寿、冯雪峰、金庸等一个个闪亮发光的名字，连同他们在此留下的辉煌足迹，永远铭刻在括山瓯水之间，永远铭刻在莲都人民的心里。

为进一步深入挖掘文化名人资源，弘扬历代文化名人为莲都所做出的不可磨灭的巨大贡献，区政协文化文史和学习委于今年初组织编纂《文化名人与莲都》一书。希望此书的出版，能够为推动莲都大花园建设、瓯江山水诗路文化带建设以及文旅融合和文化发展繁荣，起到添砖加瓦的作用。

丽水市莲都区政协主席　陈立新

2021年9月

重要文化名人情况表

年代	名人	文化成就	在莲都主要事迹
晋代	葛洪	道教理论家、炼丹家和医药学家	南明山、少微山修真炼丹，云阁崖"灵崇"题字
唐代	李邕	书法家	书《叶有道神道碑》，题三岩"雨崖"摩崖
唐代	韩愈	文学家	撰《处州孔子庙碑记》
唐代	段成式	文学家	建好溪堰，改恶溪为好溪；著有《酉阳杂俎》，《好道庙记》收录其中
唐代	叶法善	道门领袖	少微山修真；试剑石传说遗迹2处
唐代	杜光庭	道门领袖、学者、书法家	少微山修真；题少微山《张素华道士茔》石刻
宋代	杨亿	文学家	著《武夷新集》《丽水县厅壁记》《初至郡斋书事》等数十篇诗文收录其中
宋代	王安石	思想家、文学家	为丽水人葛源、葛良嗣父子分别撰写墓志铭
宋代	米芾	书法家	南明山题字；与丽水人葛繁、葛蕴兄弟为文友
宋代	秦观	词人	作有《千秋岁·谪处州日作》《处州闲题》等大量名词名诗
宋代	刘泾	书法家、画家	"灵崇"书赞、三岩诗刻等石刻题字多处
宋代	沈括	科学家	南明山题记摩崖
宋代	陆游	文学家、诗人	二度游南园，并《南园》等诗多首
宋代	范成大	文学家、书法家	修通济堰、建平政桥等五大惠政；书《重修通济堰规碑》；
宋代	邹应龙	史学家、状元	定居处州城内，所居星德里
宋代	姜特立	文学家、诗人	故宅在姜山；著有《梅山续稿》等诗文集多种
宋代	俞文豹	文学家	世居丽水城内；著有《吹剑录》等文集多种
宋代	王十朋	诗人、状元	作有《洞溪思贤亭》
宋代	何澹	书法家、史学家	居处州城内；书《处州应星楼记》碑、《何偁圹志》等碑刻多种
宋代	蔡仲龙	学者、状元	世居老竹曳岭脚；建状元厅；修《蔡氏宗谱》
元代	赵孟頫	书法家、画家	书《处州万象山崇福寺记》
元代	高则诚	戏剧家	著《琵琶记》；篆额《灵应庙记》；书《林森圹志》
元代	宋濂	文学家、史学家、书法家	作《抱瓮子传》《祝大昌墓表》《神仙宅碑》等文章数十篇；书《白云禅师塔铭》
元代	刘基	思想家、文学家、书法家、画家	祖居丽水竹洲（今属联城街道）；求学、仕宦丽水多年；作有《喜雨诗·序》《菜窝说》《少微山眉岩神仙宅记》近百篇；与画家陈太初交际颇深
元代	叶琛	学者	世居丽水碧湖；受朱元璋之聘，史称"浙东四先生"之一

年代	名人	文化成就	在莲都主要事迹
明代	智度禅师	临济宗二十世祖	俗姓吴,世居丽水城内,主持白云山福林寺
	吴公达	学者、明代首科探花	世居丽水城内
	何文渊	学者	刘山驿却金
	吕文英	画家	世居丽水西乡保定;作有《货郎图》《江村风雨图》等多种画作并存世
	何镗	学者、史学家	世居丽水城内梅山;著有《栝苍汇纪》《古今游名山记》等著作多种
	汤显祖	戏剧家	多次拜谒其恩师何镗故居,并作有《悠然堂栝苍宾岩师隐处》《归云亭怀何宾岩先师丽水》诗文多篇
清代	姚启圣	学者、书法家	剿灭处州耿精忠叛军;书《增守庐》书法作品多种
	汪昂	医学家	寄籍丽水,寓所名为"延禧堂";著有《汤头歌诀》等医学著作多种
	朱彝尊	诗人、学者	游历丽水;作有《丽水舟中》《好溪棹歌》诗文多种
	方七娘	武学大师	世居丽水城内,迁居福建;创《白鹤拳》
	阮元	经学家、训诂学家、金石家	多次来丽水巡视;题"栝苍古道"摩崖;作《过桃花岭》诗文多首
	戴熙	画家	绘《姜山读书图》
	袁枚	文学家、诗人	游历丽水;作有《南明山》《白云山》等诗文多首
	曾衍东	画家	流寓碧湖;作有《何仙姑》《七道士》等画作多种
现当代	阙伊	工艺美术师	世居水东净水,移居丽水城内;作品麦秆剪贴画《美国总统威尔逊像》在巴拿马太平洋万国博览会上获金质奖章
	郁达夫	作家	举家寓居丽水;发表抗战演说
	严北溟	哲学史专家	在丽水办《浙江日报》
	冯雪峰	诗人、文艺理论家	在丽水养伤写作
	陈嘉庚	教育家	在丽水发表抗日演讲
	金庸	作家、新闻学家、政治评论家	抗战时期,到碧湖就读初中,编写图书
	金逢孙	木刻版画家	世居丽水城内;作品被鲁迅先生收藏;组织浙江战时木刻研究社,举办木刻函授班
	宋晞	历史学家	世居碧湖九龙。著有《宋史研究论丛》《旅美论丛》《中国现代史论丛》等著作十余种

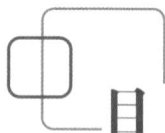

目 录

葛洪题字南明山

　　南明山，素为括苍名胜的美誉，尤以摩崖题刻闻名遐迩。南明山摩崖题刻是江南同一处年代跨度时间最长的摩崖石刻群。自葛洪之后，有宋、元、明、清、民国各时期题刻58处，就是号称"江南书法艺术的宝库"的江西省星子县秀峰摩崖，远不如南明山1700年的时间跨度之长。葛洪南明山"灵崇"题字，无论是艺术价值，还是历史价值，无疑是南明山摩崖之最，北宋处州知州刘泾称其"此副墨为葛仙翁真迹""灵崇故挥扫，缥缈神飞惊"的赞语；清《栝苍金石志》评此摩崖题字："其笔法体势飘若游云，矫若惊龙，超然仙趣，不类凡笔"，看来此书作者王尚赓对葛洪的神来之笔深为折服。

　　葛洪（283—363），字稚川，自号抱朴子，丹阳郡句容（今江苏句容县）人，东晋道教理论家、著名炼丹家和医药学家，世称"小仙翁"。说到葛洪，就不得不说丽水南明山。之所以将葛洪和南明山联系在一起，是因为葛洪当年曾在南明山修道，至今在南明山云阁崖上依然保留着葛洪手书的"灵崇"摩崖大字，古朴浑厚，尽显千年历史之沧桑古韵。明人屠隆有诗道："好借南明一片石，同垂名字照千春"，①名流题咏，丘壑生辉，南明山摩崖石刻因此荣膺第七批国家级重点文物保护单位。

　　相传葛洪曾经隐居丽水少微山、南明山炼丹，南明山仁寿寺后廊右侧至今留有一口"葛洪井"，传为葛洪炼丹所用。清道光《丽水县志》这样记载："紫虚观，在少微山。昔传葛

葛洪画像

---

① （清）张铣，金学超纂，清·道光版丽水县志 丽水志稿点校合刊本，方志出版社，2010，第55页。

洪炼丹于此，丹井在也。"① 如今，少微山上的葛洪遗迹早已不复存在，但与少微山相连的南明山上却还有两处遗迹保存至今。

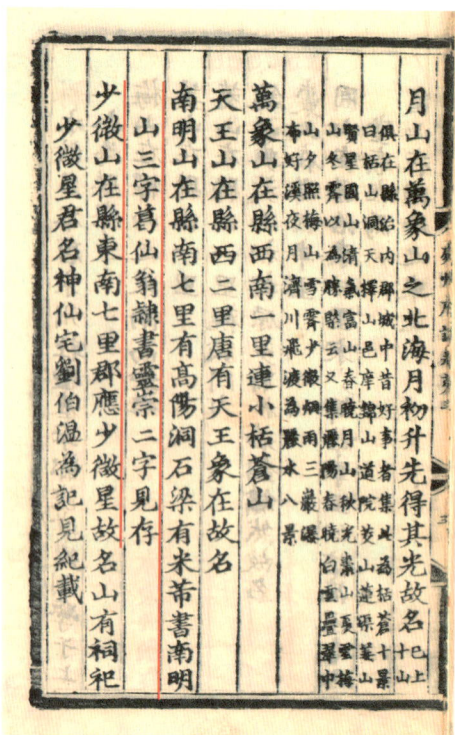

明成化《处州府志》卷三
《南明山葛洪题字》条目

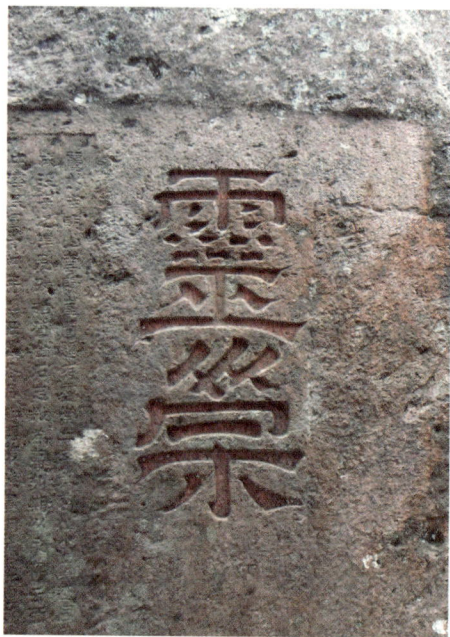

南明山云阁崖葛洪"灵崇"题字

---

① （清）张铣，金学超纂，清·道光版丽水县志 丽水志稿点校合刊本，方志出版社，2010，第116页。

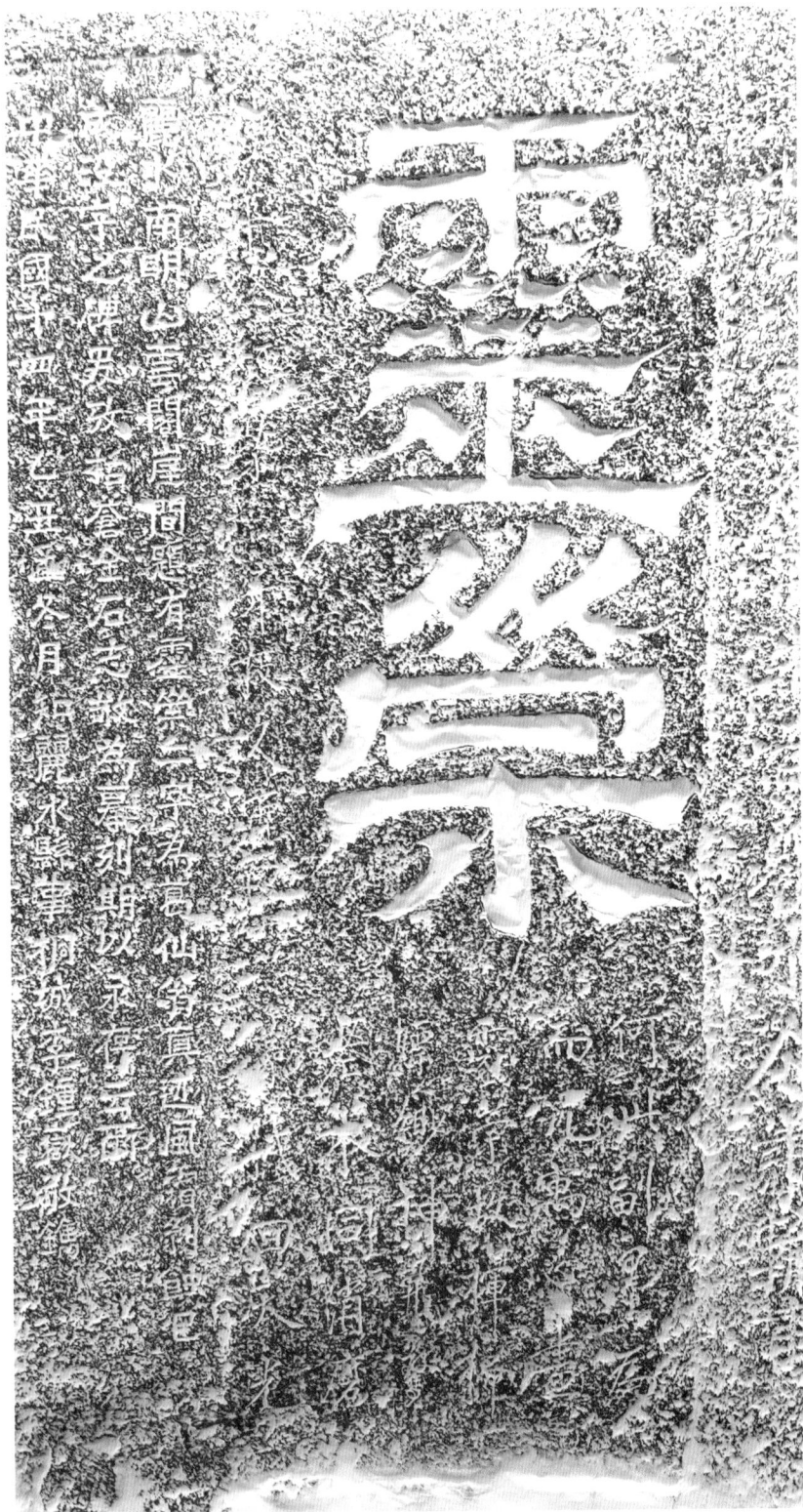

葛洪南明山"灵崇"题字拓片（吴志华藏）

李邕留题三岩

唐代括州刺史李邕以行书彪炳于千秋书坛，为继李世民《晋祠铭》后以行书书写碑文，名重一时。其书风豪挺，结体茂密，笔画雄劲。唐代书法大家、处州缙云县令李阳冰谓之为“书中仙手”。

李邕骑射图（《青州通史　第二卷　人物传略》）

為名宦考覈其實悉入郡誌於中次第但以其
時之久近為先後職位崇卑不暇論也至縣令
以下有當采者則各隨縣誌收之如舊誌失載
莫之詳考者則不書嗚呼高山仰止景行行止
庶幾後來者可徵也若夫收采未備則補遺拾
漏文不能不俟之博雅君子云
隋
刺史姓名缺
唐
李邕字太和揚州江都人少知名武后時李嶠張
廷珪薦之召拜左拾遺開元中自[illegible]州司馬刺
括州善興利除害郡人悅服又還北海太守時
稱李北海以文章書翰皆過人又號翰林六絕
李林甫忌其才害之
齊抗字遐舉貞元中自諫議大夫除吏事閑敏綽
有文雅
李銛字仲砥貞元中自河南司馬為刺史一時名
士如班宏李齊運李紓韓洄屠徵禮華咸寵重
之
李繁元和十二年到任下車之後首先建置廟學

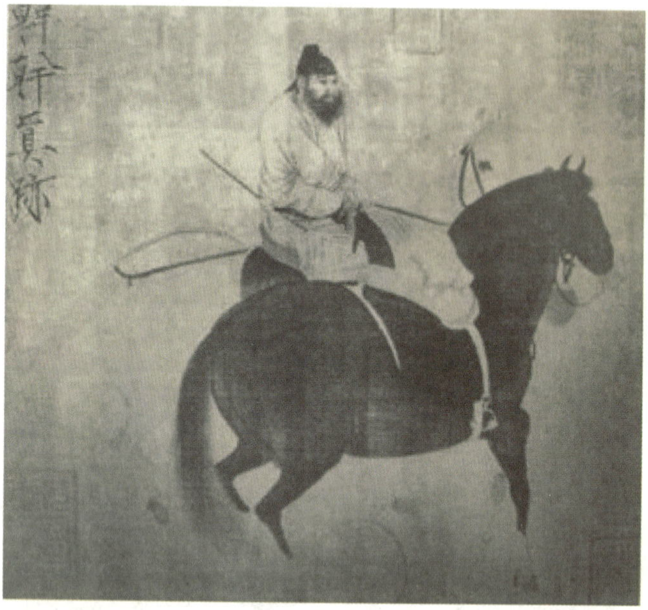

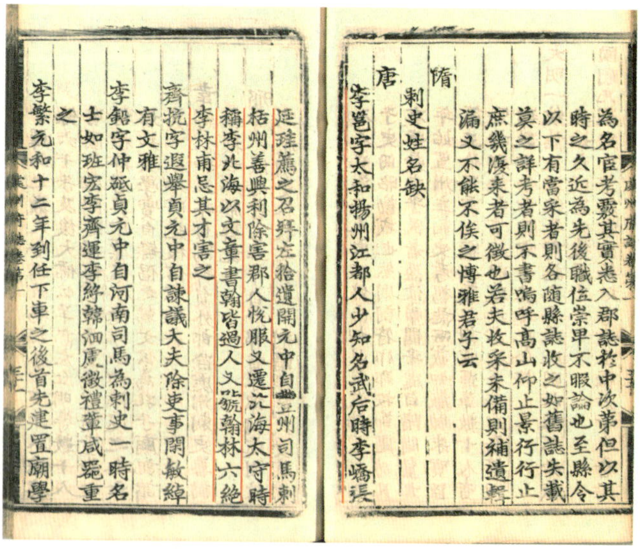

明成化《处州府志》卷一《李邕传》

李邕（678—747），字泰和，鄂州江夏（今武汉市江夏区）人。李邕曾两度来括州任职，先任括州司马，再任括州刺史。李邕所书作品存世颇多，在括州任上，李邕曾留下诸多墨宝，而如今能见到的真迹遗存仅有3种，分别是《缙云帖》《叶有道神道碑》与三岩"雨崖"题字。

三岩，自古为括苍名胜。清光绪《处州府志》详细记载了三岩的来历、景致及三岩摩崖石刻简要分布情况："三岩，（丽水）县西北二里，踞西山之垠。宋皇祐间，知州李尧俞名其右曰清虚，中曰白云，左曰朝曦。中岩最高敞，前悬瀑斗注如建瓴高屋，下巨石屏立，激水四散。屏石之阳刻李邕'雨崖'二字，字大径四尺，阴为宋刘泾诗刻其上。"①

李邕"雨崖"题字在三岩白云洞前的巨石上，约刻于唐开元年间（715—718或735—738）。此石上承瀑布，屹立潭中。幅高150厘米，宽320厘米，"雨崖"2字，正书，径约130厘米；"李邕"2字，正书，径约20厘米。李邕题字在池中石上，有瀑布直冲，又被藤萝密布字迹掩盖，一直以来鲜为人知，所以宋处州知州李尧俞《三岩记》未及"雨崖"二字。清道光年间（1821—1850），丽水教谕屠本

三岩"雨崖"摩崖（时任丽水县长的邱远雄摄于1934年）

① （清）光绪《处州府志》卷之二《封域志中》第13页。

5

仁等人为编纂《栝苍金石志》，搜寻碑记摩崖。适夏间瀑布断流，发现岩石上有字迹，倩工摩拓，由是盛传。抗战时期遭日机轰炸，掉落后被埋水潭中20多年，1963年经丽水县文物部门雇工清理，李邕"雨崖"题字才得以重新面世。

"雨崖"两个擘窠平题大字及"李邕"署款，四字皆正书，在李邕书法作品中所不多见。其字体势方正，笔力遒劲，纵横开合，雄健舒放，颇为壮观。迄今为止，三岩寺摩崖，以李邕"雨崖"题字年代最久，艺术价值最高。2013年3月，三岩寺摩崖石刻和南明山摩崖题刻合并公布为第七批全国重点文物保护单位。

李邕书三岩"雨崖"题字拓片（吴志华藏）

韩愈撰写《处州孔子庙碑》

成语"名存实亡"大家都不陌生，意思是某事物名义上还存在，实际上已消亡。殊不知"名存实亡"典故即出自唐宋八大家之首的韩愈所撰的《处州孔子庙碑》："郡邑皆有孔子庙，或不能修事，虽设博士弟子，或役于有司，名存实亡。"[1]

韩愈与处州有何渊源，会为江南一隅的处州州学撰文碑记？这还要从时任处州刺史的李繁讲起。

韩愈画像　　　　李繁画像（西溪李氏宗祠藏）

李繁，生卒年不详，唐宰相李泌子，袭封邺侯，官至太常博士、大理寺少卿、弘文馆学士等职。李繁因受弹劾被外放河南府任士曹掾。后得李泌故人援拯，起为随州刺史。唐宪宗元和十二年（817），李繁调处州任刺史，到任后见这里没有府学，便选定樨山山巅原社稷坛旧址修建孔子庙。他拨出库银，征调夫役，伐木采石，挖掘泮池，铺设石阶，治棂星门，设礼门、义路，建造大成殿。环山筑墙千尺，粉以丹朱。又命工匠在庙内制作从颜回至子夏10位先哲像，在墙壁上绘制

---

① 杭州大学中文系编，古书典故辞典 校订本，江西教育出版社，1988.09，第182页。

孔子其余60位弟子和大儒公羊高、左丘明、孟子、荀况等10位大儒像。选任德高才硕的儒士为博士，教授州学弟子。孔子庙落成后，李繁亲自带领博士弟子到孔庙行释菜礼。李繁建孔庙，创州学，体现了唐代崇尚儒学，以学为先的治国方针。受州中僚属和地方耆宿之请，谋划勒碑于石，纪念崇学兴邦的盛举，李繁想起了远在京城的好友韩愈。韩愈尝赞李繁"邺侯家多书，插架三万轴"，[①]重其学问又与之交往拳拳。此时的韩愈刚好在任中书舍人，于是修书一封，向老友讨来了这篇传世美文。

韩愈在《处州孔子庙碑》中盛赞："独处州刺史邺侯李繁至官能以为先"，"邺侯尚文，于古记无不贯达，故其为政，知所先后，可歌也。"[②]此碑写于元和十三年（818），并准备了碑石，不久李繁离任，来不及镌刻。直到大和三年（829）六月，由州刺史敬僚建碑，州司马任迪书写并篆额。宋嘉定十七年（1224）朝议大夫、直龙图阁、提举建康府崇禧观陈孔硕重书。该碑虽屡遭兵燹，因有拓本，均得以重刻，屡毁屡建。残碑今存丽水市博物馆，碑高170厘米，宽79厘米。现碑从碑文三四层处断裂为两段。清《栝苍金石志》卷七著录，为《丽水县学重刊韩昌黎处州孔子庙碑》。清《金石萃编》、清《两浙金石志》及《中国书法大辞典》均有著录。

处州孔庙旧影，选自1898年《亿万华民》北美版

①（唐）韩愈著，韩昌黎全集 上，北京燕山出版社，2009.01，第228页。
②（唐）韩愈著，韩愈集，中国戏剧出版社，2002.03，第298页。

韩愈《处州重刊孔子庙碑》释文如下：

处州重刊孔子庙碑（额篆书）

自天子至郡邑守长通得祀而遍天下者，唯社稷与孔子焉。然而社祭土，稷祭谷，句龙与弃乃其佐享，非其专主。又其位所，不屋而坛，岂如孔子用王者事，巍然当坐，以门人为配，自天子而下，北面拜跪，荐祭推退诚敬，礼如亲弟子者。句龙、弃以功，孔子以德，固自有次弟哉！自古多有以功德得其位者，不得常祀。句龙、弃、孔子皆不得位，而得常祀。然其祀事，皆无如孔子之盛。所谓生人以来，未有如孔子，其贤过于尧舜远者，此其效与！郡邑皆有孔子庙，或不能修事，虽设博士弟子，或役于有司，名存实亡，失其所业。独处州刺史邺侯李繁至官，能以为先。既新作孔子庙，又命工改为颜回至子夏十人象，其余六十子，及后大儒公羊高、左丘明、孟轲、荀况、伏生、毛公、韩生、董生、高堂生、扬雄、郑玄等数十人，皆图之壁。选博士弟子必皆其人，设讲堂，教之行礼，肄习其中。又为置本钱廪米，令可继处以守。庙成，躬率吏及博士弟子，入学行释菜礼，耆老叹嗟，其子弟皆兴于学。邺侯尚文，于古记无不贯达。故其为政知所先后，可歌已。乃作诗曰：

惟此庙学，邺侯所作。厥初庳下，神不以宇。先师所处，亦窘寒暑。乃新斯宫，神降其献。讲读有常，不诫用劝。揭揭先哲，有师之尊。群圣严严，大法以存。象图孔肖，咸在斯堂。以瞻以仪，俾不惑忘。后之君子，无废成美。琢辞碑石，以赞攸始。

朝散大夫、守国子祭酒、赐紫金鱼袋韩愈撰。

旧碑题：

元和十三年（818）李使君繁，经始碑文及置石。大和三年（829）岁次己酉六月朔廿五日癸酉敬使君僚建立。朝议郎、权知处州司马上柱国任迪书兼篆额。皇宋嘉定十七年（1224）闰八月初吉。

朝议大夫、直龙图阁提举建康府崇禧观、赐紫金鱼袋陈孔硕重书并题额。

朝奉郎、权发遣处州军州兼管内劝农事借绯王梦龙重立。

皇明嘉靖癸未（1523）春三月吉旦，奉政大夫、浙江处州府同知、长洲王俸校补。陈一新摹刊。

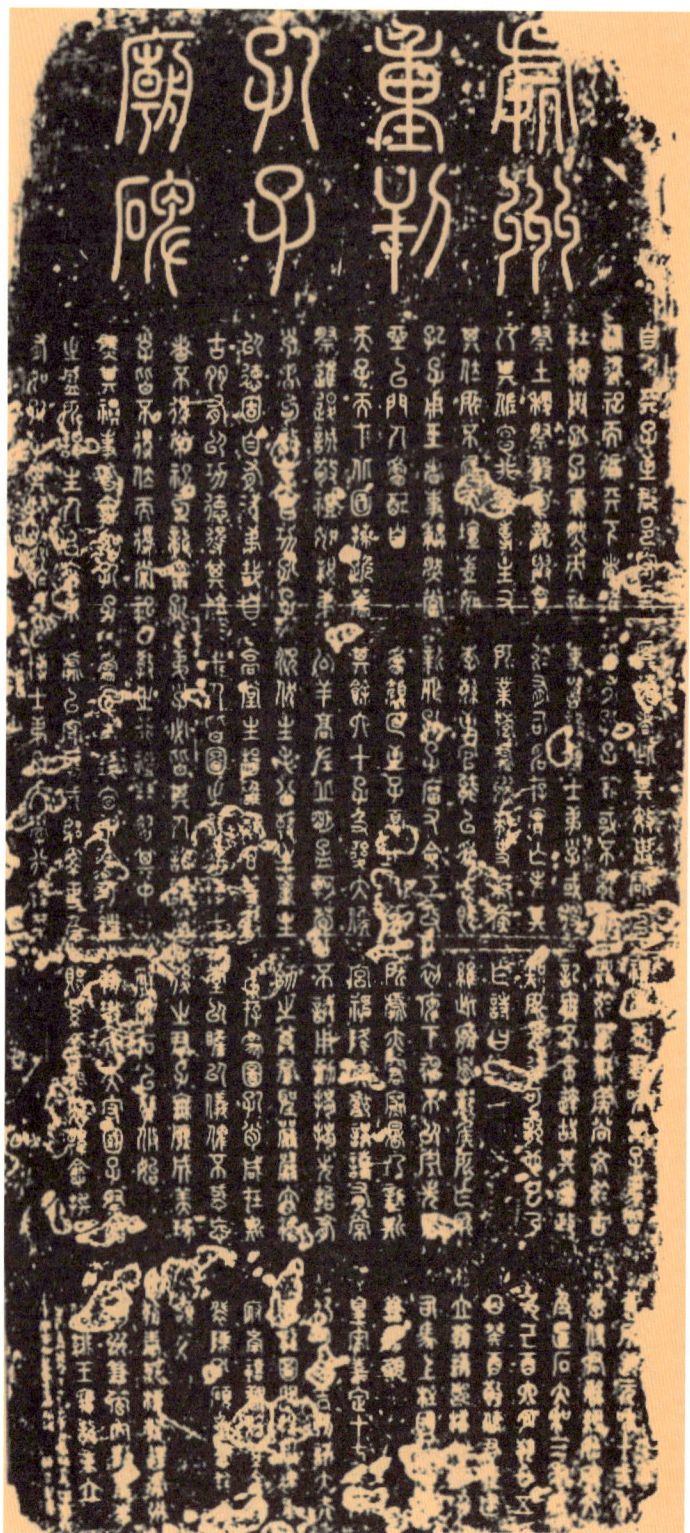

韩愈撰文陈孔硕书丹《重刊处州孔子庙碑》拓片（丽水市博物馆藏）

段成式首创好溪堰

在中国历史上，处州是许多官吏谪贬流放的所在。段成式是什么原因被朝廷调往处州，史书没有记载。但处州之行，却是段成式仕途中最有意义的一次旅行。

"他于35岁入仕，即唐开成二年（837）以父荫任职集贤殿，到唐大中十三年（859）秋，因李德裕案被贬坐累，离开处州退居襄阳，四年后的唐咸通四年（863）的秋天卒于太常少卿任上，宦海沉浮26年，处州是他一生仕途生涯中政绩最为显著的地方。"①清代廖元度选编的《楚风补校注》载："段成式，字柯古。其先临淄人。父文昌，官荆州，因徙居宜城。大中间任处州刺史。境内恶溪多水怪。潜去。民谓之'好溪'。历官至太常寺少卿。"②处州，成了后人记载段成式仕途生涯最浓重的一笔。

段成式在处州主政四年，政绩卓著，民望很高。其中最突出的是首建堰渠，治理恶溪。他到处州后，走访乡间，体察民情。当他察得恶溪是州城水患，且关系到东乡天皇畈一带百姓的收成丰歉。他决意开挖渠道，整治恶溪。经实地勘察，制定方案，一面组织民夫疏浚河床，治理险滩，使河道畅通；一面兴建堰渠，引水灌溉。堰渠竣工后，不仅使天皇畈的原有水田的水源有

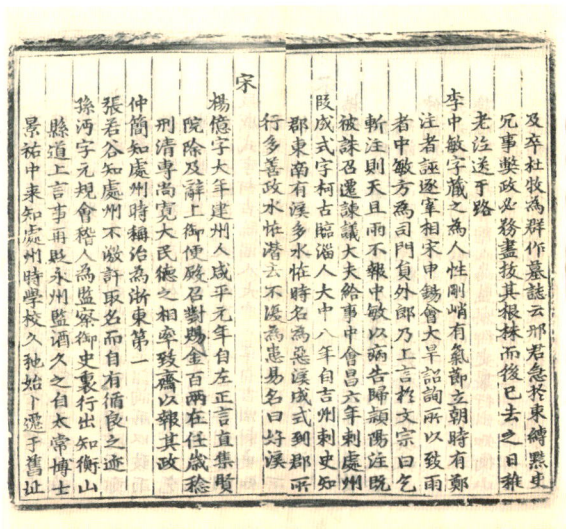

段成式画像

明成化《处州府志》卷一《段成式传》

---

① 吴志华编著千秋古堰好溪堰,研究出版社,北京,2011,第135页。
② (清)廖元度选编,楚风补校注 上,湖北人民出版社,1998.09,第626页。

了保证,而且许多原先的旱地也改良成了水田。特别是解决了青林、岩泉、九里、关下、凉塘、海潮、奠渡等东郊一带的居民用水问题。

段成式的文学成就丰厚。流传至今最著名的著作是《酉阳杂俎》。他在处州的作品《好道庙记》也收入《酉阳杂俎》。《好道庙记》主要描述的是丽水城东十里有一好道庙及其来由。大中十年(856)丽水大旱,段成式戒斋沐浴,虔诚地来到庙中祈雨。祈雨成功后,于当年九月写了《好道庙记》。文中还详细记述了当时丽水的风俗习惯,以及他为百姓降志求雨的初衷,并在好道庙前书碑立石。

1100多年过去了,好溪堰水仍然惠泽丽水百姓。段成式的首创之功,永远铭记在史册和百姓的口碑之中。2013年,为了不忘这位先贤名宦恩泽,丽水市政府在好溪堰公园内建段公亭以寄缅怀之情,并在好溪堰公园不远处的好溪堰旁重建了好道庙。

俯瞰好溪堰坝、好溪楼与段公亭

叶法善修道少微山

松阳人叶法善是唐代高道，寿107岁，历高宗、武周、中宗朝五十年，时被召入宫，尽礼问道。官赠越国公、越州都督，可谓尊崇备至，卒后唐玄宗作《叶道元尊师碑记》以示追悼。唐玄宗颁发《赠叶法善越州都督制》，充分肯定叶法善"天真精密，妙理幽畅，包括秘要，发挥灵符"的高超道术，进而表彰其"保皇冠而不拔，加紫绶而非荣。卓尔孤芳，冷然独往。胜气绝俗，贞风无尘。金骨外耸，珠光内映"的崇高道德，以及对朝廷"以理国之法，数奏昌言。谋参隐讽，事宜宏益"的政治站位，并流露出"何莫懋遗，奸良奄及。永惟平昔，感怆于怀"①的悲痛心情。

叶法善的一生，可谓神秘至极，在莲都这方土地上也留下了很多传说遗迹。

其一，叶法善试剑石。在东西岩和梁村，都有奇形怪状，有如神力剑劈巨石，相传都是叶法善所为。东西岩将军石的北侧，一岩陡峭凌空，高67米，宽约40米，切面光滑平直，犹如一剑劈成，故称试剑石，又名切壁。整个岩壁赤红夺目，峥嵘陡峻。突立于青峰苍岱之上，宏伟而壮观有壁立千仞之感。梁村试剑石奇迹位于老竹畲族镇梁村东1公里处。山上多岩石，山中有一巨石，上锐下圆，宛如神剑所削。清光绪《宣平县志》还专门记载了叶法善试剑的传说："试剑石在梁村渥山桥东，相传叶法善试剑于此，上锐下圆，中半裂，周环空缝可丈许。"

东西岩试剑石

梁村试剑石

① (后晋)刘昫等撰;陈焕良,文华点校,旧唐书 第4册,岳麓书社,1997.10,第3229页。

其二，在丽水城内黄灵观请括州刺史、当世书法巨擘李邕书《丁丁碑》。《丁丁碑》就是叶法善为其祖父叶有道撰写的神道碑，学界也称《叶有道碑》。关于李邕书《叶有道碑》流传着一个神奇的传说，据清光绪《处州府志》载："开元间，松阳叶法善以道术遇玄宗，时李邕刺处州，为其祖国重作碑，法善请并书，不许，一夕梦法善再求书，邕喜从之，未竟钟鸣，梦觉，至丁字下数点止。法善刻毕，持墨本往谢，邕惊曰：'始以为梦，乃真耶？'后人所传李邕因梦觉，至丁字下数点而止，故此碑又称'丁丁碑'"。[①]志书里把碑文的产生，说得扑朔迷离，玄之又玄。那么此碑到底在何处所写？清道光《丽水县志》卷七记载：李邕写《叶有道碑》与《叶慧明碑》均在丽水城内的黄灵观。该志书这样写道："黄灵观，在（丽水）县治西黄灵桥上。唐刺史李邕撰《叶慧明碑》及梦中书《叶有道碑》，相传皆于此观也。"至于李邕为何会为叶法善家里撰写碑文，叶法善在自高宗朝至玄宗朝久宠不衰的史实，也从中找到叶法善应能请动耿介傲气的李邕能为叶法善祖父叶有道，父亲叶慧明书碑撰文的答案。

其三，叶法善曾修真于少微山。叶法善作为道门领袖，为何会垂青于丽水少微山呢？正所谓"山不在高，有仙则

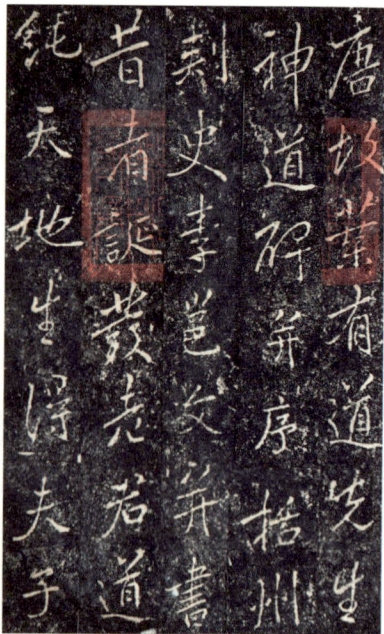

叶有道碑拓片局部
（丽水市博物馆藏）

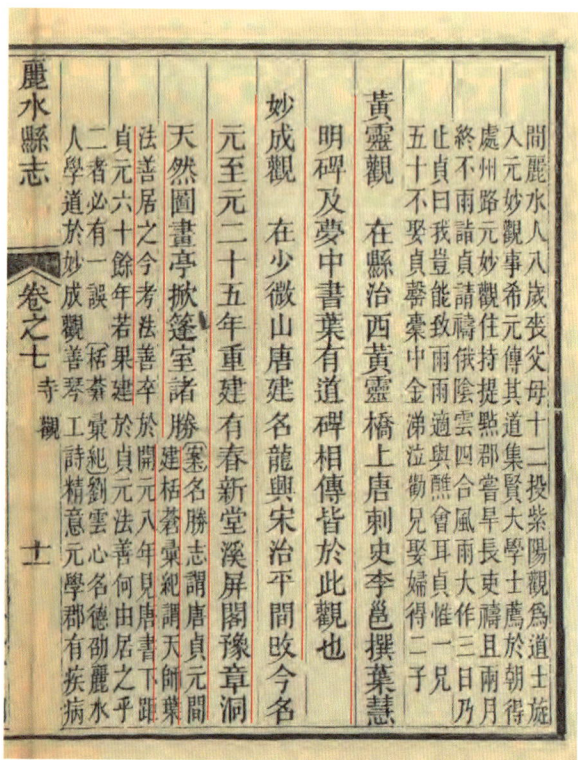

清道光《丽水县志》卷七《寺观》黄灵观妙成观条目

---

① 商务印书馆，辞源续编（第1册），商务印书馆，1925.10，第14页。

名"。少微山虽然是丽水城东南不远处的一座小山包，但却是闻名江南的道教名山，也是处州之名的发轫地。《大清一统志》里的《处州府山川》一门记载："以郡应少微处士星，故山名少微，州曰处州。"又清常熟人顾祖禹所撰《读史方舆纪要》载："又有大括山，在府城东七里，亦曰少微山，郡应少微处士星，故山名少微，州曰处州……"[1]叶法善一家就有多人在此习仙修道。叶法善的叔公叶静能来到少微山，后来作为一名术士入朝为官，成为国子监祭酒。叶法善接着也在此山修真。清光绪《处州府志》载："妙成观，在少微山，唐元贞天师叶法善居之……"[2]

其四，凭吊一代高道叶法善。早在唐代，丽水西乡高溪就有专门纪念叶法善的道观。在郡城西四十里，有座高溪观祀护国天师叶法善。唐开元年间（713—741），高溪一带受旱，禾苗枯死。叶法善由卯山望气，铁券檄龙于高溪源之圣山。于是甘霖随至，年成得以丰收。高溪一带乡民立像建庙高溪源之西以祀奉。后叶氏后人请于朝，以庙建观，赐额"高溪"。宋祥符间，改赐"崇道"。有元泰定（1324—1328）间，叶氏后裔、高溪人叶现撰《崇道观碑》记其事，碑文收录于清《栝苍金石志》。

---

① 中国古今地名大辞典,商务印书馆,1931.05,第146页。
② (清)光绪《处州府志》卷九《寺观》第22页。

道门领袖杜光庭

少微山自晋以降，在此留有遗迹的修道高士除葛洪和叶法善外，还有唐末五代道门领袖杜光庭。清道光《丽水县志》载："紫虚观，在少微山，唐道士杜光庭修真其地。"可见，唐末道门领袖在入川之前，曾经修真于丽水少微山。

杜光庭（850—933），字圣宾（又作宾至），号东瀛子。缙云人。在少微山修道的历代道士中，杜光庭堪称中国历史上"最具影响力的人物"。《道藏》称其"学海千寻，辞林万叶，扶宗立教，天下第一"的道门领袖。

杜光庭少习儒学，攻读有方，博通经、子，学识渊博。尝谓蜀相徐光溥曰："余初学于上庠，书笈皆备，一月之内，分日而习，一日诵经书，二日览子史，三日学为文，四日记故事，五日燕闲养志，一月率五日始，不五七年经籍备熟。"[①]以五日为一周期，每日安排不同的学习内容，而以第五日为游憩时间；循环往复，周而复始，有张有弛，劳逸适度，遂得精进。唐咸通年间（860—874）应九经（儒家的九种经典）试，不中，感慨古今浮沉，于是入天台山学道。唐僖宗闻其名声，召入宫廷，赐以紫袍，充麟德殿文章应制，为内供奉。中和元年

杜光庭画像

（881年），随僖宗入蜀，见唐祚衰微，便留蜀不返。王建建立前蜀，任为光禄大夫尚书户部侍郎上柱国蔡国公。唐僖宗李儇和前蜀王建两位帝王视杜光庭为帝佐国师，并将他类比轩辕黄帝之师"广成子"，进其号为"广成先生"。赐号"广成先生"。王衍继位后，亲在苑中受道箓，以杜光庭为"传真天师"、崇真馆大学士。

---

① 罗争鸣著，杜光庭道教小说研究，巴蜀书社，2005.12，第295页。

晚年在青城山白云溪潜心修道，84岁时逝世。杜光庭作为道教上清派宗师，精通儒、道典籍，又对道教做过不少实地调查，对道教教义、斋醮科范、修道方术等多方面做了研究和整理，对后世道教影响很大。他生平著述极丰，收入《正统道藏》者20余种，有《广成集》《道德真经广圣义》《太上老君说常清静经注》《道教灵验记》《道门科范大全集》《历代崇道记》《洞天福地岳渎名山记》《神仙感遇传》《墉城集仙录》《录异记》等。

杜光庭还是著名的文学家。在《全唐诗》中有诗一卷，尤其是他的传奇小说《虬髯客传》在文学史上有很高的地位，曾得到鲁迅先生的高度肯定。当代武侠小说大师金庸考证认为，他的《虬髯客传》是中国武侠小说的鼻祖。

杜光庭精通医理，尝著《玉函经》（一名《广成先生玉函经》）。此书乃脉学专著。三卷。本书论述脉理，编为《生死歌诀》上、中、下三篇。重点阐析脉证关系以及脉象的生理、病理情况。清末四大藏书楼之一的常熟铁琴铜剑楼，有三件名闻天下的珍宝：一为铁琴；二为铜剑；三为这部镇楼之宝宋刻《广成先生玉函经》。据著名藏书家、版本目录学家黄丕烈先生考证，《广成先生玉函经》是稀世罕见的医学古籍。杜光庭另著有《了证歌》。已佚。他的医学著作深受历世医家推崇，对我国中医脉学的发展和普及发挥了巨大的作用。

杜光庭还是精通翰墨的艺术大师，《宣和书谱·卷五》载："（杜）光庭初意，喜读经史，工辞章翰墨之学。……喜自录所为诗文，而字皆楷书，人争得之，故其书因诗文而有传，要是，得烟霞气味，虽不可以拟论羲、献，而迈往绝人，亦非世俗所能到也。"①可见其楷书之精。

此外，杜光庭的书法理论、道家音乐及青城武术等方面也造诣颇深。

---

① 张勇编,大家精要·杜光庭,云南教育出版社,2012.03,第146页。

麗水縣志 《卷之三》 山水 夫

溪經其下巖石祚峍砥柱中流城東之咽喉也明
萬歷十三年知府俞均建塔於其上未竟遷去二
十二年知府任可容踵成之高

臨安西天目梧空中禪師歸居十年葉士順宗又城向師作禮求說第一義諦師謂諸疾而化葉居士謂師東碧之雲山十寒暑夏佛頂微妙之度卓錫身至元丙子之歲即奉全舍東院

少微山 在下河之南舊有少微星君祠以郡應少
以上東鄉諸山
燕窠山 在縣南八里形橢圓若燕巢北面巖石橫
出若雛燕之待哺者

麗水系志 卷之三 山水 十七

微處士星也又有妙成觀紫虛觀宋高道士杜光庭
章思廉蕈咸棲真於此石壁刻素華處士張公之
堂八字駁蝕過半蓋已古矣紫虛觀南曰眉巖有
為之作記詳寺巖上有巨人蹟十數深入石理莫
章思廉墓後人築室巖旁以祀之曰神仙宅劉基
明其故
南明山 在縣南三里山半與兩池之交菜亭曰流
鶺更進則峭壁飛泉濺襟面有亭面壁即宋漉
雪亭也循磴道而上為爽氣亭今俗呼半山亭矣
再上有巨石橫空迤十餘丈曰石梁前有老樹鐵

清道光《丽水县志》卷三少微山条目

麗水縣志 《卷之七》 寺觀 十二

紫虛觀 在少微山昔傳葛洪煉丹於此丹井在焉
唐道士杜光庭脩真其地天寶二年建紫極宮尋
改真聖觀宋治平二年改今名有真人堂塑鍾呂
二像元至元十四年觀燬像不壞十五年重建有
晚翠樓來鶴亭留鳥亭諸勝（宣和書譜杜光庭宇
賓聖號東瀛子栝蒼人書藝臻極至理樂門科嘗
為之歟）真文詞翰德楷方正皆錄御史中丞文章
改設一禪三昧主司恐不入青城所為世所剏真
宮字復昌無定業耳

白幽溪鶴香掀有天今夕陽開戶問仙境
石根雲鎖竹臺茗却疑無地墊青天
花芳石出溪在濱山水道清奇喜童入室
別樹掀有檜篁喜蓬室前掀起吟
節仙島訪楹前掀起吟香君川鳥宿林烟

史成帝宗書作儒
澤惟王清不師王不食暑不食烈越醇道位入字授郡
之端少年坐寶微山而
逝廉宗昇異至天慶兩月慎不乃粒考大動業耳
步如奔馬而塵不揮於觀命少微山寶衣行經
每集望紫虛大陽吐觀七
不納恩

清道光《丽水县志》卷七紫虚观条目

18

杨亿遗爱括苍山水

北宋著名西昆体诗派代表杨亿（974—1020），字大年，建宁州浦城（今福建省浦城县）人。杨亿自幼被称为神童，博览强记。11岁那年，宋太宗闻其名，召他去京城试诗赋，一连三日，诗词联对皆下笔立成，因而深受宋太宗赏识，便留他在京城。杨亿不负皇恩，于淳化三年（992）登进士第，累官至左司谏。杨亿天性纯孝，此时其母亲年事已高，离乡日久，思母心切，奏请回家事亲。宋真宗认为杨亿"才长于史学"，不愿将其外放，在杨亿的一再请求下，才同意让他到与浦城山水相连的处州任职，于是与丽水结下了不解之缘。杨亿在处州任上多有善政，清雍正《浙江通志》称其"以宽大为政，岁稔刑清"。①

杨亿作为诗文大家，在丽水作有《丽水县厅壁记》以及《初至郡斋书事》《郡斋西亭即事十韵招丽水殿丞武功从事》《己亥年郡中夏旱遍祷群望喜有甘泽之应》等诗文多篇。

杨亿画像

处州题咏赋德政

杨亿守括三年，政绩如何？

各个版本的处州郡、县志记载杨亿的政绩似嫌简略。作为心系处州百姓的才子知州杨亿，将诸多的施政方略体现在其处州任上所写的诗句，让我们能够较为全面地从中解读这位青年郡守的守括情怀，其《次韵和十六兄先辈见寄》诗中云：

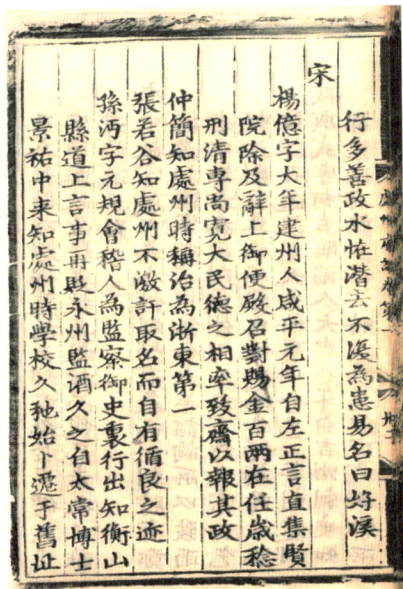

明成化《处州府志》卷一《杨亿传》

---

① （明）成化《处州府志》卷一《名宦》第32页。

秋风苦忆绘霜鳞，暂剖铜符出紫宸。一路雪寒多挟纩，几程山险欲摧轮。
清香扑鼻梅林近，秀色凝眸麦垅新。闭阁草玄终寂寞，下车为政尚因循。
寻僧不厌携筇远，爱客宁辞举白频。簿领孜孜防黠吏，丘园硁硁访通民。
鱼盐自与沧溟接，鸡犬仍将白社邻。官满会须抛印绶，武夷归去作闲人。①

这是杨亿初到任时写的诗。诗中讲自己厌倦了在宫中修书的寂寥生活。

丽水知县甄旦曾修葺县署、整肃治安，修楼藏书、建厅议政，出现吏治清明的景象。杨亿到任之后写了一篇《厅壁记》，对其大加称赞，表示要向他学习。杨亿勤勉公事，不容奸猾之吏要权损民；同时还经常到田间了解民情。杨亿到处州时，适逢旱灾。由于久旱不雨，天气干热，百姓生计维艰。而官府中的狡吏却不顾国难民艰，趁机侵贪。杨亿决心要整肃吏治，彻底改变混乱局面。他亲临民间，调查摸底，掌握真情实况；宴请地方才贤，听取治乱兴邦的诤言良策；亲自听讼断案，澄清冤假错案……终于使所治百废俱兴，呈现出一派欣欣向荣的局面：

郡斋退食复何为，纵目西亭景物奇。叠嶂雨余泉眼出，澄潭风静钓丝垂。
城临古戍寒芜阔，路转荒村野杓危。烟迷乔木莺迁早，水满方塘鹭下迟。
鹤盖翩然肯相顾，主人终宴岂知疲。几处唱歌闻白苎，谁家沽酒见青旗。
蝶随游屐穿花径，犬吠行人隔槿篱。桃李成蹊春尽后，鱼盐为市日中时。
桑麻万顷晴氛散，丝竹千门夕照移。吟际岭云飞冉冉，望中垅麦秀离离。
（杨亿《郡斋西亭即事十韵招丽水殿丞武功从事》）②

杨亿特别重视农业生产，他在处州写的诗歌中，有大量关于农业方面的描写：

土膏初脉起，东作向农时。隐辚雷车转，霏微雨足垂。
龙蛇争奋跃，桃李渐离披。流润先从叶，余波更及私。
讴谣耕父喜，渗漉稻畦滋。连夜空阶滴，愁吟水部诗。
（杨亿《中春喜雨》）③

---

① （宋）杨亿撰,（元）杨载撰:武夷新集 杨仲弘集,福建人民出版社,2007年版第11页。
② 中共丽水市莲都区委宣传部,丽水市莲都区文学艺术界联合会选编:莲都古代诗词选,
　浙江古籍出版社,2007.03,第131页。
③ （宋）杨亿撰,（元）杨载撰:武夷新集 杨仲弘集,福建人民出版社,2007.05,第19页。

这样真实生动的描摹，没有深入的实践和细致的观察，是绝对做不到的。像这样细致生动描写农村、农民和农业生产的佳句，在杨亿的诗歌占有不小比例。它们几乎成了杨亿知州生涯的真实写照：

黄鹂百啭宿烟疏，近郭行春独驻车。垅上劝耕聊问讯，棠阴听讼且踟蹰。

远林桑尽蚕成茧，野水萍开獭趁鱼。几处路旁垂苦李，游人不折意何如？

（杨亿《春郊即事》）①

南海逸风多失性，东吴喘月不逢医。一元祀典古所重，九谷民天命在斯。

真相柅车宁致问，族庖更刀亦焉施。炎神疠鬼争为虐，度虎消蝗复是谁。

（杨亿《民牛多疫死》）②

旱魃偏为虐，阳乌益以骄。何曾柱础润，唯恐土山焦。

请祷弥增洁，阴灵亦孔昭。云兴不待族，风细欲鸣条。

隐辚雷车转，霏微雨足飘。层阴低匝野，鸿霈近连宵。

庭树含佳色，村田长善苗。藓痕缘屋壁，泉脉吐山椒。

辙鲋那忧涸，园蔬岂待浇。官渠逗水急，客路裛尘销。

掾吏阶前贺，耕夫垅上谣。秋成知有幸，岁欲近元桴。

（杨亿《己亥年郡中夏旱遍祷群望喜有甘泽之应》）③

北宋咸平二年（999），杨亿到处州的当年，继夏日的旱虐之后，十月，又下了一场大雪。杨亿在诗中这样描绘了这场大雪：

六出俄呈瑞，三农④始告休。兔园陈旨酒，金屋御重裘。

垅麦青犹短，皋兰紫尚稠。严飚一夕起，瑞霰满空浮。

林迥琼花吐，峰孤玉笋抽。疏鳞镂屋瓦，净练曳溪流。

北户寒威盛，南方疹气收。时和人富寿，卒岁好优游。

（杨亿《己亥年十月十七大雪》）⑤

---

① （宋）杨亿撰，（元）杨载撰：武夷新集 杨仲弘集，福建人民出版社，2007.05，第20页。

② （宋）杨亿撰，（元）杨载撰：武夷新集 杨仲弘集，福建人民出版社，2007.05，第323页。

③ （宋）杨亿撰，（元）杨载撰：武夷新集 杨仲弘集，福建人民出版社，2007.05，第14页。

④ 古时"三农"是指"平地农、山农、泽农"。

⑤ （宋）杨亿撰，（元）杨载撰：武夷新集 杨仲弘集，福建人民出版社，2007.05，第17页。

　　杨亿对吏役动辄用刑具拷问犯人的行为甚为嫌恶，曾作诗称："嫌敲扑"。在《狱多重囚》的诗中，对因满为患的现象作了深刻的反省：

　　　　铁锁银铛众，金科伏念频。绝闻空狱奏，深愧片言人。
　　　　清颍黄公接，甘棠郡伯邻。怀贤不能继，多辟岂由民。①
　　　　（杨亿《初至郡斋书事》）

　　面对众多"铁锁银铛"的囚犯，杨亿一方面体察下情，频频伏念，另一方面又为未能做到"空狱"而感到"深愧"。他表示要向古代的贤官学习，力争讼无冤狱，世道清平。尤其难能可贵的是，他能站在较高的角度，剖析社会矛盾，认识到犯科作乱现象的深刻原因是为官不贤。正因为杨亿有了这样清醒的认识，所以在他担任处州知府期间，能"以宽大为政"，做到"甘棠听讼曾无倦，丹笔书刑幸不冤"，致使"岁稔刑清"，这也是非常了不起的。

　　从杨亿的另一首诗中，我们可以感受到，"他为官的责任感甚强，能忧于政事"，"勤于问耕，体察民瘼，了解百姓疾苦；警惕受贿为奸、舞文弄法的黠吏，他为疲民能安堵而深喜；总担心自己未能尽职尽责"，②常常心怀惭愧。诗中写道：

　　　　郡阁先忧迷簿领，村田聊得问耕耘。疲民深喜犹安堵，黠吏那知便舞文。
　　　　照胆求瑕空察察，饮冰为政漫云云。符竹偶分惭出守，橐鞬暂佩愧从军。
　　　　（杨亿《郡斋即事书怀十二韵呈诸官》）③

　　杨亿在"疲民深喜犹安堵"句后自注云："去年小俭，幸免流亡。"就是说，在去年年成不大好的情况下，也没有发生饥民外出流浪的现象。这也说明了在杨亿的治下，社会是安定的。"饮冰"一词源于《庄子·人世间》："今吾朝受命而夕饮冰，我其内热与？"原意就是比喻自己内心之忧虑焦灼。杨亿用"照胆求瑕""饮冰为政"表达他对政事的清廉要求与忧患意识。而这，也是杨亿之所以能够在短短三年之内取得良好政绩的内因。在紧张工作之余，杨亿也题诗寄托情怀，其在《到郡满岁自遣》一诗中写道：

---

① （宋）杨亿撰，（元）杨载撰：武夷新集 杨仲弘集，福建人民出版社，2007.05，第323页。
② 吴克裘、吴志华主编，莲都区历史人物，中国文史出版社，2009.02，第196页。
③ 王学泰：中国古典诗歌要籍丛谈（上册）2，天津古籍出版社，2004.07，第117页。

迢递分符竹，因循度岁华。地将鲸海接，路与凤城赊。

触石云频起，衔山日易斜。潮平聚渔市，木落见人家。

吏隐偏知幸，民谣岂敢夸。无嫌勾漏僻，且得养丹砂。①

主持修建州治凝霜阁

杨亿在处州任上，除了赋予处州百姓赞颂的清明社会外，还留给后人可见的绩迹是建凝霜阁和西亭。

凝霜阁在处州小括苍山州治，即今万象山公园一带。凝霜阁始建于北宋咸平二年（999）。明成化《处州府志》载："凝霜阁在旧州治后厅之东。宋咸平二年，郡守杨亿建。今废。咏见纪载。"②此文为凝霜阁落成时，杨亿因众僚属所请，亲自撰写此记，讲述建凝霜阁的初衷、过程以及取名"凝霜阁"的来由。凝霜阁选址甚好，为宋代处州州治建筑中的一大妙笔。北宋苏舜钦《照水堂记》中写道："栝苍郡署冠前山之椒，林壑蔽翳。故当暑有蒸郁之烦至者。或神明不开，则事物隳废。咸平初，杨文公起凝霜阁，下览平旷，得遥岑远林之赏。当时固以为佳处矣！"③

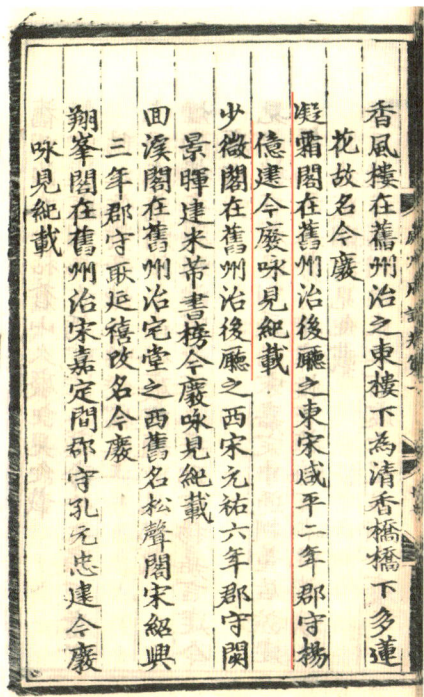

明成化《处州府志》卷一
凝霜阁条目

杨亿以骈体写山城的风土人情，也清新爽洁，别具风味，不失为其处州期间诸文中的上乘之作。

应邀撰写《丽水县厅壁记》

甄旦，北宋至道年间（995—997），以廷尉评事任丽水知县。当时，北宋统一

---

① （宋）杨亿撰，（元）杨载撰：武夷新集 杨仲弘集，福建人民出版社，2007.05，第17页。
② （明）成化《处州府志》卷一《本府志》第17页。
③ （明）成化《处州府志》卷二《本府志文献》第55页。

了中国，结束了五代十国纷争、战乱不断、赋税繁重、"民不堪命"的局面，经过30多年的休养生息，经济有所恢复，丽水也日趋安定。但位于州城茭山（通惠门东）东的县衙，"县署湫隘，仅庇风雨"。甄旦很有才学，理政有方，莅任不到一个月，"县政大成，休声著闻"。他见县衙房舍屋漏墙坏，梁木即将倾倒，十分破败，"慨然奋发，经之营之"。于是，"度山取材，悬金购匠"，时值农闲，百姓知道要兴建县衙，自动前来献工营建，县厅很快就落成了。有楼、有厅、有重关、有回廊……"楼以藏诏书，厅以决政事……重关可纳方轨……回廊仅容宴豆"，有章有法，"堂皇峨峨"。丽水自此有了像样的县衙。北宋咸平二年（999），著名文

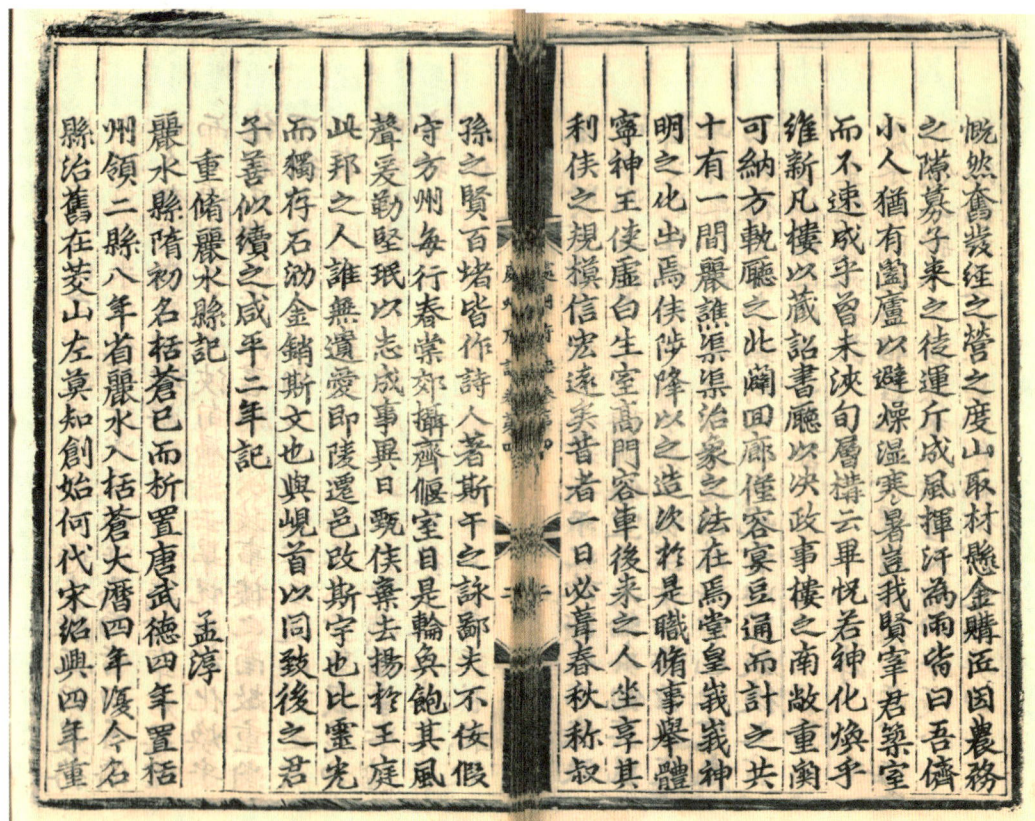

学家、知州杨亿为此写了《县厅壁记》，记中还称赞甄旦"吏道详明而饰以文学，天资高朗而辅以经术"。据历代郡县志书记载，丽水县旧志曾于唐初设于州城西三十五里资福村。但此记县治指的是处州城西茭山左之县厅也，即今城西路与继光街交叉口一带。

虽然由于时代的更迭，上文所及的历史建筑都已淹没于历史的长河之中，但杨亿在处州留下的好政声，至今彪炳史册。处州士民将这位好知州入祀于处州名宦祠。

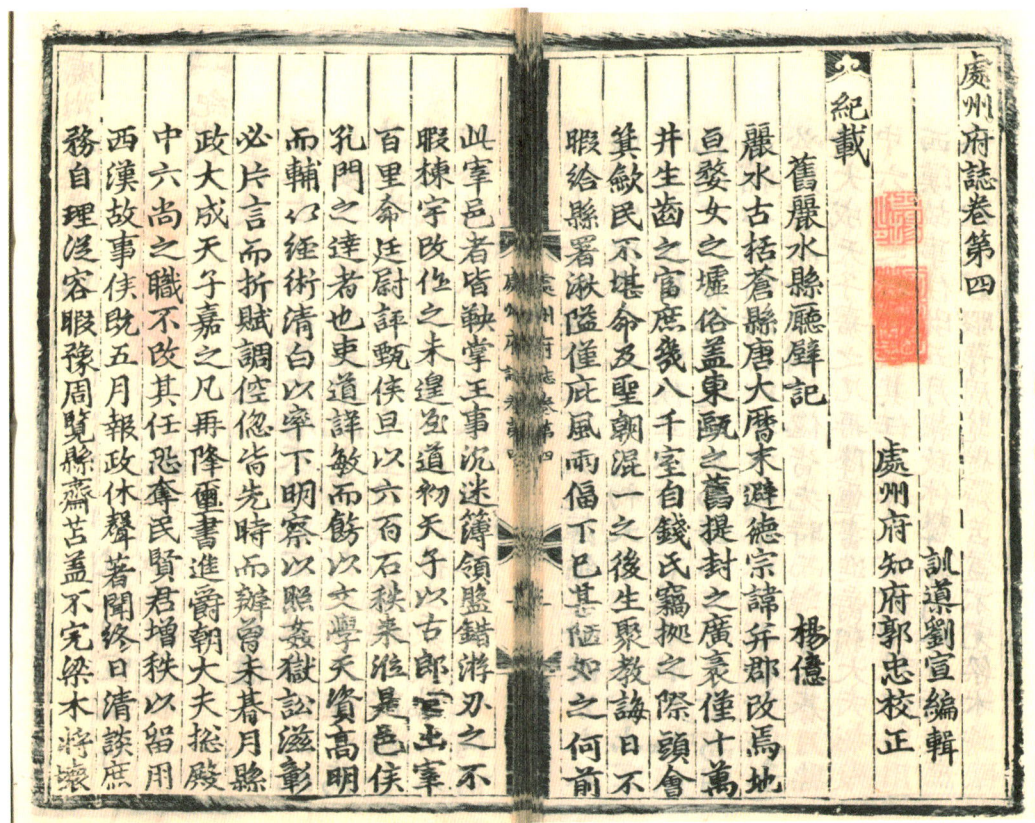

處州府誌卷第四

訓導劉宣編輯

處州府知府郭忠校正

紀載

舊嚴水縣廳壁記　　楊億

嚴水古括蒼縣唐大曆末避德宗諱弁郡改焉地亘婺女之壃俗蓋東甌之舊提封之廣衰僅十萬井生齒之富庶幾八千室自錢氏竊拠之際頭會箕斂民不堪命及聖朝混一之後生聚教誨日不暇給縣署湫隘僅庇風雨偪下已甚陋如之何前山宰邑者皆鞅掌王事沈迷簿領監游之不暇棟宇改作之未遑迄道初天子以古郎官出宰百里命廷尉評甄旦以六百石秩來涖是邑宰孔門之達者也吏道詳敏而飾以文學天資高明而輔以經術清白以宰下明察以照姦微訟滋彰必片言而折賦調倥偬皆先時而辦曾未春月縣政大成天子嘉之凡再降璽書進爵朝大夫摍殿中六尚之職侯旣任恐奪民賢君增秩以留用西漢故事俟旣五月報政休聲著聞終日清談庶務自理沒容暇豫周覽縣齋苦蓋不完梁木將壞

明成化《处州府志》卷四杨亿《旧丽水县厅壁记》

王安石世交葛源家族

王安石（1021—1086），字介甫临川（今江西抚州市临川区）人，北宋名相。他曾为丽水葛源、葛良嗣父子撰写墓志铭，还与葛良嗣之子葛蕴互有诗文酬唱。葛源家族有什么特殊之处，值得王安石如此深交？

我国科举制从隋朝大业元年（605）开始实行，到清朝光绪三十一年（1905）举行最后一科进士考试为止，经历了一千三百多年。丽水县第一个考中进士的人是北宋的葛源。明成化《处州府志》记载："葛源，为雍丘令时，有中贵人击驿吏，府不敢劾。源上书论其事，中贵人坐诎，时论高之。终湖北路提點刑狱。"[①]

王安石画像

数年前，偶然阅读《王安石散文全集》，发现此书中收录了葛源父子墓志铭，均出自王安石之手，分别是《葛兴祖墓志铭》和《尚书度支郎中葛公墓志铭》。《葛兴祖墓志铭》云："许州长社县主簿葛君，讳良嗣，字兴祖。其先处州之丽水人，而兴祖之父，徙居明州之鄞，兴祖葬其父润州之丹徒，故今又为丹徒人矣……"[②]文中明确记载葛良嗣的祖先就是丽水人，是葛源长大后从丽水迁往明州（今宁波市）鄞县。《葛兴祖墓志铭》还交代了王安石与葛兴祖是世交，"先人尝受其挚……"所以王安石能为葛源父子俩撰写墓志铭就不难理解。

王安石的《尚书度支郎中葛公墓志铭》对葛源的身世、祖辈、出身也有详细记载："葛，公姓也；源，名也；宗圣，字也；处州之丽水，公所生也；明州之

---

① (明)成化《处州府志》卷三《丽水县人物》。
② 褚东郊选注，王安石文，崇文书局，2014.09，第175页。

鄞，后所迁也。贯，曾大考也；遇，大考也；旺，累赠都官郎中，考也。进士，公所起也"。该墓志铭较为详细地记载了葛源，字宗圣，出生于处州丽水，后来迁居明州鄞县，曾祖叫葛贯，祖父叫葛遇，父亲叫葛旺，以葛源赠郎中。看来葛源祖上均未入仕途，是从葛源开始以进士起家。

细读《尚书度支郎中葛公墓志铭》，葛源的仕宦阅历之丰富，足以让我们惊叹："……洪州左司理参军、吉州太和县主簿、江州德化县令、监兴国茶场、威武军节度推官、知广州四会县、著作佐郎、知开封府雍丘县、秘书丞、知泉州同安县、太常博士、通判建州、屯田员外郎、知庆成军、都官员外郎、知南剑州、司封员外郎、祠部郎中、江浙荆湖福建广南提点银铜坑冶铸

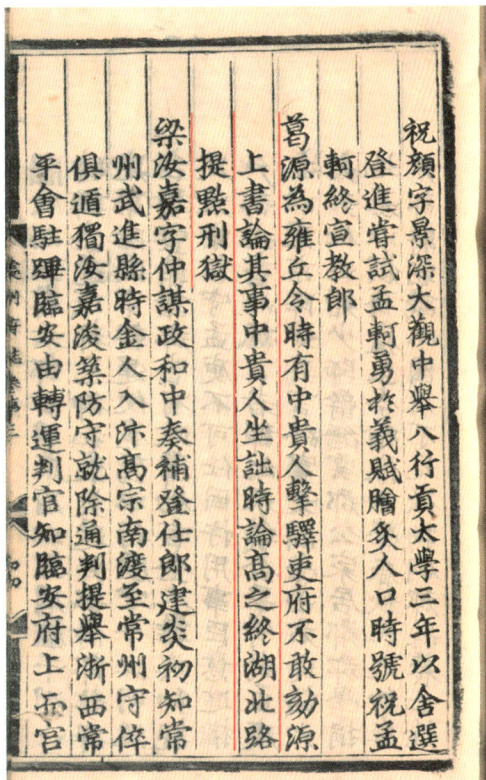

明成化《处州府志》卷三《葛源传》

钱、度支郎中、荆湖北提点刑狱。此公之所阅官也"。[①]葛源于大中祥符五年（1012）29岁时考中进士，至和元年（1054）六月去世，仕宦33年，先后任过军县主官、当过朝廷部郎，也任过封疆大吏，经历了21个官职，殊为难得、罕见。

《尚书度支郎中葛公墓志铭》还记载了葛源是当时著名的执法廉吏，一生处理了多起疑难案件。在办案中精心推究，秉公处理，不为权贵所左右并记载了相关的4个案例。此外，笔者还查得《中国法制史》（何勤华编著）、《折狱龟鉴》等著作详细记载了葛源生平及其具体事例、案例。

《尚书度支郎中葛公墓志铭》交代了葛源共有三子，分别是葛良肱、葛良佐、葛良嗣。王安石父亲与葛源有道义交，而王安石本人与葛良嗣亦是朋友，所以"主公（即葛源）之丧，而请铭以葬者，良嗣也。论次其所得于良嗣，而为之铭者，临川王某也。"[②]

① （宋）王安石，王文公文集（下），上海人民出版社，1974.07，第927页。
② （宋）王安石，王文公文集（下），上海人民出版社，1974.07，第927页。

葛良嗣（1013—1065），字兴祖，葛源季子。葛良肱、葛良佐均早逝，唯有葛良嗣得享天年。从王安石曾为葛良嗣写的《葛兴祖墓志铭》中，对其身世有较为详尽的记载。葛良嗣博知多能，屡考不第。然良嗣胸怀大志，刻励修洁，笃于亲友，慨然欲效世报国。最后于北宋皇祐五年（1053）中进士，授许州长社县主簿，但至死未被提拔重用。良嗣在世时，但闻百姓有痛，"欲去之如在己"；每次处理公事，即使他人不视听的细微处，也必藏于心。许多人谈论："兴祖且老矣，弊于州县，而服勤如此。"但良嗣认为"大仕之则奋，小仕之则怠忽以不治，非知德者也"。可见葛良嗣是一位识大体，明大义的基层好官。

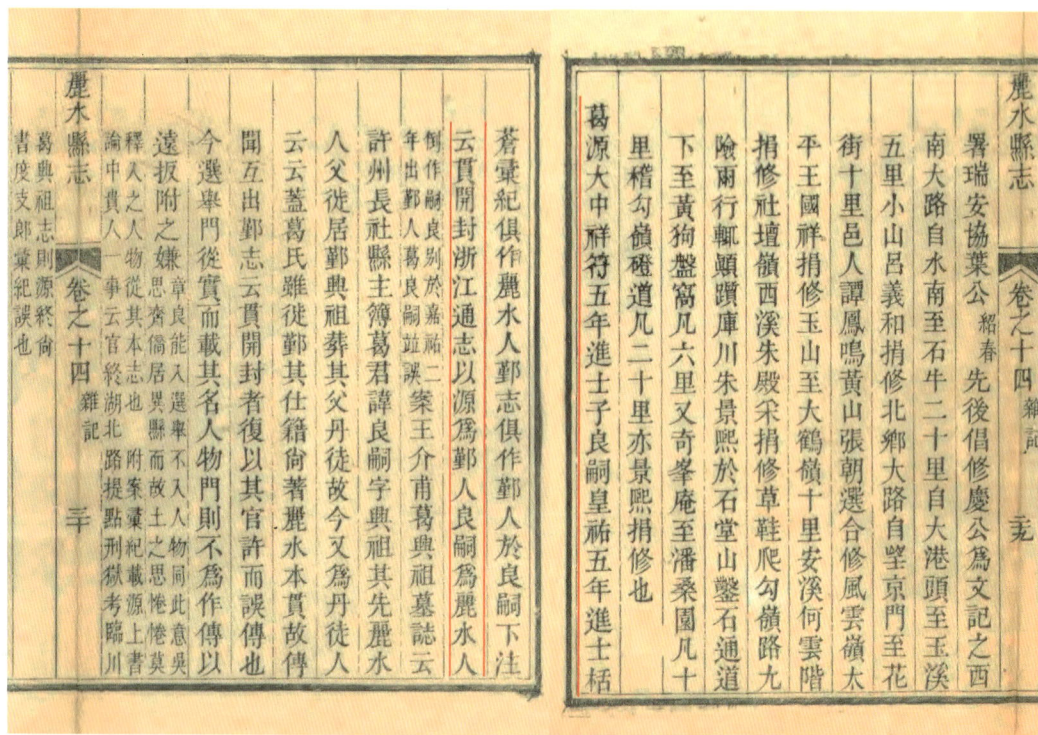

清道光《丽水县志》卷十六《杂记》葛源条目

王安石《葛兴祖墓志铭》对葛良嗣家人有明确记载："兴祖娶胡氏，又娶郑氏，其卒年五十三，实治平二年三月辛巳。其葬以胡氏祔，在丹徒之长乐乡显扬村，即其年十一月某甲子也。兴祖三男子，繁、蕴皆有文学，繁许州临颖县主簿，蕴邓州穰县主簿，苹尚幼也。"葛良嗣娶胡氏，生有三子，分别是葛繁、葛蕴、葛苹。

葛蕴，生卒年不详，字叔忱，葛良嗣次子。生平善书，犹长作伪。据米黄庭坚《山谷集》云："李翰林醉墨是葛叔忱赝作，以尝其妇翁诸苏，果不能别，盖叔

28

忱翰墨亦自废越诸贤。"明代陶宗仪《书史会要》也云:"葛蕴,能属文,尤长于诗,又特善书,或以淡墨尘纸戏为之,假古人之名,闻者以传,而人莫能辨也。惜乎早亡,不大显于世。"邵博《邵氏闻见后录》也有一段关于其作伪的详细记载:"世传李太白草书数轴,乃葛叔忱伪书。叔忱豪放不群,或叹太白无字画可传。叔忱偶在僧舍,纵笔作字一轴,题之曰:'李太白书',且与其僧约,异曰无语人,每欲其僧信于人也。其所谓得之丹徒僧舍者,乃书之丹徒僧舍也。①"

葛蕴不仅书法造诣颇深,文学也名于当时,与王安石亦是文友,有王安石《葛蕴作巫山高爱其飘逸因亦作两篇》可为证:

巫山高,偃薄江水之滔滔。水于天下实至险,山亦起伏为波涛。其巅冥冥不可见,崖岸斗绝悲猿猱。赤枫青栎生满谷,山鬼白日樵人遭。窈窕阳台彼神女,朝朝暮暮能云雨。以云为衣月为褚,乘光服暗无留阻。昆仑曾城道可取,方丈蓬莱多伴侣。块独守此嗟何求,况乃低徊梦中语。

此外,葛蕴与唐宋八大家之一的曾巩亦是至交,曾巩有《答葛蕴》诗:

我初未识子,已知子能文。春风吹我衣,蜚召入九阍。
众中得了辞,默许非他人。方将引飞黄,使出万马群。
差之在须臾,气沮不复论。大明临万物,我亦傍车尘。
相逢扶桑侧,一揖意自亲。屈子果由我,相示以无言。
同行千步廊,揽辔金马门。归来客舍中,未及还往频。
东舟载子去,千里不逡巡。今者坐瓯越,相望若参辰。
忽有海上使,问我及墙藩。得子百篇作,读之为忻忻。
大章已逸发,小章更清新。远去笔墨畦,徒识斧凿痕。
想当经营初,落纸有如神。勉哉不自止,直可阚灵均。
我老未厌此,持夸希代珍。朝吟忘日昃,暮吟忘日曛。
发声欲荐子,自笑不足云。②

---

① (唐)李白著;瞿蜕园,朱金城校注,李白集校注(第2版)5,上海古籍出版社,2018.10,第2247页。
② 启功等主编,唐宋八大家全集 曾巩集,国际文化出版公司,1997.01,第50页。

米芾与葛繁昆仲

米芾（1051—110），字元章，祖居太原，后迁湖北襄阳，迁居润州（现江苏镇江），与蔡襄、苏轼、黄庭坚合称"宋四家"。米芾与葛繁、葛蕴兄弟二人为文友，并有书帖存世，殊为难得。

葛繁，生卒年不详，字德忱，号鹤林居士，葛良嗣长子。北宋元祐三年（1088），任兵器监主簿，崇北宋宁间为许州临颍主簿，尝知润州。"日行一善"的典故出自葛繁，记载在清朝编辑《德育古鉴》一书中：葛繁于北宋元祐三年任兵器监主簿，坚持每天做好事，后来官至太守。有人请教他如何"日行一善"，他说："比如这里有条板凳，倒了碍人走路，就弯腰把它扶正放好，即是一善。"

米芾画像

北宋元符二年（1099）五月四日，米芾为致葛繁《葛君德忱帖》书札。此时葛繁在润州，欲求莱州职事，故米芾告以路程行法，可见二人交往颇深。

《葛君德忱帖》为米芾著名的《草书九帖》之一，又名《道味帖》，是其晚年成熟书风的代表作之一。此帖释文如下："五月四日，芾启：蒙书为尉[1]，审道味清适。涟，陋邦也，林君必能言之。他至此见，未有所止，蹄涔不能容吞舟。闽氏泛海，客游甚众，求门馆者常十辈，寺院下满，林亦在寺也。莱去海出陆有十程，已贴书应求，倘能具事，力至海乃可，此一舟至海三日尔。御寇所居，国不足，岂贤者欲去之兆乎？呵呵！甘贫乐淡，乃士常事，一动未可知，宜审决去就也。便中奉状。芾顿首。葛君德忱阁下。"

---

① 按："尉"通"慰"。

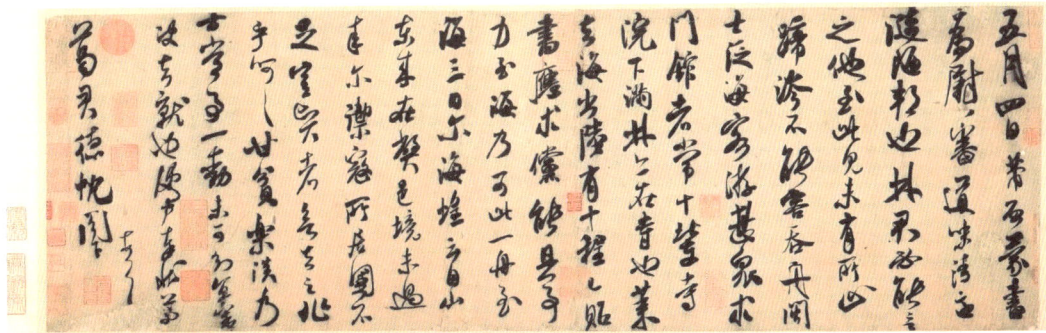

米芾《蔺君德忱帖》（《道味帖》）行书，纸本，尺寸28厘米×91.47厘米，台北故宫博物院藏

此帖自始至终，气韵十分流畅，下笔如飞，痛快淋漓，毫无顾忌，点画之际，妙趣横生。粗看，全不缚律，左倾右倒，形骸放浪。仔细赏读，却又欹正相生，字字随着章法气势变化，用笔狂放而不失检点，提按顿挫丝丝入扣，上下精神，相与流通，有着强烈的节奏感，与其作品比较，此帖颇具魏晋风韵，笔法圆转含蓄蕴藉，有篆籀气。节奏也较平和，神闲气定，故能随意布势，妙得自然。

《镇江人物词典》："葛蕴，（1040年左右在世）北宋书法家，字叔忱。丽水人。

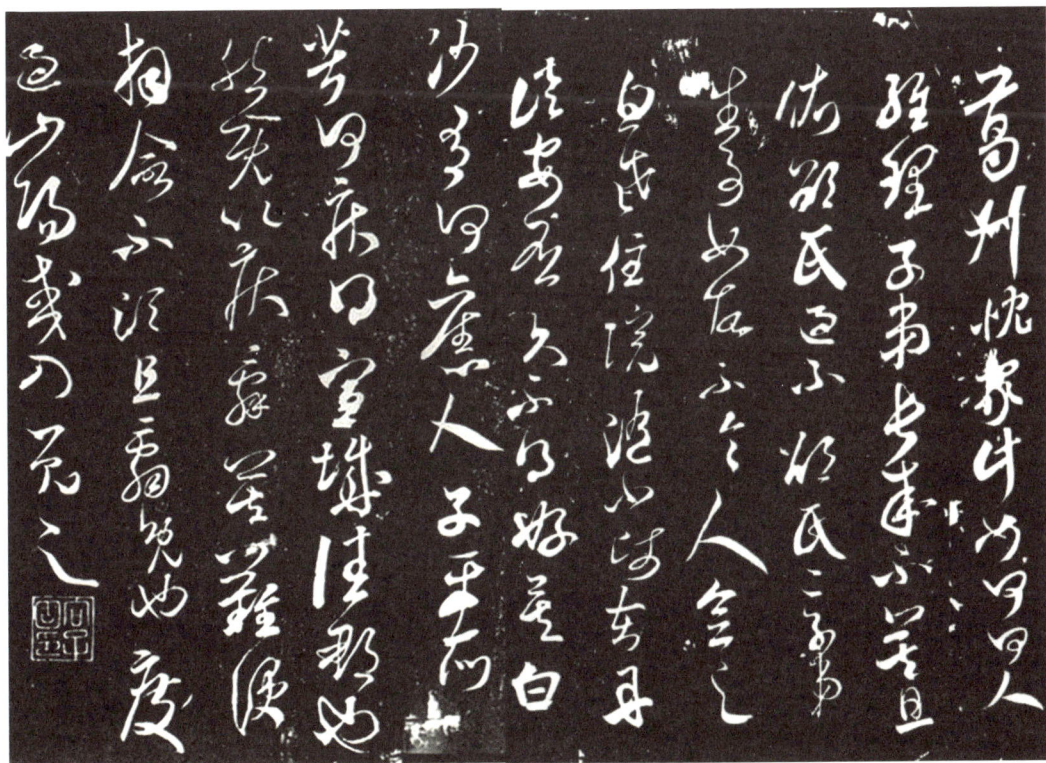

米芾《蔺叔忱帖》

父葛良嗣时迁居丹徒。曾任邓州县主簿……"葛蕴和米芾以书相结之交谊，米芾有《葛叔忱帖》可为证，其文曰："葛叔忱家汁如何？何人经理？子弟长成不？莫且依邵氏过不？邵氏二子弟生事如故不？令人念之。白老住院随小师在丹徒安否？久不得好矣。白沙有何旧人？子平所苦何疾？得宣城，佳郡也。然既以疾辞，莫难便拜命不？须且辞浼也。度过山阳，或入一见之。"该帖作于北宋元符二年（1099）六月前。明拓《停云馆帖》草书。凡十一行，共九十七字，字里行间流露出米芾对葛蕴的关切之情，而且语言平实随意，不是一般交往所能表达。

李尧俞遗爱括苍名胜

李尧俞，生卒年不详，字然明，成都（今属四川）人。宋代学者。北宋景祐元年（1034）进士，初授宋城知县。北宋皇祐年间（1049—1054）在任处州知州。后调任鄂州知州。一生著述甚丰，著有《春秋集议略论》二卷，《左氏鼓吹》一卷，《春权衡》十七卷，《春秋说例》十一卷，《春秋意林》二卷。在处州任上，李尧俞主持修建照水堂等古迹，作有《广福寺三岩记》（即《三岩记》）存世，这是迄今为止发现的记载三岩之名来由的最早的历史文献，收录于明成化《处州府志》卷四之中，对研究三岩景区历史沿革具有极为重要的作用。

李尧俞在处州知州任上，热衷于园林楼阁修建，先后曾组织修建处州州衙照水堂、夕霏轩及洄溪阁等。

照水堂，在处州州治少微阁西边。李尧俞主持修建。建成后，李尧俞还请大书法家米芾书写榜额。并请苏舜钦作记，文章载于历代郡志，班班可考。明成化《处州府志》载："照水堂在少微阁西。郡守李尧俞建，米芾书榜。诗记见记载。"①

夕霏轩，在处州州治照水堂偏西方向，也是李尧俞主持兴建。又见于明成化《处州府志》所载："夕霏轩在旧州治，照水堂之（西）偏。宋庆历中郡守李尧俞建，绍兴中吴说书匾，今废。"②就该志所载，李尧俞在庆历年间就已经到任处州知州，而在郡志职官志中，一般认为李尧俞是皇祐初来处州任职。清光绪《处州府志》中的职官志中，李尧俞之前是景祐年间的处州知州孙沔，李尧俞之后是皇祐年间在任处州知州的台州人杜垂象，对庆历年间的处州知州并无记载，由此可见，或是李尧俞在宋庆历末年即到任处州知州，到皇祐初年继续在任也未可知。

关于处州州治洄溪阁的修建，清光绪《处州府志》中的《职官志》记载："皇祐，李尧俞，郡署建有洄溪阁。见《通志·古迹》。"③明成化《处州府志》是这么记载的："洄溪阁在旧州治，宅堂之西。旧名松声阁。宋绍兴三年郡守耿延禧改名，今废。"④可见，李尧俞建此阁时，名为"松风阁"，想是旧时郡志前后遍植松树，这与清光绪《处州府志》卷首的万象山图中松林参天的景象较为吻合，明万

---

① （明）成化《处州府志》卷一《本府志》第38页。
② （明）成化《处州府志》卷一《本府志》第39页。
③ （清）光绪《处州府志》卷之十三《职官志上》第3页。
④ （明）成化《处州府志》卷一《本府志》第37页。

历朝礼部主事、著名戏剧家屠隆所撰《重建万象山崇福寺碑》也提到此山中"余适游栝，侯（按：时任处州知府的许国忠）舣余山上，把盏瞩眺，峰峦迥沓，松栝荫翳"，后来耿延禧到任后改为"洄溪阁"，也许是登临此阁，洄溪美景尽入眼中，因而更名，这是从地理环境来考量的。

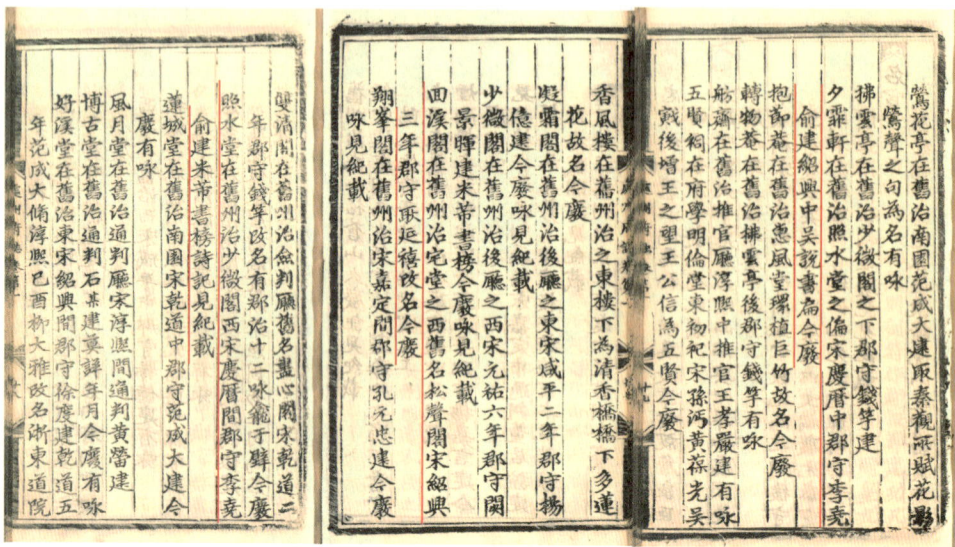
明成化《处州府志》洄溪阁、照水堂、夕霏轩条目

民国时期的丽水三岩寺（20世纪30年代）

李尧俞在处州任上，也许写过诸多文章，然目前为止，仅发现其游处州城西三岩后写的《广福寺三岩记》。"三岩"来由，顾名思义，即是由三大巨石得名。三岩胜境，自古闻名于两浙，由清虚、白云、朝曦三岩组成，岩中有洞，尤其是盛夏时节，常有城中达官显贵、文人骚客结对流觞于此。据郡县方志记载，三岩之名，还是源自李尧俞这篇记文之中。"三岩，县西北二里，踞西山之垠。宋皇祐间，知州李尧俞名其右曰清虚，中曰白

云，左曰朝曦。"①

李尧俞游览南明山比游览三岩更早。北宋庆历八年（1048）十二月初五日，刚下马来到处州，一路风尘的李尧俞毫无倦意，迅速处理了手头事务，不畏严寒，偕同处州州衙幕僚马元康、韩洞、秦定等人过南明渡，前来拜谒南明山。观赏了葛仙翁题字之后，在高阳洞内岩壁上题写了前来游玩的时间和姓名："庆历戊子孟冬初五日，李尧俞然明、马元康公济、韩洞伯纯、秦定正臣到此记。"

近千年过去了，由于李尧俞与其同僚等题名在高阳洞内，可避风雨，因而字迹尚清晰，与宋熙宁间陈恺题记部分重叠。清光绪《处州府志》卷二十六记载："李尧俞等高阳洞题名，五行，行六字，正书，径三寸。'庆历戊子孟冬初五日，李尧俞然明、马元康公济、韩洞伯纯、秦定正臣到此记'右李尧俞高阳洞题名，首行庆历二字，为熙宁间陈恺题名劙盖，依稀尚可辨。"②戊子为北宋庆历八年（1048），次年即"改元皇祐"，故《志》称"皇祐"。

李尧俞等高阳洞题名幅高约63厘米，宽65厘米，正书5行，行6字，字径约10厘米。清《栝苍金石志》卷三著录，为《李尧俞等高阳洞题名》；清《八琼室金石补正续编》卷四十五著录，为《李尧俞等题名》。

李尧俞等《南明山高阳洞题名》释文如下：

庆历戊子孟冬初五日，李尧俞然明、马元康公济、韩洞伯纯、秦定正臣到此记。

李尧俞《南明山高阳洞题名》

---

① （清）光绪《处州府志》卷之二《封域志中》第13页。
② （清）光绪《处州府志》卷二十六《艺文志上》第8页。

关景晖浚滩修堰

关景晖，生卒年不详，字彦远。越州会稽（今绍兴）人，北宋书画家，生平善书，所居室中多藏书画。其夫人曾氏（1026—1057）为唐宋八大家之一曾巩的长妹。关景晖登嘉祐八年（1063）进士第。北宋元祐六年（1091）在任处州知州。关景晖在处州任上政绩卓著，而在莲都遗存墨迹题刻有《南明山石梁题记》与《通济堰记》。

北宋元祐六年（1091）冬，关景晖以左朝请郎身份出知处州。任内视郡内河道多滩汇，屡见覆舟，即命疏凿以利舟楫来往，复浚碧湖，筑堰渠，以资田禾灌溉。通济堰自萧梁天监年间建成后，直到北宋元祐六年（1091），历经隋、唐，500年间有所兴废，因史籍佚失，没有留下文字记载。"关景晖，会稽人。以左朝请郎知栝。郡河道多滩

关景晖画像（熊远龙绘）

汇，能覆舟。景晖命疏凿，以利往来。复浚碧湖堰渠，资田禾灌溉。有文纪其事。"[1]

关景晖在处州知州任内为处州做了两件大事：

一是整治龙泉溪和好溪的河道，治滩通塞，疏浚河床，使这两条瓯江主要支流能通船筏。当时，处州境内主要溪流"暗崖积石，相矗成滩，舟行崎岖，动辄破碎"。关景晖详细披阅各县地图后，决心去害兴利，清障治滩。他的首倡得到处州士民响应，民众自愿出钱整治大溪，其他各县也争相仿效，并欲与之比试。关景晖因势利导，派郡尉负责治滩工程。关景晖亲临现场，激励士气，犒劳民夫。经半年疏浚排凿，治滩165处，从此"舟昼夜行，无复激射覆溺之虞"。[2]

---

① （清）光绪《处州府志》卷之十三《职官志上》第3页。

② （清）张铣，金学超纂，清道光版丽水县志·丽水志稿点校合刊本，方志出版社，2010，第341页。

二是整修通济堰，并修建司马庙。关景晖到任第二年，即元祐七年（1092），处州大雨成灾，松阴溪溪水暴涨，通济堰坝及水渠多处被洪水冲毁。关景晖命丽水县县尉姚希主持修理大堰和水渠。为了防止水大势盛，冲坏堰渠堤岸，关景晖命姚希在大溪与堰渠连接处建筑穴道，以调节渠水的流量和排沙。因穴道建在叶姓地界，所以叫"叶穴"。叶穴石闸木板，以时启闭，调节水流，平时下闸，将水拦截入水渠灌溉农田；如遇大雨，及时开启闸板，将水放入大溪，以防积涝。元祐八年(1093)，大堰、水渠整修一新，关景晖带领郡邑官吏到通济堰举行庆典，看到堰旁有詹南司马庙，但"墙宇颓圮，像貌不严"，[1]不能显示报答古人功业之意。他垂询县尉姚希原委，姚希向他禀报了向民间耆老了解到的关于詹南两司马筑通济堰的掌故。还说，宋明道年间(1032—1033)有关的碑刻还在，后被大水冲走，失去文字记载已经60年了。关景晖为了避免因为"乡之老者谢去，壮者复老"，非但传说讹误，而且湮没了二司马的功绩，就拨出库银将司马庙修葺一新，并亲自撰写《丽水县通济堰詹南二司马庙记》，将詹南二司马首建通济堰的业绩留传后世。

关景晖《丽水县通济堰詹南二司马庙记》拓片（吴志华藏）

此碑就是至今能见到的最早记录詹、南二司马建堰事迹的史料。关景晖《詹南二司马庙记》：丽水十县皆并山为田，常患水不足。县西五十里，有堰曰通济，障松阳、遂昌两溪之水，别为大川，分为四十八派，析流畎浍注民田二千顷。又

---

① 曾枣庄编著,文星璀璨 北宋嘉祐二年贡举考论,复旦大学出版社,2010.01,第244页。

以余水潴为湖，以备溪水之不及。自是，岁虽凶而常丰。元祐壬申，堰坏，命尉姚希治之。明年，帅郡官往视成功，有庙曰詹南二司马，不知其谁。询诸故老，谓梁有司马詹氏，始谋为堰，而请于朝，又遣司马南氏共治其事。是岁溪水暴悍，功久不就。一日，有老人指之曰："过溪遇异物，即营其地。"果见白蛇，自山绕溪北，营之始就。明道中，碑刻尚存云。

此外，关景晖在处州知州任上还创建了处州州治少微阁和处州城内关公井。处州少微阁建成后，关景晖还请当世书法名家米芾题写阁榜。如今，少微阁已不存，但方志文献有明确记载："少微阁，在州治后厅之西，宋元祐六年郡守关景晖建，米芾书榜。今废，咏见记载。"[1] "关公井，通惠门内。宋元祐中，州守关景晖凿，井泉甘洌。"[2] 这口千年古井，历经世事沧桑，如今尚静静地在丽水城圭山路的弄堂里，守望着这方千年走过的人们，成为关公景晖留存于这座千年古城的唯一念想。处州士民感念关景晖德政，将其奉祀于处州名宦祠。

丽水城内桂山路关公井

---

① （明）成化《处州府志》卷一《古迹》第37页。

② （清）光绪《处州府志》卷之四《水利志》第20页。

秦观抒怀处州城

"两情若是久长时，又岂在朝朝暮暮。"这句朗朗上口的宋词名句也许大家都不陌生。这是宋代著名词人、"婉约派"代表秦观的佳作。

往事越千年，这位文学大家曾经在丽水任监酒税之职数年，并留下了诸如"山路雨添花，花动一城春色""春去也，飞红万点愁如海"等众多佳句，成为莲城千古绝唱。

秦观（1049—1100），字少游，一字太虚，号邗沟居士，又号淮海居士，世称淮海先生，江苏高邮人。秦观与黄庭坚、晁无咎、张耒并称"苏门四学士"，在四学士中他最受苏轼爱重。在苏轼的勉励下，秦观数次应试后，于北宋元丰八年（1085）始登第，授定海主簿。后苏轼以贤良方正荐之于朝廷，但为嫉妒者所阻，没有赴任。北宋元祐三年（1088），应制科考试，进策论，擢任宣教郎、太学博士。五年（1090），召为秘书省校对黄本书籍。北宋元祐六年(1091)，迁正字，与校书郎同掌校正书籍，并兼国史院编修官。自北宋熙宁之初推行新法以来，朝廷内部斗争激烈，之前元祐元年（1086）司马光执政，尽废新法。同年，司马光、

清道光《丽水县志》卷首《万象山图》

王安石去世。至绍圣元年（1094），章淳当政，复行新法，以苏轼为代表的元祐党人遭受打击和排斥，秦观也因此被削秩。初贬谪为杭州通判,后来又因御史刘拯论其增损《太宗实录》之罪再次加害，中途再被贬为处州监酒税。

秦观从贬为处州监酒税，再被削秩徙郴州，实际上在处州两年多时间，他先后写了11首诗词，大多数作品，充满了沦落飘零的心境和怀念旧友及对往日的思念。在《处州闲题》中，他以"莫夸春色欺秋色，未信桃花胜菊花"表达对前途充满的期望；在《题务中壁》中，他用"梦入平阳旧池馆，隔花螃口吐清寒"的诗句，抒发怀念其曾经工作的国史院之情。

在处州期间，秦观与囿山法海寺住持高僧平阇黎有着特别深厚的感情。由于被贬处州酒税管库，遭受打击和漂泊失落的心情始终驱散不去，加之生病，只能移居法海寺，求得暂时的心静。他在《题法海寺平阇黎》中写道"经旬移病依香火，写得弥陀七万言"，在法海寺中，他一边念经一边抄写《阿弥陀经》等经，不知不觉，竟抄了七万多字。当他在再次被新党罗织罪名削秩罢去监处州酒税后，在即将离开处州时，又往囿山的法海寺中做修忏，并在住僧房壁上题《留别平阇黎》，表达了缘识缘尽的离别之情，感叹"此生相见了无期"。

秦观在处州期间还是留下不少名篇的，如《满庭芳》中"山抹微云，天连衰草，画角声断谯门……"把离情放在一个凄迷幽暗的特定环境中来抒写，以素描笔法勾勒景物，以抒情色彩很浓的感慨之语，绘出了一幅精巧工致、情韵兼胜的送别画图。更有千古名作《千秋岁·谪处州日作》，是他的代表作之一，受到历代文人骚客的推崇：

柳边沙外，城郭轻寒退。花影乱，莺声碎。飘零疏酒盏，离别宽衣带。人不见，碧云暮合空相对。忆昔西池会，鹓鹭同飞盖。携手处，今谁在？日边清梦断，镜里朱颜改。春去也，飞红万点愁如海。

秦观在处州虽然只有短短的两年多，但留下的影响却很大。

南宋乾道中（1169），范成大任处州郡守时，当时的治所在今万象山，徐子礼提举按部来处州，劝范成大作小亭，以记少游旧事。范成大取了秦观《千秋岁》中之语，名之"莺花"。第二年，"莺花亭"建成，范成大写了《次韵徐子礼提举莺花亭》：

滩长石出水鸣堤，城郭西头旧小溪。游子断魂招不得，秋来春草更萋萋。
愁边逢酒却成憎，衣带宽来不自胜。烟水苍茫外沙路，东风何处挂枯藤？

40

庐下三年世路穷，蚁封盘马竞难工。千山虽隔日边梦，犹到平阳池馆中。

文章光焰照金闱，岂是遭逢乏圣时。纵有百身那可赎，琳琅空有万篇垂。

山碧丛丛四打围，烦将旧恨访黄鹂。缅林霜后黄鹂少，须是愁红万点时。

古藤阴下醉中休，谁与低眉唱此愁。团扇他年书好句，平生知己识儋州。^①

旧州治西南原有柳边亭也是用《千秋岁》中语为纪念秦观建造的。

秦观被贬为处州监酒税时，酒税署就是在万象山附近的姜山(今莲都区政府)。历代许多官吏和文人都曾到此寻访。清康熙二十七年（1688）处州知府刘廷玑作的《姜山宋酒税署故址》云："地僻官闲亦可休，更承风旨苦吹求。儿曹积毁能销骨，误了东坡又少游。"清代丽水名士徐望璋的《访姜山秦淮海监酒税处》中有"翘首南园问遗址，愧无佳句奠诗魂"。清代易学大家、青田端木国瑚在《姜山秦淮海监酒税处》中云"莺花昨梦总飘零，一笏姜山似旧青。木石流传余气韵，诗篇寄托有精灵"。端木国瑚之子端木百禄的《访秦淮海监酒税处》有"莺花寂寞霾祠宇，烟雨荒凉锁寺门。回首天涯成远别，一番惆怅一销魂"等，表达了对秦观的追思。

处州人民为怀念秦观，还在万象山修建了秦淮海祠。秦观曾在囷山法海寺做过修忏，离开处州途经青田时，拜访过慈仁院昙法师，并作诗留别。秦观去世后，僧人在慈仁院里绘像立祠祭祀。南宋嘉泰年间（1201—1204）处州知州胡澄取来秦观画像刻在石上，置于府衙。清代乾隆六十年（1795），秦观无锡裔孙秦瀛时任杭嘉湖兵备道，将北宋元祐三年（1088）授秦观太学博士校正秘书省敕书和族人收藏的小像，送给处州知府汤伊安，汤伊安在处州圭山莲城书院勒石立祠祭祀。清嘉庆元年（1796），知府修仁在万象山崇福寺东侧设神龛刻像，建成秦淮海祠。秦淮海祠建成后，不少文人墨客纷纷来祭祀，并有感而发，围绕秦淮海祠写下了不少诗作。如清嘉庆六年（1801）任丽水知县的张吉安写的《秦淮海祠》："我来七百余年后，山抹微云正晚秋。"秦淮海祠是处州人民为祭祀秦观而建的。历经劫难，几度兴废。咸丰十一年（1861）毁于战火，同治七年（1868）崇福寺僧精一募缘重建。抗战期间，处州古城多次遭日机狂轰滥炸，并两度沦陷，万象山上古建筑被破坏殆尽，从此秦淮海祠便不复存在。唯《重摹秦淮海画像碑》至今保存完好，现存丽水市博物馆里。秦淮海祠虽已圮废，但处州人民却始终怀念着秦观。

---

① （清)张铣,全学超纂,清·道光版丽水县志·丽水志稿点校合刊本,方志出版社,2010,第102页。

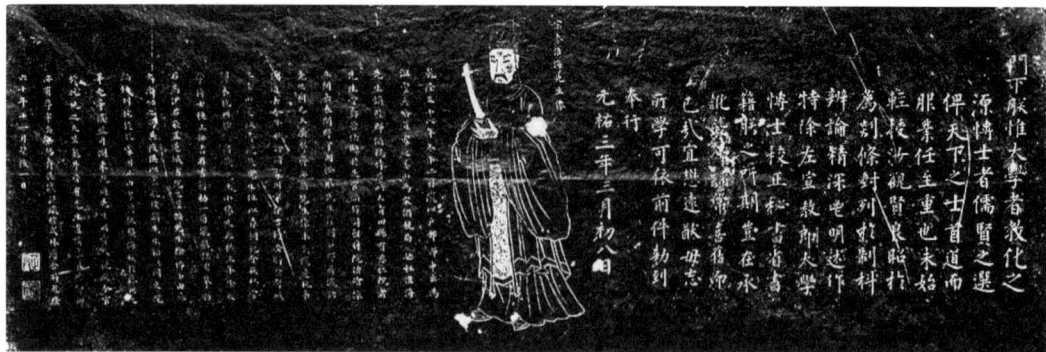

秦淮海先生像碑拓片（丽水市博物馆藏）

《秦淮海先生像碑》右刻释文：

门下：朕惟太学者，教化之源。博士者，儒贤之选。俾天下之士，首道而服业，任至重也，未始轻授。汝观贤良于荐剡，条对列于制科，辨论精深，闓明述作。特除左宣教郎太学博士，校正秘书省书籍。朕之所期，岂在承讹，□□踊常喜旧而已哉，宜懋远猷，毋忘所学，可依前件。敕到奉行。

元祐三年三月初八日。

《秦淮海先生像碑》左刻释文：

乾隆五十八年冬十二月，瀛以户部郎中出为温处备兵道。处之姜山为宋酒税局，始祖淮海先生谪监郡酒税时居此。又青田县有慈仁院者，先生昔访昙法师于是，官满作诗留别，院僧绘像立祠。嘉泰间，郡守胡澄取先生像刊石郡斋。瀛访先生祠，已久废，郡斋亦无先生像。未几，瀛迁杭嘉湖道去。今年秋，谂诸处州守伊君汤安，将于郡城之圭山莲城书院设先生位，以存祠祀。会族祖云锦来杭州，视瀛所藏先生小像，及元祐三年除太学博士校正秘书省书籍敕一通，瀛敬谨重摹勒石，为伊君嵌置莲城书院之壁。按先生除博士，由苏文忠公之荐，其后俱以党祸被谪，先生始以国史院编修判杭，旋贬处州，且由处转徙岭海，殁于藤州之华光亭。瀛监司浙东，既过先生所尝监税处，今官于杭，杭之天竺、龙井皆有先生遗迹，寡里瞻仰，抑亦有厚幸矣。

刘泾遗墨山水间

北宋绍圣年间（1094—1098）的处州知州、书画名家刘泾，与米芾、苏轼为书画好友。刘泾在括任职期间，刘泾有东晋葛洪题"灵崇"书赞、三岩诗刻等石刻等六处存世，是目前考证到处州历史上在丽水境内留有真迹最多的郡守。

"三绝"郡守刘巨川

刘泾（1043—1100），字巨济，号前溪，简州阳安（今四川简阳）人。刘泾与米芾、薛绍彭为书画挚友，号称"铁三角"。宋代学者、绍兴王明清《挥麈后录》载："蔡肇作《米元章墓志碑》云：君与西蜀刘泾巨济、长安薛绍彭道祖友善，三公风神萧散，盖一流人也。"[1] 由此可见，刘泾在当时就是颇有名气的书画大家。

苏轼《次韵答刘泾一首》成为苏刘二人友谊的重要见证，也成为书坛珍品。

"吟诗莫作秋虫声，天公怪汝钩物情，使汝未老华发生。芝兰得雨蔚青青，何用自燔以出馨。细书千纸杂真行，新音百变口如莺。异议蜂起弟子争，舌翻涛澜卷齐城。万卷堆胸兀相撑，以病为乐子未惊。我有至味非煎烹，是中之乐吁难名。绿槐如山暗广庭，飞虫绕耳细而清。败席展转卧看经，亦自不嫌翠织成。意行信足无沟

刘泾画像（清孔莲卿绘《古圣贤像赞略》）

坑，不识五郎呼作卿。吏民哀我老不明，相戒毋复烦鞭刑。时临泗水照星星，微风不起镜面平。安得一舟如叶轻，卧闻邮签报水程。莼羹羊酪不须评，一饱且救饥肠鸣。"[2]

---

[1] 孔凡礼，苏轼年谱（上册），中华书局，1998.02，第157页。

[2] 张志斌主编；(宋)苏轼原撰；(明)王如锡编；吴文清，张志斌校点，东坡养生集，福建科学技术出版社，2013.09，第234页。

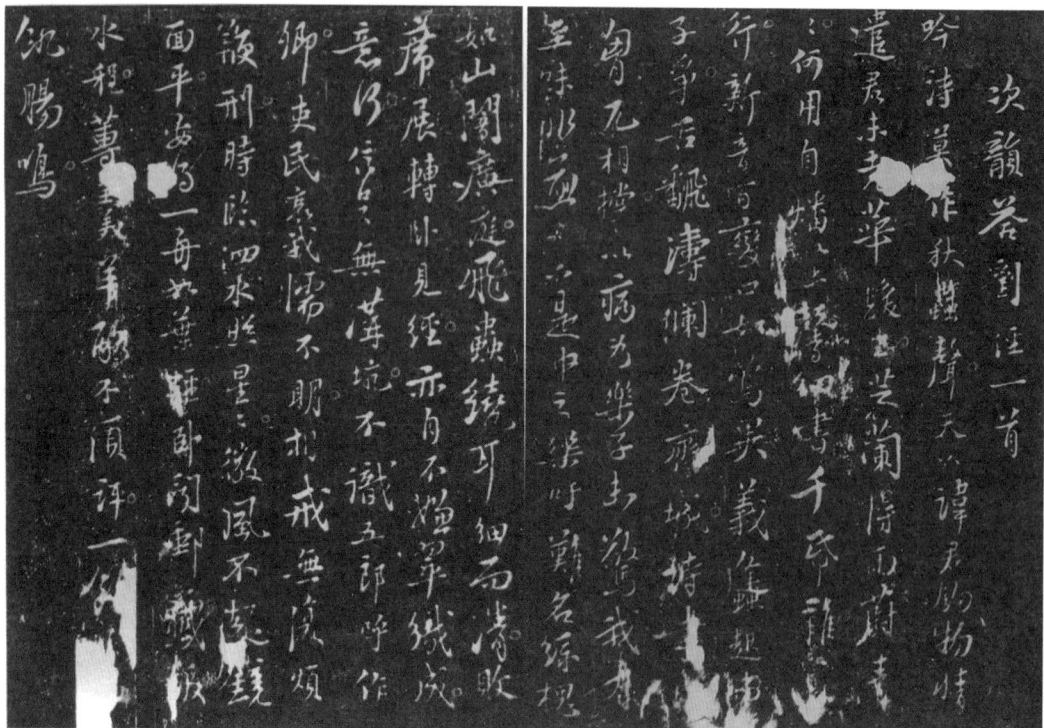

苏轼《次韵答刘泾一首》（宋拓，成都西楼苏帖）

刘泾善作林石槎竹，笔墨狂逸，体制拔俗，亦工墨竹。刘泾与苏轼亦为书画友。苏轼答刘泾诗云："细书千纸杂真行。"二人既有交往，情好日密，早于与米芾交往十多年。南宋画论家邓椿《画继》载："（刘）泾善作林、石、槎、竹，笔墨狂逸，体制拔俗。予家藏其幅纸，所作竹叶，几逼钟、郭。今成都大智院法堂壁间有《松竹窠植》二，惜其岁久，将磨灭也。"①

刘泾虽然受家庭影响，出身不好，但尤为好学，工于文辞。南宋学者、眉州人王称（字季平）《东都事略·文艺传》记载："刘泾为文，务为奇怪语。好进取，多为人排斥，屡踬不伸。"②两宋之际开封人晁说之《晁氏客语》载："巨济文词奇伟，早登苏子瞻（轼）之门。晚受知蔡京，除学博士。"

刘泾著有《前溪集》五卷、《云阳集》（无卷数）、《西汉发挥》十卷、《老子注》二卷，又撰有《成都刻石总目》一卷，并搜集编纂有蜀中碑板幢柱自东汉初平迄后蜀咸熙年间（191—264）的刻石268件。

---

① 潘运告主编，米田水译注，图画见闻志·画继，湖南美术出版社，2000.04，第299页。
② 许嘉璐主编，倪其心分史主编，二十四史全译·宋史（第十五册），汉语大词典出版社，2004.01，第9625页。

遗墨括山瓯水间

宋绍圣年间（1094—1098），刘泾来守括郡。在括期间，刘泾有东晋葛洪题"灵崇"书赞、三岩题记、米芾"南明山"题字书赞、三岩诗刻、青田太鹤山混元峰诗刻、石门洞题记等石刻存世。刘泾还作有《龙崆岩题记》摩崖石刻。

龙崆岩，在今水东与天堂山之间，为古代处州之名胜。"龙崆岩，在天堂西。两崖壁立，有洞容数十人。前有度仙桥，今废。缘微径上岩巅，为登仙洞，乡人尝避乱于此，亦名寨山。岩下为伏龙洞，内有深潭，投以石，声如雷。岩前有洼石如臼，年丰则沙盈其中，歉则沙徙而外。土人以验岁登否。刘泾有摩崖诗刻。俱县东十三里。"[①]该摩崖诗刻在今杨坑村口庙后，2021年夏笔者寻觅访得。

另刘泾还有《褚摹王羲之兰亭序》题跋存世。

刘泾在处州期间，常携幕僚杜颖、方埙、席昌寿等人游处州山水。北宋绍圣三年（1096）十月九日，刘泾与杜颖、方埙、席昌寿及程宏等人游处州城西北三岩，留下题记。

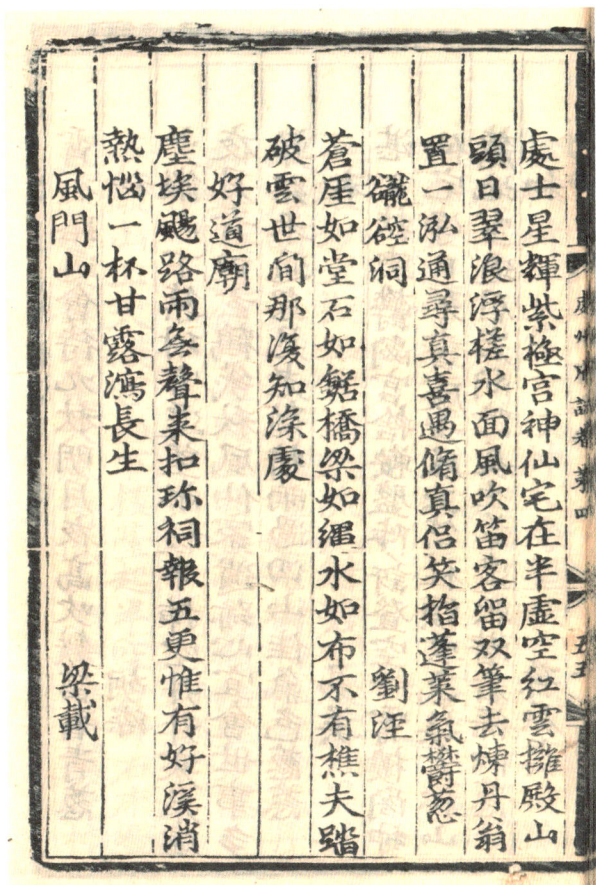

明成化《处州府志》卷四刘泾《龙崆岩》诗刻

刘泾三岩题记

---

① (清)光绪《处州府志》卷之二《封域志中》第6页。

刘泾三岩题记拓本片（吴志华藏）

此题记惜于抗战时期被炸裂。此拓与南明山石梁张康国题记同一手笔，推断为刘泾书，深得柳公绰（即柳宽，小字起之，唐时京兆华原人。柳公权之兄，官至检校左仆射）笔意。

诗文文赋赞处州

在处州任上，刘泾常在公务暇时游历处州名胜山水，并作有诗文多篇。处州城西天王山（今丽水市中心医院东南侧），刘泾曾有诗云："金碧为家定化城，书床南堰略相迎。人间蝶梦正深黑，天上木鱼初发明。半里好峰招隐路，一枝枯竹助闲行。已惭怀绶无高致，可更标门著姓名。"[①]

刘泾还曾创溪雨亭于城东岩泉灵山寺。创成之日，刘泾作诗以记："尘土孤城空自忙，不知精舍早秋凉。林间曲折磬三里，天上金光月满堂。净饭打鱼刳老木，寒灰添火爇明香。鹁鸠山脚溪声好，流入人间雨意长。"[②]

少微山妙成观，唐元贞天师叶法善居之，旧名龙兴观。宋治平间，改今名。

---

① （清）道光《丽水志稿》卷四《艺文》。
② （清）道光《丽水志稿》卷四《艺文》。

有春新堂、溪屏阁、豫章洞、天然图画亭、掀篷室。刘泾曾游到此，并作《妙成观春新堂》："竹无秋色水无春，山埒屏围对座新。自笑官居能几到，登临总是属闲人。"①又作《妙成观溪屏阁》"野色荒烟几十春，不知今日为谁新。洗开修竹成危阁，放出溪光自属人"。②

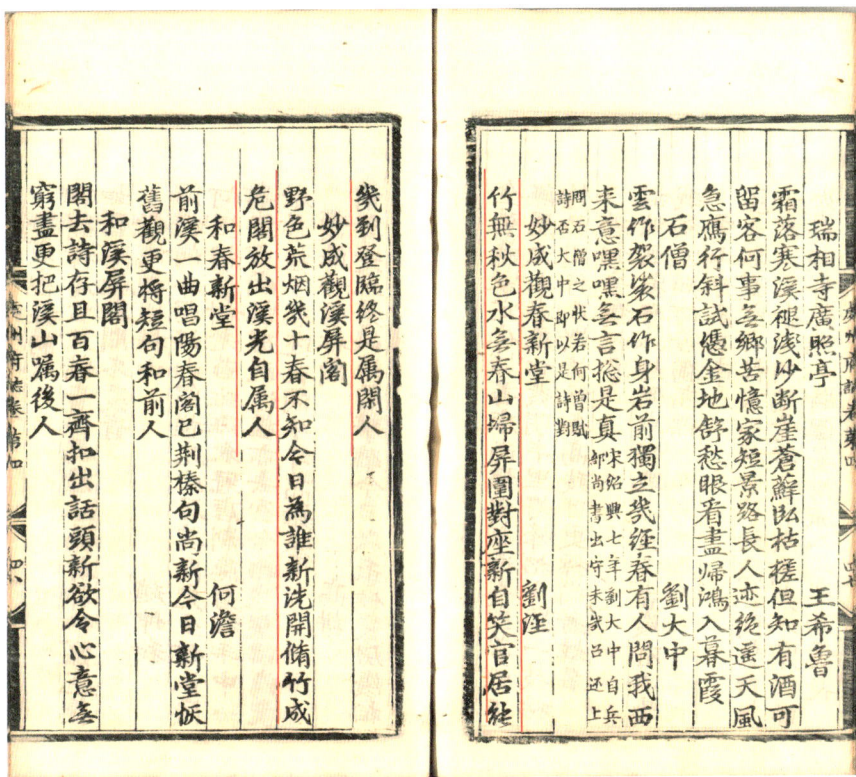

明成化《处州府志》卷四 刘泾《妙成观春新堂》《妙成观溪屏阁》

---

① (明)成化《处州府志》卷四《文献》第47页。
② (明)成化《处州府志》卷四《文献》第48页。

米芾题字南明山

　　宋代书法四大家均与处州有某种缘分：苏轼曾为龙泉留槎阁题字；黄庭坚之侄孙、处州通判黄子耕曾留题于三岩；蔡襄的曾外孙范成大曾任处州知州，并留下墨宝和卓越的政绩。而米芾与处州最为密切。米芾生前曾为丽水多处亭台庙宇题匾，其中有方志文献记载的就有4处，分别是旧州治（今万象山公园）里的少微阁、照水堂、天庆观（今大猷街关帝庙）、南明山题字。"少微阁在旧州治后厅西。郡守关景晖建，米芾书榜。"又"照水堂在少微阁西。郡守李尧俞建，米芾书榜。"[1]又"老君庙在县治东南一里。晋建。唐开元中，改开元观。北宋大中祥符元年（1008），改天庆观，米芾书额"。[2]

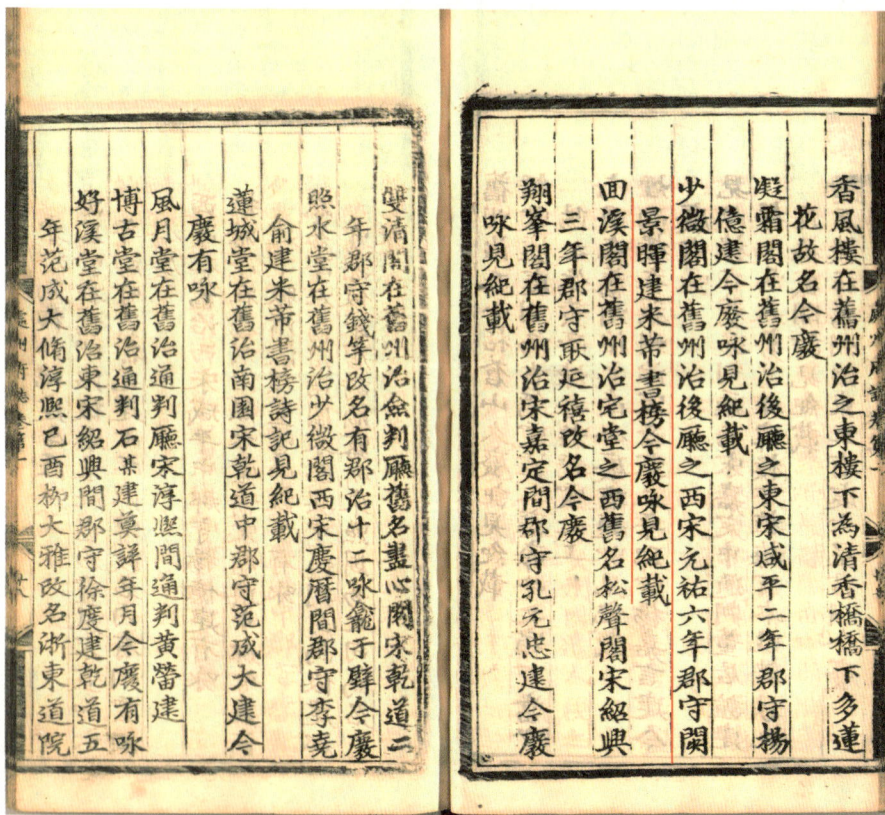

明成化《处州府志》卷一　少微阁、照水堂

①（清）道光《丽水县志》卷六《古迹》第2页。
②（清）道光《丽水县志》卷七《寺观》第10页。

　　然往事越千年，米芾在处州的书榜题字均消失在历史的尘埃之中，唯有在括苍名胜南明山题写的"南明山"三字尚存于云阁崖上，旁有米芾挚友、时任处州知州的刘泾书赞题款，与一旁的东晋葛洪"灵崇"书赞同一手笔。刘泾，西川才子，宋绍圣初来处州主政，生平对金石研究颇深，著有《成都刻石总目》等，又工于书画，善作林、石、槎、竹，与米芾、薛绍彭为至交书友，世称"铁三角"。

　　米芾任雍丘知县时，刘泾即从米芾那里得到所藏《十七帖》及韩干马图、戴嵩牛图。加上薛绍彭，三人"竞相收藏，见知于时"。薛绍彭尝寄书云"书画闲久，不见薛米"。米芾答以诗云"世言米薛或薛米，犹言弟兄与兄弟"。后来刘泾过访薛绍彭，被刘泾看见。于是大叫，致书米芾追问。米芾答以诗云："唐满书奁晋不收，却言自不信双眸。发狂为报蒙龙子，不怕人称米薛刘。"因为刘泾不收晋帖，说晋帖没有真迹，只收唐人作品，故有"薛米""米薛"之句。①

　　刘泾曾经写过一首长诗《元章好古过人书画惊世起余作歌》，盛赞了米芾的收藏之富、鉴赏之精。刘泾在得到唐绢本《兰亭》时，给米芾写信说："收唐绢本《兰亭》，无奇获，且漫眼耳，殊非自标制语也。"米芾阅后，当即赋诗一首作答：

> 刘郎无物可萦心，沉迷蠹缣与断简。求新不获狂时发，自谓下取且漫眼。
> 猗嗟斯人今实鲜，我欲从之官有限。何时大叫刘子前，踧阅墨皇三复返。②

后来，刘泾又收到王右军《子鸾帖》和《梁武帝画像》，立马写信告知米芾。米芾又答以诗道：

> 刘郎收画早甚卑，折枝花草首徐熙。十年之后始闻道，取吾韩戴为神奇。
> 迩来白首进道奥，学者信有髓与皮。始知十箧但遮壁，牛马只可裹弊帷。
> 峨峨太平老寺主，白纱冒首无冠緌。武士后列肃大剑，宫女旁侍攣修眉。
> 神清吒子知寡欲，齿露唇反法定讹。世人睹服似摩诘，不识六朝居士衣。
> 后人勿辄乱唐突，良人笔法了可知。道子见之必再拜，曹庐何物望藩篱。
> 本当第一品天下，却缘顾笔在涟漪。③

---

① 魏平桂著，米襄阳传，长江出版传媒 湖北科学技术出版社，2013.01，第137页。
② 魏平桂著，米襄阳传，长江出版传媒 湖北科学技术出版社，2013.01，第137页。
③ 魏平桂著，米襄阳传，长江出版传媒 湖北科学技术出版社，2013.01，第138页。

　　米芾与薛绍彭、刘泾的这些频繁唱和诗,大都与收藏书画相关,可见这三人的亲密友谊。因而,作为"铁三角"关系,米芾在处州有多处书榜、题刻也就不足为奇,但米芾具体是否来过处州,这还是需要进一步考证的历史谜团。

　　千百年来,丽水一带还流传着一个《米芾手书"南明山"》的故事。

　　"相传北宋绍圣年间(1094—1098),四川简州人刘泾出任处州太守。刘泾爱好书法绘画,对金石也很有研究。他到处州后,政事之余,游览处州城东西南北隅的龙崆岩、天王山、五洞殿、白云山等风景名胜,并咏诗题词,留下一些摩崖石刻。他游览南明山时,被秀丽的景色深深吸引了,那奇兀的石梁,美丽的荷池,壮观的仁寿寺,天然巨石雕成的石弥勒,曲径通幽的高阳洞,无一处不使这个来自天府之国而自称已游历神州许多名山秀川的刘泾流连忘返,赞叹不绝。

　　在奇峰突起的云阁崖旁,刘泾又啧啧称赞起来。幕僚们请这位爱动笔墨的太守在崖壁上题词。刘泾摇摇头,指着云阁崖上葛洪题刻的'灵崇'两个大隶书说:'前人已有珍迹在,刘泾岂敢再献丑!'刘泾推辞后,并当场答允待日后当请他的好友当代书画名家米芾为南明山作题词。

南明山云阁崖

次年，刘泾上京述职，途中闻得他的好友米芾在江苏涟水逗留，于是不辞辛劳，赶往涟水。

刘泾赶往涟水，见到米芾，稍作寒暄，就摆开正题：'元章兄，北这次来涟水，是有事相求的。'

米芾说道：'你我知交，情同手脚，还有什么求不求的?但说就是!'

刘泾点点头，说道：'北欲请兄挥毫赐几个字。'

米芾问：'是你自己为补壁相索吗?'刘泾摇摇头。

米芾正色道：'你也该知我的脾性，若知己索墨，我从不吝惜;如权贵者登门或托人相索，皆一概拒之。望吾弟见谅!'

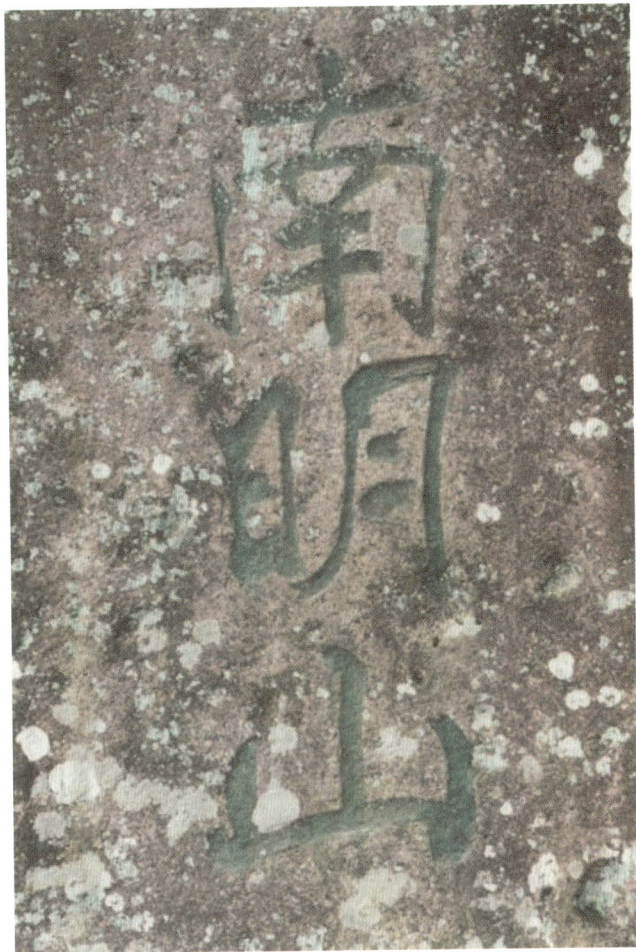

米芾"南明山"题字

'元章兄的脾性我怎么会不知，你想，难道弟会依附权势而来向兄索墨宝么?弟是为浙南一名山而求兄题词的!'

'什么名山?'

'南明山!'

'唔唔，我知道!'米芾说道：'那山上有一条著名的石梁，据说东晋葛仙翁曾在那里炼过丹，是么?'

'正是，正是。'刘泾点头着说：'此山不仅景色秀丽，窟窿奇特，而且留有不少前人的摩崖石刻。就是本朝的沈括、王子京、叶道卿、录沔等人，也都在此留了墨迹。弟无法跻身于名家之林，才来向兄求救的啊!'

米芾听了刘泾的相叙，即说道：'刘贤弟为名山索墨，兄怎能推辞?不过，书法与绘画，跟写文章一样，要以情助兴，只有兴味盎然，才能一挥而成。我对南

刘泾题米芾"南明山"题字刘泾书赞拓片（吴志华藏）

明山没身历其境，对它毫无感情，心中无情无境，怎能有满意的墨迹呵?!'

刘泾问：'如此说来，还需待元章兄亲登南明山，才能挥毫赠墨?'

米芾笑道：'不、不，凡舞文弄墨者，皆可运用身游和神游之法，李白梦游天姥，不是写出千古不朽的名篇么?如今且请刘兄详告南明山的景致，让弟神游一番吧!'

刘泾点点头，即把南明山的地理、山势、庙宇、石梁、洞穴、泉井、树木花草和亭台池桥说了个八九不离十。米芾边听边点头，还不时插问几句，一直到深夜，方才各自入室安睡。

第二天天才麻麻亮，刘泾还在打呼噜，即传来急切的敲门声。刘泾急忙穿好衣衫，打开房门一看，原来是米芾。但见一只脚拖着布鞋，见刘泾开了房门，就催道：'快、快，我兴来也!'

刘泾弄得莫名其妙，忙问：'什么事呀?'

米芾手舞足蹈地说：'我游南明山啦!呵哈哈，好奇兀的石梁，好壮观的仁寿寺，好清冽的炼丹井，好幽美的高阳洞。唔，我亲眼见着葛仙翁在云阁崖上的题词了，果然名不虚传呀!快、快，我也要在云阁崖上题词啦!'

刘泾知米芾已来了'癫性'，也不接话，连忙陪着他来到书房，理好案桌，摊好宣纸，磨好浓墨，递过一支"七紫三羊"的大毛笔，说道：'请元章兄在云阁崖上，为南明山题词吧!'

米芾也不答话，接过大笔，蘸上浓墨，在已摊好的宣纸上运足笔力，一挥而就，写了'南明山'三个正书大字。写毕，把笔一甩，哈哈大笑道：'李白梦游而吟出天姥山，我米芾神游而写'南明山'。你诗篇可以千年传诵，我墨迹难道不能万石留存么?'

刘泾见米芾题下'南明山'三个大字，十分欣喜，就招呼家仆，端上酒菜，相对欢饮起来。

次日，刘泾辞别米芾，离开涟水。他回到处州府后，立即召来刻石名匠，把米芾书写的'南明山'三个大字摩刻在南明山的云阁崖石壁上，并在下端题写了'谒米芾元章，时使清涟侧，书之字奇崛，与山相高'等赞语，记述了索字的年月和简况。

自此，在浙南名山南明山的摩崖石刻中，又多了这位书画大家留下的极为珍贵的'南明山'三字手笔。这三字在云阁崖的峭壁上，字径一尺五寸，和晋代葛洪题的'灵崇'两个隶书大字，相距仅数尺，为山清水秀的南明山添色生花。"[1]

---

[1] 唐宗龙主编，丽水地区故事卷,浙江文艺出版社,1993.03,第403页。

沈括题名高阳洞

在丽水南明山的高阳洞内，有一处摩崖石刻题名格外引人注目："沈括、王子京、黄颜、李之仪，熙宁六年十二月十二日游高阳洞。"

这里的摩崖石刻上的"沈括"就是享誉世界科技史的北宋科学家沈括，他被英国科学史家李约瑟称为"中国整部科学史中最卓越的人物"；美国科学史家席文称他是"中国科学与工程史上最多才多艺的人物之一"；日本数学家三上义夫盛赞他说："这样的人物，在世界数学史上是前无古人的，唯有中国才能出这样一个人才"。

沈括（1031—1095），字存中，钱塘（今杭州）人，北宋嘉祐八年（1063）进士，曾任翰林学士、提举司天监、光禄寺少卿等职，北宋科学家、政治家。沈括博学善文，天文、方志、律历、音乐、医药、卜算，无所不通，皆有所论著。他所著的《梦溪笔谈》是中国古代科学巨著，在世界科技史上有重要地位，对中国科学发展产生了巨大的影响。

沈括为何会来丽水？

沈括生活的时代，是名人辈出的时代。名列"唐宋八大家"的王安石、苏轼

沈括画像

都与他有过重要交集。特别是北宋著名思想家、政治家、文学家、改革家王安石，沈括积极参与到熙宁年间的"王安石变法"中。沈括是王安石的得力助手和重要参谋。

于是在北宋熙宁六年（1073）冬季，著名的王安石变法第五年，在任太子中允之职的沈括奉命考察浙东农田水利，这从沈括分别在缙云仙都和青田石门洞两处摩崖题刻得到证实："沈括奉使过此黄颜、李之仪。""太子中允、集贤校理兼史馆检讨沈括奉使按行过此。熙宁六年十二月十四日。黄颜、李之仪同来。"所谓"奉使"，就是"奉命出使"之意。此时的沈括虽然品级不高，但他为天子近臣，所奉之命，自然是朝廷敕命，用现在的话可以理解为他是以"巡视组"或"督察

组"身份到基层去考察新法执行情况。据说沈括临行前向宋神宗辞行，神宗皇帝交代他说："苏轼通判杭州，卿其善遇之。"沈括到了杭州，还特地去探望老朋友苏轼。从丽水地区现存的三处摩崖石刻来看，沈括是从杭州南行，先到缙云仙都拜谒了闻名天下的黄帝祠宇和鼎湖峰后，再沿括苍古道到处州城，他视察了处州城东好溪堰和城西的通济堰后，趁闲暇之余游玩了括苍名胜南明山。丽水公务完成后，他们又沿瓯江乘船前往青田和温州，沈括在温州雁荡山也留下了摩崖题刻。可见沈括十分喜欢地理名胜，也有题刻"到此一游"的习惯。

那么和他同行者又是什么来路？

先来说说李之仪（1038—1117）。这个李之仪可是位文词大家，他的"我住长江头，君住长江尾。日日思君不见君，共饮长江水"佳句至今也是路人皆知。李之仪是河北沧州无棣（庆云县）人。北宋治平四年（1067）进士及第，曾任河中府万全县令。这次跟随沈括来浙东视察，已是调任开封府开封县知县的任上。李之仪善文章，尤工尺牍，与苏轼关系也是非常密切，苏轼谓之"知刀笔三昧"。这次奉使巡行两浙，也许是李之仪自己主动要求，意在与沈括一道可以到杭州会一会知遇恩师苏轼。

李之仪画像

再来说一说吴县人黄颜，他是以监察御史的身份随同沈括巡行两浙的。他与沈括同为北宋嘉祐八年（1063）同榜进士。在古代，这种同年之缘，在与同科的主考官、考官之间无形之中就形成一种师生关系。黄颜博学强识，殊有文才，并赋武资。黄颜与苏轼的关系也非同一般。而且在北宋熙宁三年时担任浙江象山县县令，与苏轼任所杭州也较近，交往更多。黄颜来两浙巡行无论于公还是于私都是最合适的人选。

最后来说说王子京，他是一位精通建筑的行家里手，曾以洛阳万安桥的桥图进献北宋神宗，结果是龙颜大悦，奖赏有加。沈括这次出巡，水利是重要内容，而水利也离不开建筑，王子京自然也是很合适的人选。后来王子京还于北宋元丰三年（1080），出任福建路转运判官。北宋元丰七年，又升副使，可以说王子京在地方建设上还是很有建树的，并得到朝廷的认可。

　　由此可见，沈括、王子京、黄颜、李之仪四人，用现在的话讲：除沈括为正五品下的中级干部等级外，其他三人都是正七品的基层干部，因此在题名时，沈括自然就是领衔者，也是最有资格挥毫题字的人。

　　这位大科学家给南明山留下了什么样的摩崖石刻呢？北宋熙宁六年（1073）沈括等题名在南明山高阳洞内岩壁上，自左向右行文，正书5行，行字5至6不等，字径约18厘米，幅120厘米×120厘米。题刻书法甚佳，用笔方折硬朗，中宫收坚，结构略带倚侧，有北碑遗风。清《栝苍金石志》卷四著录，为沈括等《南明山高阳洞题名》。沈括题名现已作为南明山摩崖石刻最为重要的部分被列入全国重点文物保护单位。

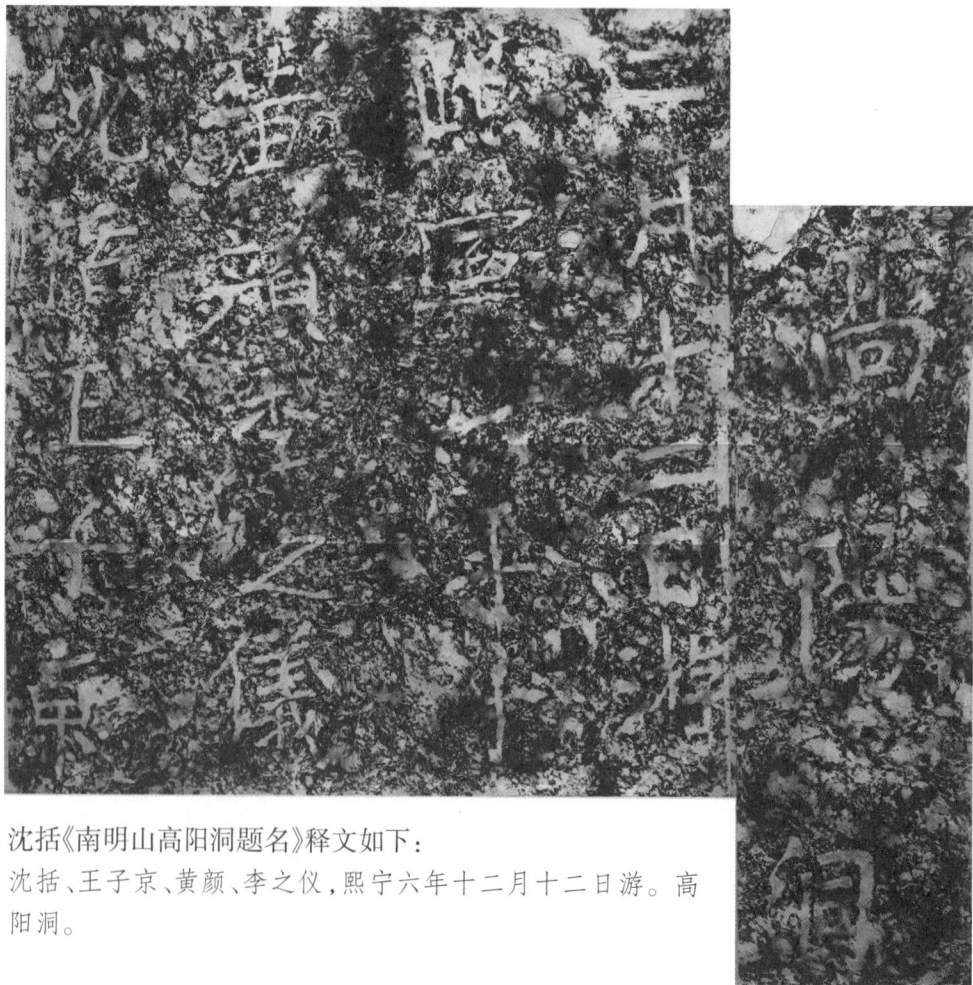

沈括《南明山高阳洞题名》释文如下：

沈括、王子京、黄颜、李之仪，熙宁六年十二月十二日游。高阳洞。

沈括等南明山高阳洞题名拓本（丽水市博物馆藏）

刘大中寄情石僧岩

南宋绍兴七年（1137），一代名臣刘大中作为参知政事、资政殿学士的身份就任处州知州，显然这是宋高宗对其贬黜的意思。刘大中前后两次任职处州，最后定居于此，并终老安息于白云山麓。

刘大中性情耿介，以民为重，在处州任上"激浊扬清，抑强扶弱"①，深受处州士民爱戴，卒后被入祀于处州名宦祠。有《石僧》诗存世，成为迄今为止发现的记载处州城西石僧山最早的地方历史文献。

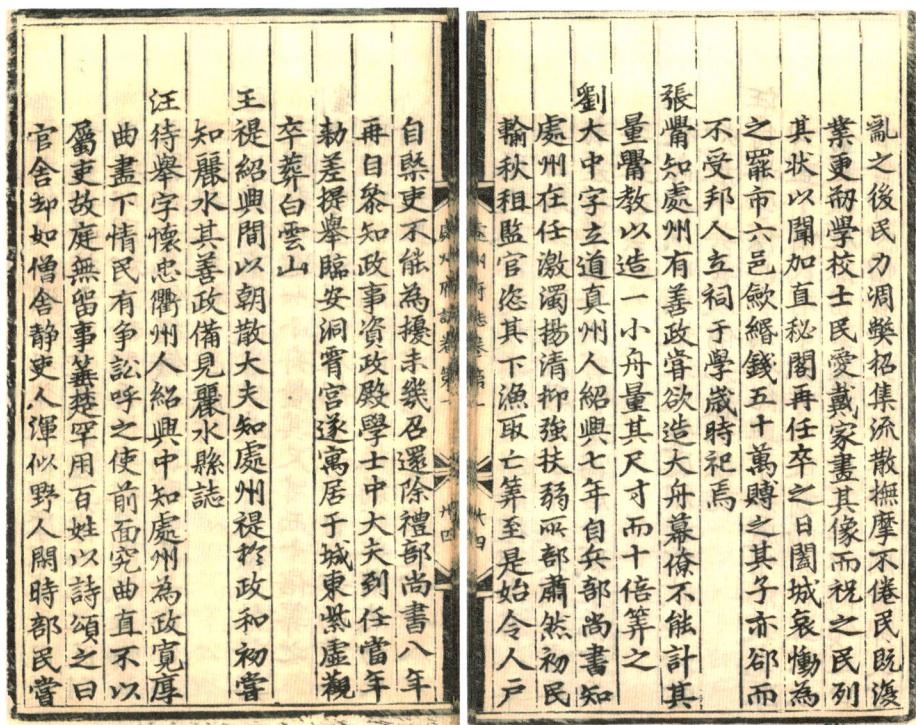

明成化《处州府志》卷一《刘大中传》

刘大中，生卒年不详，字立道，宋代真州扬子县人。北宋大观年间，组织修史，在全国选拔杰出人才，因精通儒家经典、品行端正，成为史官之一。南宋绍兴七年（1137），以兵部尚书兼任处州知州。约束部下，安抚百姓，消除过去官吏利用征收秋租敲诈农民的积弊，境内秩序井然。明成化《处州府志》卷一记载较详："绍兴七年（1137），（刘大中）自兵部尚书知处州。在任激浊扬清，抑强扶

① （明）成化《处州府志》卷一《名宦》第34页。

57

弱，所部肃然。初，民输秋租，监官恣其下，渔取亡（无）算。至是，始令人户自概，吏不能为扰。"

南宋绍兴八年（1138），在任处州知州不久的刘大中回临安升任礼部尚书、参知政事，敢于汇报民众赋税沉重、生活痛苦、生子不举的实况，并建议以人口增减作为考核地方官员政绩的指标。后因与丞相赵鼎合议，认为不可与金人屈膝求和触怒秦桧，被罢免副相，再任处州知州。不久再降黜，提举临安洞霄宫，闲居处州城。这就是明成化《处州府志》记载："（绍兴）

桃山石僧岩

八年，再自参知政事、资政殿学士中大夫到任。当年，敕差提举临安洞霄宫。遂，寓居于城东紫虚观。"[1]

报国无门、性情刚烈的刘大中，在紫虚观中十分郁闷，不久病卒，谥"忠肃"。葬于处州城北白云山。明成化《处州府志》载："宋郡守刘大中墓在白云山。南宋绍兴七年（1137），知处州，赴召。八年，再任。卒，葬于此。"[2]处州士民怀念刘大中之德政，奉其灵位列入处州名宦祠。

桃山，又名石僧山，因有一石形似老僧而得名。"桃山，旧产桃，县西五里。旧志：山为郡右臂，近多采石于山，山形损剥，当禁止。有一石，状若癯僧，面壁兀立，故又名石僧山。按：《栝苍汇纪》云：宋绍兴间，刘大中以兵部尚书守处州，未几召还。上问石僧状，大中对以诗云：

---

① （明）成化《处州府志》卷一《名宦》第34页。
② （明）成化《处州府志》卷一《古迹》第29页。

　　云作袈裟石作身，岩前独立几经春。有人问我西来意，默默无言总是真。"

　　明万历《栝苍汇纪》与明成化《处州府志》之《刘大中传》的史实完全能够呼应。而且把作诗的场景和时间也写得很生动，那就是刘大中第一次出任处州知州没多久，宋高宗就把刘大中召回临安，还升任参知政事（即副相）。一日，宋高宗问刘大中，处州有什么景致比较稀奇。于是刘大中就回答宋高宗，处州的景致要数处州城西的石僧最奇特。于是宋高宗又问，这么好的景致，是否有人吟诗题咏？于是刘大中就随口作了《石僧》一诗。据

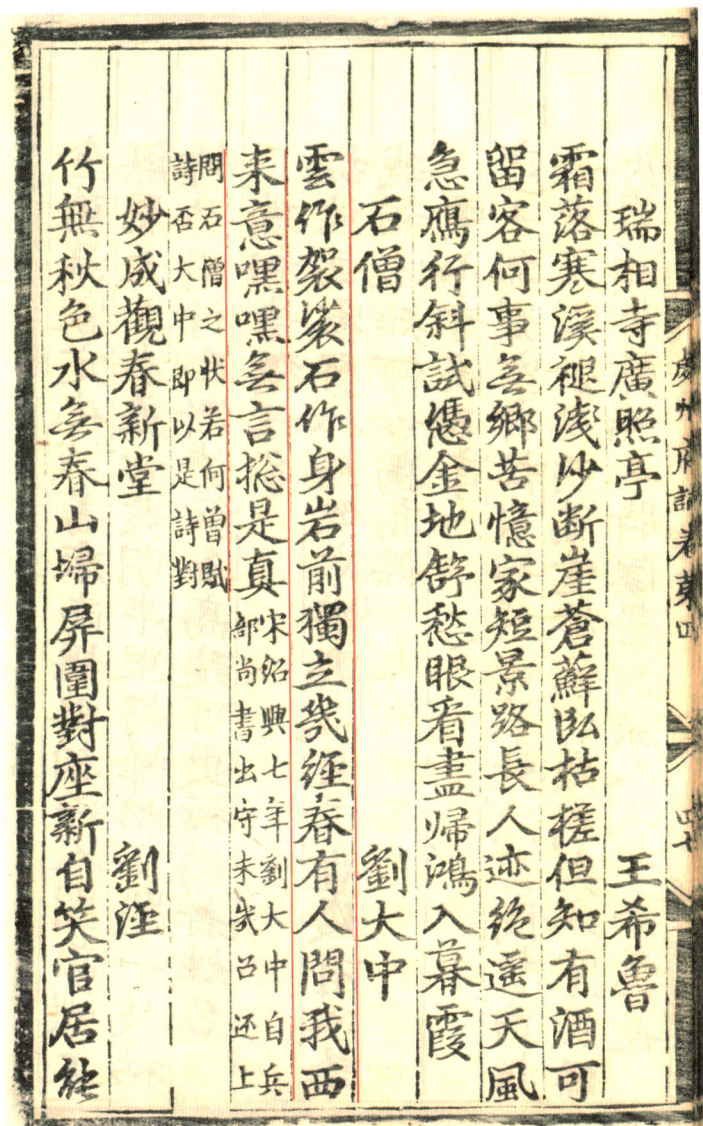

明成化《处州府志》卷四《记载》 刘大中《石僧》

说后来还曾将此诗刻于桃山，但始终未有发现刘大中真迹。

钱竿留题处州城

　　钱竿，生卒年不详，南宋隆兴二年（1164）至南宋乾道九年（1173）前后在世，杭州人。宋代诗人。南宋乾道年间（1165—1173）在任处州知州。在处州任上，钱竿与处州城东南道教圣地少微山紫虚观高道章思廉友善，诸多故事载于郡县方志。钱竿生平嗜好药学，曾在处州刊行其药典著作《海上名方》一卷。又善诗，在处州仅有《少微阁》《烟雨楼》《转物庵》等诗文数首，其中尤其以《少微阁》最为出名，意境悠远，文辞质朴，朗朗上口，为处州宋诗之上乘之作。

　　钱竿牧守处州考订

　　清光绪《处州府志》卷之十三《职官志上》将钱竿载列于北宋政和年间（1111—1118）上虞人李孟传之后，北宋宣和年间（1119—1125）处州知州、浦城人黄烈之前。笔者稽阅众多文献，考订钱竿为南宋乾道二年至四年（1166—1168）在任处州知州。

　　《夷坚丙志》卷六《范子珉》载："乾道二年,钱竿为缙云守。"这里所讲的"缙云"非今之缙云县，而是唐代处州一度改缙云郡，因而自唐以降，处州主政官员常呼"缙云郡守"或"缙云守"。

　　《文献通考·经籍考》五〇卷载："《海上方》一卷，乾道中知处州钱竿编。"

　　又南宋隆兴二年（1164）二月二十四日，钱竿与友人陈邦彦等到明州（今属宁波市）慈溪佛迹洞拜谒，并勒摩崖石刻于洞之石壁："武林钱竿、锦屏陈邦彦皆奉亲来瞻佛迹，隆兴二年二月廿四日"。南宋隆兴二年（1164）就是钱竿到处州任职的前两年，这于其生平活动时间较相符，如钱竿是北宋的人，他在南宋隆兴二年（1164）定是耄耋老人，如何还能侍奉老母上山礼佛。尤其其老母更是百岁以上的老人，在"人生七十古来稀"的年代，应是奇谈了。

钱竿慈溪佛迹洞摩崖题记拓片

又见明成化《处州府志》卷一记载："双清阁在旧州治在金判厅。旧名尽心阁。宋乾道二年（1166），郡守钱竽改名。有《郡治十二咏》，砭于壁。今废。"

至南宋乾道四年（1168），范成大接任处州知州。

以上种种历史文献信息印证，可断定钱竽定非北宋时来处州任职，其真正的处州知州的任职时间是南宋乾道二年至四年（1166—1168）这三年间。

钱竽交游章思廉

也许清光绪《处州府志》编辑者或是一时笔误，将钱竽列入北宋郡守内。其实在清光绪《处州府志》收录的宋代书画家道士章思廉的传记中有明确乾道年间有关章思廉和钱竽交游轶事的记载。这个故事说的是：遂昌人章思廉，少时从学儒业，以精通经学闻名三舍。后顿悟，栖居到城中寿光宫。终日默坐，蓬头垢面，出外时步履如飞，行动语言皆能预示祸福。乡里人都把他当作神人看待。南宋乾道二年（1166），处州郡守钱竽将他迎入郡斋，两个月之久，思廉不曾进饭食，每天只饮些醇酒。有一天，思廉出游多半日才回来，说吕洞宾正在张公桥洗纸被。钱竽当即命人备上车马，前去拜谒。到了张公桥，果然听到吕洞宾说"这定是思廉小儿饶舌了"。有一天，思廉告诉钱竽，说他就要归仙去了。而后果然端坐而逝。钱竽命人把他抬到天庆观，七天七夜颜面色泽不改，第八天将他葬于处州城东南的少微山。后来有人看见他在东阳洞边钓鱼，启开他的棺木一看，里边只有一双鞋子。

清光绪《处州府志》是这样记载的："章思廉，遂昌人，名居简，以字行。少业儒，以经学名三舍。既有悟，遂栖迹邑之寿光宫。终日默坐，蓬首垢面。出则履步如飞，动作语言，皆祸福所寓，乡人以神待之。高宗遣黄门董御药赍香致祷，书'慎乃在位'授之。未几，孝宗受内禅，盖慎孝宗名也。以至隐语告人疾病、吉凶如响应。乾道丙戌，郡守钱公竽迎，舍郡斋，两月不食，惟日饮醇酒。间出游，半日而归。因问：'吕洞宾今何在？'答曰：'正在张公桥洗纸被。'即命驾往谒之，至则若有闻曰：'此思廉小儿饶舌矣。'一日，语守曰：'吾欲归。'乃端坐而逝，瘗少微山。后有人见其持只履在东阳洞边钓鱼。发其瘗，惟只履存。尝有诗曰：得太极全体，见本来面目。先天一点真，后天却是屋。"[1] 志文中的"乾道丙戌"，就是南宋乾道二年（1166）。

元代文学家虞集的《少微山紫虚观记》还记载了一个章思廉为钱竽的叔父预测前程的故事。"时郡守钱竽尤敬异。有从父以从官家居，因竽求见思廉，思廉望

---

① （清）光绪《处州府志》卷之二十一《人物志中》第93—94页。

见处呼曰：'大资。'后，果官至资政殿大学士。"①

刊印药著《海上方》于括苍

《海上方》又名《海上方》《海上仙方》《海上名方》《龙宫秘藏海上方》。相传为托名唐孙思邈撰，书中列常见120余种病证的单验方，每病编成七言歌诀，便于习诵。"海上方"本义为海上神仙一方。后来处州知州钱竽著述的中医方剂书杂著以《海上方》为名。钱竽精通医理，寻觅民间偏方。在处州任上，时常利用闲暇时间到山野中采药，然后带回衙署研究，并将其成果《海上方》在处州城刊行。"括苍刊知处州钱竽《海上方》。"②惜此要典今已不存。

《中兴馆阁书目辑考》卷四《医家》一卷载："乾道中，知处州钱竽编。"赵士烽按："《解题》云不著名氏。《宋志》：钱竽《海上名方》一卷。"

又《遂初堂书目》有医书类载："《海上名方》。"

《直斋书录解题》卷三载："《海上名方》一卷。不著名氏。括苍刻本。《馆阁书目》有此方，云乾道中知处州钱竽编。"

又《宋史·艺文六》医书类："钱竽《海上名方》一卷。"有校勘记曰："疑钱竽为'钱竽'之误。"

钱竽吟咏遗处州

钱竽生平善诗文，在处州任上，传唱至今的有诗文四首。

明成化《处州府志》记载："转物庵，在旧治拂云亭后。郡守钱竽有咏。"③钱竽是这样描写处州衙署旁的转物庵："一超幸入如来境，万法无形本自空。不使此心随物转，会须弹指证圆通。"

烟雨楼，在处州州治。北宋政和年间处州郡守杨嘉言建，范成大书榜。钱竽有《烟雨楼》诗：

人在神仙碧玉壶，楼高壮丽壁城隅。风云出没有时有，烟雨空蒙无日无。
但得绿樽闲对酌，何须红袖醉相扶。郭熙已死丹青绝，剩作诗人当画图。

钱竽在处州任上留下传唱最为广泛的诗作要数《少微阁》，此诗为最早记载处

① (明)成化《处州府志》卷四《记载》第20页。
② 张秀民著;韩琦增订,中国印刷史(上)插图珍藏增订版,浙江古籍出版社,2006.10,第107页。
③ (明)成化《处州府志》卷一《古迹》。

62

州城雅号莲城的历史文献：

少微阁应少微星，点点人间分外明。过雨晓来添练水，好山晴后绕莲城。

昔年人物不常有，近世英豪多间生。顾我把麾渐坐啸，落霞孤鹜看题名。

此外，钱竽在缙云仙都初阳山亦有题咏。

烟雨楼

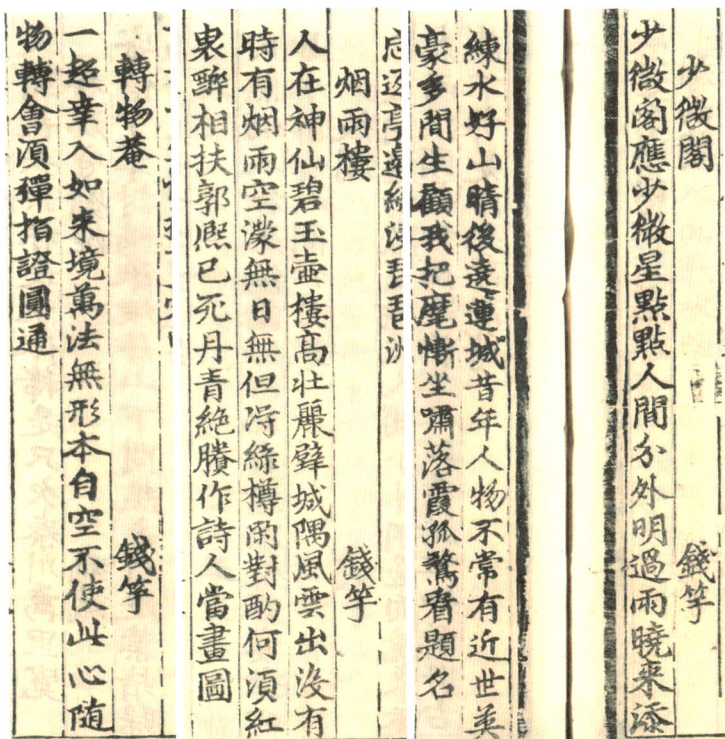

明成化《处州府志》卷二钱竽《转物庵》《烟雨楼》《少微阁》

陆游二度南园赋诗

　　著名爱国诗人陆游可谓是家喻户晓的人物，他写的"王师北定中原日，家祭无忘告乃翁"之句表达了诗人至死念念不忘"北定中原"、统一祖国的深挚强烈的爱国感情，也深深地打动了一代又一代国人的爱国心。还有就是陆游与其表妹唐婉的爱情故事，想必也几乎没有多少人不熟悉的。在陆游老家绍兴有一个他的伤心地沈园，他一辈子想着沈园，又怕到沈园，而很多人不知道：丽水城也有一个他时常挂念的南园。他生前曾多次往来经过丽水，每次必到南园，并且留下了多首题咏南园的诗文。

陆游画像

　　丽水人熟悉的万象山公园，她是丽水城的后花园，她的美丽早在一千年前著名词人秦观已有生动描述："春路雨添花，花动一城春色"。山上有一座叫南园的江南园林，里面有一座莺花亭，是南宋处州知州、著名诗人范成大为纪念秦观所建。明成化《处州府志》记载："莺花亭在旧治南园。范成大建，取秦观所赋花影莺声之句为名，有咏。"[①]而南园的历史更为悠久。唐代时，处州治所衙门在西山，即现在万象山公园烟雨楼一带，南园就是州衙的后花园，对此清道光《丽水县志》

---

① （明）成化《处州府志》卷一《古迹》第29页。

有明确记载："南园在旧州治南。据《名胜志》，则唐时已有之矣。"①南园历经千年沧桑巨变，屡建屡毁，前些年丽水市政府拨款重建，千年古迹重现人间，千年文脉也得到重新延续，可谓功德无量。

南园旧址

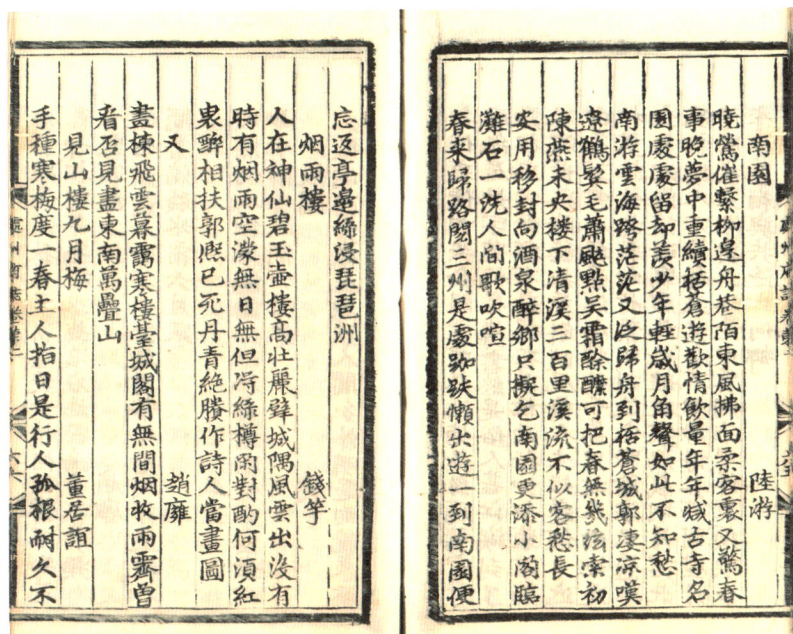

明成化《处州府志》卷二　陆游《南园诗》

---

① （清）道光《丽水县志》卷六《古迹》第 4 页。

南园可以说是文化名园，自唐以降，无数处州名士，贤宦良吏，文人骚客都在这里留下过惆怅名篇，而最有影响力的要数宋代爱国主义诗人陆游了。他曾两度来过南园，并留下以《南园》为题的诗文多篇。

陆游第一次来处州是因为范成大，他二人志趣相投，情谊甚笃。南宋乾道五年（1169），陆游45岁，隆兴府判官卸任不久，赋闲在绍兴老家。因先前的南宋朝廷和金国签订了《隆兴和议》，陆游一直耿耿于怀，心情悲愤。这时的陆游想起来在处州的范成大。陆游34岁时曾在宁德县担任过主簿，对处州一带路径风土熟门熟路，于是决定到处州探访范成大这位挚友。

陆游的到来，令日理万机的范成大非常高兴，他邀请了刚回老家不久的好友、福州通判江涛一起陪同陆游游赏刚落成不久的南园莺花亭。来到南园，陆游被这座江边园林美景所深深地陶醉，情到深处，家国仇恨顿抛到云外，赋诗言道：

晓莺催系柳边舟，巷陌东风拂面柔。客里又惊春事晚，梦中重续栝苍游。
欢情饮量年年减，古寺名园处处留，却羡少年轻岁月，角声如此不知愁。①

在莺花亭下，范成大、江涛陪着陆游对饮畅怀。对于秦观，陆游也是非常敬重的，可谓神交已久，游访故迹，不见古人，陆游又有一丝深深的遗憾：

沙外春风柳十围，绿阴依旧著黄鹂。故应留与行人恨，不见秦郎半醉时。②

江涛也是位才华横溢的诗风妙人，他追和放翁诗道：

春雨溪头长柳围，游仙枕上赋黄鹂。谁知醉卧古藤下，却是浮生梦觉时。③

处州之行不久，陆游接到朝廷命他转任夔州通判的文书，范成大也离开丽水回都城临安任职，两位好友又天各一方。

第二次来南园是在南宋淳熙六年（1179）。这年陆游55岁，他由提举福建路常平茶盐公事调任提举江南西路常平茶盐公事，途经处州，重访南园故地。时隔十

① （宋）陆游，剑南诗稿校注（第1至第8册），上海古籍出版社，1985.09，第4584页。
② 史杰鹏编著，中国古典诗词精品赏读·秦观，五洲传播出版社，2006，第61页。
③ （清）张铣，金学超纂，清道光版丽水县志·丽水志稿点校合刊本，方志出版社，2010，第102页。

年，物是人非。坐在莺花亭下，陆游感慨万千，赋诗二首以抒发对友人的思念和仕途的渺茫之感：

南游云海叹茫茫，又泛归舟到栝苍。城郭凄凉叹辽鹤，鬓毛萧飒点吴霜。
醅醵可把春无几，弦索初陈燕未央。楼下清溪三百里，溪流不似客愁长。
安用移封向酒泉，醉乡只拟乞南园。更添小阁临滩石，一洗人间歌吹喧。
春来归路阅三州，是处跏趺懒出游。一到南园便忘返，亭边绿浸琵琶洲。①

---

① (清)张铣,金学超纂,清道光版丽水县志·丽水志稿点校合刊本,方志出版社,2010,第60页。

范成大撰并书通济堰规碑

2010年，丽水市委宣传部牵头组织"处州十大历史名人"评选，宋代处州知州范成大作为唯一的处州郡守代表人物入选其中。在1400多年的处州建置历史过程中，范成大是政绩最为突出的郡守之一，其当选"处州十大历史名人"，可谓当之无愧。而其在处州修葺通济堰后所撰并书的《重修通济堰堰规》，为其现存最早的墨迹作品。

范成大（1126—1193），字致能，吴郡（今江苏苏州）人。南宋绍兴二十四年（1154）与杨万里、丽水梁安世等人同登进士。南宋乾道四年（1168），起任处州知州兼管内劝农事。范成大生前与陆游友谊甚笃。成大才华横溢，素有文名。抨击时弊，赞成抗金。善写田园诗，诗风继唐，同情民苦，对后世颇有影响。

范成大画像

范成大不仅擅诗，而且善书。在处州一年多时间里，曾留下多处手迹。南宋乾道四年（1168），范成大组织修葺括苍门外平政桥，桥成后，因众同僚、士民之请，撰并书《平政桥记》，立碑于南岸知津亭内，后不知毁于何时。范成大还曾为处州州治好溪堂、烟雨楼书榜，惜已不存。

丽水境内现存的范成大手迹仅有莲都区碧湖镇堰头村詹南二司马庙内的《重修通济堰规》碑。书写此碑，源于范成大修葺通济堰。范成大于南宋乾道三年（1167）十二月，起知处州。范成大是一位关心民瘼、颇有报国情怀的好官。他于四年到任，见通济堰"往迹芜废，中、下源尤甚"[1]。乾道五年(1169)正月，他与军事判官（职位仅次于知州）、山东兰陵县（今山东枣庄南）人张澈组织民夫对通济堰进行大规模修复，垒石筑防，浚淤通塞，设置水闸49处，渠水可灌田25000亩。四月完成，费时三个月。范成大"驰至斗门"[2]，在司马庙举行落成典礼。范

---

① 范成大《通济堰规跋语》石刻本。

② 范成大《通济堰规跋语》石刻本。

成大对众人说，水无常性，沙土容易湮塞，"修复之甚难而溃塞之实易"①。通济堰修葺功成，为保证通济堰堰水长流，以图久远，他还亲自订立堰规，书写碑文，以垂后世。

宋乾道五年（1169）《重修通济堰规》暨《跋语碑》现立于通济堰詹南二司马庙内，碑高165厘米，宽86厘米，碑两面均刻碑文，由范成大撰并书。这一年，范成大43岁，人到中年，为精力最为充沛，而阅历已趋成熟，书风也开始定性，形成自己独有的风格。此碑文意简赅，书逼苏（轼）黄（庭坚），作为范成大现存最早的书法作品之一，也堪列其众多存世作品中的上乘之作。堰规分堰首、田户、甲头、堰匠、堰工、舡缺、堰概、堰夫、渠堰、请官、堰山、石函斗门、湖堰塘、堰庙、水淫、堰簿、逆扫、开淘、叶穴头、堰司共20条，可以说此碑也是"河长制"之滥觞。清《栝苍金石志》卷五录有该堰规及跋语，为《范石湖书通济堰碑》。

范成大《重修通济堰规》拓片
（吴志华藏）

范成大生平不仅擅诗，而且书法造诣也很高，尤其精于行草书。范成大师法黄庭坚、米芾，而自变其体，自成一家。范成大书风遒劲可爱，生意郁然，飘逸古雅，用笔非常流畅自然。范成大的书法不仅深受范家历代先人真传，尤其受他母亲的影响。他的母亲蔡夫人，是北宋四大书家之一蔡襄的孙女，学者文彦博外孙女。可见其母族为著名世家。范成大出生时，他的曾外祖蔡襄已经去世，然而蔡襄书法在两宋具有颇高的艺术地位和重大影响。周必大《题汪季路所藏书画四轴》这样评价："蔡忠惠公大字端正沉着，宜为本朝第一。"范成大幼年一定学过蔡襄书法，如周必大就曾多处论及这一点："（范成大）公蔡氏所自出，古书法兼有真、行、草之妙，人争藏之"②。又南宋淳熙元年（1174）《与范致能参政》第二书"某伏蒙宠示三大字，雄遒结密，盖自莆阳外家，一变而入颜（真卿）、杨（凝

① 范成大《通济堰规跋语》石刻本。
② 湛之编，古典文学研究资料汇编，中华书局，1964.04，第122页。

式）鸿雁行矣"

由此可见，范成大早年学书或从其先人蔡襄入手。其早年和中年的存世作品多为题刻、碑记等书迹，如南宋乾道五年（1169）处州通济堰《重修通济堰规》碑、南宋乾道九年（1173）广西桂林的《复水月洞铭》和南宋淳熙二年（1175）《碧虚铭》等。这一时期的书法以正书为主，宗法颜真卿、蔡襄。而其存世墨迹以南宋淳熙六年（1179）间的《玉侯帖》《春晚晴媚帖》为最早。从范成大传世书迹风格来看，他确实有出自曾外祖蔡襄的痕迹，如范成大的《复水月洞铭》与蔡襄《虚堂诗帖》《澄心堂帖》等有诸多血脉相承之处。

范成大《重修通济堰规》碑拓片（吴志华藏）

范成大《通济堰堰规跋语》释文如下：

通济堰合松阳、遂昌两溪之水，引而东行，环数十里，溉田广远有声名浙东。按长老之记，以为萧梁时詹南二司马所作，至宋中兴乾道戊子垂千岁矣。往往芜废，中下源尤甚。明年春，郡守吴人范成大与军事判官兰陵人张澂始修复之事，悉具新规，三月工徒告休，成大驰至斗门落成于司马之庙，窃悲大水无常性，土亦善埋，修复之甚难，而溃塞之实易，惟后之人与我同志嗣而葺之，特有考于斯。今故刻其规于石以告。四月十九日，左奉议郎、权发遣处州军州主管学事兼管内劝农事范成大书。

文才知州喻良能

喻良能（1120—?），字叔奇，号锦园，号香山，人称香山先生。宋代婺州义乌人。南宋诗人。南宋绍兴二十七年(1157)进士，补广德尉，历鄱阳丞、星源令，通判绍兴府。南宋乾道七年(1171)为建宁府学官。累官国子监主簿、工部郎中、太常丞、左中奉大夫、太常寺丞兼太子左谕德，南宋淳熙年间（1174—1189）任处州知州。不久封东阳县开国男食邑三百户，以朝散大夫致仕。喻良能诗才闻名于当时，"与兄良倚伯寿、弟良弼季直皆有文名，而良能尤杰出，为当时所推。"[1]喻良能有《忠义传》《香山集》等著作数种，然在处州知州任上，仅有《旧州治记》存世，载于明成化《处州府志》卷二之中。喻良能所记的旧州治，非唐代洞溪（今紫金街道古城村）故城州治，而是莲城山（今万象山烟雨楼一带）之故城州治。

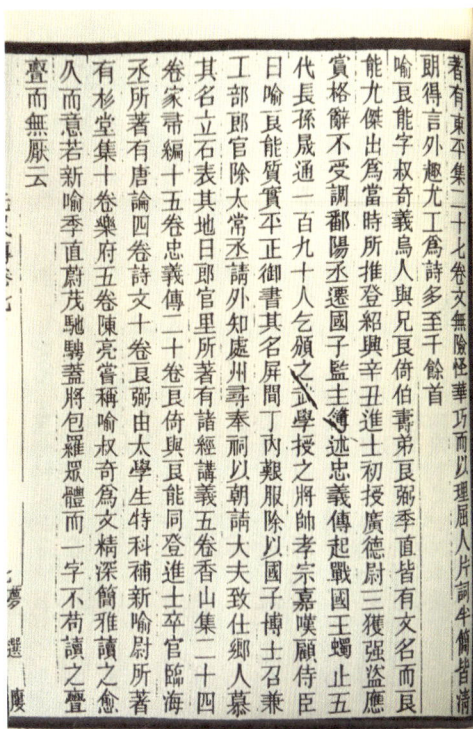

明《金华先民传》卷七《喻良能传》

喻良能与杨万里非常友善，出任处州之时，杨万里赠以《送喻叔奇工部知处州》，对处州山水给予了高度赞扬，也期待喻良能到任处州，多出精彩的好作品：

> 厌直含香与握兰，一麾江海泝冰滩。
> 括苍山水名天下，工部风烟入笔端。
> 新国小迟怀印绶，故园暂许理渔竿。
> 即看治行闻天听，紫诏徵还集孔鸾。

喻良能在处州任上，时刻牢记杨万里之嘱托，虽时常忙于政事，但这并没有荒废其诗才的充分发挥。其不少诗作，均描写任职期间的所见所闻，借此披露心

---

[1]（明）应廷育撰，《金华先民传》卷七《喻良能传》第7页。

迹。在出知处州的日子里，喻良能正如杨万里期望的那样写就了多篇诗文。

下面这首诗为喻良能接到擢任处州知州后，离开家乡，明志自己本热爱山水，不是以封侯拜相为报负的从政愿望和初衷：

之官括苍道出涵碧，因题四韵以继宾客刘公之后尘云

平生性僻耽山水，不愿加封万户侯。但得双鱼长到眼，未须万壑更争流。

只今奇绝齐三洞，自昔流传徧九州。记得当年小盘礴，坐令炎赫变清秋。

（《香山集》卷十一）

《处州州宅》是喻良能到处州后，吟咏州治居所的一首诗。从诗中可见喻良能非常满意现状，也很感恩朝廷给他安排"全家饱煖君恩重，属邑丰登公事稀。"同时对西山上"一簇楼台居洞府，四时风景对屏帏"如诗如画的景色很是陶醉。

处州州宅

古栝提封接日畿，专城皓首有光辉。全家饱煖君恩重，属邑丰登公事稀。

一簇楼台居洞府，四时风景对屏帏。多惭郎省无裨补，丐外犹能占翠微。

（《香山集》卷十六）

处州州宅之二

势压江峦栋宇雄，使君如在广寒宫。微之政以江山助。千首诗成咳唾中。

（《香山集》卷十六）

下面这首诗为喻良能与王给事唱和的应酬之作。

次韵奉酬王给事见贻之什

谁知州宅似精庐，山绕檐楹水绕除。堂静惠风长细细，楼高烟雨又疎疎。

贫如坡老工餐菊，性似边韶懒读书。赖有嵩山王给事，作诗贻赠问何如。

（《香山集》卷十六）

签厅，应是处州州治的办公场所之一，签书判官厅，职掌审定所进呈的文案之地。喻良能到任后，组织修建签厅，落成时赋诗以纪。

签厅落成为赋长句

幕中英俊许谁先，一一骅骝拟着鞭。老我漫夸森画载，夫君端称泛红莲。
鸠工已见成轮奂，载酒何妨醉圣贤。闻道公余多暇隙，定持椽笔籀云烟。

（《香山集》卷十六）

对厅口号是宋代乐语体制中的一种，始于北宋。这里讲的对厅口号应该是当时处州州衙春秋大宴上的一种宴乐形式。

对厅口号

欢声喜气溢黄堂，解愠风清化日长。簪绂尽倾千里目，冕旒遥祝万年觞。
韵敲碧玉檀栾嫩，色斗红粧菡萏香。共庆庞恩新浃洽，圣君文母寿无疆。

（《香山集》卷十六）

下面这首诗讲述的是喻良能与郡中僚属畅游州治南园，相互唱和的应酬之作。

十一月十日，同幕府诸公游郡圃，叶抚属得梅花一枝，马抚属有诗因次韵

横枝十月要清诗，南国今年尔许迟。梦绕故山千叠叠，眼看新萼一枝枝。
欲知影瘦香微处，未称天寒日暮时。却忆玉溪当日树，浅霜深雪总相宜。

（《香山集》卷十六）

回溪阁，即洄溪阁，在处州州治衙署之内，始建于北宋或北宋之前，原名"松声阁"，南宋初处州知州耿延禧更名"回溪"。明成化《处州府志》卷一载："回溪阁，在旧州治宅堂之西。旧名松声阁。宋绍兴三年（1133），郡守耿延禧改名。今废。"

回溪阁

十寻杰阁倚云隈，淡霭轻烟照眼来。山色不随天际远，溪流长为水深回。

（《香山集》卷十六）

明成化《处州府志》卷一《古迹》载："好溪堂，在旧治东。宋绍兴（1131—1156）间，郡守徐度建。乾道五年（1169），范成大修。淳熙巳酉（1189），柳大雅改名'浙东道院'。东有两观，江纬建。今并废。"

好溪堂

好溪无复怒涛麤，缭绿萦青秀色腴。更着华堂临绝境，风流长与岘山俱。

（《香山集》卷十六）

明成化《处州府志》卷一《古迹》载："凝霜阁 在旧州治后厅之东。北宋咸平二年（999），郡守杨亿建。今废。咏见纪载。"从明成化《处州府志》来看，凝霜阁在北宋初年，贤郡守杨亿所建，后屡毁屡修，南宋淳熙年间（1174—1189）尚存，有喻良能《凝霜阁》一诗为证，至明成化年间已无存。

凝霜阁

肖然飞阁榜凝霜，雪散冰丸却暑方。治郡风流无处觅，只应栋宇是甘棠。

（《香山集》卷十六）

前面所述的回溪阁、好溪堂、凝霜阁和少微阁等均为处州州治衙署的建筑群组成部分。少微阁还是因处州应天体的处士星而得名，从喻良能的诗中可见当年处州州治的规模是多么气势恢宏，风景如画。

少微阁

临空瞰阔俯清溪，阁占黄堂西复西。我昔曾攀郎宿近，只今人指二星齐。

（《香山集》卷十六）

特别要重点推荐的是喻良能在处州任上所作《旧州治记》，是研究唐宋处州州治格局极为重要的历史文献。喻良能与永嘉叶适交好，为文学友，出任之时，永嘉叶适有《送喻太丞知处州》诗赠之：

喻公策名自先朝，奉常冬官始见招。何因敛退为泉石，可惜垂欲排云霄。处州不城山作堵，百嶂千峰自翔舞。孤高上头天一柱，中有秀句须公取。[①]

叶适诗中"处州不城山作堵，百嶂千峰自翔舞"讲的就是宋代处州州治小括苍山，即西山，今万象山公园烟雨楼一带。

---

① （清）吴之振等辑；（清）管庭芳，（清）蒋光煦补，宋诗钞，生活·读书·新知三联书店，1984.04，第725页。

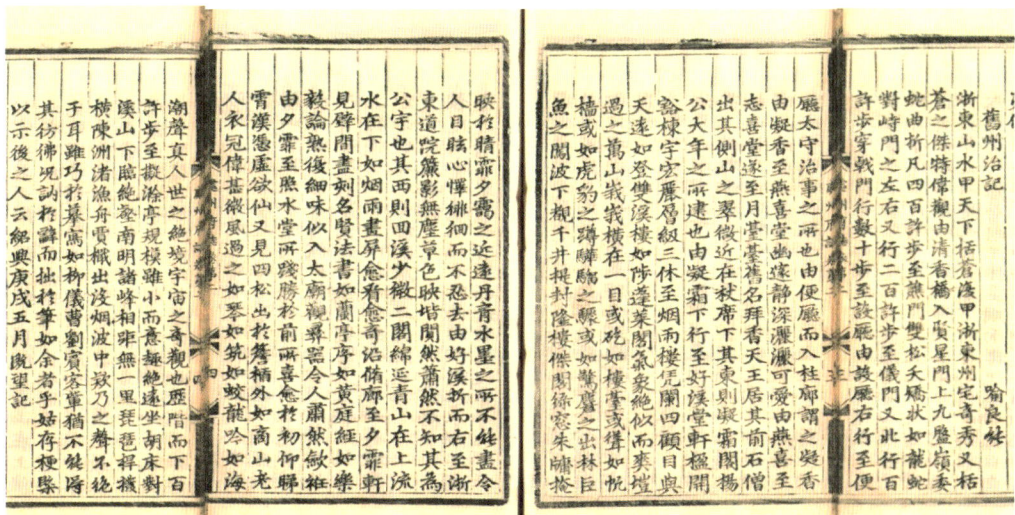

明成化《处州府志》卷二喻良能《旧州治记》

自唐以降，处州州治在小括苍山。喻良能作于南宋绍兴四年（1130）五月的《旧州治记》，以亲历者的角度，记载了宋代处州州衙的地理位置、建筑布局、建筑特色以及文化渊源，是处州这座千年古城具有极高存世价值的古代文献，对研究处州城的演变发展和万象山公园的建设提升也具有重要的文献价值。该记对宋代州治的路线讲述得清晰明确：由清香桥入贤星门，上九盘岭，至谯门，至仪门，穿戟门，行数十步，至设厅，右行至便厅，这是处州知州办公区域。

过来便厅便是知州等州衙官员的后院：入柱廊至凝香阁，至燕喜堂，至志喜堂，至月台，至凝霜阁，下行至好溪堂，至浙东道院，至"泂溪""少微"二阁，夕霏轩，至照水堂，至拟滁亭。文中对州治各处建筑物的风貌也描述得细微入木，向人们展示了处州州治州宅奇秀，杰特伟观的历史风貌。

喻良能的《旧州治记》见于历代郡志和丽水县志，而以明成化《处州府志》所载的版本最为详细、准确。这篇文章文采细腻，详细记载了宋代处州州治的整体布局，是研究宋代州治极为重要的历史文献，也是研究和利用处州历史文化名山万象山（含西山）的重要文献。

南宋绍熙元年（1190）六月，也就是喻良能撰写《旧州治记》的第二个月，这位诗才郡守就在处州任上撒手人寰，处州的《旧州治记》成为他的绝笔之作。状元、永康陈亮称赞其："于人煦煦有恩意，能使人别去三日念辄不释。其为文，精深简雅，读之愈久而意若新。"①

① 曾枣庄主编,宋代序跋全编(7),齐鲁书社,2015.11,第4657页。

状元邹应龙赘居处州城

明成化《处州府志》卷一《坊表》有"贤辅坊、宣德坊、德星坊"的记载，而德星坊的主人就是南宋状元邹应龙。

状元公邹应龙是什么人，为何会在丽水城内建牌坊呢？

明成化《处州府志》记载："宋邹应龙，邵武人。宋庆元丙辰（1196）状元，累官至参知政事。时试礼部日，邑人叶挺充考试官，应龙实挺。取中后，又娶挺之女，因家于此。人名其所居之坊，曰德星。"[1]清道光《丽水县志》载其"试礼部时，出丽水叶挺之门，挺以女妻之，因家丽水。名其所居坊曰：德星里。"[2]

从明清两个版本的处州府志所记载的意思大致相同：宋代有叫邹应龙的人，本是福建路邵武人，登南宋庆元二年（1196）丙辰科状元，他参加礼部考试的时候，考官叶挺是丽水人。叶挺对邹应龙是赏识有加，后来把女儿许配给叶挺。于是邹应龙把家也安在了丽水城。府邸有坊叫德星坊，所住的地方丽水人称之为德星里（丽水城内文昌路宋衙基一带）。

邹应龙（1172—1244），字景初，邵武（福建泰宁）人。邹应龙少力学，性刚直，中南宋宁宗庆元二年（1196）丙辰科状元，年仅24岁。历官起居舍人，以直龙图阁权知赣州，迁为江西提点刑狱。不久，迁中书舍人，兼太子右谕德。试用

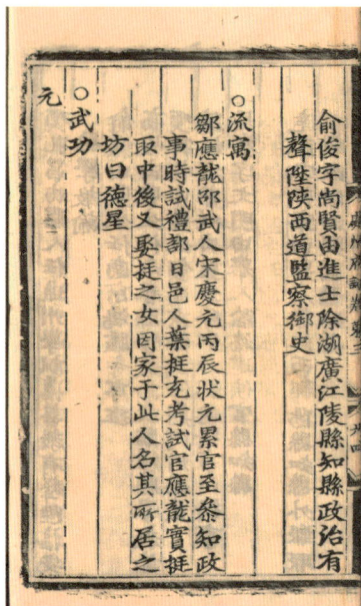

明成化《处州府志》卷三
《邹应龙传》

邹应龙画像

---

[1] （明）成化《处州府志》卷三《流寓》第64页。

[2] （清）张铣，金学超纂，清道光版丽水县志·丽水志稿点校合刊本，方志出版社，2010，第106页。

于户部尚书时，曾奉诏出使金国，回国后，为太子詹事兼中书舍人。寻迁给事中兼太子詹事，权礼部侍郎兼侍讲，又代理工部尚书并兼修国史。擢为刑部尚书后，以敷文阁学士身份提举安庆府真原万春宫。因臣僚议论，邹应龙被罢官。南宋嘉熙元年（1237），邹应龙进为端明殿学士，签书枢密院事。进官资政殿学士，知庆元府兼沿海制置使。因年老，邹应龙引退辞职，理宗手书"南谷"二字赐他。邹应龙为官刚正，为朝野称颂。南宋淳祐四年（1244），因病去世，享年72岁，赠太子少保，谥"文靖"。

从邹应龙的生平来看，他中进士时才24岁，正值青春年华，想必叶挺之女也是才貌俱佳者，否则邹应龙也看不上。而邹应龙为何会定居丽水城，没有文献可考，也许南宋都城在临安，相比邹应龙老家邵武，距离京都要近得多，这应该也是个很重要因素吧。邹应龙最后卒年越古稀，在丽水的时间也定是较长，所以他所居住的地方"德星里"作为丽水城的一个地名来传承，类似于明刑部尚书薛希琏的府邸（今丽水粮油批发市场一带）称之为薛衙基、明山海关总兵汪瑛府邸（丽水城内文昌路枣树荫弄口）称之为汪衙基是一样的道理。

在宋代，能作为礼部秋闱考官者，定然不是一般官员，在人品学识上也有较高要求。明成化《处州府志》记载："叶挺，字端叔，由进士第（宋乾道壬辰科）复中教官科。召试馆职，除校书郎兼驾部郎官，知岳州。"[①]从叶挺传来看，叶挺在和本族叶宏一起登进士第后，又参加教官科被选拔上。教官试是被宋熙宁八年（1075）推出的选用教授的考试制度，既注重考试者的出身，又要考察参试者的学问，所以叶挺也是人中龙凤，邹应龙投入其门，也是情理之中的事。

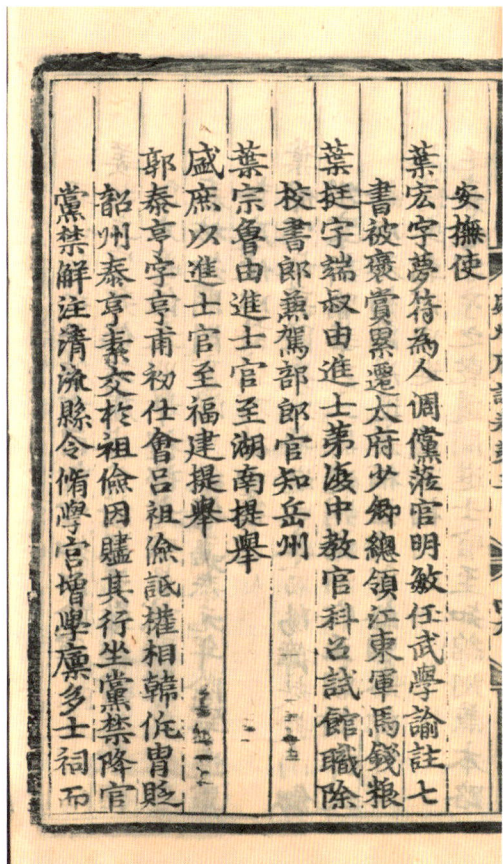

明成化《处州府志》卷三《叶挺传》

---

① （明）成化《处州府志》卷三《人物》第49页。

皇师诗人姜特立

前些年，浙江省政府斥巨资委浙江古籍出版社编纂《浙江文丛》，丽水（莲都）籍文学家共有2人收录其中，分别是宋代文学家姜特立和俞文豹。姜特立所著的《梅山续稿》15卷及《词、文、诗集补遗》各一种，合编为《姜特立集》。

姜特立（约1125—1205），字邦杰，号南山老人，是宋代唯一一对父子均传入《宋史》的丽水人。

丽水市莲都区人民政府大楼所在处，旧时称姜山，南宋光宗皇师、著名诗人姜特立故宅在此。清道光《丽水县志》记载："姜山在（月）山西。宋秦观谪监酒税时，常居此山。山前即酒税局〈署〉故址，姜绶故宅在焉。"①

《姜特立集》

莲都区政府大楼所在的姜山

① （清）道光《丽水县志》卷三《山水》第2页。

姜特立出身忠义世家。父姜绶，宋宣和间，以平方腊义军有功，补承节郎。靖康中，金兵再度围困京师（今河南开封），朝廷与外界失去联系，遂召募忠勇之士，送蜡封告急文件往南京（今河南商丘）总管司调兵赴援。姜绶以忠翊郎应募，割开大腿，把蜡书藏在里面，身系绳索，从南面城墙缒下，但被金巡逻兵发现。姜绶被俘后，英勇不屈，大声叱骂金兵，最终被残忍杀害，乡人为纪念其功绩，祀于丽水忠义祠。

姜特立弱冠，承父荫恩补承信郎。姜特立是一位文武全才的人才。宋淳熙中，累迁福建兵马副都监。当时海贼姜大獠部在福建沿海一带活动猖獗，在围剿海贼的战斗中，姜特立以一战舟，奋勇向前，先入贼阵，擒获贼首。

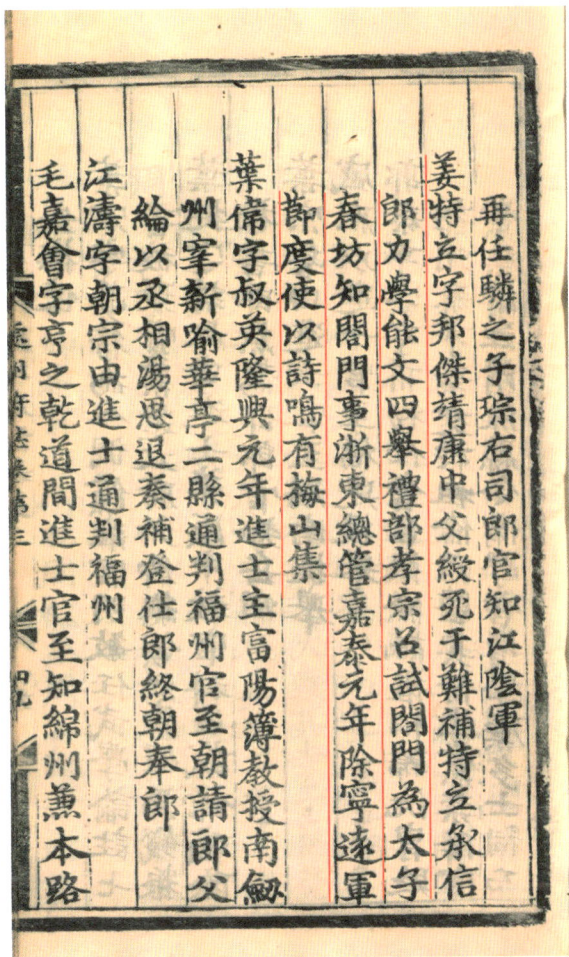

明成化《处州府志》卷三《姜特立传》

宋军将领赵汝愚赏识其智勇，向朝廷举荐。召见时，向宋孝宗献所作诗百篇，孝宗授其阁门舍人，命充任太子宫左右春坊兼皇孙平阳王（即赵扩，后来的宋宁宗）伴读，于是得到太子赵惇的恩宠。南宋淳熙十四年（1187）十月十一日，太上皇去世，朝廷差将作监韦璞为金国告哀使，姜特立为副使。南宋淳熙十六年（1189）二月，太子赵惇（宋光宗）受禅即位，次年为南宋绍熙元年（1190），姜特立与同为阁门舍人的谯熙载同知阁门事。他们依仗光宗的故交和恩宠，受到一批朝廷重臣的反感，视姜特立等人为乾道中以攀附恩泽而荣的曾觌、龙大渊之流。一日，姜特立与丞相留正语，皇上以为丞相在位已久，欲从两位尚书中择一人升迁为左丞相，你认为谁可为左相？第二天早朝，留正弹劾姜特立受贿揽权的事，南宋绍熙二年（1191），姜特立被夺职并离开朝廷到宫外"奉祠"（无职事，领俸禄）。

不久，南宋光宗想念姜特立，又起用他为浙东马步军副总管，并赐钱二千缗为行装。南宋绍熙四年（1193）五月，光宗召姜特立还朝，丞相留正引唐宪宗召吐突承璀事，劝谏皇帝收回成命，宋光宗不予采纳；留正请求辞去丞相之职，并说："臣与特立势不两立。"宋光宗答曰："成命已班，朕无反汗，卿宜自处。"于是，留正出城待罪，帝亦不复召，而特立亦不入朝。一时，众论纷起，秘书省著作郎沈有开，著作佐郎李唐卿，秘书郎范黼、彭龟年，正字蔡幼学、项安世上疏，乞求皇帝废止召姜特立还朝之召命。十一月，南宋光宗遣右司郎官徐谊召留正于城外，最后留正复入都堂视事，姜特立亦还宫。

南宋绍熙六年（1195），太子赵扩即位，史称宋宁宗。宁宗感念往日师生之谊，特迁姜特立为和州防御使，南宋庆元六年（1200）再奉祠。不久，拜庆远军节度使，时年八十。可谓宦海沉浮一生，得享高寿，殊为不易。

姜特立诗有唐贤风格，在南宋尤为铮铮。《四库提要》评价他的诗"意境特为超旷，往往自然流露，不事雕琢"。主要著作有《梅山稿》《梅山续稿》以及词和杂文。其中《梅山稿》已佚，《梅山续稿》系淳熙十一年以后诗。据南宋陈振孙《直斋书录解题》载《梅山稿》6卷、《续稿》15卷，列诗集类中。而《四库全书》所录的《梅山续稿》出自休宁汪森所藏，附以杂文和词，共18卷。

姜特立的诗在当时很有影响，与陆游、杨万里、范成大、韩元吉等都有唱

宋光宗画像

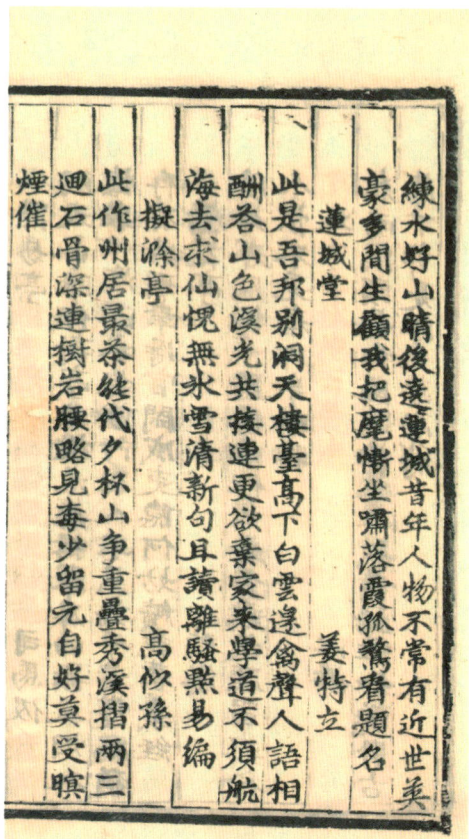

明成化《处州府志》卷二
姜特立《莲城堂》

和。他对自己诗词成就也颇为自负，曾在《上梁文》中自述道："百首之清诗夜上，九重之丹沼晨颁"，得意之情可见一斑。另外，《瀛奎律髓》《两宋名贤小集》也选了不少姜氏的诗作，也可以从另一个侧面反映出他在南宋诗坛的地位。一些罕见题材的诗词，如《次石鱼》："君不见陇州石鱼生地下，中有鳅鲫皆同化。又不见衡湘石鱼生山中，鱼身鳞鬣俱如画。世间何独此石为鱼形，石蛇石蟹皆如生。虾蟆口吻酷肖似，蟛蜞蠕动几能行。悠悠荒怪不可考，吾意造物初无情。阴阳融结亦偶尔，俗智讵可窥杳冥。叶君得此不足惜，君自川岳储英灵。来春禹浪忽变化，头角天上看峥嵘。此时回首视此石，弃置殆与砂砾并。"生动描写了鱼化石成因，读来甚觉有趣。

文学大家俞文豹

2006年浙江文化研究工程《浙江文献集成》编纂工程启动，俞文豹著作的编校被列入《浙江文献集成》课题。《俞文豹集》为宋代学者俞文豹的著作全集，尚佐文、邱旭平以《吹剑录》四编为基础，增收《清夜录》及《唾玉集》各一种。《吹剑录》为笔记著作，杂记南宋宫廷、官场及民间之遗闻轶事，颇具史料价值。俞文豹的作品散佚较多，作者又多方辑录，从《永乐大典》等书中辑出俞氏佚文若干，采用古刻善本，详加校勘，匡讹补阙，并加新式标点，编校而成一个比较全面，便于阅读的《俞文豹集》。

俞文豹，生卒年不详，字文蔚，号堪隐，南宋杰出作家，丽水县人，曾任湖北蕲春教谕。对于俞文豹的生平记载，各个版本的郡县志书都涉及甚少，见于清道光《丽水县志》载："《清夜录》一卷，《吹剑录》四卷，《千顷堂书目》：俞文豹著，括苍人，字文蔚。《吹剑录》有淳祐三年（1243）自序。《吹剑录外集》一册（范邦甸进呈书录）"。①

俞文豹的生卒年只能据其作品中的有关片言只语加以推算。南宋淳祐三年（1243），俞文豹在自叙中称"余以文字之缘，漫浪江湖者四十年，今乃倦游，索居京国"，按此，其约于嘉泰年间（1201—1204）离开丽水，至淳祐三年前定居临安；而《清夜录》记开庆元年（1259）事，其卒年当在此后。如以年十八出游来推测，其生年当在淳熙十二年（1185）左右，卒年在开庆元年（1259）后，享年七十余。其兄

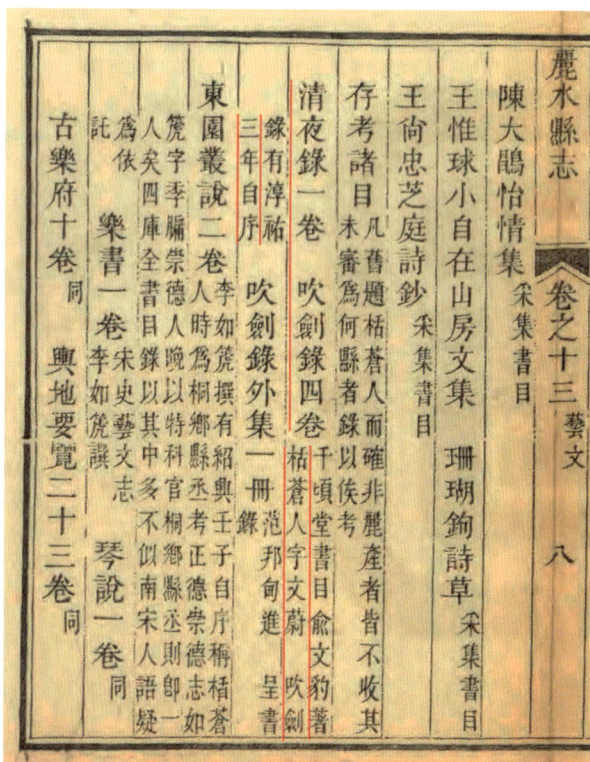

清道光《丽水县志》卷十三　俞文豹《清夜录》

① （清）道光《丽水县志》卷十三《存考诸目》第8页。

名文龙，兄弟出身行状，散见于《吹剑录》等诸书中，俞氏自嘲有三恨："一无子，二无助，三无成。"

俞文豹一生著作甚丰，主要有《古今艺苑谈概集》《吹剑录》及《吹剑续录》《吹剑三录》《吹剑四录》《清夜录》等。这些著作记载了宋代政治、经济、文化等方面的许多事实，对统治者的腐败有所揭露，对丽水的山川人物也有赞颂，影响颇大。《吹剑录》载："东坡在玉堂（翰林院）日，有幕士善歌，（苏轼）因问：'我词何如柳七（即柳永）'对曰：'柳郎中（柳永）词，只合十七八女郎，执红牙板，歌'杨柳岸，晓风残月'，学士词，须关西大汉，铜琵琶，铁棹板，唱'大江东去'。'[1]东坡为之绝倒。此则苏轼幕士评苏柳词，被广为引用，成为著名的词坛掌故。《清夜录》记苏麟上范仲淹诗"近水楼台先得月，向阳花木易为春"，也为人所津津乐道。四库馆臣批评《吹剑录》"持论偏驳，多不中理"，而对《吹剑录外集》（即《吹剑录》）评价很高，认为"学向既深，言多醇正"。

俞氏著作在流传过程中，多有散佚，至20世纪中叶，完整的著作仅存《吹剑录》和《吹剑录外集》（即《吹剑四录》）。其中《吹剑录外集》收入四库全书子部，《吹剑录》列入四库存目，《续录》《三录》《清夜录》则久佚，仅能从《说郛》等书中窥见一二。此外，《说郛》卷四十九收《唾玉集》十九条，据书前序言，《唾玉集》当为《吹剑录》之同书异名，但此十九条不见今本《吹剑录》，故张宗祥先生疑为俞氏删去之文。另《说郛》《历代小史》收录俞氏《清夜录》，其内容涉及开庆元年事，而《吹剑录》自序作于淳祐十年，故《清夜录》或为俞氏续《吹剑录》系列之作。

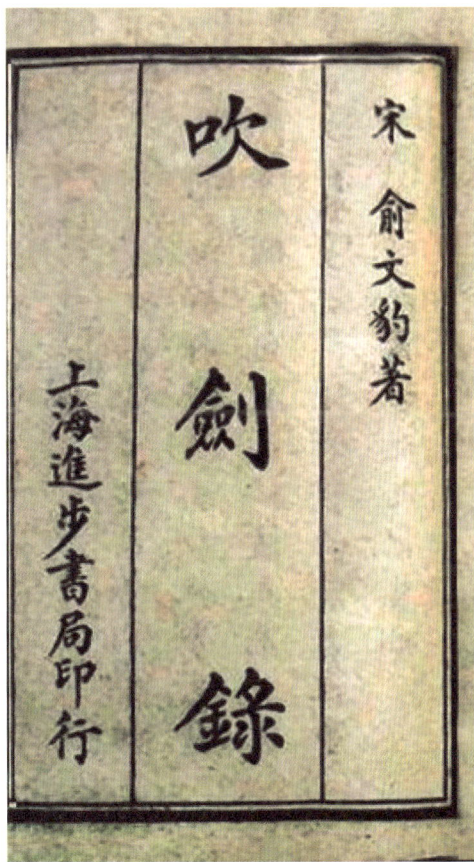

俞文豹《吹剑录》

---

[1] 顾之川,徐永平,名师语文课,山东教育出版社,2019.02,第11页。

王十朋题咏思贤亭

明成化《处州府志》卷四《记载》有宋代状元、温州人王十朋《洞溪思贤亭》：段公不到溪岂好，李守已亡诗更奇。我向思贤亭上坐，爱溪兼爱昔人诗。

王十朋（1112—1171），字龟龄，号梅溪，温州乐清人，南宋绍兴二十七年（1157）登进士第一，被宋高宗亲擢为状元。王十朋学识渊博，诗才横溢，常常见景生情，感发成诗。王十朋家乡与处州同处浙东，不管宦游还是归途，往来丽水并不奇怪，本文也不作具体纠集，只对其关注的人和事作简单解读。

王十朋诗题中的洞溪就是如今的古城岛，位于好溪与瓯江大溪交汇处，山水形胜，风景旖旎。洞溪为古地名，一名桐溪。明成化《处州府志》卷三《山水》有"洞溪"条目记载："洞溪，在东溪之东二里余。唐贞元（785—805）中，驾部郎中李敬仲出守是郡，爱其林壑之胜，买山筑室为栖隐之地，赋《洞溪十咏》。官满，舍为寺。咏见纪载。"[1] 至于诗题中的思贤亭，想必

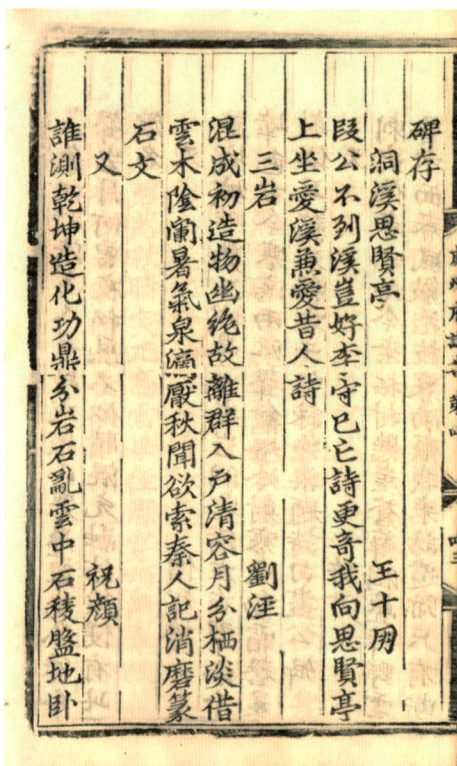

明成化《处州府志》卷四
王十朋《洞溪思贤亭》

《处州府志》中已经有了答案：唐贞元年间（785—805）的处州刺史李敬仲筑别墅于此。李敬仲离开处州以后，此别墅舍建为广圣寺，又称洞溪寺。相传洞溪寺里有一只500多斤的香炉，民间有"处州洞溪寺，温州太平寺"的说法。后人为纪念李敬仲这位贤郡守，便建了一座亭子，命名为"思贤亭"，以寄托思念之情。

但是，从王十朋的诗文来看，他寄托思念的不仅仅是处州刺史李敬仲一人，更重要的还是"段公"，因其有"不到溪岂好"的政绩。王十朋诗中的段公就是唐代处州刺史段成式，他是一位宰相世家的公子，也是文学界的骄子，尤其是其在处州任上修建好溪堰，修浚好溪滩，使历史上舟楫难行的恶溪变为惠泽百姓的好

---

[1] （明）成化《处州府志》卷三《山水》第6页。

古城岛远眺

溪，像王十朋这样忧国爱民的贤士定是崇敬段成式这样为民造福的好官。

　　而从"李守已亡诗更奇"的诗句来看，李敬仲舍宅为寺的善行并没有引起王十朋的共鸣，让王十朋赞赏的是李敬仲所作《洞溪十咏》，着实令其感到新奇。李敬仲《洞溪十咏》以平实的手法描绘了洞溪岛上翠潭、青室、桃源、竹屿、琴石、钓矶、虚廊、响濑、峭壁、崎岩等十景的绮丽风光。

　　《洞溪十咏》到底是什么样的好诗令王十朋感到共鸣呢？笔者辑录明成化《处州府志》所收李敬仲《洞溪十咏》存此共赏：

翠　潭

潭翠标名直至今，洞门寒浸碧沉沉。一天星斗难藏掩，万古鱼龙识浅深。
波起劲风疏喷雪，岸隈高树密垂阴。凝虚澄象无盈溢，合是淡交君子心。

青　室

昔人卜筑向深萝，幽径闲门客少过。寒觉片云生栋宇，静闻孤鹤下庭莎。
竹窗早放茶烟腻，火焙春收药气多。一榻无声夜生白，不妨攲枕拟高歌。

桃　源

壶中何必访高奇，绕涧穿云入翠微。晓艳深藏樵客径，露香浓滴钓人衣。
风回片片随流水，雨霁枝枝带落晖。更有闲游难到处，花间谁见隐仙归。

竹　屿

碧屿琅玕尽占幽，孤烟轻翠瞰中流。风敲清籁向深夕，雨洗疏阴出素秋。
新箨委苔霞片坠，淡云经雨粉痕收。当初好玩人何在，万古萧骚空送愁。

琴　石

凭枕磷坚又响清，寒楼常见有云生。天回霜月凄凉处，谁爱丝桐向此横。
鱼近翠根犹敛魄，鹤翘孤影尚凝情。不知亚尹千年后，更有何人续正声。

钓　矶

叠甓荒凉古钓矶，长潭映带占清虚。只因傲世能轻禄，未必投竿酷爱鱼。雨笠晓
偎〈隈〉苔藓合，烟蓑秋倚碧萝疏。若教吕望于今在，不独磻溪是胜居。

虚　廊

疏窗虚栋驾峥嵘，天气销回万象清。深藓静摊随步武，浅峰相亚入檐楹。
寥寥钟鼓残秋迥，黯黯灯光永夕明。此处谁知闲意度，白头禅客自经行。

响　濑

漱浅浮深过几年，古今长见去潺湲。秋阴泻破天云碎，清响琢成溪石圆。
孤客维舟嫌聒梦，高僧依石任喧禅。兰亭逸少来兹地，堪与流觞会列仙。

峭　壁

壁立凌空目渺茫，峨嵋曾见匪寻常。洞门高出寒棱正，水面横铺片影方。
野客手题文字涩，岳僧身靠衲衣凉。云磨雪洗花颜色，不羡梁元古画张。

崎　岩

卓异曾分造化劳，神仙占得称游遨。浓岚尽锁巉岩黑，碧落秋山突兀高。
云母径深穿顶滑，翠珉棱健把根牢。白云南面长流水，闲见樛藤下渴猱。①

在此，笔者还要特别一提的是，洞溪早在南北朝以前就有遗迹。清光绪年间，处州府司马于熙瑶在古城一农家发现一块南朝天监元年纪年砖。可见，此处早在南北朝时，就可能建有佛塔类似的建筑物。隋开皇九年（589），处州设立，此处为处州州治。至唐代，因此处地势低矮，容易遭水患，因而将州城迁至小括苍山（一呼西山，今万象山烟雨楼一带），此处便成了州城遗址，百姓称之为"古城"，作为地名一直沿用至今。处州州治迁出后，这里便成了村庄，有南宋诗人、处州知州许尹诗作《洞溪》为证：

刺史他年宅，如今桑柘村。悬崖苍藓润，叠壁野云昏。
水面春风皱，花枝暮雨痕。吾来访遗迹，只有断碑存。②

① （明）成化《处州府志》卷二《记载》第43页。
② （清）张铣，金学超纂，清道光版丽水县志·丽水志稿点校合刊本，方志出版社，2010，第394页。

梁安世赋诗东西岩

梁安世(1136—1195) 字次张，号远堂，宋代丽水县懿德乡梁村人，为梁村梁氏始迁祖梁旃五世孙，梁孚惠次子。梁安世天资聪敏，幼时就酷爱诗书，过目成诵，乡人称其为"神童"。13岁登东西岩，作《游岩》一诗，成为千古绝唱：

> 嵬嵬顶僧庐，千霄跨飞阁。
> 殿香逼象纬，岩风楼洞壑。
> 古今擎天心，昏晓碍云脚。
> 借作月中梯，仙桂待斫却。

东西岩自唐以降，逐渐成为处州名胜。到民国时期，尚有西明寺、东明寺等两座千年古刹，民国《宣平县志》舆图中有尚有二寺的地标，尤其是赤石楼（东岩），是东西岩景区人文景观最为集中的地方，如唐代的杨光千《隐难记》碑，宋代禋德祠、天阅堂、朱先生祠、灵显章侯庙均建于此。东岩顶部，地势平坦，土地肥沃。清光绪《处州府志》："赤石楼四面峭削，上可百亩。乾元末，袁晁作乱，乡民数百家避此，俱得免。"①可见这一带在隋唐时就有村落形成。自唐以降，随着这一带人口的集聚，这处原本人迹罕至的人间秘境，迎来了诸多乡民和游人的光临。有了人类活动，就发生了诸多除战争和游赏等短暂活动外，遗存下了诸多人文遗迹，如宋代禋德祠、天阅堂、朱先生祠、灵显章侯庙以及寺院佛堂等。

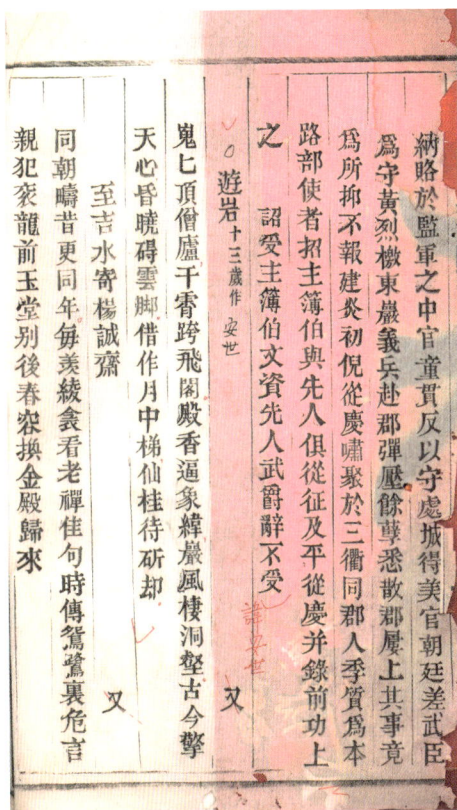

清光绪《渥川梁氏宗谱》卷一
梁安世《游岩》

① (清)光绪《处州府志》卷之九《古迹志》第17页。

东西岩赤石楼俯瞰

　　天阅堂，在东岩顶，其左为仁烈章侯祠，右为禋德祠。天阅堂始建于宋代。民国《宣平县志》载："天阅堂在县南东岩顶，宋进士梁安世、蔡伯尹，布衣朱子仁建，遗址尚存。"①梁安世、蔡伯尹、朱子仁（号孔堂）均为宋代括苍名士，而且还是莫逆之交。他们建天阅堂在此读经论道。天阅堂建成之日，梁安世有感而作《东西岩天阅堂》：

　　　　子美天门佛寺诗，旧传天阙象纬遍。介甫改用阁字工，诗人疑信两俱适。
　　　　吾州东岩天下稀，仰睇青霄直咫尺。远公坐堂榜天阙，名自宣城冷官得。
　　　　兹山设险造物意，四顾无傍十仞直。相当娲皇补天时，失手坠地惊霹雳。
　　　　又疑混沌葬于此，脑脂化土皮为石。五帝观风下古坛，六丁凿地粘空壁。

　　又《偕曳山进士蔡伯尹、横溪处士朱孔堂游东岩分韵》：

----

① （民国）邹家箴，宣平县志，成文出版社，1975，第333页。

群仙夜半听鸡鸣，佩环晓上阊门辟。冷官里居时一游，自愧尘踪与世隔。

却思宣和庚子岁，鼠辈跳梁据州宅。招携耆稚来保聚，先君仗义从诸伯。

三乡誓不染凶侏，此事太史遗简册。当时捍力苦战地，父老指言犹历历。

寻幽验往多增慨，俯仰乾坤异今昔。同游况皆翰墨林，胆豪胸阔搜诗癖。

临窥竞畏足履冰，坐久自疑身传翼。黄昏欲留不辞醉，月在山腰星可摘。

分攀觅句最不工，独想忠魂泪横臆。

梁安世画像（熊远龙绘）　　　　蔡伯尹画像（熊远龙绘）

南宋绍兴二十四年(1154)，年方十八便奔赴京城临安参加会试，荣登金榜，与著名诗人范成大、杨万里等为同科进士，历任某州学教授、会稽县(今属绍兴市)尉、衡山知县、司农寺丞、知韶州(治今广东韶关)、大农丞(掌管农桑、水利等事务)、广南西路转运判官(治所在今广西桂林)、提点刑狱公事(提点刑狱司的主官，掌管所辖地区司法，刑狱。正三品)等职。梁安世致仕后，隐归渥川，卒于故宅。丽水丁川(今老竹畲族镇丁公村)潘周臣撰《祭广西盐运使安世公文》，对梁安世的才学给予了很高的评价：

呜呼！天之生公也。盖未易量收乙科于弱冠，方发轫于词场。自县尉而分教，看逸骥之腾骧，奉辟书而出境，继入赘于鹓行，顾引步于清华，皆知己之荐章。自非公之才如梗楠梓杞，公之器如圭璧琮璜，则何所以称诸公之轩轾，起侧席于九重。

呜呼！公平才有未尽其所用，用有或遗其所长，夫以公之宏报，实今代之班扬，非判花于西掖，则秉笔于玉堂，顾乃轻去清，近驱驰炎方。然拥麾而度岭，著殊政于韶阳。乃移漕于广右，更大振乎台纲，兴利去害，扶弱击强，民登春台，吏立冰霜，威不失爱，仁行以刚。故去则民思召伯甘棠伊长才之佐用，又何往而不藏纵飞言之诖误究于公乎？何伤知公此心湛然漓江。公笑东归，不作吊湘赋，知命以见志怀，三径之就荒。未几天光下鉴，纶命再颁，将起公于茂陵。忽仙斾之退翔。久公论之自定，还特恩之宠光，付不孤之山涛，慰九原之嵇康。然则公虽亡矣，其实不亡。惟公平昔义重于乡某也。忝瓜葛之好托，芝兰之契情，既尽而详，方公之未归也。日望其归，装及公之归也。岂意哀公之丧，文不在兹，伊谁能忘心之不能忘者，故非言之可尽，言之不可尽者，又岂文之所能扬聊一觞，而寓意愧荔丹而蕉黄。

书家尚书王信

莲都区大港头村对岸是峰峦叠嶂的八仙山，山下有一块三面临水、一面依山的平坦土地，人们形象地叫"坪地"。隔水相望，它隐匿在一片又浓又翠的绿色走廊里。茂盛浓郁的树林里，散发出静谧的神秘感，它远远地、轻轻地召唤着每一双停留的眼眸，在那绿色的屏幕之后，寻索一种特别的意境。

寂静安详的坪地，是宋礼部尚书王信归宿地。据清道光《丽水县志》卷六记载："宋给事中王信墓在县南五十五里十九都坪地，墓志尚存。"[1]墓地前半部为墓园，设祭坛，墓园内有石人、石马、石羊、石虎等石像生。墓室在墓园之后高坎上，上方为石椁，分东西两室。今墓址尚存，石像生散落在墓园周围。

王信墓园远眺

王信(1135—1194)，字诚之，丽水县城人。唐宰相王铎九世孙。王信不仅是耿直刚正、扶危济困、深受百姓爱戴贤臣，《宋史》用长达1957字的篇幅介绍其生平事迹，可见其在宋代历史上的地位。王信还是一位书法造诣高深的书法家，其得米芾真谛，金人将它视为宝物。明成化《处州府志》卷三《王信传》称其："制诰得古体，字逼米元章。"又清道光《丽水县志》载："信得米芾书法，金人宝之。"[2]

---

[1] (清)道光《丽水县志》卷六《古迹》第12页。
[2] (清)道光《丽水县志》卷十《人物》第12页。

王信少时颖异，弱冠之年赴都城临安（今杭州）进太学。南宋绍兴三十年(1160)，25岁的王信到都城临安，考中进士，开始了他三十余年的宦海生涯。朝廷初授王信为建康（今南京）府学教授，掌管儒学科考之事。不久父亲亡故，护送灵柩回乡守孝。服满回任，将所著《唐太宗论赞》《负薪论》进于孝宗，孝宗阅后赞叹不已，特破格超两资授予太学博士。按当时定例需先派往外地任职，于是到温州任教授。

他到温州时，那里正遇灾荒，百姓饥馑，并发生瘟疫。州府商议遣官赈济，地方父老请求王信担任此事。州守不想以此事烦劳他，父老要求反而更强烈，王信知道后，欣然前往灾区。他遍至病家探视、救济，"全活不可胜记"。①

朝廷向各地官员征询治国理政之策。王信上书建议改正不合理的法令，裁减冗员。对于金国，王信说"敌情不可测，和议不可恃，今日要当先为自备之策，以待可乘之机"。孝宗认为王信所言极是。王信认为"太学正、录掌规矩之官而员多，博士掌训导之官而员少，请以正、录两员升为博士"。孝宗接受了他的建议，并将他的奏章亲自交给宰相办理。

不久，王信调京任考功郎官，负责考核和荐拔官员。他秉公办事，清正严明。四川有一些考铨不合格的官员贿赂京中官吏，得以免予考铨，王信严格查办，"吏怖服"。工部尚书赵雄是四川人，为三名四川官员向王信说情，王信不畏强权，严词拒绝。不久，赵雄转任吏部尚书，阅审案牍，抚掌感叹，惭愧不已，并上奏孝宗。有一天，宋孝宗对尚书蔡忱说："考功得王信，铨曹遂清。"周围的人私下议论，称赞他严明。有一些武臣向朝廷申告时不写年龄，以骗取荫荐，王信将肆为欺奸者数事告知宰相，付大理狱处置。此事牵连到三衙②，殿帅王有直竭力抗争，孝宗"审知是非"，阻止王有直，说："考功郎官说的是公事，你想干什么？"结案后罪犯都伏法。王信奏请将犯家移籍外地，以绝后患。

他曾以礼部尚书身份出使金国。在金国试射都亭，连连中的，金人非常钦佩。王信回京后在朝上分析金国必定衰亡的四个征兆，提出抗击的策略，均被认可。拜给事中。门下旨要员，侍郎之下，掌驳正政会的违失。朝廷因王信使金有功，封爵丽水县开国子，食邑五百户。

王信遇事刚果，论奏不避权要，因此招来不少人嫉恨。王信知殿堂险恶，力求退职养老。朝廷命他提举崇福宫，坐食俸禄，不问朝政。不久，朝廷下诏向他

---

① （清）道光《丽水县志》卷十《人物》第12页。
② 按：殿前司、侍卫亲军马军司、侍卫亲军步军司合称三衙。

征询理政之策。王信献策十条：法律力戒轻易变更；法令宜果断执行；严禁私铸钱币；减轻州郡负担以养民力；安置归附之民；接纳逃亡士卒；整饬军务以待收复失地……

朝廷又起用王信任湖州知州，擢升集英殿修撰、出知绍兴府、浙东安抚使。他奏免绍兴府积欠官钱14万缗、绢7万匹、绵10.5万两、米2000万斛。山阴县（今绍兴县）境内有狭猱湖，四面都是田，每年遭水涝。王信组织民力筑坝11条，创启斗门，开渠引水入海，化浸漫之地为上等肥田。百姓建祠绘像祭祀王信，并改湖名为王公湖。王信禁止百姓不生育孩子；置买学田，供养儒士；兴义田，以养民之无嗣者；立义冢，以资民之无以葬者。朝廷加王信焕章阁待制，知鄂州，改知池州。

早先，王信护送父亲灵柩从金陵回丽水时，按孝子规矩草履步行，虽疾风暴雨也不避，因此得了风湿病。听到宋孝宗驾崩后，悲伤过度，疾复发，于是上书请求辞官。王信以通议大夫归老回到故乡丽水。累爵至开国伯，食邑七百户。

南宋绍熙五年（1194），以病卒于王家故宅，朝廷命有司祭葬。王信工文辞，有《是斋集》行世，在鄂州，主修《武昌志》30卷。他赋杨州后土祠《琼花诗》，掩唐宋众作，天下传诵。诗云：

爱奇造物剪琼瑰，为镇灵祠时地栽。事纪杨州千古胜，名传天下万花魁。

何人折却依然在，是处移将不肯开。谩说八仙模样似，八仙那得有香来。[1]

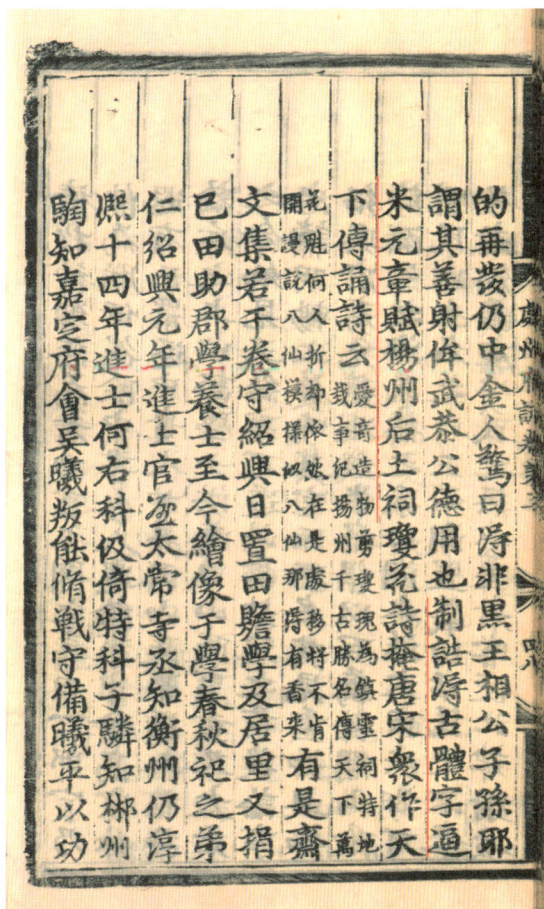

明成化《处州府志》卷三《王信传》（局部）

[1]（明）成化《处州府志》卷三《人物》第48页。

93

何澹书《处州应星楼记》

丽水城大洋河出口处，有一座九层高的仿宋建筑，巍峨雄伟，屹立于江滨，这就是处州应星楼。此楼现已成为丽水城标志性历史文化建筑之一。

处州应星楼始建于南宋开禧三年（1207），因对应天上的"处士、少微星宿"而得名，位于丽水城内东南的老大猷街北侧，附近有应星桥（现代遗物）、应星闸（明清遗构）。明成化《处州府志》载："应星楼，在大市东，跨桥为之。南挹山光，下临水影，尽登临之胜。今废。"[①]可见明代时，应星楼一度被废弃，至清代，此楼又得以重建。民国时期，应星楼尚存。1949年后，楼遭拆毁，仅存基址，其地废弃为菜园。2014年6月8日至7月21日，省文物考古研究所会同市文物保护所对应星楼遗址进行了考古勘探。应星楼遗址，基址本体尚存，为两开间的近似方形的建筑，坐北朝南，通面阔14.2米，通进深11.5米。东间内侧面阔4.85米，进深9米；西间内侧面阔6.75米，进深9.3米。东间与西间之间，以隔墙隔开，宽0.75米。基址的地栿，以块石、鹅卵石夹筑夯土而成；西间，尚保留有局部的地面，地面以鹅卵石铺成；东间的鹅卵石铺面，已遭破坏，地下铺设排水暗沟，以圆形的陶排水管拼接而成。遗址内有宋元明时期的陶瓷片出土。

处州应星楼遗址

---

① （明）成化《处州府志》卷三《古迹》第27页。

易址重建的处州应星楼

见证应星楼始建历史的是《处州应星楼记》碑。宋开禧三年（1207）处州知州王庭芝拆除应星桥上的旧屋，建立应星楼，处州应星楼碑就立在古处州应星桥旁，由处州人朝散大夫叶宗鲁撰写《处州应星楼记》，何澹书碑。碑遗失于中华人民共和国成立后，幸有正文原碑拓本传世。碑正文高约 120 厘米，宽 93 厘米，碑文正书 20 行，行 37 字，字径 3.5 厘米。此碑由丽水人叶宗鲁撰文，何澹书丹。此碑无论是历史文献价值和书法艺术价值，都是处州宋碑之首。同邑方家王迅先生撰有《何澹处州应星楼记碑》考述一文，论述颇详，兹录如下："何澹书法，取法二王，融会唐宋楷行，其书风疏瘦劲炼，自信果断，既有柳公权、李北海瘦硬清挺、遒媚劲健之体势，更有米元章振迅天真、神气飞扬之笔意，砥节厉操，自成一家。"

这个何澹是何许人？生平又有哪些学问造诣？

何澹（1146—1219），字自然，号小山，祖居龙泉县豫章村人，其父何偁寓居处州城西山，遂为丽水人。他是北宋徽宗朝宰相何执中弟何执文之玄孙。自幼聪颖，又受诗礼之家的良好教育，故才学卓荦，文笔惊人，十八岁入太学，二十一岁进士及第，又于礼部试得第二，可以说当朝即已文名卓著，赞誉有加。后何澹历官御史中丞、参知政事、知枢密院事等职，爵封缙云郡开国公，食邑实封合一万一千户。可谓位极人臣。先前王十朋给何澹父亲何偁的信说："天赏精忠，遂魁

95

其子，风采耸于天下，名节立于台端。"台端即御史中丞之别称，可见王十朋对何澹还是十分肯定的。丞相卫泾《祭何澹文》，更是推崇备至，说他"如青天白日之无滓，如黄钟大吕之在悬""为三朝之元老，一世之大贤。"①

何澹幼承家学，善书法。何澹在书法审美取向上受米氏书风影响，这与帝王的推崇有极大关系。何澹身居要职，常年在京城与帝王、大臣交游，赵构以帝王之尊垂青米芾书风，其他朝臣自然仿效，这从何澹的墓志书法的用笔、结字，就可一目了然。何澹书法笔法精细，结字险峻，气韵生动，隽永飘逸，现存其青年时期书风有《何澹父何偁墓志》，晚年时期书风有《何澹母石氏墓志》《应星楼记碑》《宋故琼管安抚提举郭公墓志》。

《处州应星楼记》不仅是何澹

清代何澹画像（原为莲都区联城街道汝河
何氏世代家传，现藏丽水市博物馆）

书法造诣上的代表之作，同时也是处州州名来历的最早文献，兹录碑文于后：

古栝士风彬彬著闻东浙。综观今昔，韦布之彦，搢绅之贤，舒翘扬英，砥节厉操，载之文章，措诸事业，大者光明隽伟，轨辙相望，小亦代不乏才。揆厥所元，维见可考。盖天之生贤，必有钟赋，非山岳之炳灵，则星精之毓粹。仰观乾象，少微四星在太微西，士大夫之位也。一曰处士，明大而黄，则贤士举。在昔有隋处士星见，因置处州。然则吾州素号多士，衣冠文物之盛，得非星分之应耶？

---

① 中共丽水市莲都区委宣传部,丽水市莲都区文学艺术界联合会,丽水市博物馆编著,通济堰,浙江古籍出版社,2008.02,第116页。

州治东南三百余步，有应星桥，会城郭之水，尾闾其下，归于大溪。桥之西隅，居民屋壤，每遇溪流骤涨，必为冲浸。嘉祐间，郡守崔公愈始作石堤以捍水患，就桥立屋。时迁岁久，雨剥风颓，庳陋不耸，无以壮水口之势，士民佥以为言。岁在丁卯七月初吉，郡守寺丞王公庭芝，撤旧图新，敞以高楼，载揭扁榜，因以名之。栋宇翚飞，四顾轩豁。山光水色，儒宫道观，通衢列肆，鳞差节比，总寓目前，四序之间，良辰清夜，万籁已收，一尘不到，高睨远眺。相羊其上，如垂风驭，如泛灵搓，如据巨鳌之首，如运大鹏之翼，神舒意畅，飘飘然有凌云气。星辰可摘，足以助胸中之磊隗者，岂但侈土木之丽，面势之雄也哉！《易》曰："天垂象，见吉凶。"凡琁玑之运动，分野之照临，得之一身则为一身之应，得之一方则为一方之应。傅说之箕尾，萧何之昴宿，李白之长庚，德星聚于颍川，使星向于益部，岁星福于吴越，各有其验，殆若桴鼓。乃知是楼鼎创宜，其上把景纬之精，下为誊髦之应也。公昔为成均名士，辍从鸳缀，来守处士之邦，自足友一邦之善士，凡所建立，又能振吉士气，其加惠于此，固不浅矣。为士者，盖亦激昂自奋，览辉昭代，掇巍科，跻膴仕，使声名赫奕，勋业显著，增光少微，不负贤侯作新之意，可也。方时羽檄交驰，在他人供亿军需有不暇给，公材力敏疆，遇事辄办，独能成此奇事，非特巍然一楼，至如薙荒剔蠹，填漏支倾，靡废不举，又知节用爱人，蠲诸邑之逋负，代下户之供输，驭军弭盗，邦人类能诵之。并书于末，以传不朽云。

开禧三年孟秋既望，朝散大夫、主管建宁府武夷山冲佑观叶宗鲁记，观文殿学士、金紫光禄大夫提举临安府洞霄宫何澹书。

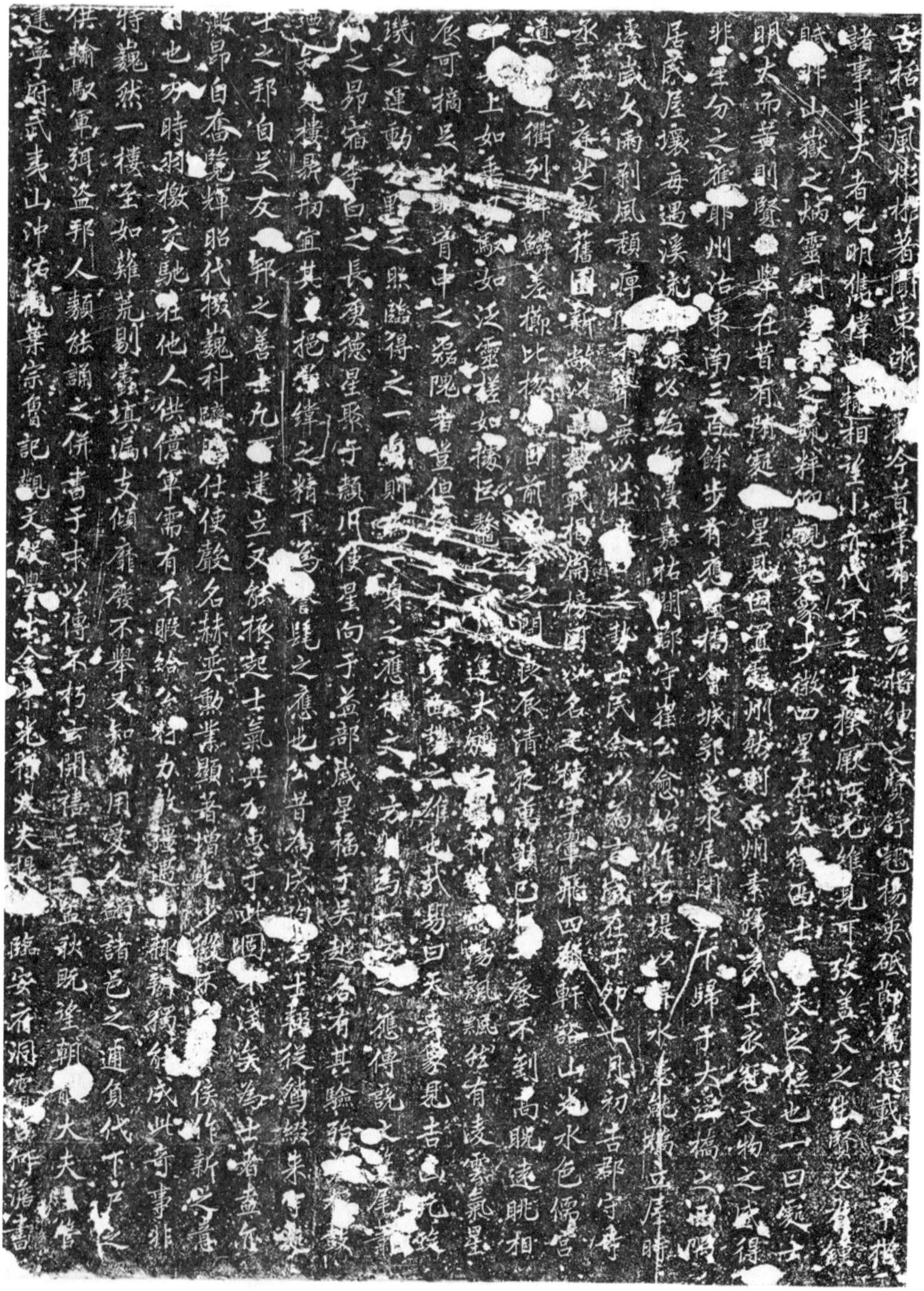

何澹书《处州应星楼记》（丽水市博物馆藏）

高道画家徐泰定

　　徐泰定，生卒年不详，字虚寂。宋代著名画家。处州人。明成化《处州府志》记载："徐泰定，字虚寂，紫虚观道士。宋绍兴，尚书梁汝嘉与章思廉为方外友。梁卒，葬松阳，墓在万山间，有庵名'观行'。开禧初，泰定居之。一日，有吹双笛道人至庵，自称李洞明，与泰定语相合，因留之，授泰定以舟诀，仍赠笔一枝，令作水墨山水。泰定谢不能洞明曰：'但随意为之。'遂画如素习。后十年，洞明复至庵，欲挟之远游，泰定辞焉。乃留一诗而去，曰：'铁笛双吹破晓烟，相逢又是十年前。曾将物外无穷意，总付毫端不尽传。白发数茎君老矣，青云一朵我飘然。世间究竟只如此，何似同归洞府天？'泰定年八十余，童颜端坐而逝。吹笛道人自称李洞明，疑吕洞宾之隐名云。"[1]

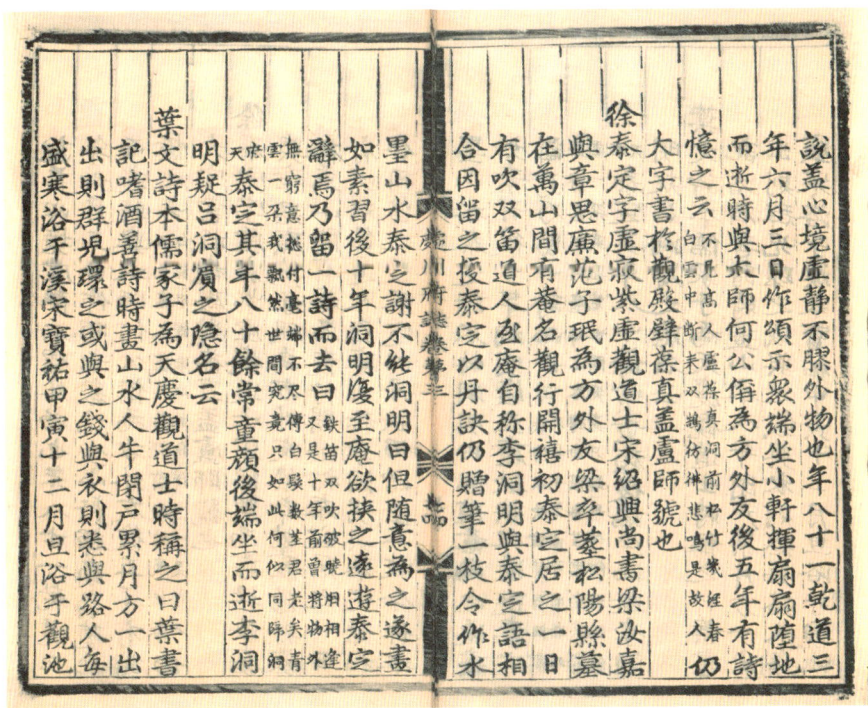

（明）成化《处州府志》卷三《徐泰定传》

　　初习道于处州城南少微山紫虚观，宋开禧初（1205），移居松阳县惠洽乡观行庵。某日，忽遇吹双笛道人来到庵中，自称李洞明（一说吕洞宾），与之谈论颇为契合，于是"授以丹诀"，且赠笔一支，令其作水墨山水画。徐泰定推辞说之前未

---

①（明）成化《处州府志》卷三《仙释》第74页。

曾习画，而道人告诉他"但随意为之"。于是，徐泰定随笔涂鸦，没想到娴熟自如，作品颇有神韵，如出专业方家之手。

后来，徐泰定随道人修炼几十年。一天，道人告诉徐泰定，他准备远游，并邀请徐泰定同行，泰定不从。道人留诗而别，云："铁笛双吹破晓烟，相逢又是十年前。曾将物外无穷意，总付毫端不尽传。白发数茎君老矣，青云一朵我飘然。世间究竟只如此，何似同归洞府天？"

徐泰定炼道一生，心骨轻爽，寿年八十余，而"常童颜"。然而终不如李洞明之飘然尘世，飞仙冲举，故白发染首，最后端坐而逝于庵中。《中国画学全史》评："徐泰定之水墨山水，杨大明之龟蛇，皆有名于时。"[1]

元末明初的乡贤刘基在《题紫虚观道士晚翠楼》一诗中写道："闻说仙人徐泰定，骑鸾到此每停骖。"又元代学者虞集在《处州少微山紫虚观记》中写道："又有徐泰定先生者，名虚寂，有道人吹笛遇之，授以蔓菁，遂善画山水。后十年，吹笛者后来，焉莳招之去。相傅以焉吕洞宾云。"[2] 可见，处州民间一直认为徐泰定是羽化成仙了。

---

① 郑午昌撰，中国画学全史，上海古籍出版社，2008.05，第206页。
② 李修生主编，全元文（第26册），凤凰出版社，2004.12，第688页。

叶宏著《孙子注》

《孙子注》是我国兵书注本中的善本，它是宋代丽水人、武学博士叶宏于南宋乾道年间（1165—1173）奉旨编注的。

叶宏，字梦祥，宋绍兴至庆元年间（1131—1200）前后在世，丽水县西乡高溪（今属莲都区碧湖镇）人，徙居碧湖镇。南宋绍兴二年（1132）进士、徽州通判叶莳长子。南宋乾道八年（1172），叶宏中壬辰科黄定榜进士。他曾向朝廷上疏《论州县征赋及军官黜陟之弊》，宋孝宗采纳了他的建议，并任命他为武学博士（掌兵书、弓马、武艺、教诲学生）。他深谋远虑，向朝廷奏请增加招收武学生员名额，以备他日战事急用。宋孝宗认为历代兵书经过传抄，其中有许多错误的地方。于是，他下旨取出大内珍藏的11种《孙子兵法》注本，召叶宏进宫，命他"撮其要，翦其繁"，编成全面准确完备的善本。书成之后，宋孝宗赐给他白银、绢帛，升国子监丞。后出任均州（今湖北省肖川县）知州，因得罪了上司，辞职回乡。

叶宏后裔聚居地——峰源乡赛坑村

101

　　不久，朝廷诏叶宏回京任大理寺丞，后擢升太府少卿（太府寺的副长官，掌邦国财货，正四品），总领江东、淮西等地区的军马钱粮。南宋淳熙七年（1180）十月，朝廷派使者北上与金国修好，宋孝宗特命叶宏为大使。当使团来到保定府安肃县（今河北省徐水县）时，因马蹶蹄，叶宏从马上摔下来，伤了臂膀。副使见他受了伤，唯恐示弱于金国。叶宏说："如果朝廷不是委任于草莽之臣，虽然是尸体也能成事。那折了臂的三公是谁，我怎么会示弱于他们呢？"邦交任务圆满完成，维护了国家尊严。他回朝以后，拿出朝廷赐给他的礼物犒劳下属军队。他组织军队按时训练，军务管理井井有条。后来，他被流言蜚语中伤，于是请求辞官回归故里。

　　南宋庆元元年（1195），因为叶宏熟悉军事，朝廷又命他赴楚州（今江苏省淮安市）任知州。当时，楚州正闹饥荒，多饥民，有的流亡他乡，有的聚众为匪，掠夺财物。叶宏安民有方，经过他的整顿治理，淮河流域方圆千里，平安无警。朝廷认为他很有才干，任命他为敷文阁加直。后转任福建转运副使。然而，任职命令刚刚下来，他却因病辞世，葬大杉源山（在丽水县南70里，与云和交界处）。为叶宏守墓，其中一支后裔定居离叶宏墓不远的赛坑，现繁衍成赛坑第一大姓氏。

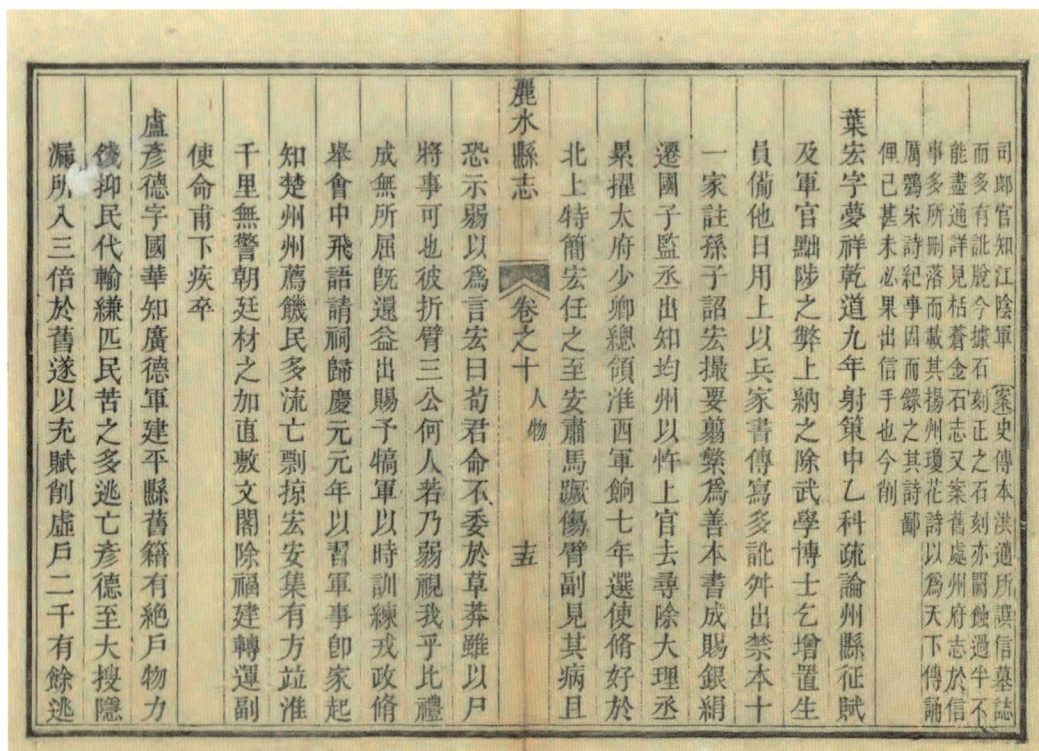

清道光《丽水县志》卷十《叶宏传》

曳岭脚走出状元蔡仲龙

曳岭脚村因在曳岭山麓而得名。该村人口有700多人，其中蔡姓人有500多人，是莲都区境内最大的蔡姓村。曳岭脚村蔡氏，源于蔡侯叔度。五代吴越时，蔡抱自闽迁居处州城。蔡抱生二子，长子蔡咸熙、次子蔡咸谯，兄弟二人因东西岩名胜，再迁曳岭脚村，在此繁衍生息，成为丽水一大望族。蔡氏兄弟迁居曳岭脚后，非常重视教化，求学之风蔚然，英才辈出，尤其在宋代成为科甲鼎盛时期。自北宋皇祐五年（1053）到南宋咸淳元年（1265）212年间，出了14名进士，是名副其实的"进士村"。明洪武五年(1372)，处州乡贤刘基曾为曳岭脚《蔡氏宗谱》作序："吾栝世族，名阅非一姓，而莫盛于蔡。"

蔡氏二房分为上蔡与下蔡，蔡仲龙为上蔡房。南宋淳熙十四年（1187），蔡浩登丁未科进士；南宋嘉定十六年（1223），蔡仲龙登进士及第，第二名榜眼，后擢升状元，成为处州唯一的文状元；南宋咸淳元年（1265），蔡梦龙登乙丑科进士。蔡仲龙、蔡梦龙是兄弟，与蔡浩是叔侄关系，被誉为"一家双桂""一门三人同扣龙门"。俗话说"家无读书子，官从何处来？"。要有功名，必先读书；而要读书，前提要有经济保障。蔡仲龙一家能出三位进士，可见经济实力不可小觑，否则，一般普通家庭也供不起全家读书不务农。

蔡仲龙画像（熊远龙绘）

蔡仲龙博览群书。诗书礼乐，酝藉其学。详雅其度，楷模宫邸，蔚有贤声，端委佩玉，据经以订。清光绪十六年（1890），湖南人贺允璠来任宣平知县，他在《宣平任中纪事诗》写道："天师道法更谁侔？殿撰文章第一流。想见当年人物盛，铜钟金榜各千秋。"[①]诗中"殿撰文章第一流"即指宋宁宗嘉定癸未年登科状元、曳岭脚人蔡仲龙的诗文。

宋嘉定十六年（1223），蔡仲龙奔赴都城临安参加科举考试，进士及第，高中榜眼（殿试第二）。好友魏了翁得悉后复函祝贺，题为《回蔡榜眼仲龙》。时逢状

---

① 朱连法著，叶法善传略，上海人民出版社，2012.09，第192页。

元蒋重珍因母病故去，回乡丁忧，宋宁宗赵扩下诏，颁发《赐升状元蔡仲龙敕》，擢升榜眼蔡仲龙为状元。

联魁金玉龙头选，诏下今朝遇己知。上国风光初晓日，御阶恩渥暮春时。

内庭考最称文异，胪唱宣名奖意奇。故里仙才若相同，一年攀折两重枝。[1]

宁宗皇帝高度赞扬了这位学子的文才，表达了对他的赏识之情。同时从字里行间，我们会发现赵扩还是一位颇有才华的君王。

蔡仲龙兴奋之余，忙叩拜宋宁宗，并赋《仲龙谢恩诗》云：

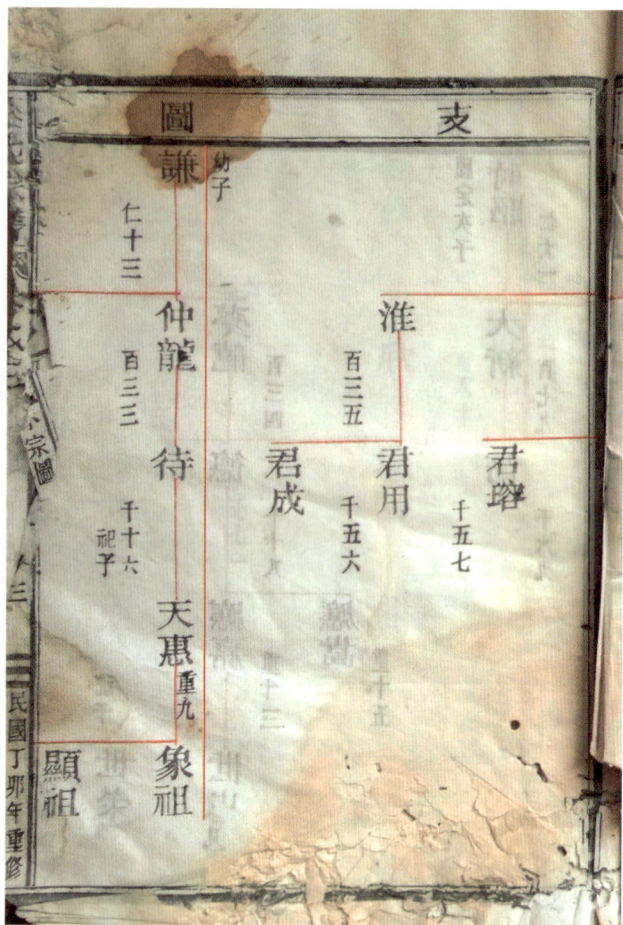

民国《蔡氏宗谱》卷三《蔡仲龙世系支图》

圣朝兴运自天开，又值临轩策草来。廷对自愧无宿构，胪传何意冠群魁。
幸瞻北阙承殊宠，忍负南山咏有台。稽首君恩难报称，誓殚忠赤赞规恢。[2]

以上二首状元诗收录于清光绪《宣平县志》。

相传蔡仲龙高中状元后，朝廷下旨在曳岭脚修建了状元厅。在状元厅遗迹跟前，状元厅有围墙、正厅、天井，还有钟鼓楼，钟鼓楼到处都是雕梁画栋，不是很大，但是非常精致。后来，历经沧桑的状元厅毁于一场大火，曳岭脚村最为辉煌的那段历史的见证，只剩下一堵残墙。丽水城内建"状元"石牌坊，记载蔡仲龙的显赫功名。清光绪《处州府志》载："处州府丽水县：状元，为蔡仲龙。"[3]新

① 虞文喜主编，丽水地区人物志，浙江人民出版社，1995.03，第246页。
② (清)陆心源撰，宋诗纪事补遗(2)，山西古籍出版社，1997.07，第1529页。
③ (清)光绪《处州府志》卷六《坊表》第35页。

中国成立后毁。蔡仲龙死后，葬官桥（今莲都区联城镇官桥村），如今仍有状元坟之说。

蔡仲龙荣登榜首，成为丽水历史上士林模范，自宋以降，他的事迹在处州广泛流传，激励一代代丽水士子求学上进，进而为国为民鞠躬尽瘁。

在数百年的历史发展过程中，蔡仲龙状元在丽水士林中具有很高的名望，以至于至明代，为激发处州士子的良好学风，地方有司在处州城内建状元坊纪念蔡仲龙。近年来，状元蔡仲龙已作为东西岩景区重要的人文资源进行开发，成为文旅融合的一大亮点。

宋宁宗画像

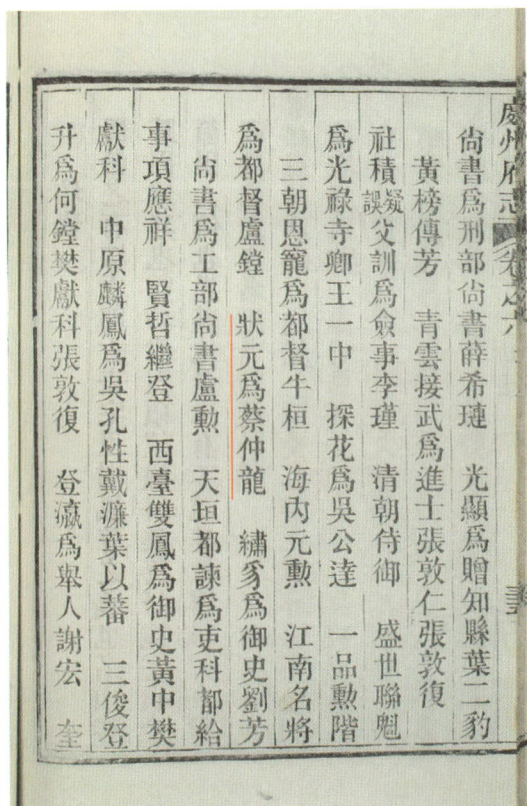

清光绪《处州府志》卷六蔡仲龙状元坊

105

文学家章良能

宋代以"同平章事"为宰相的官称,参知政事是副宰相。宋代处州出任宰相、副宰相多人,其中一位就是丽水县章良能,他是丽水县为数不多传入《浙江省文学志》的文学家之一,也是莲都历史上唯一拜相的古代乡贤。

章良能(?—1214)字达之,处州丽水县人。章良能的祖父章云就是北宋末年的忠烈。南宋建炎四年(1130),山东济南知府宫仪被朝廷缢死,其裨将、御营前军将官杨勃率兵再次叛乱。同年,杨勃率兵攻破婺州(今浙江金华),逼至处州郡境,百姓人心惶惶。处州守臣梁颐吉招募能说之者,希望通过谈判解决。有布衣章云就应命挺身而出,毅然前往。在丽水桃花岭古道荆坑与杨勃部相遇,章云就凭着机敏,晓以利害,喻以祸福。杨勃权衡之后,愿与处州府妥协,便随章直奔处州府城而来。但知州梁颐吉并不知其意,以为叛兵来犯,便布置官军于城下埋伏袭击。杨勃以为被章云就出卖,就把他杀了。南宋建炎初年(1127—1130),朝廷为旌表忠烈节义、以身殉国的祝公明,谥"义烈"。同时,在丽水县城樨山儒学南敕建忠节祠,供奉祝公明、姜绶、章云就、詹友等四位忠烈守节之士及靖康、建炎年间的死难者。

章良能的父亲章驹,宋绍兴十八年(1148)进士,授上虞知事。其兄章良肱,淳熙十一年(1184)进士。章良能于宋淳熙五年(1178)中进士第。宋庆元元年(1195)二月,任枢密院编修官。宋宁宗庆元六年(1200)二月,以枢密院编修官兼实录院检讨官。十月,迁拔著作佐郎。

第二年,宋宁宗改年号为嘉泰。嘉泰元年(1201)九月,章良能被提拔为起居舍人。章良能担任起居舍人期间,看到考场舞弊,特别是考官本身的弊端,对主司提出了三点看法:一是录取考生时的偏见,"一曰沮抑词赋太甚,既暗削分数,又多置下陈"。二是考试命题的弊病,"二曰假借《春秋》太过,诸处解榜,多置首选"。[1]三是现行考试内容,只为公卿子弟策问提供方便,"三曰国史、实录等书禁民私藏,惟公卿子弟因父兄得以窃窥,冒禁传写,而有司乃取本朝故事,藏匿本末,发为策问,寒士无由尽知"。[2]当时,这些弊病在科举考试中相当突出,章良能的看法得到了朝廷的重视,命自今诗赋纯正者置之前例,《春秋》唯卓异者

---

① 谢贵安著,宋实录研究,上海古籍出版社,2013.10,第527页。
② 赵伯陶校注,《宋史》卷一五六《选举志校注》,武汉大学出版社,2009.08,第114页。

置高等，余当杂定，策题则必明白指问。四年，诏："自今碍格、不碍格人试于漕司者，分院异题，永为定制。"章良能担任起居舍人期间，因被司谏宇文绍节指责为宰相谢深甫的同党，被外放泉州任知州。

南宋开禧二年（1206），章良能任宗正少卿。五月被免职。外放为江南东路转运判官，后又起用。三年（1207）八月，以权兵部侍郎兼同修国史、实录院同修撰。同年十二月，迁礼部侍郎，兼侍讲和修玉牒官。

南宋嘉定元年（1208）五月章良能迁吏部侍郎，史职如故。不久擢升为御史中丞兼侍读。八月十三日，章良能上奏两淮屯田之事宜："窃惟今之经理两淮，独有屯田一事。若使行之，可以富国，可以强兵，可以宽裕民力。今胡骑蹂践，数郡之民死于锋镝、死于转徙者十居七八，不耕之田，处处弥望，若不乘此早加检核，则强有力者，必将广行包占，数月之后无复有在官者矣。乞责监司郡守专意检核，凡死亡逃移之田，毋令妄冒承认，各令供具管下见今实有户口若干，在官之田若干，结罪保明，备申朝廷。乞令制置使司及两淮监司郡守立限条具以闻。"①同日，又进言："今之急务莫如经理两淮。今守臣多出臣僚荐举，或朝廷遴选，事体至重，自合专以功名为念。若假此以为进身之计，到任未久，又求迁擢，则万事无可为者。乞两淮守臣并以三年为任，任未满间不得陈乞宫观。如有罪状显著，严行责降，不特放罢而已。若功效尤异，即用增秩赐金之规，或有加职名以示褒赏。其未满三年，别有移易，许给舍、台谏论奏。其荆、襄间亦乞一例施行。"②宁宗皆从其请。

在御史中丞兼侍读任上，原来指责过章良能，并使其被外放的司谏宇文绍节，恰分配到其手下任佥书枢密院，因心存疑惧，不敢拜官上任。章良能开导说："公论出一时之见，臣岂敢以报私憾。"③从此，两人尽释前嫌。绍节就职不久，章良能也迁太中大夫、同知枢密院事，之后两人相处一直不错。虽然御史中丞的权力很大，上至宰相，下至一般小官，都在它的弹劾之列。但章良能却在新上任不久，向宋宁宗皇上提出请辞要求。宋宁宗不允，并在"不允诏"中，"朕惟振朝廷之纪纲，当先重纪纲之地；新天下之耳目，必遴求耳目之官。卿鲠亮之资，渊深之学，自奋于韦布之日，有闻于缙绅之儒。虽遍历于清华，亦屡更于夷险。处身无玷，疾恶如风。欲坚塞于幸门，曾不辞于怨府，弹击之任，简求实宜。其力辨于官邪，

① 刘琳，刁忠民，舒大刚校点，宋会要辑稿(13)，上海古籍出版社，2014.06，第7646页。
② 刘琳，刁忠民，舒大刚校点，宋会要辑稿(7)，上海古籍出版社，2014.06，第4294页。
③ 王克文，余方德主编；张西廷编写，湖州人物志，上海社会科学院出版社，1990.03，第104页。

章良能书《郭磊卿墓志铭》（《宋故琼管安抚提举郭公墓志铭》）篆额拓片（吴志华藏）

以共扶于国论。发卿所蕴，助朕有为。勿腾避宠之章，益励敢言之气。"[1]对章良能的德才给予高度评价，并且寄予厚望。

南宋嘉定二年（1209）正月，章良能又从御史中丞迁为同知枢密院事，位同副相。

南宋嘉定六年（1213）四月，章良能自同知枢密院事除参知政事。南宋嘉定

① （清）庄仲方编,中华传世文选·南宋文范,吉林人民出版社,1998.10,第160页。

七年（1214）正月，章良能卒在任上，谥文庄。

章良能自少喜好清洁，他的外孙周密说：外大父（外公）自少好雅洁，性格滑稽，凡是他要居住的房间，必定是要用水洒扫一遍，彻底地打扫，除去污饰，然后陈列琴书。一日，他在一素屏上写书法时说："陈蕃不事一室而欲扫天下，吾知其无能为矣。"[1]当时一些熟悉他的人就知道今后章良能一定有不凡的才能。

章良能在闲暇之余，经常会写些小词，颇有思致。外孙周密曾提到其母（章良能的女儿）能口诵许多首，有《嘉林集》100卷，可惜未有传世。仅存词牌名为《小重山》的一首行于世，收录于《绝妙好词》卷一。也见《全宋词》第二百八十卷收录：

柳暗花明春事深。

小阑红芍药，已抽簪。雨余风软碎鸣禽。

迟迟日，犹带一分阴。

往事莫沉吟。身闲时序好，且登临。

旧游无处不堪寻。无寻处，惟有少年心。[2]

① 杨恩成本书主编，宋词观止，陕西人民教育出版社，2019.01，第432页。
② 杨恩成本书主编，宋词观止，陕西人民教育出版社，2019.01，第431页。

109

马光祖巧断瓜中藏蛙案

马光祖（1201—1270），字华父，号裕斋，婺州东阳马宅（一说东阳城西）人。南宋嘉熙年间（1237—1240）在任处州知州。马光祖在《松阳县进士题名式》碑记中所云："余外氏家古松,故于松士拳拳焉。"原来，马光祖的外婆家就在松阳，这样来说马光祖乃是松阳人的外孙。马光祖在处州期间以民为本，勤政廉洁，尤其讼断颇有手段，他所断的瓜中藏蛙案成为后人断案推理的经典案例。

南宋嘉熙年间（1237—1240），马光祖以讲官身份出知处州。在处州任上，为政持大体，决讼如神，甚得处州士民拥戴。这年因久旱，百姓收成极差。马光祖面对灾情，心急如焚，马上动员州内富户义捐谷物，组织按人口赈济处州七县灾民，松阳项宜中输粟二千石以应倡议。马光祖还每天傍晚在密室中书词自责，涕泣请求上天说："减光祖十年之寿，沛栝苍三日之霖。"①不多日，果然得雨。青田灾民感念马光祖恩德，在县城安福院铸钟纪念，上刻"追荐故思府马学士"等字样。

马光祖还善于选拔使用处州的人才。丽水人叶禔，字天祺，问学该博，文词典赡。马光祖对叶禔的才能非常欣赏。当他出守建康兼江东安抚使时，请叶禔为其幕府高参，经常吸纳叶禔谋划的良谋上策。

南宋嘉熙四年（1240），马光祖在处州城东北五里置义冢（又称"漏泽园"），以收埋无主尸骸，体现他为政以德的人文情

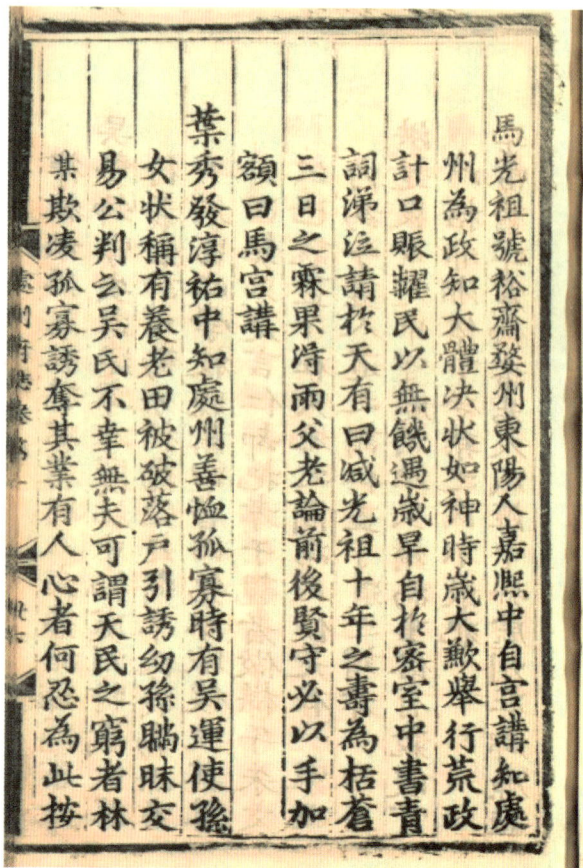

明成化《处州府志》卷一《马光祖传》

---

① （明）成化《处州府志》卷一《名宦》第36页。

怀。此为处州境内有史记载最早的义冢。

马光祖离任多年后，处州士民每每议论处州的郡守贤宦，个个竖大拇指，都说当数"马宫讲"，因马光祖以宫廷侍讲的身份出任处州知州。处州士民将马光祖入祀于在州学左大门东北的处州名宦祠。

宋代赵葵《行营杂录》中有《捕蛙陷夫》一文：说的是马光祖在处州任上，办理了一个"瓜中藏蛙案"成为古代智谋破案的典范。

"瓜中藏蛙案"讲的是马光祖在处州任知州时，"曾公告禁止处州十县老百姓捕捉青蛙。但丽水县郊区有个农民却不执行，到田野中逮捉青蛙，欲在城中销售以换取些银两。他把生瓜切下一头作盖子，挖空了瓤，然后把青蛙放满空瓜中，盖上盖子，清早起就带着瓜进城去卖。但刚走到城门口，就被守兵捉住，把他拘押到公堂上。

马光祖心里感到很奇怪，捕蛙村民如此巧妙的伪装，守城的士兵是如何识破的？为揭开心中疑团，马裕斋讯问了捕蛙村民。

于是，马光祖问道：'你是什么时候捉这些青蛙的？'

农民回答说是半夜。

马光祖又问：'有人知道不？'

农民答：'只有我妻子知道。'

马光祖怀疑他妻子和别人私通，马光祖便差人将村民之妻传至大堂上问话。经过一番审讯，终于弄清了缘由。原来，捕蛙村民的老婆与他人私通，奸夫为霸占她，想出一陷害村民的歹毒之计，让她教村民如何捕蛙的同时，自己又向守城的士兵进行了举报。这样，守兵一下就抓到了那个农民。情况查明后，马光祖依法惩办了那一对奸夫淫妇。"[1]

此故事也被明朝冯梦龙收入《智囊全集》里。自宋以降，丽水一直延续民间禁捕青蛙的习俗，传说就是马光祖禁蛙之遗风。清道光《丽水县志》对此故事亦有详载："马裕斋（光祖）知处州，禁民捕蛙。有村民刳冬瓜实蛙于腹，仍掩其蒂，黎明入城，为门卒所捕。裕斋问：'何时捕此？'曰：'夜半。''有知者否？'曰：'妻耳！'裕斋追其妻诘之，乃妻所私者令导其夫为之，又先语门卒，欲陷其夫而据其妻也，遂置妻并所私于法。见赵葵《行营杂录》。今丽水人有以食蛙为戒者，裕斋流风也。"[2]

---

① 吴志华撰，《处州乡土的博客》，《马光祖巧断瓜中藏蛙案》，2012-09-03。
② （清）道光《丽水县志》卷十四《杂记》第18页。

暗山深晴亦寒皆善狀山中景物者也

梁子奇梅戒火化文云胡人無禮義其俗固然何吾
鄉閭閻之家遂掖之士而忍出此蓋宋代頗有此
風也近惟閭商歸骨者偶一為之士著人無復有
此然可牧者當慎其舊坊也

馬裕齋光祖知處州禁民捕蛙有村民刳冬瓜實蛙
於腹仍掩其蒂黎明入城為門卒所捕裕齋問何
時捕此日夜牛有知者否日妻耳裕齋追其妻行
之乃妻所私者命導其夫又先語門卒欲陷
其夫而據其妻也遂置妻并所私於法見趙葵行

麗水縣志 卷之十四 雜記 夫

曾茶山次處州守謝景思寄勸農詩韻有云無路從
營雜錄今麗水人有以食蛙為戒者裕齋流風也

公上煙雨蔓魂常繞處州山以地有煙雨樓也不
得其解送疑煙雨不可言上矣

紹興中又文淵閣書目有煙雨齋疑亦其守括在
閣書目作煙雨齋集亦似孫景思名似守括時作也

袁清容集賈相嘗日浙東惟溫處士可任事四明士
不宜用斯言大為溫處之辱然似道當國時麗邑
人士不聞有所附麗兹可以無愧矣

林霧山 景熙 登處州城詩寒芒曾勤少微星一水溶

清道光《丽水县志》卷十四《马光祖断蛙》

马光祖巧断瓜中藏蛙案（熊远龙绘）

赵孟頫书《万象山崇福寺记》

元代书体复兴以及与"诗、书、画"的结合。元代书法家注重复古的同时也使各种书体全面复兴。自从魏晋就少有人使用的章草再次兴盛，元朝出现了大批的章草高手，而隶书和篆书也出现了一定的书家。由赵孟頫开始的诗、书、画的结合，是艺术品的形制上的突破。赵孟頫与处州也有深厚渊源，有宋一朝，其高高祖赵子偁、从祖赵希明均担任过处州知州。尤其他所书的《处州万象山崇福寺记》为其代表作之一。

赵孟頫（1254—1322），字子昂，号松雪，松雪道人，赵子偁五世孙。吴兴（今湖州）人。为元代最杰出的艺术家，他的书法，行、草、篆、隶，各具特色，是后人学书的范本，他的绘画不仅山水、鸟兽、人物都盛名在外，金石篆刻、音乐、文物他无一不精。

赵孟頫在处州也留下了墨迹，曾书《处州万象山崇福寺记碑》。"此碑原立于崇福寺边一览亭内，亭久已毁，碑抗战期间还在寺下洞天楼内，现已下落不明，仅存拓片。《处州万象山崇福寺记》碑高八尺广四尺（鲁班尺），凡19行38字，行书，径1寸4分，篆额9字，长3寸5分。元元贞元年（1295）僧行美改万象楼为万象庵，大

赵孟頫自画像（美国大都会博物馆藏）

德十年改为崇福寺，寺毁于20世纪日寇入侵时期。《处州万象山崇福寺记碑》为赵孟頫晚年知名作品。《处州万象山崇福寺记碑》尾云：'时延祐五年（1318）岁戊午西天目山幻住沙门明本记。后二年正月，翰林学士、承旨荣禄大夫、知制诰兼修国史、吴兴赵孟頫书并篆额，是岁三月望日住山沙门可永立石。'赵孟頫于延祐六年（1319）夏谒告归吴兴，遂不复出，此碑应该是其南归后一年即延祐七年（1320）书，赵孟頫时年67岁。"[1]

① 吴志华撰，《处州乡土的博客》，《宋孝宗生父、处州知州赵子偁小考》，2013年。

崇福寺是什么样的一座寺庙？作为中国四大楷书大家的赵孟頫为何会为江南一隅的崇福寺书写碑记呢？

明成化《处州府志》记载："万象山崇福寺，本宋何参政万象楼，元元贞元年僧行英悉买其地，改为万象庵。大德十年，改今名。其寺俯视城邑，如在几席下。近挹溪山，若图画。额书'栝苍洞天'。有寺记，见纪载。"①由此可见，崇福寺原本是宋代乡贤何澹为其母石氏所建的万象楼，到元代时被僧人释行英购买后改为万象庵。这位释行英本姓周氏，

赵孟頫书《处州万象山崇福寺记》拓本（吴志华藏）

为宋代孝子周智的后裔，住锡丽水城北白云山福林寺，法号白云禅师，道行高深，在佛教界影响甚广。他感慨于处州城内佛院不兴，于是决定购地兴建寺庙。何澹与周智都是宋代处州很有影响力的孝子，且万象楼地处处州城最高处，本是孝行之地，且"形如莲花，下瞰城闉，溪流环绕，南明蔚其前，北原丽其后"，释行英觉得这是甚有佛缘之地，于是创建万象庵。元延祐（1315）八月十五日，释行英以疾坐化。处州郡侯仰慕释行英嘉行，携其徒弟释可永等找到当世高僧释明本撰写碑记。释明本与赵孟頫本事道义之交，应释明本之邀，赵孟頫不吝书写了此碑记。

《处州万象山崇福寺记》为赵孟頫书法代表作之一，也是处州元碑之最，原碑遗失于新中国成立后不久，幸有碑拓存世。

---

① （明）成化《处州府志》卷三《寺观》第21页。

赵孟頫书《处州万象山崇福寺记》释文如下：

处州万象山崇福寺记（题）

古教有"森罗及万象，一法之所印"之说。谓一法者，指吾灵知不昧之心府也。心与万象虚而通、寂而会，混之不杂，类之不齐。即一而万，如空合空；即万而一，如水投水。非智眼洞明，其孰能谕之？处城有山，屹立阛阓中，名万象，形如莲华。下瞰城闉，溪流环绕，南明蔚其前，北原丽其后，少微括苍，梵林仙洞，参错掩映，一郡之伟观也。崇福寺者，建于元贞乙未。开山沙门行英，号白云，族周氏，故兰溪丞之孙也。生有凤质，长慕空宗，郡之文殊尊教院，乃其肄业之所。已而挟策游方，遍扣名宿，于佛祖不传之旨，高诣远到。众请出世，住白云法会禅刹，缁白向教，每慨郡之禅不振，方来衲子无食息之所，刻苦励志，乃创始焉。寻而檀户输金，郢人献巧，辈雄材，鞭巨石，群夫执役，惟恐不先，上栋下宇，指顾如愿。奉佛有殿，阐法有堂，禅宴有榻，出内有库，崇门处室，庖圊廪庚，悉具体焉。方将塑像，俄有僧自西域至者，妙出天巧，凡释迦圆通应真及诸像设，迥异常伦。敬奉大元帝师遂降慈音，乃赐兹额。寺以甲乙相承，贸腴田二百亩，以充食观。能事甫毕，复然指节依楞严诸了义，期与群灵同成正觉。延祐乙卯示庆，是年八月十五日泊然而化。阇维齿根不坏。度弟子二十余人，凡寺之伏腊有所不逮，持钵分卫以继之，遵遗命也。嘱其律己奉众之法，宜依佛制，凡禅坐、经行、毗尼、清禁，少怠则非所以继承也。

一日，郡侯太中普亿慕师遗业，虑后之来者不能远继，将立石纪其颠末，率其徒可永等持事状请为文以记之。余闻佛道长远，久受勤苦，乃可得成，然则香严击竹，太原闻角，一历耳根，廓尔禅悟，用勤苦奚为哉！无乃自取法缚于修证之途，对曰：子徒见其悟之易，而不知其未悟之难，其忘形骸，废寝食，尤甚于沐黍而求解者，苟知其难，则行可立、道可□、德可修、福可崇矣！余复何言。

时延祐五年岁戊午，西天目山幻住沙门明本记。

后二年正月，翰林学士承旨荣禄大夫、知制诰兼修国史、吴兴赵孟頫书并篆额。是岁三月，望日住山沙门可□立石。

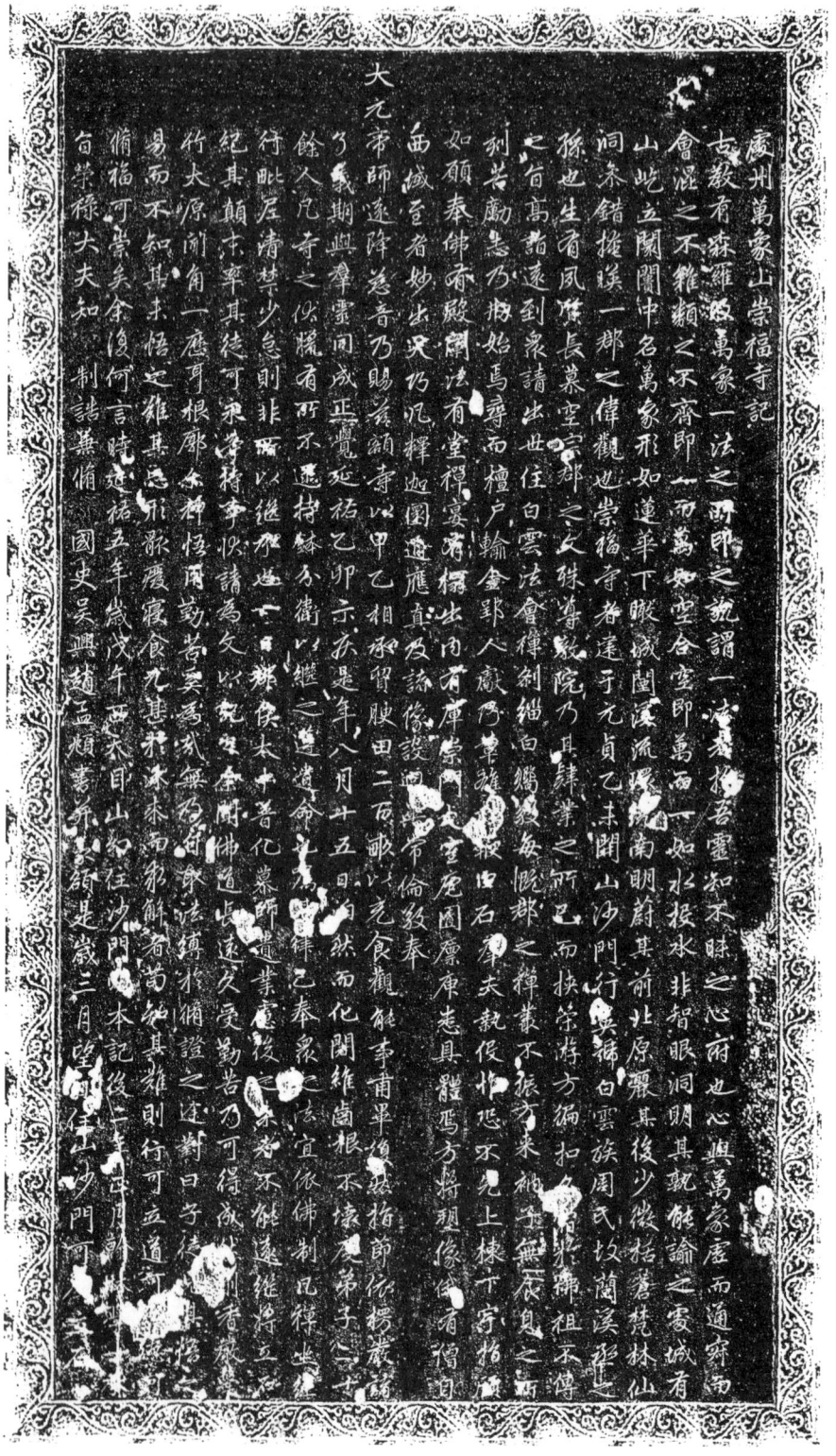

《处州万象山崇福寺记》拓本

高则诚姜山著《琵琶记》

清代梁村人梁祚璇的《莲城赋》中有"曲奏永嘉兮琵琶妙"之句，指的就是高明高则诚在处州录事任上著《琵琶记》之典故。

提起元代戏剧家高明，人们也许陌生，但说起他的《琵琶记》，知道的人就多了。《琵琶记》作为南戏鼻祖高则诚的代表作品，600多年传唱不衰，无疑是中国文学戏剧史上一朵奇葩。《琵琶记》意在宣扬贤孝，宣扬孝道中好的一面，宣扬中华民族的优秀道德，这对推进社会主义精神文明建设有很大的现实意义。

永嘉《高氏宗谱》高则诚画像

丽水大剧院前的高则诚铜像

117

元代大戏剧家高则诚于元至正间任处州录事，在丽水城姜山悬藜阁(今莲都区政府大院内)作名曲《琵琶记》，成为千古美谈。明成化《处州府志》记载："高明，字则诚，温州人。处州录事司录事。文词富丽，当世见称。元帅石抹公深器器之。"①文中的"石抹公"即元至元至正间的处州总制石抹宜孙。

高明(1305—1359)，字则诚，温州瑞安人。据考，高明出生在瑞安崇儒里柏树(今阁巷镇柏树村)一个诗人、隐士家庭。祖父高天锡、伯父高彦和弟高旸都是诗人，父功甫早卒。同里陈姓，与高家世有姻联。高明祖母和妻子为陈氏女，而高明女孙复作陈氏妇。陈族祖孙四世十五人，均是诗人，都能为文作诗，且有通晓音律者。元至正五年(1345)，高明40岁左右才中了进士，在丽水做过处州录事，还在江西、福建、杭州等地做过小官。晚年归隐宁波南乡的栎社，以词曲自娱。高则诚一生仕途不得意，也没当什么大官，当时他的《琵琶记》却成就了他为"南戏鼻祖"的文坛地位。

《琵琶记》为高明在处州录事任内写于处州城内的姜山悬藜阁，有诸多版本处州郡县志书均予记载。清道光《丽水县志》记载："悬藜阁，在姜山，元高则诚撰《琵琶记》院本处。"②清光绪《处州府志》载："宋学士秦观监酒税署上为悬藜阁，在郡治姜山。山前为酒税局，秦观谪监州酒税时居此。山上有悬藜阁，即元东嘉高则诚撰《琵琶记》处，今并废。"③

姜山曾为南宋抗金英雄姜绶住地，是丽水历史名园。宋代大词人秦观被贬处州监酒税时，酒税署就设在这里。在清代画家戴熙《姜山读书图》画页的序、跋中均提及此姜山为"宋余名宦之乡""元著歌吟之处""元高则诚撰琵琶记于此山"。但《中国文学史》④则认为《琵琶记》是他晚年归隐在宁波南乡的栎社时期完成的。而《温州府志》却认为"则诚属稿于括，断手于明（鄞）"，即初稿于丽水，最后完稿于宁波。

《琵琶记》作者为丽水的历史增添了光彩。明代处州通判董游《悬藜阁》诗中盛赞了高则诚在处州城内悬藜阁作千古名著《琵琶记》故事：

先生赡雅才，游戏投简牍。瘦词写幽意，暖律吹穷谷。
曾闻倚声时，坐拥双华烛。宝焰忽交花，四照散清馥。

① (明)成化《处州府志》卷第一《名宦》第38页。
② (清)道光《丽水县志》卷六《古迹》第7页。
③ 侯百朋编，《琵琶记》资料汇编，书目文献出版社，1989.12，第89页。
④ 中科院文学研究所中国文学史编写组编写，人民文学出版社1963年出版。

至性鬼神感，矧彼蚩蚩俗。庄语世所憎，微言转可觉。

厥体虽俳谐，用意良深笃。岂伊关王流，导淫弛检束。

古阁号悬藜，当年此编录。哀草罩寒烟，何处寻遗躅。

箫管满山城，正唱中郎曲。①

清康熙二十七年(1688)处州知府刘廷玑写过一首《咏悬藜阁》诗赞颂：

琵琶一曲写幽怀，自是千秋绝妙才。歌舞场中传故事，蔡邕真个状元来。②

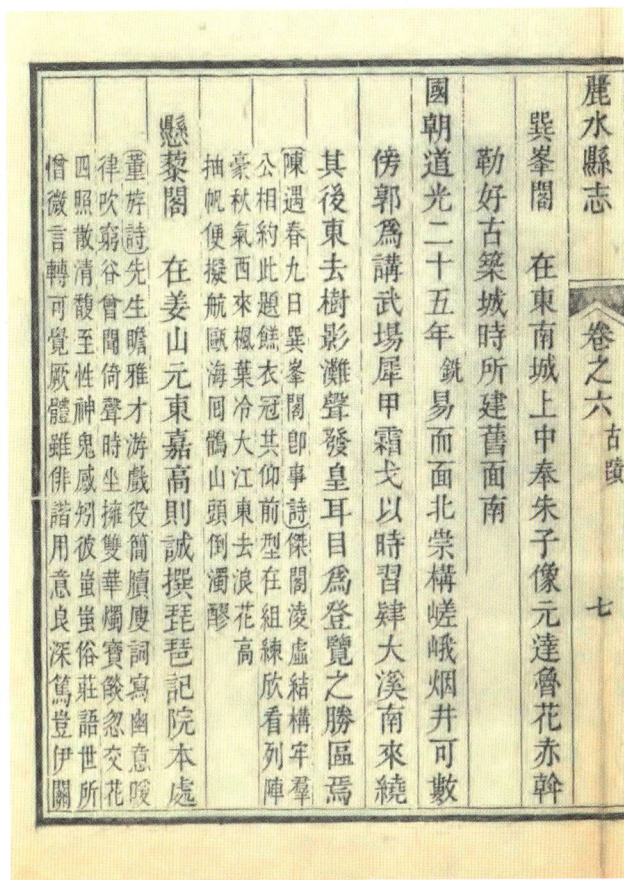

清道光《丽水县志》卷六　悬藜阁条目

《琵琶记》是高则诚在处州录事任上所作的元末南戏具有代表性的经典剧作，它展演了一出悲欢离合的家庭伦理悲剧，是一部中国古代悲剧经典。它是一部生

---

① 侯百朋编,《琵琶记》资料汇编,书目文献出版社,1989.12,第89页。
② 侯百朋编,《琵琶记》资料汇编,书目文献出版社,1989.12,第85页。

活悲剧，又是一部时代社会的悲剧，600多年来，得到广泛演绎流传，对中国文学史、戏剧史以及高则诚艺术历程具有很高的研究价值。多种剧种创作传承队伍，《琵琶记》创作至今已有600多年，各种剧种几经改编，传唱不衰，至今仍有昆曲《琵琶记》、越剧《琵琶记》、豫剧《琵琶记》、川剧《琵琶记》、京剧《赵五娘》、淮剧《赵五娘》等，以及丽水地方剧种婺剧、处州乱弹（即《赵五娘》）等诸多剧种作为正本演唱，均由高明《琵琶记》改编而成。

丽水婺剧《赵五娘》剧照

书法家包容德

包容德（1295—1369），字子成，包泾季子，元代丽水县孝行乡郎奇（今属碧湖镇）人。生平擅长诗文，清婉而典则。又善书法，师智永、蔡襄，后自成一家。

包容德出身书香世家。父亲包泾（1261—1348），字东伯，本姓周，八岁时，父母俱丧，表亲府学教授包开无嗣，见其器识异常，遂收养为后，改姓包。包泾克自振励，儒书吏事，罔不积练。达官贵人，交相引重。初任郡列曹掾，历绩溪、龙泉两县典史。调庆元路行用钞库副使。时年五十，无意仕途，遂谢事竟归。徜徉山水间，终日以教子为务。包泾常行善举，距其家三里，有保安桥毁于山洪，于是出资修复，方便乡邻。里有观音院，久废，其缮而新之。并割田40亩，捐入治平寺。至正八年四月二日，卒，葬先祖宋孝子周茂元墓左。以子容德贵，赠亚中大夫、集贤直学士、轻事都尉、追封上党郡侯。

包容德故里郎奇村

包容德18岁开始周游陈、宋、齐、鲁之地，后至大都，以气岸魁伟，议论辩博，名动京师。周王面授翰林直学士。包容德在京时，御史大夫铁木儿塔识其才，赏识"所交皆天下土，雅敬重公（包容德）"，每当有国家大事就向包容德等人

"咨访"，而包某亦为之出谋划策，"多所建明"，①因而推荐包容德任广东道肃政廉访司照磨，兼承发管勾架阁。

时广东使副以下皆坐事，容德行使司事。时豪门十姓，号"十虎"，勾结权贵，为非作歹，荼毒百姓。先前几任使司受其贿，置之不问。容德接事后，清正廉明，不畏强豪，将首恶者逮捕入狱。十姓家人百方行贿皆不得手，只得逃往海外。百姓心悦诚服，州县官吏也皆知守法。经御史台考核，征入秘书监典簿。后转著作郎。时中原兵起，国事日非。容德本欲归隐家乡，不得已拜受都威卫知事，后任行省左右司都事、进阶奉训大夫，太医院判官、朝请大夫、金本院事。

包容德秉性醇厚，乐善好施。元至正末年，大都遭蝗旱灾害，二两白金易斗粮。容德倾其廪中存粮，分与故旧邻里，家无一分余粮。

明洪武元年八月，明王师攻取大都。容德与其他元朝士大夫遣赴南京。明朝廷授以官，容德断然拒绝，洪武二年三月，忧愤而死。

明苏伯衡所著的《苏平仲文集》卷十三有《故元朝请大夫、金太医院包公墓志铭》。

---

① 张沛之著,元代色目人家族及其文化倾向研究,天津古籍出版社,2009.06,第70页。

南岫先生黄许

黄许（1283—1362），字与可，号南岫，学者称他为南岫先生，元代处州丽水县人。一生著作甚丰，用语平实而富有哲理，"不为华靡无益之言"[1]，著有《四书会要》《读易大意》《诗书类要》《天文地志官制类编》《书总断》及《古今人诗文骈俪类选》《石壁晚稿》等，又搜集编辑论述写作之道的文章，并为之作论，为《文通》若干卷。《新元史》有传。

黄许家族世代有隐德。

祖父黄国华，生卒年不详，字叔文，栝苍名士。为人方正严肃，尤其注重礼仪，终日衣冠危坐。每遇荒年，拿出粮食以平价籴给乡民。大雪天有不能举火炊饭者，常送粮接济。南宋德祐年间（1275—1276），一些恶少群聚为盗，其中包氏家族最强，号"包家洞"；林某人能抓捕猛虎，号"林大将"。他们劫掠周边郡县百姓，当地官吏制服不了。唯独害怕黄国华，不敢犯境。有一天，他们在里桥杀牛宰羊结盟，黄国华刚好经过这里。于是拿出金帛，劝说他们不要因为贫穷而行不义之举，可用这些金帛去正当谋生。众人惭愧而散去。黄国华追上去，将金帛赠送给他们。黄国华所居之地叫"弱溪"，元兵攻进处州，族人为避战乱，值钱财货堆积如山，听到元兵突然来到，委托村民看管而去。村里一些人想据为己有，黄国华命家仆将重货收贮一室。局势安定后，召其货主悉数归还给他们。

明成化《处州府志》卷三《黄许传》

父亲黄昶，生卒年不详，17岁考中举人，补太学上舍生。

黄许母亲早逝，黄许由继母抚养成人。黄许长大后，体貌敦硕，长髯垂胸，一表

---

[1] （民国）柯劭忞著，新元史（卷189–257），吉林人民出版社，第3433页。

人才。但其性格刚严，"逢人不能卑词媚色，不慊其心者，遇诸途，不正视。"①但对继母却恭敬温和，极能顺应她的喜怒。继母过世后，建庐于墓壁下守孝，遂号"石壁山人"。

黄许少时刻苦攻读科举业，与江西玉山儒士郑元善（即郑复初）、同乡叶岘、林定老（字君则）相师友。其他三人都考中进士，唯独黄许屡试不中。林定老为浙东廉访司佥事，举黄许为丽水儒学教谕，不就职，潜心圣贤之学。"习五经，约知其说，尤深于易。旁通诸家言，目别汇分，咸得其统绪"。②

黄许洞察时事，善论古今事之得失。元至正年间（1341—1368），天下表面上无事，黄许却以为将乱，著书十篇谈政治阙失，曰："亟用吾言庶可救，后将无及。"刚好朝廷派遣宣抚使到各地巡察，黄许以处士身份献十策，曰："严选举，革贪污，除吏敝，抑兼并，省冗官，汰僧道，核田赋，兴武举，作士气，结人心。"③磊落数千言，但没有被采纳。不久，果然发生动乱。后来中书省参政普颜帖木尔、内台治书侍御史李国凤奉诏经略江南，得黄许十策，如获至宝。可惜此时的黄许已因年迈卧病在床，征召他出仕，却已不能起来应召了。李国凤感叹地说："世未尝无才，顾上无用才之人耳。"黄许怀才不遇，临死前，感叹道："生而无愧，吾荣也；死而无亏，吾宁也！"④至正二十二年（1362）卒，享年八十，葬于叶弄。宋濂为之撰《丽水黄府君墓铭》。

黄许家教严格，子文彬、文奎皆得以成才。长孙黄梦池，字伯生，以能文辞名，文章器识，为时所重。师事青田刘伯温。官至龙江宣课大使、秦王府纪善，封将仕郎。著有《石楼文集》。次孙黄梦庚，字伯明，生性孝友。黄梦池为龙江宣课大使，以入课钞事发牵连押解入刑部狱，黄梦庚日夜兼程赶到京师探望。幸逢有诏令下，可以输粟边郡赎罪，梦庚急令弟梦裳变卖田地家产，为梦池输粟赎罪得出。

① （明）宋濂著，宋濂全集（第5册）宋学士文集（4）新编本，浙江古籍出版社，2014.06，第1755页。

② （明）宋濂著，宋濂全集（第5册）宋学士文集（4）新编本，浙江古籍出版社，2014.06，第1755页。

③ （民国）柯劭忞著，新元史（卷189-257），吉林人民出版社，第3433页。

④ （明）宋濂著，宋濂全集（第5册）宋学士文集（4）新编本，浙江古籍出版社，2014.06，第1756页。

郑桂高题《韩幹照夜白图》

郑桂高，生卒年不详，前至元十七年（1280）至元大德元年（1297）前后在世，字子山，祖居丽水县宣慈乡（今柳城畲族镇一带），其祖父郑瑰迁于处州城内。郑桂高之子郑似山圹志载于清《栝苍金石志续》卷四《郑似山圹志》开篇写道："先君讳谨之，字有常，族郑氏，世居栝丽水之宣慈乡。曾祖讳瑰，故宋福州签判，徙家郡城；祖讳伯开；考讳桂高，故饶州路乐平州教授。"

迨無疑矣 雲舫

按是碑記湯伯韶思孝庵租並以伯韶墓志中有思孝二字知之應另有記文未拓姑附錄于義田碑後以俟他日

鄭似山壙誌
碑高三尺七寸五分廣二尺四寸文十八行行二十二字正書徑一寸篆額十二字長三寸五分

故□將仕郎教授鄭公壙誌

先君諱謹之字有常族鄭氏世居栝麗水之宣慈鄉曾祖諱瑰故宋福州簽判徙家郡城祖諱伯開考諱桂高故饒州路樂平州教授先君行己敦篤遇事有操守性

續栝蒼金石志 卷四

切直不受抵捂人有過必面責之見善必加稱嘆爲文精繢雅麗書法端楷好古圖籍恭訂詳悉客至則鼓琴賦詩談論終日自號似山隱居教授學徒常數十人牖之迪之皆文雅可觀郡庠延致訓導率多造就中季用舉者得龍泉縣學敎諭調建康學錄陞峯書院山長秩滿以年近七十卽求致仕行省以聞于部授將仕佐郎處州路儒學教授食半祿舍後有小山嘗登望欣悅日此吾瑕[邪]也庶歸息于此乎言猶在耳鳴呼痛哉先君生於咸[酒]己巳五月甲子至正壬午七月戊寅以疾終春秋七十有四娶同郡陳氏故宋將仕郎平紅府司

清《栝苍金石志续》卷四《郑似山圹志》

郑桂高精于书画，曾书丽水《重修丽阳庙碑》《彭城庙碑》和题跋《唐韩干照夜白图》。

郑桂高书《彭城庙记》释文如下：

彭城庙记（题）

彭城庙神，刘姓也。宋著令：神有功绩，惠利及民，宜爵封者，州上转运司，司一再□，他州询核，乃奉。咸淳十年，处州状彭城三神灵迹，保义郎钱良佐奉婺檄来

125

郑桂高书《彭城庙记》拓片（藏丽水市博物馆）

询。党者具言三神伯父二侄，以次发灵，屡有御蓄捍患之功，民蒙惠利。婺以复于转运。明年，又牒建德府简僚来核。循令甲也，会有故，牒留未遣。又明年，皇元□命□兵燹罔□神灵滋不可掩。

按牒云，庙在巾山，今雾溪祖宅之庙。盖大环郡境，祠之者□虑百数，巾山特其始者尔。初，神宅枕刘冈，数传后惟一子乏嗣，命侄正享之。正弗敢弃基，爰作新庙其上。雾溪山势瓜□，是冈得龙正中，世钟灵异，庙为宜。至元十四年冬，过军驻丽水，邑南室庐率毁，庙当道肖存，朔南之人益尊信。乃拓疆鼎创，前宇翚飞，位貌严肃，惟后寝仍其旧。又北倚山为堂，气势尤壮，两庑广修，神佐对幄，高闳外敞，列骑如生。诸备物咸称。地灵启而穹林日秀发，民志聚而精气弥昭明。是役也，正买地市材为之倡，乐施者亦于于来，不足，则又益之私橐，始克完。方鸠工之初，数千指争趋各职，职惟恐后，辇大木巨石远郊，若驾飚籋云，倏欻至，流传异之。雨旸斯祈，疢疾斯禬。官吏若民谒灵者，益肩骈武接。随厥诚，惟影响所在，家置像祀，岁时纷鼓吹、奉熏炬造庭，咸幅辏。不有御菑捍患之实，曷济登兹若□。礼经宜在，祀典矧从，昔有巫实前禅禹，《易巽》"九二用之"，纷若吉者，儒先谓其诚意通神明。今彭城始以是而事神，终以是而为神。其存也，感而通，其没也，聚而不散，兹固诚之形著变化山川灵气云乎哉！天道有显，神功孔彰，民德神之深，天从民之欲，命之申之，方隆未艾。建德之胰，信足征也。我祖考世茔距庙伊迩，正屡请曰：某忝嗣神孙，堂构幸底成，愿有纪以信后。余稔闻神德之盛，且嘉正纯悫忠勤，绍神不忝，于是乎书。

大德元年岁在丁酉六月甲寅日郡人郑桂高记并书。

将仕佐郎、处州路丽水县主簿吴友中题盖。

神嗣孙刘正立石。李明镌。

唐韩幹《照夜白图》是唐代著名画家韩幹的代表作。这幅画是用水墨线描完成的，描绘的是唐玄宗李隆基的坐骑"照夜白"的形象，充满了丰富的情节和感受，反映了当时时代的审美观念。

《照夜白图》卷前有乾隆题诗和鉴藏印，以及向子湮、吴说题首。卷后有危素、揭汰、张继光、莫士安、楚惟善、西村后人盖苗、郑桂高、曾鲁、博陵林、徐尊生、章师孟、沈德潜十二人题跋，可谓是流传有序。

《照夜白图》卷后题跋大多元人所作。第一位题跋者危素（1303—1372），留有"临川危素"印。第七位题跋者郑桂高（生卒年不详），没有钤印。落款"至元庚辰，括人郑桂高书"。稽阅历史年表，至元庚辰有二：一是前至元庚辰，为元世祖忽必烈至元十七年，即公元1280年；二是后至元庚辰，为元元惠宗妥懽帖木儿至元六年，即公元1340年。考《处州金石》下册记载：元大德元年（1297）丽水县南乡下刘地方《彭城庙碑》落款有："大德元年岁在丁酉六月甲寅日，郡人郑桂高记并书。"又考：郑桂高，生卒年不详，字子山，丽水县宣慈乡（今柳城畲族镇一带）人。元至元十七年（1280）曾任丽水县学教谕。可见郑桂高应该是前至元

十七年（1280）鉴赏《照夜白图》后所题此跋语。否则元大德元年（1297）就有
人请其书碑之人，一般都是地方很有名望的人，也是有一定年纪的成年人，不可
能43年后还能长途跋涉他乡观赏《照夜白图》。

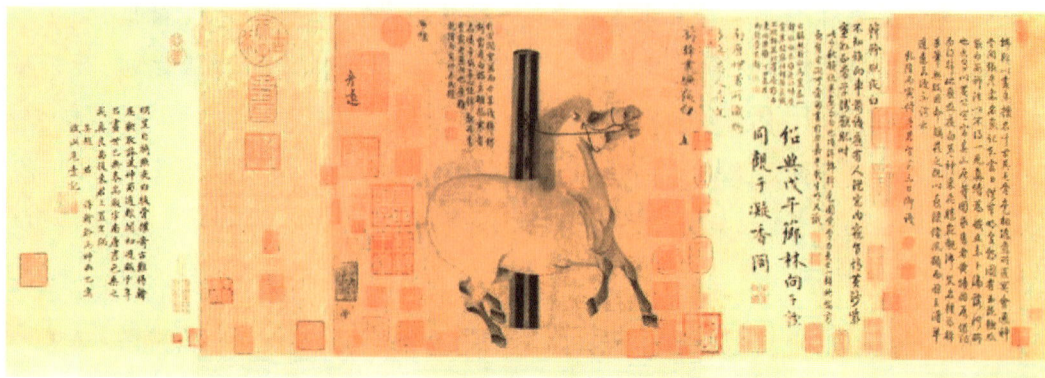

唐韩幹《照夜白图》，纸本水墨，纵30.6厘米，横34.1厘米，藏美国大都会艺术博物馆。

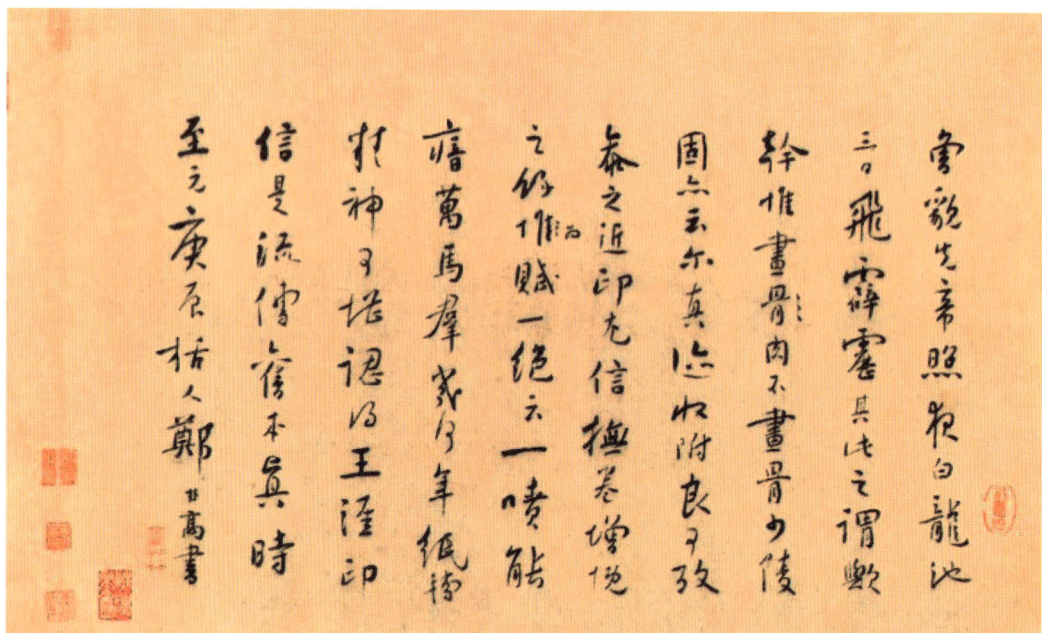

郑桂高题跋唐韩幹《照夜白图》

月忽难篆额《重修通济堰碑》

月忽难，生卒年不详，字明德，蒙古族（其先祖为色目人，后入蒙古族），大约生活在元朝后期。元至正中任处州路总管府达鲁花赤。月忽难精通书法，尤擅篆书。元代诗人傅与砺《送月明德经历赴工部主事》序云："明德名月忽难，工篆。在临江有声誉。"又称其"分明汉策存经术，零落秦书见籀文"。[1] 月忽难在处州任上有《重修通济堰记》篆额存世。

月忽难素有文采，喜作诗。他与处州名贤、同僚刘基交往甚密，常相互赋诗唱和。月忽难去职时，刘伯温相送好友，并作序以赠《送月忽难明德江浙府总管谢病去官序》云："……百姓侧足畏避，号曰筻鼓。人莫解其意，或曰：谓其部党众，而心力齐也。余每闻而切齿焉，无能如之何也。会朝议以蒙古、色目氏参佐簿书曹官，于是江浙行省掾史月忽难公获选为临江路经历，下车访民瘼，按宿狱，凡壅滞不决者，皆筻鼓之徒为之。督所属逮捕，穷其奸状，而上下为覆冒。公执正议愈奋曰：'吾誓不与鼠子俱立于此！'众不能沮，于是事露者伏其辜，馀党悉敛迹退散。农民入城市，相谓曰："微经历，我与尔敢来此乎？予闻甚喜，且庆朝廷之用得其人也。后数岁，乃识公于京师。公时奉使自湖广还，民誉独籍籍，予又为大喜。至正己丑，公为江浙财赋副总管，因得相与为文字交。公素有足疾，辛卯六月以病去，荐绅之士咸祖送北门外。酒酣，有起而歌者曰……"[2]

刘基画像

"至正己丑"，即元至正九年（1349）。

这篇送序(赠序)与一般的送别之文不同，不以惜别赠言为主旨，而近乎一篇传记，刻画了一个清廉干练、敢于为民除害的蒙古官员形象。此序集中写月忽难在临江

---

① 杨匡和校注;(元)傅与砺著,傅与砺诗集校注,云南大学出版社,2015.08,第256页。
② (明)刘基著,刘基集,浙江古籍出版社,1999年版第69页。

县与不法衙役之间的斗争。先以浓笔绘述这班衙役的厉害,结党营私,上下其手,不但老百姓见而畏之,连官吏也不敢得罪他们。他们操纵判案,甚至还能设法罢去不合他们心意的官,于是得了一个古怪的称号:"筻鼓"。对筻鼓的描写吸引了读者,也烘托了月忽难除害的艰巨。文尾引录当时送行歌诗两首,一首惋惜月忽难怀才不遇,一首以遇合有时来安慰之。[①]

可见,刘基不仅是月忽难的文友,也是其知心之人。

元至顺二年(1331)春,通济堰修浚成,宣武将军、同知处州路总管府事八哈瓦丁等处州路总管府官员决定立碑以记。此时,已历任处州路达鲁花赤之职的月忽难正在杭州休养,应邀欣然书写碑额,以寄托对处州的思念。《重修通济堰记》碑在莲都区碧湖镇堰头村通济堰詹南二司马庙内。该碑文应为阳面,碑阴为明洪武三年《通济堰图》和《通济堰记》。20世纪50年代移至温州市博物馆,1980年从温州运回后在重立时,为突出《通济堰图》,而将碑阳朝里,碑阴朝外。碑高195厘米,宽87厘米。碑篆额《重修通济堰记》六字,碑文行书21行,每行30字,字径约2.5厘米。部分漫漶不清。将仕郎、前温州路瑞安州判官叶现记并书,中议大夫、前处州路总管兼管内劝农事月忽难篆额。文中提及"至顺辛未春",此碑当立于元至顺二年(1331)。清《栝苍金石志》卷十录入,为《重修通济堰碑》。他还曾撰松阳《景福观记》。

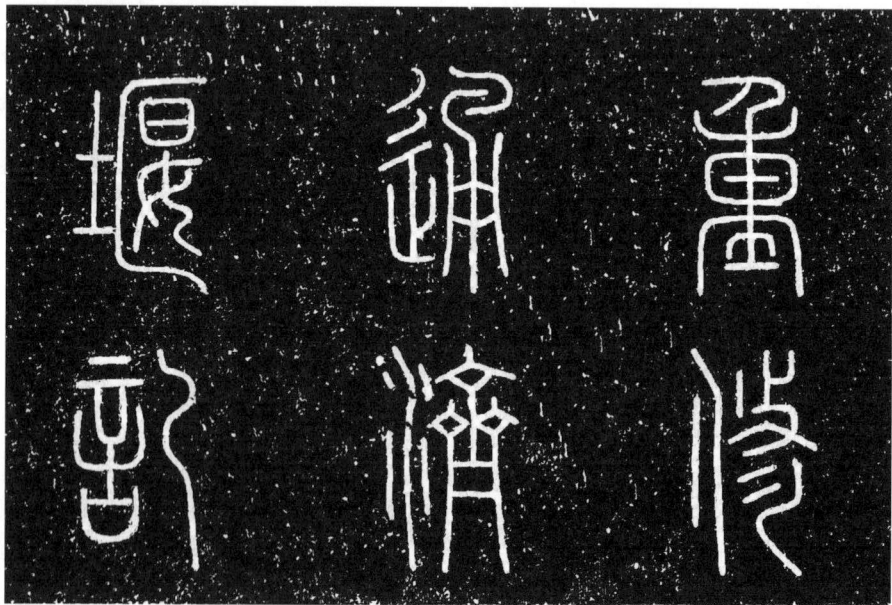

元至顺《重修通济堰记》篆额拓片局部(吴志华藏)

---

① 刘明今选注;徐柏容,郑法清主编:刘基散文选集,百花文艺出版社,2006年版第10页。

周权留题东西岩

周权（1275—1343），字衡之，号此山，元代松阳县惠洽乡乐安里（今属松阳县板桥畲族乡）人。周权磊落负隽才，然不得志。延祐六年持所作走京师。袁桷大异之，称之为磊落湖海之士，谓其诗意度简远，议论雄深，可预馆职，力荐弗就。后回归江南，更专心于诗，唱和日多。当代名流赵孟頫、虞集、揭傒斯、陈旅、欧阳玄皆推许其诗才。周权归到故里后，以一清悠之地为居，有亭曰"清远堂"，所居之室名为"此山斋"，自号"此山"。他的诗词更见功力，被诸多书生传抄，名为《此山集》。《元史》、明成化《处州府志》等均有传。

周权老家在板桥，其女婿就是马村陈镒，无论地缘还是亲缘，周权与东西岩都有千丝万缕的联系，他也曾多次到东西岩游玩，并留下诸多诗词上乘佳作。

元至正年间某日，周权陪同丽水县尹王铨登东岩赤石楼，写下了这首荡气回肠的《沁园春·次韵王尹赋东岩》：

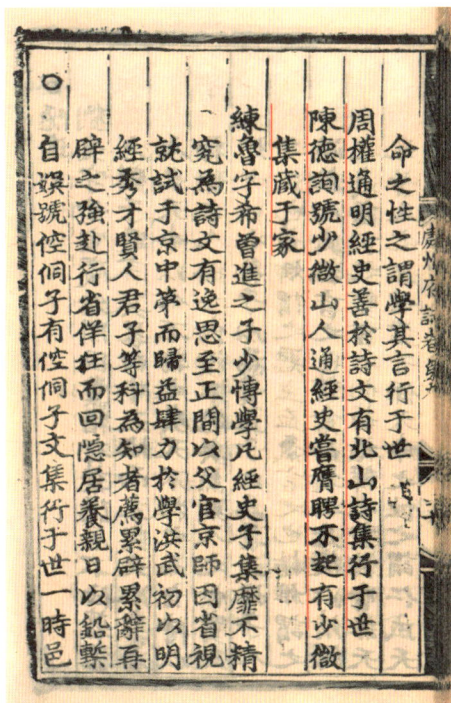

明成化《处州府志》卷九《周权传》

娲皇补天，遗石两拳，几千仞兮。

定苍龙璧峡，镈和天坼，浮屠卓锡，庐倚云开。

世窄三千，天高尺五，日月低躔东复西。

人间世，听晨昏钟鼓，撼半空雷。

登临纱帽棕鞋。

豁云梦、胸襟一快哉。

想醉倚高寒，飞仙可挟，清游纪胜，俗子难梯。

把酒乾坤，笑谭今古，崖藓摩挲认旧题。

九关近，便骖鸾高举，云气徘徊。[1]

---

[1] （明）解缙原著；刘凯主编，永乐大典精华（第2册），线装书局，2016.03，第849页。

周权在与王铨等人攀行中，感觉还是意犹未尽，于是紧接着又填《沁园春·再次韵王尹赋东岩》，此词更甚前"次韵"，东岩气势得以淋漓尽致的描绘：

> 混沌凿开，天险巍巍，东岩峻兮。
> 是云髓凝成，半空高矗，天风吹裂，一线中开。
> 妙出神功，高擎仙界，鸟道疑当太白西。
> 凭高处，见云嘘岩腹，鼓舞风雷。
>
> 落花香染桃鞋。快阔步青云志壮哉。
> 便万里孤骞，超人间世，一枝高折，作月中梯。
> 笔蘸天河，手扪象纬，笑傲风云入壮题。
> 摩苍壁，扫龙蛇醉墨，翔舞徘徊。[1]

东西岩胜景

这是两篇描写东岩的奇作。有方家评语：

在中国词史上，写山水的词作罕有其匹。东岩形似剖盎，侧立千尺，溪壑深杳，周权似乎有意要把东岩与李太白《蜀道难》一争高低，词也的确有太白雄风。全词由奇景而生奇情。本词第一奇在构思，用奇特的想象，从虚处着笔，把东岩写得极富传奇色彩和动态的力度美。巍巍的东岩，壁立千仞，石壁夹道，峻极中天。本词第二奇在奇情壮采，豪气逸兴。词人面对巍巍东岩，逸兴遄飞，"志壮"

---

① （明）解缙原著;刘凯主编,永乐大典精华(第2册),线装书局,2016.03,第849页。

凌云。我们仿佛见着他脚蹬被桃花香染过的登山鞋，阔步快速地奔向青云，进入月宫，高折蟾宫一枝桂树。

在周权攀登东岩过程中，沉醉于与李白行走蜀道剑阁相较量的精神世界里，尤其是"再次韵"之作，是在"次韵"无法畅快淋漓地表达他内心如登天庭的豪迈胸臆，因而他紧接着又作一首"再次韵"。"再次韵"用韵有严格规定，不能超越变更原作的韵脚，这已经限制创作的思维了。而刚用原韵写过一首（《次韵王尹赋东岩》），再度用原韵写作，就无异于戴着脚镣手铐跳舞，而周权却偏偏跳得如此潇洒，如此自在，如此欢腾，可见他惊人的才气。

"再次韵"上阕从东岩的"凝成"写到它的"中开"和吞云吐雾的气势；下阕从"阔步"登天写到他月中折桂和在苍壁上挥舞"龙蛇"。全词一气呵成，气势奔注，而不作腾挪跌宕。词以气势胜，才不觉得词中屡用的"天险""天风""天河""风雷""风云""青云""云髓""云嘘"等意象有重复之感。词中用词造句之避与不避，取决于创作主体能否驾驭词的气势和语言，未可一概而论。

周权还曾经到过定香寺，即东岩寺，一呼东明寺。有《九日偕友登东岩定香寺》为证：

> 兹岩何穹窿，迥出尘壤隘。当时补天馀，偶堕灵鳌背。
> 神丁挟奇功，塞此沧溟汇。翠涛化千峰，尚作掀舞态。
> 色连空宇高，气薄坤舆大。绀庐切层云，粲然金银界。
> 犹封开辟土，迂旷无斩薙。至今绝顶泉，下迸万丈内。
> 阴阳互轇轕，造化自根蒂。崖壁凿灵境，洞壑橐寒濑。
> 旁开一罅峡，天影落青黛。阴风洒晴雪，夏练结幽晦。
> 石门耸峨峨，屹若剑门势。在昔乾符间，绿林肆凶厉。
> 托兹保遗黎，残石犹纪载。凭高达遐观，访古起馀嘅。
> 荡胸泻河汉，散发沐沆瀣。烦襟忽如遗，举步寄一快。
> 携朋作重九，秋高崖菊细。浊醪艳华觞，浩唱发雄迈。
> 反身下天磴，百盘经险怪。目眩神萧森，冷风荡归袂。
> 人生谅逍遥，岁月岂予贷。吁嗟谢公屐，去此遗胜概。
> 回首山苍苍，夕钟渺云际。

陈镒著《午溪集》

《四库全书》编纂于清乾隆时期。1772年开始，经10年编成。是中国古代最大的一部官修丛书，分经、史、子、集四部。丽水人陈镒所著《午溪集》10卷也收入其中。

陈镒，字伯铢，元代诗人，约公元1338年前后在世，丽水县懿德乡月山马村（今属莲都区丽新畲族乡）人。周权女婿。关于陈镒的出生地，笔者寻访多年而未果。近日稽阅陈镒的诗集《午溪集》方得到答案。陈镒在其《客中思归》诗中写道：

世道艰难转觉危，回头五十五年非。红旗黄纸从无分，白髮青山可息机。
二顷稻田环马墅，一区茅屋傍渔矶。西风吹动家乡念，心与孤云稍稍飞。

（陈镒按：马墅，所居地名）

马墅，即今马村。其远祖于北宋时迁居月山，后分居于距月山二里之遥的马村。

陈镒与处州总制孙炎为同门，均为河东张仲举弟子。张仲举即张翥(1287—1368)，字仲举，晋宁(今山西临汾)人。元代著名诗人。元至正初年(1341)被征召为国子助教。后来升至翰林学士承旨。陈镒与孙炎虽是同门，但原未谋面，后孙炎主政处州，为陈镒父母官，实乃有缘。陈镒与孙炎亦有诗文酬唱，陈镒对这位同学兼父母官寄予厚望：

呈孙都事

朔寒苦积阴，烈风无时休。况兹在万山，居然抱穷愁。
矫首瞻王明，偏照东南州。阳春一以布，皇华载咨诹。
感彼草木秀，使我疮痍瘳。愿安黎庶心，六辔少淹留。
薄采泮池芹，终朝不盈手。迩来卧空谷，蓬室甘老朽。
余生偶然全，当此丧乱后。幸逢治化新，民弊赖绳纠。
我公负经济，乃出群贤首。汇征征自兹，海内归浑厚。

孙炎《午溪集序》释文如下：

元统癸酉秋，监察御史辟河东张仲举为金陵郡博士，教弟子，时永嘉李孝光、天台丁仲容、僧笑隐咸在，炎以弟子员得从之游，登石头城，坐翠微亭故趾，大江西来如白虹绕城下，淮南诸山尽在几席。是日，诸先生效韩孟联句，仲容耆饮，口讷讷不能语，孝光髯漆黑，仰举长面而鹤身，善谈谑。酒酣，日已没，宿龙翔方丈，仲容困酒先引去，笑隐出烛中坐，孝光在左，仲举在右，昆仑奴作递书邮。仲举首倡曰：先皇昔潜邸梵宫，冠东南，遗弓泣父老，次授笑隐云云。比晓，仲举夺笔走数韵成章。余尝论仲容诗，若大宛天马，举足万里，有盖世之气。仲举如鸣球琴瑟，合轩辕氏律吕。孝光若禹九鼎，神奸物怪，怆人心魄。笑隐如棠溪之金，随手铸器，不离模范，而神采焰焰可畏。嗟夫！俯仰之间，忽焉隔世，独仲举先生尚存在燕二十余年。乃今得见伯铢于括。伯铢与余，实同出张先生之门，未相识也。及相识而白发种种，亦如诸先生游石头城时。惜余幼不力学，长无所树立而空老矣。犹幸及见伯铢，伯铢有《午溪集》二卷，诗多类张先生云。

伯铢，姓陈氏，丽水人。退庵孙炎序。

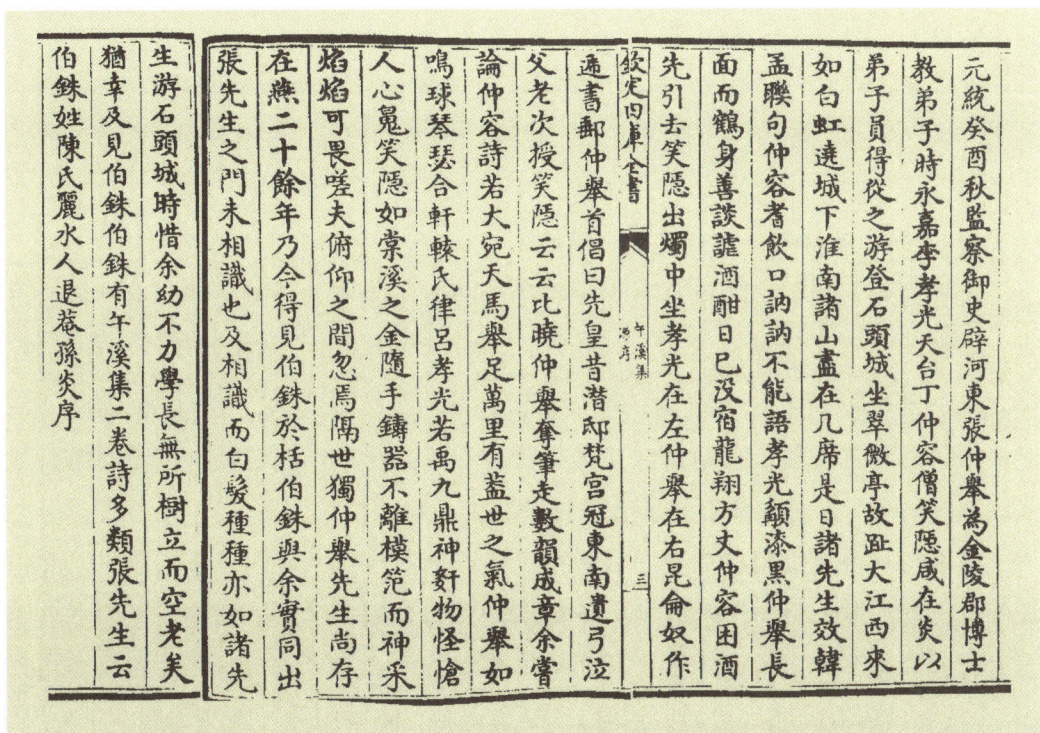

《午溪集》卷首孙炎《午溪集序》（商务印书馆影印《文渊阁四库全书》，周率藏）

宋濂括苍情缘

宋濂（1310—1381），字景濂，号潜溪，有明代第一文臣之美誉。原籍金华，后徙居浦江。在我国古代文学史上，宋濂与刘基、高启并列为明初诗文三大家。他以继承儒家封建道统为己任，为文主张"宗经""师古"，取法唐宋，著作甚丰。他的著作以传记小品和记叙性散文为代表，散文或质朴简洁，或雍容典雅，各有特色。明朝立国，朝廷礼乐制度多为宋濂所制定，朱元璋称他为"开国文臣之首"，刘基赞许他"当今文章第一"，四方学者称他为"太史公"。

宋濂画像

宋濂一生与丽水情缘颇深。

元至正二十年（1360），与青田刘基、龙泉章溢、丽水叶琛同受朱元璋礼聘，尊为"五经"师，受贡于金陵礼贤馆，史称"浙东四贤"。叶琛卒，宋濂撰《叶治中历官记》以记。宋濂还帮叶琛兄嫂（叶珂妻）汤润（字妙光）撰写《故节妇汤夫人碣墓铭》，颂扬贤母汤润的高尚情操。

宋濂与丽水的刘浩卿也是至交，尝游少微山，偶遇刘浩卿之子刘彬，抱瓮汲水，于是他写了《抱瓮子传》。文中"予尝游栝之少微山，俯瞰四周，如列屏障。山之趾有随地形高下，为蔬圃，约二十亩，凡可茹者咸艺焉，傍列桃、杏、梨、李诸树。时春气方殷，蔬苗怒长，满望皆翡翠色，树亦作红白花，缤纷间错，如张锦绣段"无疑是对少微山胜景最好的描绘。

宋濂与官桥祝氏也有深交。官桥祝氏，以忠孝传家，一门三人入国史。北宋末年抗金英烈祝公明，壮烈殉国，编入《宋史》。后有祝大昌、祝崐父子以孝名于当时，分别被编入《元史》和《明史》。宋濂为祝大昌撰写《元故孝友祝公荣甫墓表》。祝大昌弟祝大朋（1294—1375），原名大明，因避国讳，遂改大朋，字公亮。一生勇于为学，博览典籍，积善行德，深受乡里敬重。卒后宋濂为他撰写了《元故处州路总管府经历祝府君墓铭》。祝大朋之孙祝金（1335—1423），字廷心，号

"蒙山处士"，又号"万竹山人"，祝彦芳长子。少时资性纯厚，9岁通《小学》、论《孟子》，立志于学，读诸子百家、经史子集。18岁时，不远数百里，投拜浦江宋濂门下，"宋太史甚嘉与之"。[1]祝金最终不负宋濂教导，受请出任处州府儒学训导，端居讲堂，严矩度，勤训诲，解惑析疑，隆冬盛暑弗懈。

宋濂撰并书《白云禅师塔铭》拓片（吴志华藏）

由是人才辈出，盛于以往，卒，享年七十九。后祀于丽水名宦祠，也是处州历史上唯一一个入祀本籍名宦祠的乡贤。

宋濂与丽水吴氏也有同僚之谊。吴氏远祖自江苏迁居湖州德清。五代时，吴庠任处州府官，遂举家自德清迁居到丽水城内。越四世生吴安国，出使金国，扣留七年不改气节，卒后传入《宋史》。越十二世生吴公愿，字从善，博学擅长写文章，举茂才入仕途，官授承事郎、工部主事、兼吴相府录事。宋濂在翰林院时，公愿为翰林编修官，二人相从授经者颇久，常常一起吟诗作赋，关系很密切。"吴从善（公愿）以其远祖墓铭求题，欣然援笔赋之"[2]，作《栝苍吴氏世系碑铭》。

宋濂与丽水王廉也相交甚厚。王廉，字希阳（熙阳），号荽山先生，丽水县城人。荽山在通惠门东，王廉故里在此。明洪武二年初，受历史学家、翰林学士危素举荐，王廉以贤良入翰林院，授翰林编修，和宋濂等一道参与修撰《元史》。王

① 任继愈主编；(明)程敏政编，中华传世文选·明文衡，吉林人民出版社，1998，第853页。
② 全明诗编纂委员会编，全明诗(第2册)，上海古籍出版社，1993.01，第248页。

廉博通经史，尤其精于《周易》。生平所著丰厚，有《南征录》《茭山集》《迁论史纂》《左氏钩元》《三礼纂要》《四书详说》等。王廉还精通琴艺，工于篆书和隶书。《南征录》就是王廉出使安南沿途所作诗歌集，此书现已不传，仅存浦江宋濂作于明洪武四年（1371）的《南征录序》。宋濂称其"学之有素，发于中而行诸外。以能文辞称"。评价其诗作曰："今观其措辞，和而弗流，激而弗怒，雅而不凡，可谓能专对者非耶！"① 此外，宋濂还为丽水瀑泉人项棣孙作《元故延平路总管项君墓志铭》、为黄许作《丽水黄府君墓铭》、为城内季仁寿作《季公墓志铭》、为处州城赵友桂作《赵诜仲墓志铭》、为周母王妙贞作《周贤母传》、为白云山福林寺智度禅师撰并书《白云禅师塔铭》。

宋濂撰并书《白云禅师塔铭》释文如下：

处州福林院白云禅师度公塔铭 （题）

师讳智度，号白云，因以为字，处之丽水人。族吴氏。年十五，慨然有出尘之趣，欲就浮屠学。其父德大与、母叶氏，咸钟爱师峻辞拒斥之。师不火食者累日，若将灭性者。父母知志不可夺，使归禅智寺空中假公，薙发受具戒，即寺侧楞伽庵，深习禅定。每趺坐达旦不寐，如是者四三春秋。已而叹曰："六合之大，如此颓然滞一室可乎？"遂出游七闽，遍历诸山，无有契其意者。复还郡之白云山，因澄禅师道场遗址筑福林院，以为憩息之所，日取《楞严》《圆觉》二经，钞疏而熟读之，不假师授，章旨自通。已而复叹曰："拘泥文字中，如油入面，了无出期。德山所谓穷诸玄辩，若一毫置于太虚者，信不诬也。盍弃之乎？"又出游浙河之西，见灵石芝公于净慈。未几，又上天目山参断崖义公，谈锋铦利，人莫之敢婴。时无见睹公说法天台华顶峰，大振圆悟之道，师复逾涛江往拜之，问曰："西来密意，未审何如？"无见曰："待娑罗峰点头，却与汝言。"师以手摇曳欲答，无见遽喝。师曰："娑罗峰顶，白浪滔天，花开芒种后，叶落立秋前。"无见曰："我家无残羹剩饭也。"师曰："此非残羹剩饭而何？"无见颔之。服勤数载，翩然将辞还，无见嘱之曰："昔南岳十五岁出家，受大鉴记莂，后得马祖授之以心法，针芥相投，岂在多言邪？勿掉三寸舌诳人，须真正见解着于行履，方为报佛之深恩耳。"师佩服之，弗敢忘。师既有所证入，俨然如白云在天，卷舒无碍。又走长沙见无方普公，走云居见小隐大公，凡当机问答，无异华顶。

时至正甲申，县令长徇缁素之请，迎师旋福林，与毒种昙、成山钦二公互相策

① （明）宋濂著，宋濂全集，浙江古籍出版社，2014.06，第606页。

励,如恐失之。甲午,复隐楞伽庵。壬寅,王府参军胡公深、处州翼元帅王君佑复请至福林。甲辰,御史中丞章公溢招致龙泉之普慈,僧徒相从,云输川臻,多至八百人。檀施日集,食饮无阙者。乙巳,移象山。丙午,迁武峰,从者恒如初。吴元年丁未,□□持惟贞暨弟子周□祖后请回楞枷。洪武已酉,适建法会于蒋山,有诏起天下名僧敷宣大法,而师与焉。师初力辞,戍将强起之。师曰:"心境双忘,随缘去住,复何拘碍耶?"乃行。暨师至,而会事解严,遂还杭。杭人奉师居虎跑度夏,始入秋,辄趋华顶。明年庚戌春二月,示微疾,浩然有归志。四众坚留之。师曰:"叶落归根,吾所愿也。"遂回福林。五日,索笔书偈曰:"世可辞乎,有众可别,大虚空冲,钉甚么橛。"遂掷笔而逝。是岁三月一日也,寿六十七,腊五十二,龛奉五日,颜色鲜润。阇维之夕,送者千余人,火余得舍利。法弟广白大贤奉骨以辛亥年十一月庚申日瘗于院西若干步,善女人唐净德,为建塔其上。

禅师静谧寡言,机用莫测,临□无切督之威、严厉之色,唯以实相示人。所至之处,人皆倾慕如见古德,或持香华供养,或绘师像事之,不可以数计。空中、无见殁,师皆为建塔。求名公卿撰铭表之。师度弟子凡若干人,平日随机开道。所作偈颂,不容人录,故今无传者。予闻信心为一切功德之母,苟能信焉,何道之不造?何法之不明?自圆悟入传至于无见,究其所得所证,何莫不由于此哉?师自幼龄即能信吾佛之道,决可脱离死生,一息不少息,所以卒能彻究心源,而纵横自在也。世之知师者,孰不曰"无见有子而方山有孙"者乎?诚可尚也。

予曾接师护龙河上,无懈容,无蔓辞,有问则言,无则终日澄坐而已。因语二三子曰:"其所谓信人也哉!"今弟子某,奉道岩之状求予为铭,予颇知师,铭盖不可不作也。铭曰:

华顶之峰,有道所居。随时演法,大音铿如。入其门者,无非狮子。我福林师,闻风而起。当机一喝,两耳为聋。法体如如,情识顿空。历触诸师,见者惊愕。言出霆奔,无蛰不作。振锡而归,我亦何心。举首睇之,白云在岑。形虽遁藏,文采日露。学徒烝烝,云输川赴。解尔缠缚,祛尔翳昏。其心濯濯,其容闇闇。乘运而游,或出或处。叶落归根,古今一轨。尘缘既尽,悠然而化。掷笔坐脱,如人赴家。世相有灭,其性常在。若谓师亡,青山可改。

翰林院谕学□中顺大夫知制……

中书省参知政事、天台陶凯篆额……

刘基交游丽水画坛名士

青田刘基（1311—1375），字伯温，是元末明初处州名贤，祖籍丽水竹洲（今属莲都区联城街道），后徙居青田南田，世称"刘青田"。他不仅是著名的政治家、哲学家、军事家和文学家，世代流传着"三分天下诸葛亮，一统江山刘伯温"的民谣，其实他在文学及书画艺术成就上也非凡超群。

曲阿孙氏藏刘青田《蜀川图》，然而不独花卉，兼工山水。钱松《松壶画忆》载："铁岭于氏藏刘伯温写梅一帧，似工细百来为绳尺所拘。其妙处非专门名家，而一花一蕊并秀色可餐，殊可珍宝。于氏欲铭泓泐上石，乞余临抚，恐仅得形似耳。"

刘基还善画葡萄，他在自题画诗《题画蒲萄卷子》写道：

明代刘基画像，纸本设色，纵210厘米，横118厘米，藏青田县文物管理委员会

西域蒲萄也自奇，画图惊见墨淋漓。迎风翠羽幡幡动，带露玄珠篆篆垂。
此日散愁思酿酒，几回病渴想如饴。春牕隐几成幽梦，应共张骞到郅支。①

刘基有书法作品传世，明丰坊《书诀》称其"书学智永"，行、草兼善。今人谓其"笔势往来，宕逸不羁，好比淡烟笼月，轻风拂柳"。其画虽未有传世，然而刘基与当世丹青名家交游和在一些画作上的题诗，可断定刘基也定是非常擅长丹青的大家。通过对刘基书画名家交游和书画诗文梳理考证，可较为全面地展示刘基书画艺术心路历程。

刘基诗书画具有很高造诣，年轻时就已是闻名江南的大才子。都说通过交游朋友的范围可以看出人的层次和品位，这是古今同理的铁则。刘基才华横溢，在江南士林享有盛誉，因而不管文坛、诗坛还是画坛，交游的朋友圈均是某个领域

---

① （明）刘基著；林家骊点校，刘基集，浙江古籍出版社，1999.12，第442页。

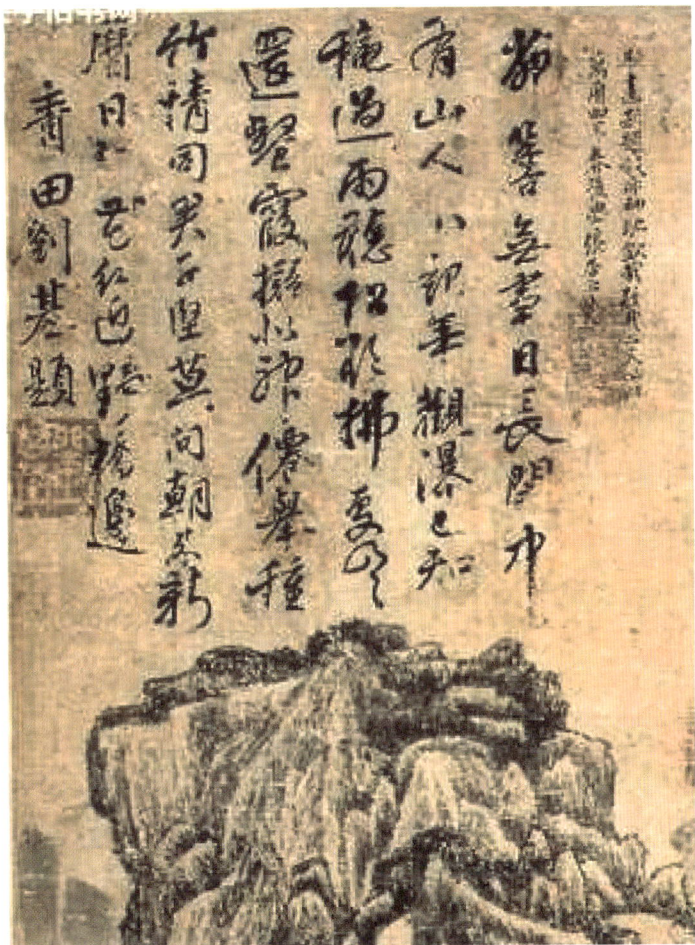

刘基题跋冷谦《白岳图》局部，款识："青田刘基题"

与丽水县尹王铨交

王铨，生卒年不详，字伯衡，安仁人。以国子试礼部，登进士第，擢为太常礼仪院郊祀署丞。至正年间，由丽水县尹迁温州守。清光绪《处州府志》载："王铨字伯衡，安仁人。由丽水尹迁温州守，以殉寇难《元史补遗》云：铨登进士，历温州守。及方寇陷温州，铨公服坐堂上。寇至，问：'何不去？'铨曰：'方州大臣，与城俱亡，去将何适？吾负国托付，死有余辜。但不可累吾民，吾当为厉鬼以报。'寇不忍杀，乃以言激怒，引颈受刃死。"王铨是个十分重名节的官员。生平善丹青，在丽水任上作有《桑阴图》。刘基有《题王伯衡县尹桑阴图》：

渔阳太守之官后，种得桑阴比召棠。麦陇风微云委甸，茅檐日暖雪盈筐。

仓庚过去青枝动，戴胜飞来紫椹香。千载先生同此意，为君重赋两岐章。①

与处州陈太初交

陈太初，元末丽水人，善画松亦能墨竹。壮岁能词章，西适钱塘，复来四明，公卿多深奖之。刘基谓其善画松亦能墨竹。刘基有《题陈太初画扇》等多首诗文酬唱。其子刘璟称陈太初"陈公古君子"，陈太初当为处州元代的先贤。又有元代处州路总管石抹宜孙多次请胡太初作画，因而可推测元代画家，并在当时处州一带甚有名气。

刘基在《题陈太初画扇》中写道：

炎天王烁水银流，琴上薰风可解忧。不负吾皇麟趾意，只今谁是富民侯。②

刘基又在三绝《题陈太初画扇》写道：

一道沧江隔战尘，白苹风起浪鳞鳞。新亭满眼神州泪，未识中流击楫人。
泛湖浮海两如何，满地悲风起白波。争似乘槎随博望，王绳光里看山河。
水净沙明一叶舡，钓丝牵月过长川。五湖何地宜生理，我欲从之问计然。③

一日，刘基见好友、处州路总管石抹宜孙手中拿着一把扇，见画上有老友陈太初的松图，于是兴起作《题石末元帅扇上有陈太初画松》诗道：

老松根槎如铁石，般匠不知空谷深。永夜高风吹万窍，商声满地作龙吟。④

石抹宜孙甚是喜欢陈太初的画作，约其作山水图，也许是胡太初忙于作画，也许是陈太初不想迎合石抹宜孙这位父母官，因而迟迟不提笔。石抹宜孙实在是忍不住，当面找到陈太初，催其抓紧动笔。刘基于是吟诗《戏和石末公催太初画山水之作》打趣道：

春蚕吐丝作成茧，辛苦为人身上衣。画史等闲挥彩笔，女工憔悴倚空机。

---

① (元)关汉卿撰,四库家藏·文汉卿散曲集,山东画报出版社,2004.01,第464页。
② (明)刘基著;林家骊点校,刘基集,浙江古籍出版社,1999.12,第499页。
③ (元)关汉卿撰,四库家藏·文汉卿散曲集,山东画报出版社,2004.01,第479页。
④ (明)刘基著;林家骊点校,刘基集,浙江古籍出版社,1999.12,第500页。

高堂素壁峰峦出，暮雨朝云梦寐归。可怪唐朝杜陵老，瘦妻短褐有光辉。[1]

刘基子刘璟亦曾作《陈太初画竹，为叔端侄作》：

危石涌坡陀，菉竹秀其颠。贞坚太古心，苍翠宜长年。
古人重依附，今人自缠牵。陈公古君子，得意造化先。
挥洒有神助，至今光彩鲜。我来偶披阅，却忆游淇园。
武公不可作，妙际无遗筌。岂天不佑善，地气乃变迁。
感之再三叹，赖有斯图传。愿持宝爱之，使比恂慄篇。
精心励清操，孙子其相延。[2]

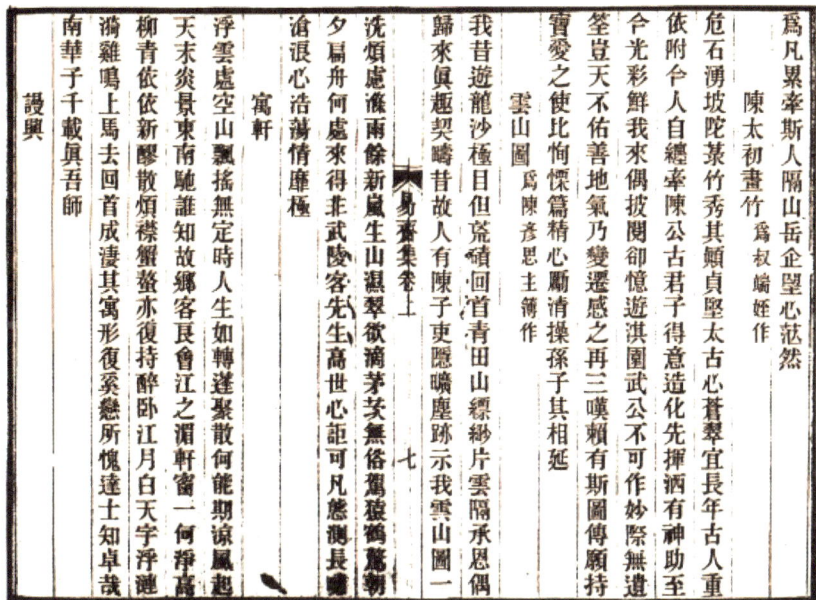

刘璟《易斋集》卷一《陈太初画竹，为叔端侄作》

与处州陈彦德交

陈彦德，元末明初处州人。善画山水。陈彦德，生卒年不详，丽水县人。画家。善画山水。《画史会要》《明画录》均有传。陈彦德，括苍人。刘基有《陈彦德以画见赠诗以酬之》云：

① (明)刘基著;林家骊点校,刘基集,浙江古籍出版社,1999.12,第469页。
② 沈乃文主编,明别集丛刊(第1辑 第20册),黄山书社,2013.03,第144页。

君不见昔者米南宫，又不见今时赵学士，能将翰墨争鬼工。天下流传名父子，栝苍处士身姓陈。小郎英俊尤可人，欲收大地入掌握，笔意所到如有神。晓携小幅来赠我，红日满窗花婀娜。开轩展视心眼宽，如在岳阳楼上坐。湖波吹烟入远山，君山乃在湖中间。苍梧九疑隔湘浦，孤云目断幽篁斑。渔舟一叶来何处，巫峡雨昏啼鸺暮。泽畔行人久不归，沙上轻鸥自飞去。陈公子，听我歌，深林大谷龙蛇多。蓬莱三岛可避世，欲往其奈风涛何。①

陈彦德与陈太初同为括苍人，又以画名，陈彦德称小郎，疑为陈太初子。

与西岩寺僧文信交

文信，字道元，号雪山，永嘉人。从浮屠氏学。既悟禅旨，兼通儒老。诗文清峭，书画追赵孟頫，少与杨维桢、张雨等书画名家齐名。住处州东西岩之西岩寺，与诗人、丽水马村陈镒交往甚密。明洪武中，年八十余逝。

刘基有《赠西岩道元和尚》：

西岩寺里云巢子，不到人间几十年。杖锡野猿迎路侧，谈经山鬼拜灯前。尘飞劫火青春梦，雪满长松白日眠。近得渊明入莲社，兴来时复有诗篇。②

---

① （明）刘基著；林家骊点校，刘基集，浙江古籍出版社，1999.12，第296页。
② （元）关汉卿撰，四库家藏 文汉卿散曲集，山东画报出版社，2004.01，第464页。

孙炎梦断处州城

孙炎(1323—1362)字伯融，应天府（今南京市）句容人。元末诗人。史载：孙炎身材魁梧，跛一足，谈笑风生，雅负经济，元末与丁复、夏煜游，有诗名。朱元璋下金陵，从征浙东，以功历官池州同知、华阳知府、行省部事，为朱元璋召致刘基、章溢等。总制处州时，碰到苗军叛乱，被叛军擒杀，孙炎卒时四十岁。朱元璋追赠其为"丹阳县男"，谥号"忠愍"。《明史》有传。

朱元璋攻下集庆后，召见了孙炎，请他出面招纳贤士豪杰，共成大业。这时刚成立中书省，任用孙炎为中书省官员。随太祖征浙东，授池州同知，进升华阳知府，又升为行省都事。攻克处州，授孙炎为处州总制。朱元璋命他去招请处州名士刘基、章溢、叶琛等人。刘基不肯出来，

孙炎画像

孙炎再派人去请，刘基送他一把宝剑。孙炎作诗，大意是剑应当献给天子，斩尽那些不肯顺应天命的人，作为臣子不敢私有，退还给刘基，并写了一封长达数千字的信，刘基才出来见他，孙炎送刘基到建康。朱元璋建造礼贤馆，为刘基、宋濂、章溢、叶琛等"浙东四先生"起居。

处州城外都是敌军，而城内无一兵一卒。苗军作乱，杀院判耿再成，逮捕了孙炎及知府王道同、元帅朱文刚，把他们囚禁在一间空房内，强迫他们投降，孙炎等不屈，苗军统帅贺仁德以酒肉款待他们，孙炎边饮边骂，与王道同、朱文刚一起被害。朝廷追赠他为丹阳县男爵，并绘画像，建"再生祠"祀奉。

孙炎师友、江宁上元人夏煜作长诗《哀孙炎》，对其一生的事迹、功绩、文艺造诣进行了全面的总结：

垂老戎马间，相知复何有。幼与孙炎交，于今俱白首。
炎也雅好诗，落魄惟耽酒。醉中有神助，不放持杯手。
才豪不受羁，焉肯事田亩。精勤脱颖出，盘错迎刃剖。
浪迹帝王州，结交英侠薮。喈喈朝阳桐，濯濯新春柳。
南北暗兵尘，妖星下天狗。我皇入金陵，一见颜色厚。
高谈天下计，响若洪钟叩。即拜丞相掾，奉身事明后。
再分太守符，兼绾都官绶。栝苍实重地，豺虎白日吼。
皇曰汝孙炎，其往总制某。再拜谢不敏，宠命敢虚受。
一年风俗淳，二年民物阜。三年远人归，上表清官守。
文章曹刘亚，政事龚黄右。旧岁过金华，与炎适相偶。
寒灯夜半花，春盘雪中韭。终宴竟忘疲，落日斜半卣。
临分各上马，揽辔复立久。为言有小女，离家分襁负。
今来已五周，见父能认否？未必到家期，封书附姑舅。
置书箧笥间，才隔两月后。黑色尚未干，语音犹在口。
胡为内变生，哭我平生友。复恐是梦中，仰天当户牖。
斗柄昏建辰，月魄夕在酉。乃知真死矣，恸哭吞声呒。
复闻遇害时，扞刀落双肘。奋怒发冲冠，大骂血漂卣。
维时东南天，慧出芒如帚。淫淫苦雨愁，煜煜惊电走。
魂兮早归来，空山不可狃。我过孰与规，我病谁云灸。
春酒酿蔷薇，莫子坟山培。西京七叶貂，零落成草莽。
既有千载名，焉用百年寿。峨峨冯公岩，与子同不朽。[1]

（《明诗综》）

孙炎好友、太平府当涂人陶安作《哭孙伯融》：

陆梁未息竟亡身，谁为祛除四海尘。
币帛敬惟招俊乂，死生端只念君亲。
丹心故国江枫晓，白骨他乡塞草春。
不是交游重相感，几多悲戚为斯民。[2]

① 中共丽水市莲都区委宣传部,丽水市莲都区文学艺术界联合会选编,莲都古代诗词选,浙江古籍出版社,2007.03,第32—33页。
② 中央研究院历史语言研究所集刊编辑委员会编辑:中央研究院历史语言研究所集刊 第三十六本 纪念董作宾·董同龢两先生论文集下册,1955年版第503页。

王師戰敗走死于桃坑混一後
朝廷嘉其忠遣使諭祭州民立祠祀之噫胡元以戎
狄得國非出正統其間有守死之臣如此良可
慨嘆
孫炎守伯融最豪于詩至正盜起公總制戎事
識此方後力戰而殺人誦其詩至有垂涕者
高明字則誠溫州人任處州錄事司經歷事文詞富
震當世見稱元帥石抹公深嘉異之
劉基字伯溫青田人方谷珍反海上首憲舉為浙

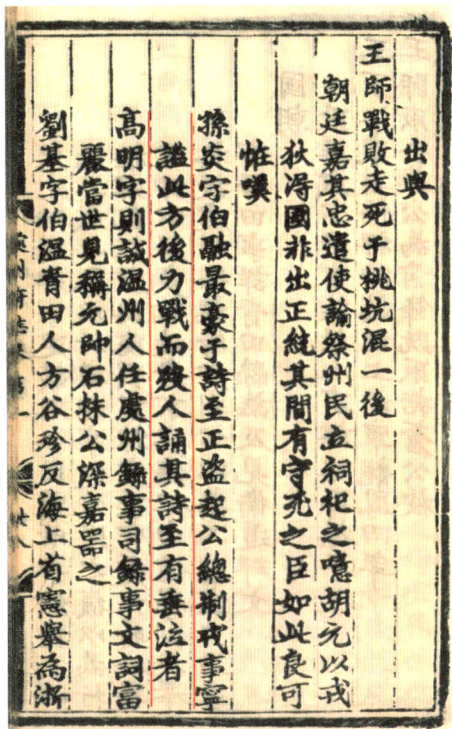

明成化《处州府志》卷一《孙炎传》

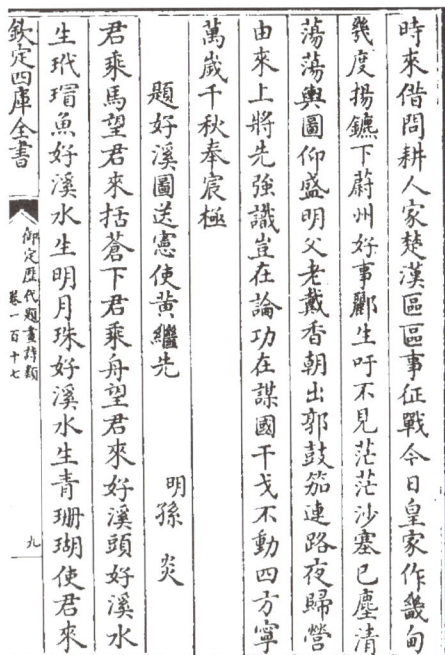

欽定四庫全書
御定歷代題畫詩類 卷一百十七 九

時來借問耕人家楚漢區區事征戰今日皇家作義句
幾度揚鑣下蔚州好事鄺生吁不見茫茫沙塞已塵清
蕩蕩輿圖仰盛明父老戴香朝出郭皷笳連路夜歸營
由來上將先強識宣在論功在謀國干戈不動四方寧
萬歲千秋奉宸極
題好溪圖送憲使黃繼光
明 孫炎
君乘馬望君來括蒼下君乘舟望君來好溪頭好溪水
生玳瑁魚好君望水生明月珠好溪水生青珊瑚使君來

孙炎《题"好溪图"送宪使黄继先》
（钦定四库全书《御定历代题书诗类》
卷一百十七第9页）

孙炎的生前好友、诗人陈镒有《挽孙伯融都事》：

半生湖海不相逢，乱罢苍山始识公。暂领一州兼节度，更分数屯总元戎。
风流翰墨文多熠，垒块胸襟酒屡中。偶堕奸谋身竟死，千秋万古恨无穷。

孙炎虽行武出身，但文学卓越素有才情，为刘基等浙东四贤的举荐者，深受朱元璋信任，最后尽节于处州。孙炎在处州留下诗文数种，尤以《午溪集序》和《题〈好溪图〉送宪使黄继先》《宝剑歌》最善。

孙炎与著名诗人天台丁复和学者江宁夏煜等交游深厚，有诗人名声播于当世。清代学者朱彝尊《静志居诗话》称孙炎诗"谲处似李长吉，质处似元次山"，可谓给予了相当高的评价。孙炎著有《左司集》。

孙炎的《题〈好溪图〉送宪使黄继先》，是其与好友、浙江行省按察使黄继先分别时的应酬之作。黄继先巡行处州，回杭州时，孙炎赠送《好溪图》一幅，以作留念，并题诗一首，高度赞扬黄继先为官清正，"使君之清水不如"；同时，寄托无限的思念之情"随君马头行万里,相思之心有如水"。孙炎《题〈好溪图〉送宪使黄继先》以钦定四库全书《御定历代题画诗类》为底本释文如下:

题《好溪图》送宪使黄继先

孙炎

君乘马,望君来括苍下。君乘舟,望君来好溪头。

好溪水生玕瑁鱼,好溪水生明月珠,好溪水生青珊瑚。

使君来此月再枢,惟饮此水无一需。使君之清水不如,临别赠君青丝鬈。

随君马头行万里,相思之心有如水。

孙炎的《题缙云少微山次周伯温韵》,收录于明成化《处州府志》卷四,是孙炎与周伯温等人游处州城南少微山时所作。此诗描写了少微山作为道教名山的雄伟的道观建筑群,丰厚的历史文脉。少微山,在处州城东南七里,因处州上应少微处士星而得名,上有神仙宅,即少微星君祠。

题缙云少微山次周伯温韵

少微方丈拟王宫,诗版流光射碧空。处士大星能比月,词臣异代亦同风。

坛边树老为龙去,井底丹砂与海通。饮水也能生羽翼,骨青髓绿发如葱。

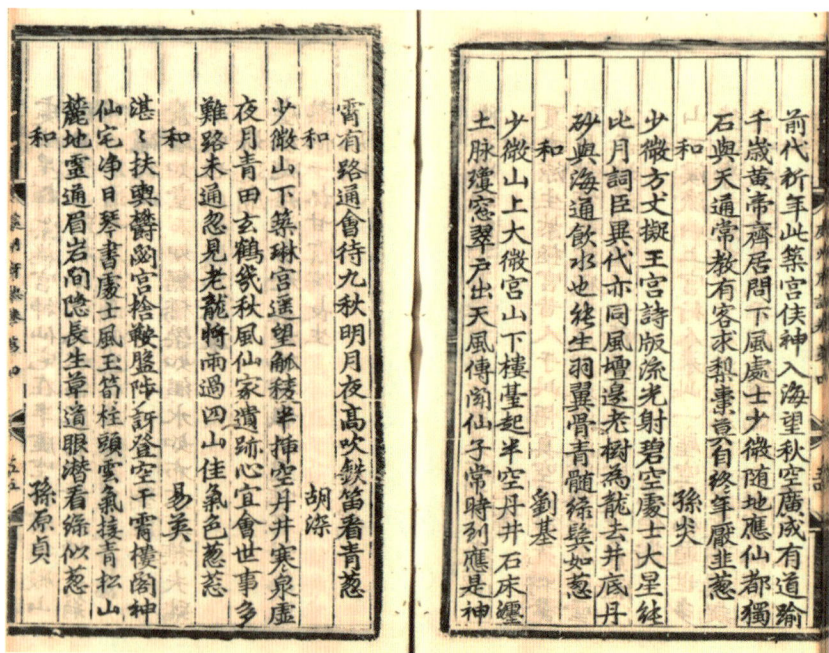

明成化《处州府志》卷四孙炎《题缙云少微山次周伯温韵》

処州龙泉宝剑，又名龙渊剑，相传龙泉宝剑铸剑技艺始于春秋战国时期，距今有2600多年的悠久历史，是中国古代名剑之一。传说最早的龙泉宝剑是由欧冶子和干将两大剑师联手所铸。相传欧冶子和干将为铸此剑，凿开茨山，放出山中溪水，引至铸剑炉旁成北斗七星环列的七个池中，是名"七星"。剑成之后，俯视剑身，如同登高山而下望深渊，缥缈而深邃仿佛有巨龙盘卧。是名"龙渊"。故名此剑曰"七星龙渊"，简称"龙渊剑"，后因避唐高祖李渊名讳，改称"龙泉剑"。今龙泉城尚有欧阳子将军庙、剑池阁遗址、古剑池遗址等。

孙炎作为处州总制，时值元末动乱之际，其才能满腹，深受朱元璋赏识，因而朱元璋打下处州之后，委其主政处州，收拾残局。孙炎虽跛一足，但人残志坚，胸怀鸿鹄之志，发誓要建功立业。

孙炎作《宝剑歌》，源于奉朱元璋之托去请刘伯温出山。相传，朱元璋爱将胡大海听说婺州（今金华市）有宋濂，处州有刘基、章溢、叶琛等名士，便命人去请。其他几个人一请就到，唯独刘伯温不肯来。胡大海又派人去请，刘伯温还是推辞不就。于是胡大海向朱元璋报告了此事，朱元璋听后很感兴趣，虽然他做不到像刘备那样三顾茅庐，但他对人才同样求贤若渴，他立即派了孙炎再去请，还带了许多礼品。谁知刘伯温还是不肯出山，为表决心，刘基还回赠了一把龙泉宝剑。孙炎劝说刘伯温："剑当献天子，斩不顺命者。"刘伯温是何等聪明的人，如若自己再推迟，恐怕只能做刀下鬼了。于是就随孙炎去觐见朱元璋。

故事归故事，孙炎其实与刘基本是文友，这从孙炎与刘基的一些相酬诗作中即可推定。孙炎与刘基都是人中龙凤，对于朱元璋求贤意志能够感受得到，因而双方一点就明白，无需传说中所讲的威逼利诱。此事在明成化《处州府志》之《刘基传》中就已有答案："皇师下金华，闻其名，遣总制官孙炎聘之，由间道诣金陵。"[1]又清代诗人朱彝尊《静志居诗话》云："伯融在处时，明祖命招致刘伯温，坚不肯出，以宝剑遗伯融。伯融作诗，以为剑当献天子，封还之。伯温无以答，乃逡巡就见。此诗盖在处时作。"

一日，孙炎受朱元璋之托，派人前去请刘基出山，共谋大业。刘基不肯出来，孙炎再亲自登门去请，刘基送他一把龙泉宝剑。一时文思泉涌，一气呵成《宝剑歌》。其所作赞誉刘基为"高祖后裔，人间龙凤"，借此物联想到当年汉高祖砀山挥剑斩蟒蛇，作为宝剑应当献给天子，斩尽那些不肯顺应天命的人，作为臣子不敢私有，动员刘伯温也要像先人一样，临危奉命出山，为朱元璋效力平天下。同

[1] （明）成化《处州府志》卷五《青田县》第53页。

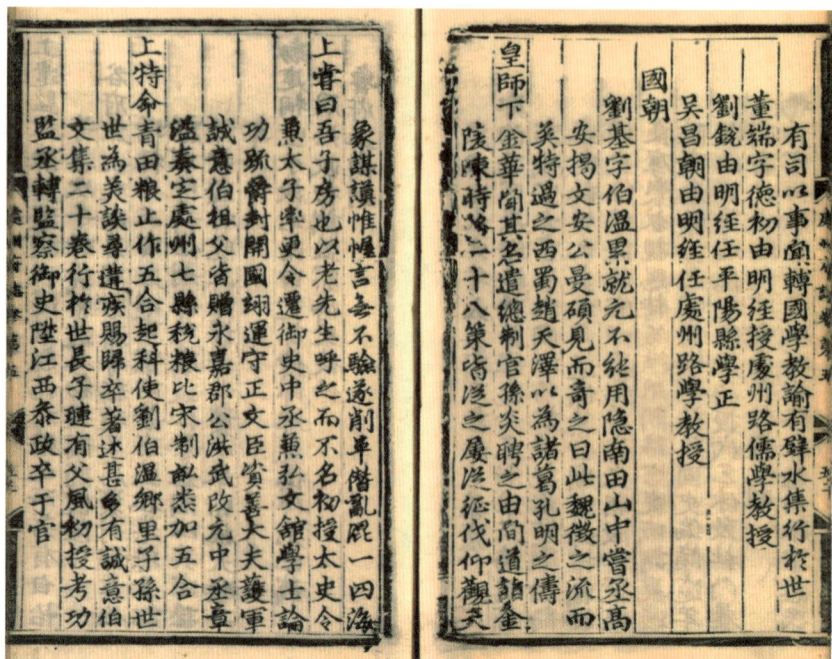

明成化《处州府志》卷五《刘基传》

时，也可以说是孙炎其自己坚定心志的一种表露，借物抒怀的一种途径："明珠为宝锦为带，三尺枯蛟出冰海。自从虎革裹干戈，飞入芒砀育光彩。"同时，孙炎也向刘基表露自己愿投身时局的义无反顾的决心和造福黎民的用心："我逢龙精不敢弹，正气直贯青天寒。还君持之献明主，若岁大旱为霖雨。"从诗中可见，孙炎是以现身说法的一种方式来请刘基的。孙炎说到做到，最后以身殉职于处州任上。处州士民深为孙炎"死而后已"的精神所感动，"后力战而殁，人诵其诗，至有垂泣者。"①

孙炎《宝剑歌》见存于1935年版（清代）赵吉士《寄园寄所寄》：

宝剑歌

宝剑光耿耿，佩之可以当一龙。

只是阴山太古雪，为谁结此青芙蓉。明珠为宝锦为带，三尺枯蛟出冰海。

自从虎革裹干戈，飞入芒砀育光彩。青田刘郎汉诸孙，传家惟有此物存。

匣中千年睡不醒，白帝血染桃花痕。山童神全眼如日，时见蜿蜒走虚室。

我逢龙精不敢弹，正气直贯青天寒。还君持之献明主，若岁大旱为霖雨。②

《汉语大词典》第2138页"冰海"一词就源于孙炎的《宝剑歌》。

---

① （明）成化《处州府志》卷一《本府志》第38页。
② 赵吉士著：《寄园寄所寄》（上册），大达图书供应社1935年版，第227页。

浙东四贤叶琛

叶琛①，字景渊，别名伯颜，碧湖高溪人。博学有才藻，为元末明初著名"浙东四先生"之一。他为官清廉，有治民之才，嘉靖工部尚书章拯在《三贤祠记》中说："栝山降神，先生诚意伯刘公基，御史中丞章公溢，缙云伯胡公深，南阳侯叶公琛，皆人杰也。"②

元延祐元年（1314）年，叶琛出生于丽水县西乡高溪一个书香之家。祖父叶一鸣在元朝任处州路美化书院院长。其父叶应咸，别号肖堂，精通史学，擅论治乱大事，尤善五言诗，有《楼间集》。叶琛天资聪颖，常有不同于一般人的见识。元天历元年（1328），叶琛游学京都，因才能超群，不久就到通政院任职，开始了仕途生涯。

元至正三年（1343），叶琛被授浙江兼代宣抚使，至正四年（1344），任歙县（今安徽歙县）县丞。歙县产纸，每年有500万张之多。百姓要把纸张上交官府，而官府以其质差价贱为由向百姓加重赋税。叶琛明察其中弊端，改革赋税，减轻了百姓的负担。

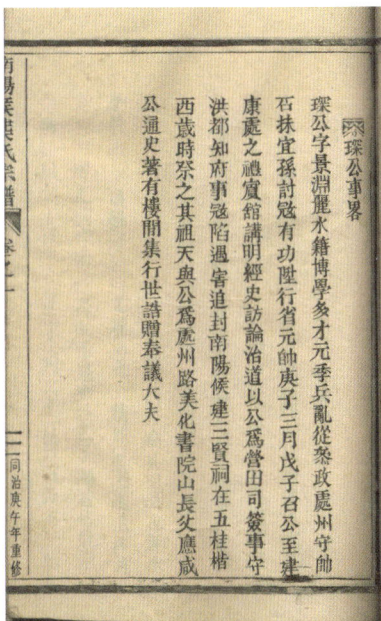

大港头河边清同治《叶氏宗谱》叶琛传

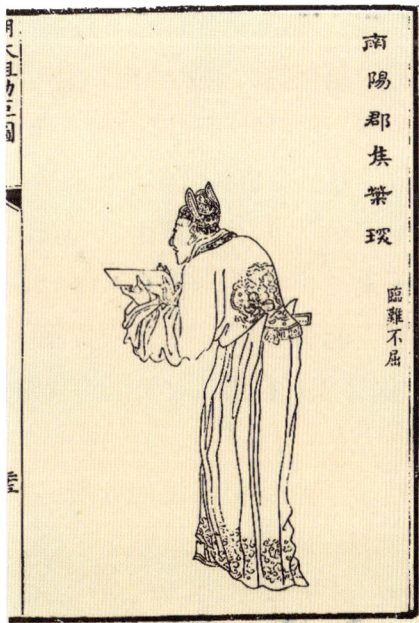

叶琛画像（《明太祖功臣图》）

---

① 按：碧湖高溪清道光《叶氏宗谱》载叶琛生于元大德九年即1305年。
② （清）张铣，金学超纂，清道光版丽水县志·丽水志稿点校合刊本，方志出版社，2010，第369页

元至正九年（1349）春天，叶琛升任处州路青田县尹。青田一向是难治之县，叶琛认为政务不好整治，主要是不重视教育，不能教化百姓。他一上任就建造了明亮、高大的明伦堂；聘请学问渊博的人，担任六经讲师；增加学田30多亩，供给学生伙食。每月朔望叶琛都穿戴官服，亲自参加祀拜先圣先师的活动，并申述五伦之教。

在青田县令任上，叶琛临事审慎，办案明了。有一位官员送呈官府文书，叶琛发现印章的角异样，诘问那官员说："你怎么敢私刻假印呢？"那官员大惊失色，低头认罪。叶琛说"伪造假印的不止你一人，你如果能揭发检举一个人，可以赎罪"，并把这话同样告诉被检举人，一日之内便收缴了假官印18枚，税务假印12枚。叶琛信守诺言，全部赦免了他们，只鞭打最后被检举揭发的人。

青田县讼案多，叶琛曾两次任青田县令，他明断是非，保护百姓利益，境内社会安定，秩序井然有序。其间他一度被派到龙泉开垦田地，登记田亩，事毕，调到婺州路武义县垦田定赋。青田县百姓期盼叶琛回到青田，不停向省郡请求，叶琛回青田时，老百姓用彩船前去迎接，溪流中，船头与船尾相接，长百余里。

元至正十二年（1352），叶琛升任处州路总官府判官。元至正十三年（1353）春，青田九都黄坛（今属文成县）人吴德祥组织受苦百姓揭竿反元，自署"吴王"。同年秋，起义军攻打青田县城，夺取府库钱物。元至正十五年（1355），吴德祥把势力范围扩大到处、温、婺三州及福建建宁，"官兵捕逐辄失利"。六月，叶琛受浙东元帅府处州分府同知石抹宜孙所派，前往青田招安。十月，有人煽动吴德祥说"叶县令口头上供给你衣食，可官兵早晚要抓你的，你不如劫持叶县令求得自身安全"。项生与留由之听到消息后，告知叶琛，要他到东瓯（温州）避难。叶琛说"我如果离开，百姓哪里去安身？盗贼必定会屠杀无辜，草木不存，按仁义我岂能苟活？"不久，农民军将领张惟德、吴伯贤等"持旗帜刀槊直入县庭"。叶琛穿戴好官服，对张说"我跟你们走，千万不要迁怒我的百姓"，话未说完，就被劫持登舟赴黄坛。在被扣留的8个月中，他常常给农民军讲祸福逆顺的道理，并暗中了解他们出没的处所，掌握他们的行动规律，伺机平定。十六年（1356）四月，农民军将他放归。

此时，处州各地农民军风起云涌，丽水的耷崆、青田的庐茨（今景宁鸬鹚）气势极盛，"有众号数万"。石抹宜孙派参谋官胡深、章溢统兵讨伐耷崆农民军，叶琛恐这两股农民军与黄坛农民军联在一起"则势益大不可制"，[1]便连忙领兵与

---

① 罗月霞主编,宋濂全集(第一至四册),浙江古籍出版社,1999,第2016页。

他们会合，三面夹击，矢石俱下，农民军大败。有将官提议要乘势全歼寨内士卒，但叶琛说"作乱者此数酋耳，余皆良民困胁至此，彼何罪欲使之成齑粉耶？"于是下令撤退20里，让砦峒中人都能携妻带子逃走，再放火烧毁砦寨。

元至正十七年（1357），叶琛升为浙东道宣慰副使兼同知处州路总管府事。四月领兵到沐鹤镇（今景宁县城），八月，派遣副将陈仲真平定了庐茨的农民军。十八年（1358）春，叶琛改任处州路总管府治中，统率官兵进讨黄坛吴德祥。叶琛采取宽严相济、恩威并用的策略，于九月平定吴德祥起义。叶琛因策划和平定农民起义有功，授行省元帅。

尽管处州路总管府石抹宜孙和叶琛、胡深、章溢、刘基等文官武将，镇压了处州各县如火如荼的农民起义，但元朝统治的气数已尽，谁也无法挽救它。元至正十九年（1359）四月，朱元璋命枢密院判官、镇国上将军耿再成与参军胡大海领兵攻取处州，元处州守将石抹宜孙派遣元帅叶琛扼守栝苍古道之天险桃花岭（亦称冯公岭）。命参谋林祖彬屯兵葛渡（今属仙渡乡），命镇抚陈仲真等据守樊岭（在丽水宣慈乡，今属武义）。此时刘基已辞官回乡，处州兵将士气低落，毫无斗志。镇守龙泉的元帅胡深认为大势已去，抄小路赶到缙云黄龙寺，向耿再成投降。十月，耿再成出兵进击樊岭，与胡大海合兵，连拔桃花岭，葛渡二寨，石抹宜孙偕叶琛、章溢等数十骑弃城避走浙闽边境建宁一带。

元至正十八年（1358）十二月，朱元璋进入婺州城后，改婺州路为宁越府，并在此设立中书浙江行省。朱元璋求贤若渴，广揽人才，先后召用了王宗显、范祖干、叶仪等一批儒士。胡大海告诉他，人称"浙东四先生"的宋濂、刘基、章溢、叶琛是当今取得天下和日后治理国家不可或缺的人才，便命处州总制孙炎召见刘基等。元至正二十年（1360）三月，刘基、叶琛、章溢、宋濂应召结伴同赴金陵，下榻孔子庙，朱元璋高兴不已，接见他们说"我为天下屈四先生……"[1]，并创礼贤馆安置他们。朱元璋授叶琛为营田金事，主持招徕农民回乡务农，垦荒种田事务。

元至正二十二年（1362），朱元璋占洪都（今江西南昌），授叶琛为洪都知府。不久，元降将祝宗、康泰叛乱，镇守江西的武将邓愈逃跑，叶琛被俘。祝、康劝说叶琛投降，叶琛宁死不屈，大骂叛贼，被杀害。墓葬丽水县西南40里高溪源黄坛岭。明洪武元年（1368），追封为南阳郡侯，塑像丽城耿再成祠，后被祀于功臣庙。明代，巡按御史王献之在处州府治南建造三贤祠，祀奉中丞章溢，南阳侯叶

---

[1] 周良霄著，元史，上海人民出版社，2019.01，第710页。

琛，缙云伯胡深。叶琛英年殒身，未能在历史舞台上像刘基一样施展其韬略，大展鸿图。但他作为"浙东四先生"之一，为明朝的建立作出贡献，在历史上留下重重的一笔。宋濂在《叶治中历官记》中叙述了叶琛的经历后说："夫不知人之善，不知知善而不能扬不仁。余虽不敏，颇以文字为职业，不敢暗无一语，谨书一通，以俟他日传循史者。"①

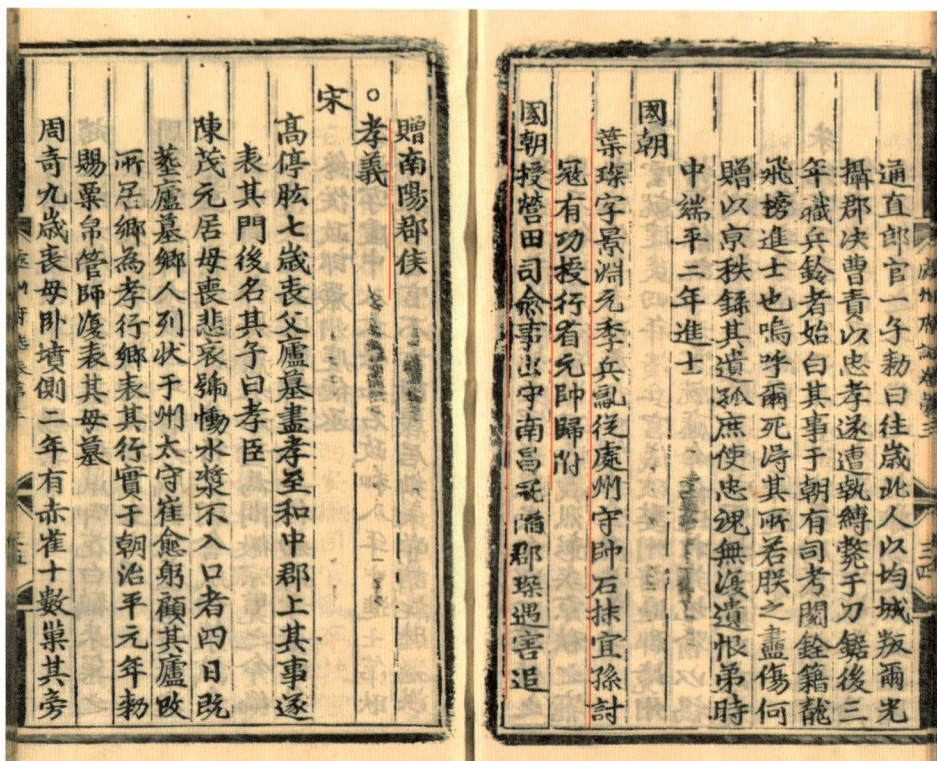

明成化《处州府志》卷三《叶琛传》

① （明）宋濂著,高志忠,高天选注,宋濂散文选集,百花文艺出版社,2002.01,第218页。

临济宗二十世祖智度禅师

临济宗是中国佛教中五大禅宗（沩仰、临济、曹洞、云门、法眼）之一，由于此宗的开创者义玄，在河北镇州（今河北省正定县）的临济禅院举扬一家的宗风，后世就称它为临济宗。此宗接引学人的方法，单刀直入，机锋峻烈，使学人豁然醒悟。它在五家宗派中流传最久。临济宗第二十世祖就是处州白云山福林寺智度禅师。现存的《南宋元明僧宝传》《五灯会元续略》《佛光大藏经·禅藏经文》《释鉴稽古略续集》《继灯录》等许多佛学著作为他立传，弘扬他高超的佛学造诣和德行。

福林寺始创于唐代，清道光《丽水县志》载："福林寺在白云山。唐雪峰和尚四世孙福林澄禅师卓锡于此。元县人吴德太新其遗址，延僧以假为主持。"[1]

智度禅师（1304—1370），号白云，元代处州丽水人。俗姓吴，世居丽水城内。僧以假高徒。智度为人沉默而旷达，15岁时剃发向佛，初受业于丽水城北白云山福林寺住持空中以假禅师。空中以假暗中观察智度"根器"（根能植其基，器能受其福。谓人能学道者为有根器），欲将衣钵传授给智度。智度潜心习禅定，通宵达旦，三年不寐。

于是，空中以假安排智度南下云游八闽（福建），临行时对他说："善财童子是菩萨中的行脚僧，赵州是祖师中的行脚僧，庞蕴是居士中的行脚僧。今人云游四方，不效仿此三老，则是枉费芒鞋（草鞋），徒自困劳罢了。"

智度辞别师父后，四处参拜当时的得道高僧。如温州雁荡山灵岩寺芝禅师、杭州天目山昭明寺断崖了义禅师，又拜谒了金陵（今南京市）报恩寺无方智普禅师、江西南康府（治所在今星子县）云居寺小隐师大禅师。经过近20年的苦练修行，深得禅宗奥旨。元至正四年（1344），众僧迎接智度回到福林寺。空中以假大喜道："你回来了，我的使命可以完成了！"有一天，空中以假诵偈道："地水火风先佛记，掘地深埋第一义，一免檀那几片柴，二免人言无舍利。"[2]端坐而逝。智度强忍悲痛，按照师父遗愿，将其埋葬于福林寺侧上佛塔。智度还筑庐于塔旁，为师父守灵超度。每天取《楞严》《圆觉》研究，领会贯通。然而，在说法传道的

---

① （清）张铣，全学超纂，清·道光版丽水县志 丽水志稿点校合刊本，方志出版社，2010，第110页。

② （清）张铣，全学超纂，清·道光版丽水县志 丽水志稿点校合刊本，方志出版社，2010，第111页。

清道光《丽水县志》卷一《白云山图》

时候，却又不能运用自如。于是，智度决定前往天台山参拜先睹无见禅师，求学佛法。当时，先睹被称为宗门绣虎①，居天台山华顶寺，禅界各家流派都很敬畏他。在华顶寺，智度得到了先睹禅师真传。先睹圆寂后，智度为华顶寺住持。他躬行先师遗嘱，因时接物，随机开导，与天台山国清寺梦堂禅师、定海教隆寺愚庵禅师诸老齐名。

元至正二十四年（1364），龙泉人章溢请智度入主龙泉普慈寺。一时间，800多名僧侣慕名云集普慈寺。元至正二十六年（1366），智度又被请入云和武岱峰武峰寺为主持。

明洪武二年（1369），朱元璋下诏征召天下名僧。智度应诏赴京之蒋山，上疏后便要辞还。门下为智度不留在京城而感到不可思议，智度怒责道："你们没听说过古德的教诲吗？纵然弄到帝王家，也是一场干打哄（空闹）。将来佛门中滥竽窃符之辈，必然是你们这些人！"明洪武三年（1370）二月，智度因有微疾辞朝，居于杭州虎跑，随后前往天台华顶寺，不久回到福林院。五日，他书偈语道："无世可辞，有众可别，太虚空中，何必钉橛。"②偈语书毕，掷笔而逝，年六十七。火

---

① 按：绣：谓其词华俊美；虎：谓其才气雄杰。

② （清）聂先编撰；王雷整理，续指月录，巴蜀书社，2018.10，第196页。

化后，收得五色舍利，大如菽（即大豆），门人在寺西建塔置放舍利。

　　智度平时说法偈颂，不许听者记录。有禅者偷偷记他的话语，智度就把他们驱逐出门。浦江宋濂作《白云禅师塔铭》（释文见《宋濂括苍情缘》一文）记智度事迹。

宋濂作《白云禅师塔铭》拓片局部（吴志华藏）

明朝首科探花吴公达

据笔者新近考证，丽水县历史上共有进士386人，其中宋朝334人、元朝4人、明朝46人，清朝2人（均为武进士）。而荣登一甲，名列进士及第者，仅宋嘉定癸未(1223)科榜眼蔡仲龙和明洪武辛亥科（1371）探花吴公达二人。蔡仲龙，老竹曳岭脚人，因状元蒋重珍母故，回乡丁忧，蔡仲龙由榜眼升为状元，有宋宁宗《赐状元蔡仲龙》一诗存世。后累官至大理寺少卿。吴公达，丽水县城人，明朝首科探花，累官至刑部尚书。

吴公达家族小考

吴公达为渤海吴氏，远祖由江苏迁居湖州德清。始祖吴景，官至宋大理评事。吴景之子吴庠就任处州州官，自德清举家迁居丽水城内，为括苍吴氏始迁祖，遂衍为处州望族。吴公达为吴庠九世孙。吴公达一支世系为：

第一世吴景（居湖州德清）→第二世吴庠（迁居丽水城内）→第三世吴荣（吴安国叔父）→第四世吴安礼（吴安国堂弟）→第五世吴邦本（清道光《丽水县志》载为吴安国之子，是否为过继，未考订）→第六世吴嗣英→第七世吴有光→第八世吴艮之→第九世吴祖继→第十世吴世德→第十一世吴公达。

吴庠生三子，长子吴感，次子吴乙，季子吴荣。吴庠一支在丽水繁衍生息，后世子孙人才辈出，屡有贤士。如：宋代忠烈、丽水乡贤袁州知州吴安国，子承父业的医家吴嗣英，耿介平正的处士吴祖继，高中探花的吴公达，还有才华横溢的学者吴公愿等等。

吴世德，生卒年不详，字仲怀，乡贡进士，衢州府美化书院山长。吴世德娶刘氏，生四子，长子吴公进，次子吴公达，三子吴公述，季子吴公逊。

据笔者考证，丽水城内仓前武举弄（处州中学旁）吴氏为吴公达后裔，民国版《渤海郡吴氏宗谱》残本尚存。考明宋濂《括苍吴氏世系碑铭》[1]，这支吴氏当是延陵郡望，而其谱牒与尚存的吴氏墓碑均载为渤海郡望，不知何故，留待日后继续考辨。近年江滨旧城改造拆迁后，其后裔今散居丽水市区。

莲城学子探花郎

状元、榜眼和探花是对科举考试殿试前三名的称谓，起初这是一种民间惯用的称谓，朝廷发布的金榜时称作"进士一甲第一名、一甲第二名和一甲第三名"。

---

① （明）宋濂撰，王云五主编，丛书集成初编宋学士文集(20)，商务印书馆，第1381页。

探花并不是进士及第的名称，而是指荣登进士及第的学子们的一次宴游活动，叫杏花探花宴。当时，京城长安新科进士发榜是在春季杏花盛开的时节。为庆祝新科进士及第，每科开科后均在杏园举行杏花宴。从新科进士中选出两名年纪最轻者当探花郎，骑着马到长安城的大街名园采摘早春鲜花，归来时献给每位新科进士，为大家饮酒助兴。唐代诗人孟郊考取进士时已经年过四十，轮不到他做"探花郎"，但他目送两名探花郎骑着高头大马，去采摘春花，一路上引来众多美女顾盼。他突发创作的冲动，写下千古名句"春风得意马蹄疾，一日看尽长安花"。到了南宋时期，京城里没有杏园，不再举行杏花探花

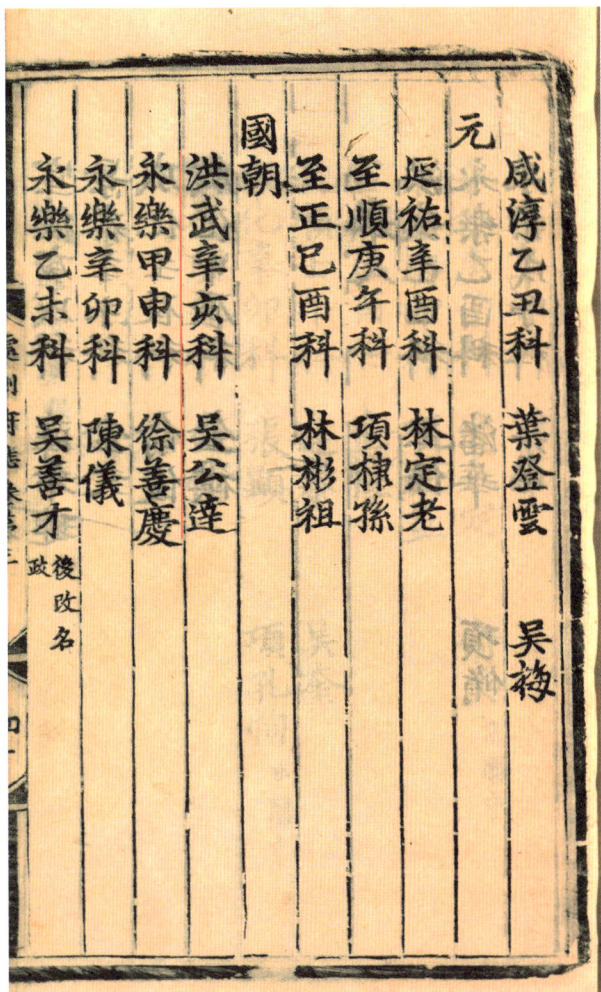

明成化《处州府志》卷三吴公达登科录

宴，探花才被正式命名为一甲第三名的称谓。

《国榷》卷首之四《都院下》甲科载："洪武辛亥科 会元仁和俞友仁；状元金溪吴伯宗；榜眼壶关郭翀；探花丽水吴公达。"相传此科本议郭翀为状元，但以其相貌丑陋改为第二，吴伯宗则以替补之身而成为状元。"洪武辛亥"，即明太祖朱元璋洪武四年（1371）。此科为明朝第一次科举考试，考官为明初名士宋濂、包恂等，考试内容为《四书》《五经》，共取进士120名，其中第一甲3名，第二甲17名，第三甲100名。辛亥科殿试，明太祖朱元璋亲制策题，以"古先帝王敬天勤民、明伦厚俗的君道、治道"为问。殿试时，来自山城丽水的青年学子吴公达引经据典，切中时事，对答如流，明太祖擢其为开朝首科探花。

此科议程，详见明陆容《菽园杂记》卷一载："近见洪武四年《御试录》，总

提调：中书省官二人。读卷官：祭酒、博士、给事中、修撰各一人。监试官：御史二人。掌卷、受卷、弥封官，各主事一人。对读官：司丞、编修二人。搜检怀挟、监门、巡绰，所镇抚各一人。礼部提调官：尚书二人。次御试策题。又次恩荣次第云。洪武四年二月十九日廷试。二十日，午门外唱名，张挂黄榜，奉天殿钦听宣谕。同日，除授职名，于奉天门谢恩。二十二日，锡宴于中书省。二十三日，国子学谒先圣，行释菜礼。第一甲三名，赐进士及第。第一名授员外郎，第二名、第三名授主事。第二甲一十七名，赐进士出身，俱授主事。第三甲一百名，赐同进士出身，俱授县丞。姓名下籍状与今式同，国初制度简略如此。"①

此科举行后，明太祖朱元璋于洪武五年（1371）下旨停止科举，历十三年，至明洪武十八年（1385）重新恢复。

吴公达宦迹生平

吴公达（1347—?），字致中，丽水县城人。明洪武三年（1370），年仅24岁的吴公达以儒籍赴杭州城参加浙江乡试，治诗经，考中第二十九名举人。第二年，赴金陵（今南京市）通过礼部会试，考中第一百一十五名贡士，紧接着殿试又高中进士一甲第三名。初授吏部主事，后任广平府（今属河北省）知府。累官至刑部尚书（一说为吏部尚书）。后以事免，归故里隐居至卒，葬丽水城北三岩寺祖茔之侧。明《栝苍汇纪》载："刑部尚书吴公达墓，在三岩寺边。"②

两百年后，御史张景到丽水视察，景仰吴公达的功名与学识，在丽水城内建"栝苍文献""探花"③石牌坊2座，清光绪《处州府志》尚有记载，可推清光绪年间此2座牌坊尚存，不知后来何时毁于何因。关于吴公达生平及建牌坊的过程，见于明人张合的《宙载》下卷："洪武三年，肇取进士，一甲第三名吴公达，浙江丽水人，仕至刑部尚书。谪戍后，人惧尺籍勾扰，不敢明言其为祖郡人，但知其甲第，不知其官履。嘉靖间，御史张景按部至，为之立坊表，里人方知其官。夫与吴同时如詹孟举书、倪元镇画，至今无不知者，以吴之高第显位，乃无闻如此，则士之所以不朽者，固在此不在彼也。"④

吴公达生平善作诗，而存世作品甚少。《中国历代探花诗》明朝卷首篇载吴公达诗作一首：

---

① （明）陆容撰；佚之点校，菽园杂记，中华书局，1985.05，第2页。
② 陈梦雷原著；杨家骆主编，鼎文版古今图书集成，鼎文书局，1977.04，第9239页。
③ （清）光绪《处州府志》卷之六《建置志下》第35页。
④ 张小庄，陈期凡编著，明代笔记日记绘画史料汇编，上海书画出版社，2019.02，第118页。

元旦趋朝值雪

银烛花消绛蜡红，洒樵残漏促晨钟。

诸侯拜舞称周颂，黎庶歌谣被国风。

火树薰天千户晓，宫门贺寿万方同。

升平先祝无疆算，俯仰风云尽向东。[1]

吴公达又功书法，尤长于楷书。《中国美术家大辞典》有传。

---

[1] 王鸿鹏选注，中国历代探花诗（明朝卷），昆仑出版社，2006.01，第1页。

书家巡抚吴政

宋孝宗《赐詹骙诗拓及詹骙谢表》卷现藏北京故宫博物院，长70厘米，宽20厘米。卷首有明代学者陈登篆书"宋孝宗皇帝赐詹骙诗"。卷后有南京国子监祭酒陈敬宗、南京工部侍郎吴政、南京监察御史范霖、通政使司余可才等48家历代士子学者的题跋。这里的南京工部侍郎吴政就是丽水人。吴政生平以书法著称，《中国美术家大辞典》有传。

宋孝宗《赐詹骙诗拓及詹骙谢表》（北京故宫博物院藏）

吴政是何许人？他就是洪渡吴氏第三世祖，吴弼之孙，吴道成之子。《明英宗睿皇帝实录》和《四库全书·礼部志稿》及明成化、清光绪《处州府志》，清道光、同治《丽水县志》均有其传略。

洪渡是莲都北乡的一个千年古村。清道光《丽水县志》载："洪渡，县北五十里"。古时，洪渡为稽勾古道要冲，今为雅溪镇的交通中心。元末，处州城吴弼为避战乱，迁居洪渡，是为洪渡吴氏始迁祖。洪渡，古称"洪川"，因村西近瓯江支流小安溪，每逢降雨，水流湍急，常发洪水，故名。洪川之名，在《吴氏宗谱》《李氏宗谱》等诸姓谱牒有载。

牌坊简称"坊"，又名"牌楼"，为门洞式纪念性建筑物，是封建社会为表彰功勋、科第、德政以及忠孝节义所立的建筑物。明成化《处州府志》载："亚卿坊，在府治西北，为侍郎吴政立。"[1]

吴政（1382—1463），先名善才，后改政，字正之。天资聪慧，少时勤奋笃

---

① （明）成化《处州府志》卷一《坊表》第12页。

学，和明代刑部尚书薛希琏一道师从处州府学教授、宁国张祖。明永乐十二年（1414）中举，十三年中进士，初授礼部清吏司主事。因处事谦谨自持，干练正直，克尽厥职，擢升礼部清吏司员外郎。

明宣德五年（1430）九月，超迁（破格提拔）吴政为礼部右侍郎，前往湖广，总督税粮。此为中国历史上首开巡抚制度之始。据《湖广督抚年表》记载，吴政在任9年，赈灾救济，锄强扶弱，做了不少利国利民的好事。明宣德六年八月，吴政上奏湖广浏阳、广济等县，堰塘堤岸损坏，不能蓄水，乞敕工部移文诸县，发民修筑。明宣宗准奏。八年九月，朝廷特赠为嘉议大夫。九年八月，吴政到湖广灾区视察灾情，减免征收秋粮十之四。明正统元年（1436），吴政向朝廷奏请，设立湖广与江西交界地区的浏阳县瞿家寨巡检司，以保境安民。后来吴政转任南京工部右侍郎、通议大夫。三年四月，因年老辞官归隐家乡洪渡。明天顺七年（1463）卒，朝廷赐葬。墓园留存至今，现为莲都区级文物保护单位。

吴政善诗文，遗作有：明景泰二年（1450），为缙云五云张时旸撰并书《故养性征士章君墓表》；明天顺二年（1458）为宣平曳岭脚蔡氏撰写的《群仙庆寿图序》；明天顺五年（1461），

吴政画像（熊远龙绘）

洪渡古街，稽勾古道穿境而过

为缙云五云张时贤撰并书《故处士詹君墓铭》。此外还有遂昌航头《郑氏宗谱序》等。

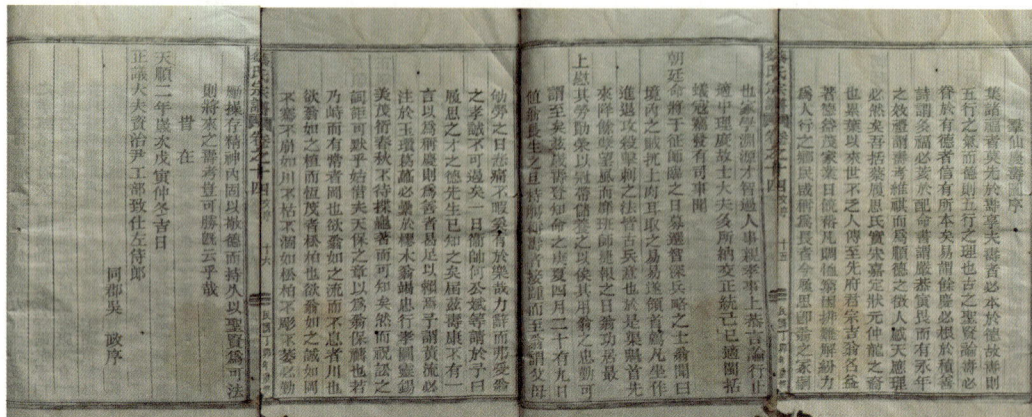

吴政《群仙庆寿图序》（民国曳岭脚《蔡氏宗谱》卷十四）

何文渊刘山却金

却金馆，是丽水市莲都区岩泉街道办事处的一个小村庄，现有居民47户，320人，居民以陈姓为主。在民国以前，丽水还没通公路，这里是温处一带入京的必经官道，称为"栝苍古道"。

在充满历史印痕的栝苍古道上，有一座山叫刘山。元明清时期，这里设有驿站，就叫"刘山驿"。古时候的驿站、铺舍是专供过往官吏歇脚、换马和住宿的。刘山驿站始设于何时，还没有一个确定的说法，但据我们考证，最迟在元朝就已经存在了，而且还小有名气，文人墨客多有题咏，如元代的洪炎祖、陈高、贡师泰等文化名人都有题刘山驿诗作流传于世。贡师泰的《刘山驿》诗是这样写的：

开窗坐看千峰顶，对酒还思万里程。飞雨远随松子落，湿云近向树头生。
正愁绝壁乌鸢背，忽听半空鸡犬声。安得身骑辽海鹤，遍游八极醉吹笙。①

诗写出了括苍古道之险峻，并以细腻的笔触描绘出了深秋时节山驿周边特有的山野景观。曾几何时，这刘山驿又多了一个名称，叫"却金馆"。

这村名的来历与明代宣德年间一个叫何文渊的温州知府有关。这个何文渊后来官至尚书，而在栝苍古道的刘山铺"却金"一事，成为何公一生名节之闪光点。清雍正《浙江通志》之《何文渊传》载："何文渊，字巨川，广昌人。永乐进士，授监察御史。宣德五年，出知温州府。三年政化大行，一郡称治。七年冬入觐，道括苍岭。永嘉丞遣其子以金贶，却之。后人为立却金馆。既复任，益尽心职业。"②

而最早被作为"公一节"来记载的，

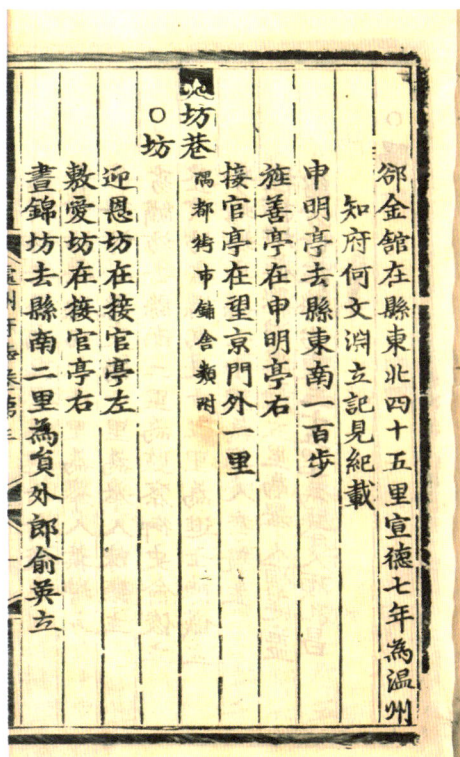

明成化《处州府志》卷三却金馆条目

---

① 刘广生编选，中国古代邮亭诗钞，北京邮电学院出版社，1991.09，第137页。
② 熊梦祥；李之勤校释，《析津志·天下站名》校释，三秦出版社，2018.04，第322页。

是何文渊得意门生章纶于明成化十六年(1480)三月写的《重修却金馆记》。记中有云："宣德中守温郡时，以朝觐之京，道经栝苍冯公岭，夜宿旅邸。永嘉县丞于建遣其子，间道怀金赠公，公笑而却之，其人惭而退。过客闻之，遂书'却金馆'三字于壁。"①

何文渊赴京述职图

明宣德七年（1432）十月，朝廷命何文渊进京述职，一个名叫于建的永嘉县丞对何文渊素怀仰慕之情，并知其为官一世，两袖清风，便向当地士民募集银两若干，以佐何文渊进京述职盘缠之需。但他迟了一步，银两还没送去，何文渊就已启程了。于建就让他的儿子怀金一路追赶到了栝苍古道的刘山驿站。时何文渊道经处州，正宿于此。于建之子说明来意，赠其银两，曰："士民习公之励操也，愿以佐道里费。"何文渊婉言谢绝不成，只好权且收下银两。次日清晨，于建之子早起送行，则已人去楼空。何文渊，又悄然上路了，所赠银两则原封不动地留于馆舍。于建之子伫立于通向京城的栝苍古道，久久不能离去。"却金"美事很快在旅客中传开。众多过客闻知何公拒人贿赂，如此廉洁自守，个个赞不绝口。其中有个士子，就挥笔在墙壁上大书"却金馆"三字，以颂扬何公的高尚节操。

何文渊"见利而不动"的廉政之举，一时被传为佳话，后人追美其事，而名其馆曰"却金馆"。这就是却金馆的由来。

何文渊在刘山铺"却金"后，处州吏民为纪念何公"却金"的美行，就利用何公所留下的银两建了亭馆，并立石坊于道左，挂上"却金"的横匾，还把原村名刘山铺改为"却金馆"。"却金"美事传至温州，"吏民修故却金亭(在温州府署，即今温州市区广场路二此园)，以配前守何文渊，而纪其事"。

---

① （明）章纶著，《章恭毅公集》，线装书局，2009.09，第35页。

处州府为弘扬何公清廉的节操，在何公"却金"处扩建了四座公馆：第一公馆于村中大路的拐弯处，坐北朝南，供官吏、绅士住宿；第二公馆，坐南朝北，供过往的客商住宿；毗连的第三公馆，为游乐场所；第四公馆是个大饭店。由于四个公馆规模较大，当地官员还曾派兵守护；并于古道的左侧，竖造高大的"却金"牌坊。

何文渊投宿刘山驿

明嘉靖年间(1522—1566)，处州知府潘润对贪官污吏有意贬低何文渊高风亮节之举予以大声地斥责："请易置之，以励颓风，得章公之文而读之，不容不高尚之也。遂捐俸市石，刻之亭阴，复颜旧扁于亭西，因以表高公好古之义，而并以愧世之矫情者。"以后，岁月沧桑，"却金馆"和"却金亭"又经过多次的修葺和扩建。明万历十四年（1586），温纯"斥羡金，佐其费，令恢其制，以示崇重"。[①]清康熙二十九年（1690），处州知府刘廷玑带头捐资重建却金馆，并立碑记其事。后来，温州三山项澄又捐金重修。

明清时期，有诸多文人墨客拜谒何公却金遗址，多有题咏，如何瑭、许国忠、皇甫汸、顾大典等文化名人都有诗作流传于世。顾大典（？—约1596），字道竹，号衡宇、衡寓，江苏吴江人。明戏曲家，工诗文，善书画。明隆庆二年（1568）进士，在任处州府推官时，往返栝苍古道，作有《却金馆》诗：

华馆抗崇林，清风振古今。高人敦素节，精志薄黄金。
岭锁秋风冷，亭虚夜月侵。宦游当此地，俯仰意何深。[②]

---

① （清）张铣，金学超纂，清道光版丽水县志·丽水志稿点校合刊本，方志出版社，2010，第105页。

② （清）朱肇济等，华中地方·第604号浙江省处州府志(1-8)，成文出版社，1983.03，第2645页。

明《修却金馆碑记》拓片（吴志华藏）

由于朝代更迭，到了民国10年(1921)"却金"亭和牌坊或倒塌或拆除，早已荡然无存；却金馆经风霜雨雪的侵蚀也已是断垣残壁，仅存遗址而已：

"初有亭馆……今无存，仅有陈孝子登朝'明庐'，并野店数家、戏台一座而已。……庐外两端有数断石卧草际，一倚墙，莫得而辨；一仅存'江右'二大字，'明万历十五年，晚学某'等小字，想系亭馆之遗址也。"①

近年来，却金馆村双委组织修缮了第一公馆，开辟为廉政教育基地。第二、三公馆、第四公馆进行修缮，上牌管理，作为教育基地的组成部分。重新镌刻"何公却金处"，重立明温纯《修却金馆碑记》、清张铣《冯公岭修路碑记》等，以见证却金馆的沧桑变迁。俗话说，"金杯银杯不如老百姓的口碑"。时至今日，仍可从却金馆一带的群众口碑中，追忆到何文渊"却金"的高尚节操。

温纯撰并书《修却金馆碑记》释文如下：

修却金馆碑记(题)

去括苍郡城稍东折而北，可四十里许，为"却金馆"。前太保广昌何公守东瓯时，属人计取道括苍馆焉。而永嘉丞于建醵士民金，即其馆馈之，曰："士民习公之励操也，愿以佐道里费。"公却其金，谢遗之。后人追美其事，因名其馆曰"却金"云。

丙戌之夏，余巡海上过东瓯，曾一走公祠谒公，固已慨然伊人之怀。比抵栝苍，独憩

公馆下，徘徊不忍去。当是时，馆稍稍就圮，而规制陋，不可以风分守奥备兵使者。既其括苍守若丽水令，俱为公里人，聚而谋所以新之，不足，复谋助于其里人之在浙东西者，余作而叹曰：是吏治之所繇污隆也，余实尸之矣，讵又里人哉！于是斥羡金，及庚中之陈佐其费，仍令恢其规制，以示崇重。盖又三阅月而讫工。前为大门，门俯官道，门之内为厅事，厅事之后为堂，窿然附于堂者为碑亭，翼然起于左右者为厢房。计地则廓而增于旧者十之四，计楹则断而增于旧者十之五，计崇卑则耸而增于旧者十之三，轮奂备美，具瞻弥严，凭轼结靷，而过馆下者，不啻奉公之仪形而色动心沐矣！分守奥兵使两君请记。

余谢曰："是役也，诸大夫之所以倦倦于其乡先达也，而余特籍手以鼓吹吏治耳，何敢专诸大夫之美，抑余文何足以辱公。"两君请益固，余不获辞，属诸务鞅掌，未有以应也。会□计贰命候代茗溪，始获以余暇，记其始末。缅惟章皇帝虑东南诸

---

① (民国)项士元《仙都纪游》，浙江图书馆油印本。

剧郡数佅法难制，诏推择近臣之最有声者往守，假之权。于是，御史大夫顾公佐，以公与况公钟九人应，而公遂繇御史领东瓯。

公在东瓯六年，诸所以煦士民而登之衽席者，不啻白圭之趋时亡遗算矣！而章皇帝又时时假渥典以激励之。当公诣阙下，便殿一见，已属稀阔，而又赐之宴，赐之诗，以宠其行。至赐玺书增秩，寥寥千百年未有行者，而亦自公得之。卒用宗伯胡公荐，起拜刑部侍郎以去。嗟乎！公生平卓卓，即中材亦自懔懔乡风，又何难于却金？世谓公却金非暮夜，与刘宠之不受一钱类，信哉！而宠之为民德不知，视公何如也？然微章皇帝明德，与御史大夫知公，即知公而任不以六年，公虽能为德于东瓯，东瓯虽能德公，宁遽若是。余自被命抚浙，仰窥主上明圣，锐意吏治，宛然章皇帝家法，敢不夙夜兢兢，罔失堕数，分别郡吏为主上言之，其为士民所习服而安焉者，援公为东瓯故事。今久于其地而不骤迁，以竟其所施，主上幸过听辄允，所请。假令他日诸郡吏有仿佛公者出焉，则余庶几籍手报主上哉！是今日修馆意也。分守君姓胡名绪，兵使君姓蔡名廷臣，守曰喻均，前令曰吴思学，后令曰鲍大观。其他在浙东西而有助者，并勒之碑阴。

万历十五年岁赐丁亥夏四月望日。

钦差提督军务、巡抚浙江等处地方、兵部右侍郎兼都察院右佥都御史关西温纯撰。

宫廷画师吕文英

　　明代是中国书画艺术史上一个重要阶段。这一时期的绘画与书法,沿着宋元传统的基础继续演变发展。明代前期绘画基本上有三种势力,一是宫廷院体画,二是江浙一带的浙派,三是继承元画的文人画。明中前期,那些以南宋遗风为宗旨的画家,在民间逐渐聚集在一起,因这些人大多来自浙江一带,故被称为"浙派"。"浙派"的形成,开创了中国绘画史上以地域为派的先例。浙派绘画继承宋代绘画的优良传统,注重题材的生活意义,侧重全局结构,画风豪迈。而且浙派画家多兼擅山水、人物,所画题材广泛。从明初起,浙派便开始兴起并逐渐占据了明代画坛主流地位,直至明中期,这一画派势力仍很大。明弘治年间(1488—1505),著名的宫廷人物画家吕文英就是浙派名家中的杰出代表。

吕文英世家生平

　　吕文英(1421—1505),字阔苍,谱名公英,丽水县保定人。吕文英为宋"东南三贤"之一吕祖谦十三世孙。明朝中期重要的浙派宫廷画家。明弘治年间,吕文英与宁波吕纪同以锦衣卫同知之武职的身份在宫廷供职。吕文英与子吕伯升、孙吕鸣珂均以丹青名世,可谓名副其实的书画世家,也是古堰画乡500年悠久历史的绘画文脉所在。

　　《东平郡吕氏宗谱》载:吕氏远祖为宋寿州知州吕龟祥。吕龟祥生大理寺丞吕蒙亨;吕蒙亨生右仆射、申国公吕夷简;吕夷简生尚书右仆射吕公著;吕公著生直秘阁、曹州知州吕希哲;吕希哲生东莱郡侯、兵部尚书吕好问;吕好问生中书舍人吕本中;吕本中生国史院编修官吕祖谦;吕祖谦生南安知县吕延年;吕延年生翰林中书吕孝臣;吕孝臣生迪功郎吕文奎;吕文奎生温州判官吕承晔;吕承晔生松阳县尉吕明伦;吕明伦生缙云美化书院山长吕忠四;吕忠四生吕齐四;吕齐四生吕诚十;吕诚十生吕恭七;吕恭七生吕升骥;吕升骥生怀远将军吕文泽;吕文泽生怀远将军吕武璧;吕武璧生

保定《吕氏宗谱》吕文英父吕武璧画像(保定《吕氏宗谱》)

吕文英。吕文英娶徐氏，封淑人，生四子：吕伯昇、吕伯昴、吕伯昂、吕伯晟。

吕文英擅画人物，亦写山水，为明代浙派名家之一。明孝宗弘治元年（1488）供奉内廷，与画家吕纪(字廷振,号乐愚,宁波鄞县人)一起以锦衣卫指挥同知（从三品）的身份在武英殿（君臣讨论政事之所，也是朝廷储存书画之处）、仁智殿（在武英殿北，为明代皇后受朝贺及列帝列后棺梓未葬前停置之所，也是画家、艺匠创作活动的场所）供职。成化朝朱见深、弘治朝朱祐樘两位皇帝，均擅长绘画，"宪庙、孝庙御笔，皆神像，上识以年月及宝"。正因为有皇帝的积极参与和倡导，当时宫廷画院十分兴盛，名家也很多，主要有吕文英、吕纪、林良、殷善、郭诩、王谔等人。院画创作题材丰富，风格多样，并形成明

吕文英画像（苏文绘）

"院体"的时代特色，宫廷绘画遂达到鼎盛时期。吕文英以擅长人物画、吕纪以擅长翎毛画，均受明孝宗恩宠。人们叫吕文英为"小吕"，吕纪为"大吕"。

吕伯升，吕文英长子，官至东平府知府，自幼受吕文英真传，以擅画山水名于当世。吕伯升次子吕鸣珂，官至礼部尚书，亦擅丹青。

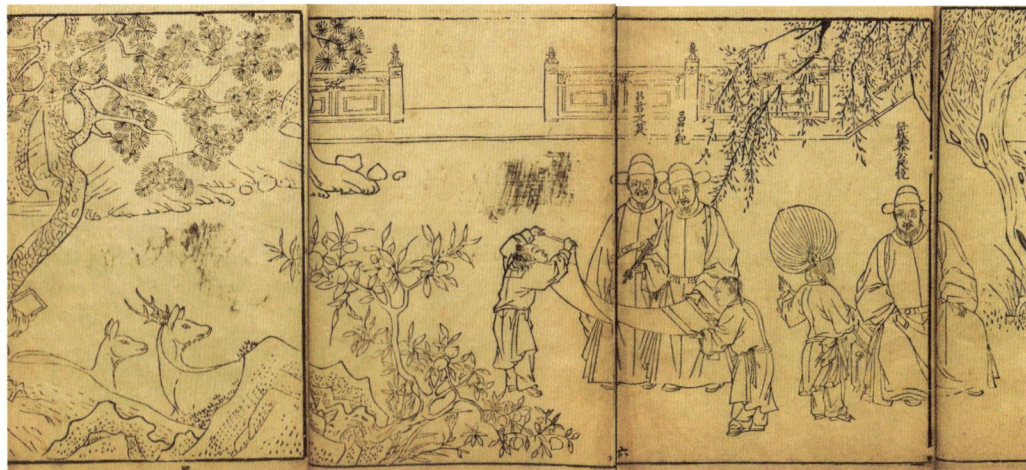

吕文英与吕纪一起创作《竹园寿集图》场面

吕文英现象的精神物质要素

吕文英之所以能从丽水保定这样的小村庄走进京都，成为一代名家，有其特殊的精神层面和物质层面的多方面原因。从精神要素来说，吕文英为宋代名儒、"东南三贤"之一吕祖谦的十三世孙，吕氏从此在保定繁衍生息，尊先祖，设家塾，励后生，化乡风，良好的家教，是吕文英热衷艺术、奉献艺术的良好家学渊源。

而成就吕文英立足中国画坛的物质要素也有多方面因素：

一是如诗如画的古堰画乡。吕文英为明代处州府丽水县义靖乡保定人，地处松阴溪与龙泉溪交汇处，是瓯江河段最为美丽迷人的地方。保定村旁"青山看不厌，绿水趣何长"，瓯江水面宽阔，江流平缓，白帆瓯鹭飞翔其间，让人油然而生"潮平两岸阔，风正一帆悬"的诗画意境。如画的生活环境滋养了吕文英家族热爱丹青的家族传承。

二是厚实的家族物质基础。元大德初年，保定吕氏始迁祖吕明伦官松阳县尉，往来括苍间，见采溪（今碧湖镇采桑村）地近通衢，因侨寓于此。不久以通济里宝溪庄（今保定）田肥美，俗醇厚，复于元大德四年(1300)定居宝溪。吕氏从此在保定广置产业，繁衍生息，越三世生吕武璧，供职于京城卫所。吕武璧生浙派画坛一代宗师吕文英。直至清代，保定吕氏还是处州城西有名的豪绅殷族。厚实富硕的家底是吕文英能够弃农从艺的重要物质基础。

三是健康长寿的身体条件。吕文英的一生可谓"艺薄云天，寿比南山"。他不仅为中国绘画艺术留下一笔宝贵财富，也是一位名副其实的老寿星。他生于明永乐十九年（1421），所卒于明弘治十八年（1505）谢世，享年85岁。健康长寿是吕文英生平创作诸多作品，尤其是工笔作品的身体条件。

四是宫廷画苑提供特殊的创作题材和条件。明弘治朝朱佑樘，擅长绘画，于是创建宫廷画苑，征召了吕文英、吕纪同以锦衣卫同知之武职的身份在宫廷供职，同在宫廷画苑供职的还有林良、殷善、郭诩、王谔等名家，这为吕文英汲取丰富题材和学习吸收众家艺术特色，提供了最优的创作条件。

吕文英传世名画赏析

作为明代宫廷人物画的代表画家，吕文英的人物画形象逼真，颇具肖像性质。其用线沉着简劲，设色浓重鲜艳，反映了他人物画的典型风格，在一定程度上也体现了浙派的面貌。除此之外，他还喜作山水画，常常别开画境，尽显造境之能事，发掘新的审美空间，呈现出独特的韵味，给人以丰富想象的美感。吕文英的传世作品有人物画《货郎图》、山水画《江村风雨图》等。以货郎为画题在宋代以

莲都

后的风俗画中十分流行。日本东京艺术大学资料馆藏《货郎图》春夏秋冬4幅。《江村风雨图》现藏美国克利夫美术馆。此外，传世作品还有《嬉春》图轴2幅、《宫妆娃娃》图轴等。吕文英还多次与吕纪合作创作，传世作品有《竹园寿集图》《十同年图卷》《龙女斩蛇图》等等。

《江村风雨图》赏析

《江村风雨图》在规模与气势上，均较吕纪的作品更为宏伟，但两人同样有着南宋画派的纯熟洗练与圆润优雅。吕文英主要受到了宋朝画家夏圭的影响：以均匀的水墨渐层晕染，传达山峦的浑圆之感，并且以成簇的墨笔表示树叶；构图时，将坚实的景物紧紧压缩在画面下方甚小的区域内（显然与明朝常见的画法不同），画面上方则只画了山峰的顶部与其上遭强风吹袭的树木。虽然吕文英比宋朝画家多添加了一些故事细节，例如在画面下方的角落里，河边屋宅的主人初抵家门，挑夫带着行李随侍在侧；一位童仆由窗户内看着他们走过来，三艘停泊于左方的船只则提示了水路外出的可能，但不是很显眼，而且不像此一画派其他画家的作品那样把场景变得很嘈杂。

吕文英绘《江村风雨图》绢本，水墨淡设色，纵1692厘米，横103.5厘米，美国克里夫兰美术馆藏

《货郎图》（4幅）赏析

　　吕文英的《货郎图》分春、夏、秋、冬四幅，衬以不同季节的植物来强调景色的季节性，如在春景中，以桃、松、柏来体现春意。夏景中，以椿、柳等树的茂盛生长体现夏意。四幅绘画作品在构图、人物描绘和场景处理上大致相同，但小有差别，设色淡雅，用笔精细，各幅画的上部都有"钦赐吕文英图书"朱印。结合场景特征来看，此图可能是吕文英受命为宫廷贵族贺喜而画。

《货郎图·春景》，绢本设色，纵161.2厘米，横91.8厘米。日本东京艺术大学资料馆藏。以牡丹、桃、松柏来体现春意

《货郎图·夏景》：绢本设色，纵161.2厘米，横91.8厘米。日本
东京艺术大学资料馆藏。以蜀葵、椿、柳等体现夏意。无款

《货郎图·秋景》：绢本设色，纵163.2厘米，横91.5厘米。日本
根津美术馆藏。作品以雕栏玉砌、花木映衬的庭院为场景，表现
卖货郎以各种小商品逗诱孩童的欢乐情景

《货郎图·冬景》：绢本设色，纵163.2厘米，横91.5厘米。
日本根津美术馆藏。作品在构图、人物描绘和场景处理上大
致相似，只是用不同的花木表现季节的变化

《竹园寿集图》赏析

吕文英、吕纪《竹园寿集图》系由吕文英作人物、吕纪补景而成。明弘治十一年（1498），吏部尚书屠浦、户部尚书周经、御史侣钟三人同值60寿庆，诸臣僚同至周经府邸竹园宴饮贺寿，贺者请二吕绘图以存。据吴宽《序》曰："屠公援宣德初馆阁诸老杏园雅集故事曰：昔有图，此独不可图乎？二公遂欣然模写，各极其态。"由此可知此图是仿《杏园雅集图》形式，画面的布局、组合、方位、动态乃至笔墨风格都受母图影响。三组人物按职位分列，身份地位井然有序，神态刻画精细，个性迥异。

《竹园寿集图》，绢本设色，纵33.8厘米，横395.4厘米，北京故宫博物院藏。无款印，引首屠瀔隶书"竹园寿集"四字，后纸有当代人录吴宽《竹园寿集序》，屠浦、周经、王继、闵珪等人题诗，末为周经题《序竹园寿集图诗后》跋文

张三丰升仙图卷

此图白描笔法精审，为明初山水人物精品。款识：吕文英。印文：文英（朱文）题跋：万伦谷（文略）时大明癸丑中元清虚赤阳宣教太和冲乙真君万伦谷诗。

印文：东宫图书（朱文）、新谷（白文）收藏印：向叔审定真迹（朱文）、王鸿绪印（朱文）、□（白文）、逊园逸史（白文）、静庐居士（朱文）、杨西之号壶斋珍藏印（朱文）、王沄之印（白）文）、虞南王氏沄印（白文）、汪向叔藏（朱文）、猗氏王家考藏金石书画（朱文）、麓云楼书画记、汪向叔藏（朱文）、俨斋秘玩（朱文）、东宫图书（朱文）、向叔平生长物（朱文）、云间王鸿绪鉴定印（朱文）、逊园逸史（白文）、静庵居士（朱文）、静庵居士（朱文）、杨西之号壶斋珍藏印（朱文）。

吕文英《张三丰升仙图卷》，手卷，水墨绢本

吕文英文化的传承与发展

从明初起,浙派便开始兴起并逐渐占据了明代画坛主流地位,直至明中期,这一画派势力仍很大。明弘治年间（1488—1505）,擅长人物、兼工山水的吕文英是宫廷画苑浙派名家中的杰出代表。

保定吕氏以画艺传世五百年而不衰，实为处州丹青世家第一。吕文英之子吕伯升，官至知府，深受家父真传，亦以丹青名于当时。吕文英嫡孙吕鸣珂（1528—1598），幼承家学渊源，少即擅名，工山水，有《远岫云归图》（又作《望湖图》）等画作传世。吕承灏，为保定吕氏二十一世孙。擅山水，从事丽水乡土美术教育数十年，曾于民国三十六年（1947）著《废物利用——小学工艺新教材》，后又专著《幼儿园美工教材》。历任丽水师范、丽水师专美术教师四十余年。自"巴比松"画派扎根于画乡，风靡于两浙，有"巴比松"本土画家吕明哲为保定吕氏二十二世孙。

结合吕文英绘画世家和保定吕氏深厚的历史文化底蕴，规划打造吕文英文化园。保定吕氏为南宋名儒吕祖谦嫡传后裔，吕祖谦与朱熹、张栻齐名，同被世人尊为"东南三贤""鼎立为世师"。吕明伦为保定吕氏一世祖。吕明伦后裔中，以吕文英、吕鸣珂、吕邦耀等尤为著名。通过创建吕文英文化园，可以充分展示保定名人文化和国画艺术成就，提升古堰画乡景区的文化品位，成为创建5A级景区的重要加分项目。

丹青尚书吕鸣珂

吕鸣珂（1528—1598），字声甫，号苍南，谱名子礼。丽水县保定人。吕文英嫡孙，吕伯升次子。明代画家，工山水，少即擅名，官至工部侍郎，赠尚书。吕鸣珂"以丹青擅名"，是当时有名的画家。有《远岫云归图》（又作《望湖图》）等画作存世。

吕鸣珂《远岫云归图》

明嘉靖三十八年（1559）登进士第。明嘉靖《进士登科录》对吕鸣珂的籍贯、家世、先人官职、妻室及登科名次都有明确记载："吕鸣珂，贯锦衣卫官籍，浙江处州府丽水县人，顺天府学生，治《书经》。字声甫，行二，年三十，二月初一日生。曾祖璧，赠怀远将军。祖文英，封怀远将军、锦衣卫指挥同知。父升，州同知。前母陈氏，赠孺人；母王氏，封孺人。具庆下。兄鸣岐、鸣玚。弟鸣琨，文思院副使。娶王氏。顺天府乡试第四十四名，会试第一百九十四名。"①

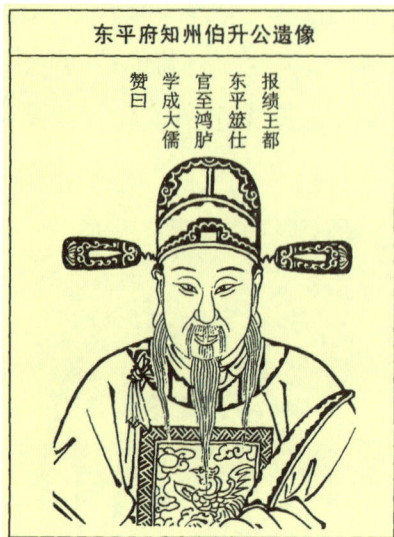

保定《吕氏宗谱》吕伯升画像

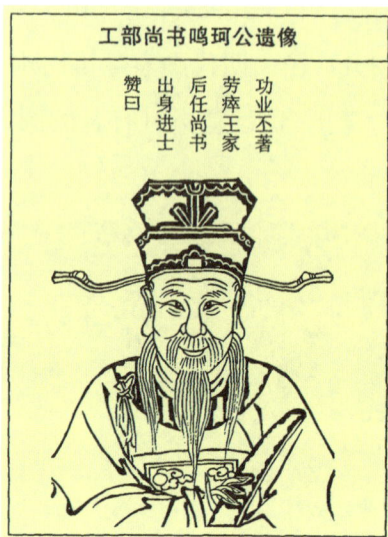

保定《吕氏宗谱》吕鸣珂画像

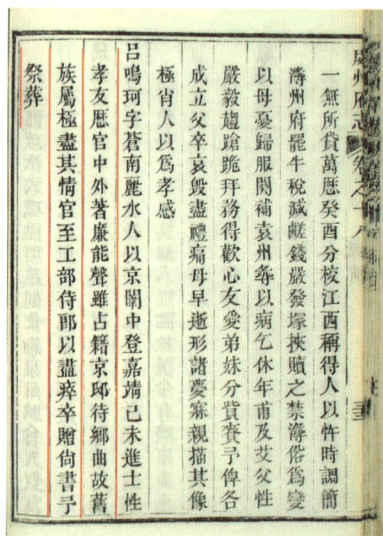

清光绪《处州府志》卷十八《吕鸣珂传》

吕鸣珂历任平阳府、庐州府知府，所到之处都以廉洁和能干称著。合肥百姓感其恩德，建吕公祠祀之。清嘉庆《合肥府志》载："吕公祠，在小东门大街。祀

---

① 许振东著，明代京畿文人编年史，山东人民出版社，2017.12，第492页。

明知府吕鸣珂。今圮。"①

明隆庆四年（1570）六月，升陕西按察司副使，整饬洮岷兵备，六年地震，鸣珂主持修复东、南北倒塌城楼。明隆庆五年（1571），在洮岷道（治所今甘肃岷县）任副使，有善政。

明万历六年（1578）七月，升陕西右布政使。明万历八年（1580），任江西布政使期间因"违例驰驿案"受山东抚按何起鸣、钱岱弹劾受罚。该案涉及多人，起因是明神宗为了祈嗣，下诏官员经驿馆不得用一夫一马，俱由派遣者给予路费，以体恤朝廷德意。但有的地方没有执行，"玩法殃民"。因此降三级的是吕鸣珂和浙江按察使李承式。降六级调用的有严州知府杨守仁、淮安知府宋伯华。宁州知州陆宗龙革职为民。

明万历十二年十一月，又降为山东副使。明万历十三年十一月，升福建参政。转山西按察使。明万历十六年十二月，升山西右布政使。二十年四月，以陕西左布政使升南京太仆寺少卿。七月，升光禄寺卿。十月转太常寺卿。

明代创立通政使司，掌管内外章奏和臣民密封申诉的文件。明万历二十二年（1594），吕鸣珂任通政使。后升兵部右侍郎，正三品，兼右佥都御史，巡抚陕西。为防御西海蒙古部侵扰，增修捏贡川八角城。当时鞑靼火落赤部长期"借用"莽剌、捏工二川放牧，"久假不归，遂成巢穴"。②并攻占城堡，抢掠居民。卜失兔等30个部落，5万多骑兵深入延安。吉囊部落数万兵马进入西安州及白马城等地。形势严峻，明万历二十三年（1595）四月，时任陕西巡抚的吕鸣珂将协守洮岷的副总兵从洮州卫城迁到临洮府城，而移临洮参将到洮州卫城，由临洮副总兵统一管辖周边四参将，加强了边防。同年五月，吕鸣珂改任工部右侍郎，回到京城。二十四年七月，提督大行仁圣皇太后祔葬昭陵工。以尽瘁卒于官，朝廷下旨，赠礼部尚书，按尚书礼祭葬。

吕鸣珂对故乡的感情很深，虽然已经入了顺天（现北京）籍，但只要遇到丽水人和家乡的亲朋，都非常有情谊。著有《太常记》二十二卷。

吕鸣珂娶王氏，生二子：吕继正（嗣子）、吕继相（嗣子）。吕继正，生卒年不详，以父荫授通政司照磨，后升通政司经历。吕继相，生卒年不详，以父荫入国子监，未仕。吕相之子吕邦炯授通政司照磨，后升詹事府主簿，累官至刑部广东司郎中。

---

① （清）左辅纂修;合肥市地方志办公室整理,嘉庆合肥县志,黄山书社,2006.12,第169页。
② 赵文著,明朝后期对蒙古策略研究,中央民族大学出版社,2013.10,第88页。

一代文宗何镗

清光绪《处州府志》卷六《坊表》载："会魁文宗（坊），为廉宪何镗。"何镗是明代处州历史上重要的乡贤，有诸多著作存世，尤以《栝苍汇纪》最为丽水人所熟知。他还是明代大戏剧家、曾任遂昌知县汤显祖的恩师，汤显祖一生对他都非常怀念。

何镗（1507—1585），字振卿，号宾岩，丽水县城梅山（今莲都区万象街道花园弄一带）人。明嘉靖二十六年（1547）进士，初授江西进贤县令。任上，以刚直严明闻著，严格执法，不阿谀奉承权贵，惩奸恶，恤孱弱。后调河南开封为府丞，改革弊政，治理社会秩序，平日为非作歹的豪强因此收敛缩手。以才能出众擢守潮阳。潮阳在广东东部沿海，与福建相邻，地势重要。倭寇常在这一带抢劫骚扰。

明嘉靖三十九年（1560）十二月底，在海上作乱的刘伍等人，乘诏安县除夕夜城中没有戒备，偷袭诏安，攻占了县城。接着，在潮州被明军打败的倭寇也乘机进入诏安，守城将官纷纷弃印遁逃，诏安落入刘伍和倭寇之手。潮州知府何镗奉命督兵进剿诏安之敌，刘伍与倭寇败退。嘉靖四十年二月，刘伍等就擒，官军斩敌300余级。

广东与福建相邻的饶平县有个大盗名张琏，带领一伙强人在广东、福建、江西三省抢掠烧杀，势力很大，历时三年，称霸一方，官兵奈何他不得。明嘉靖四十年（1561）九月初一日，张琏等袭击福建南靖，攻陷县城，烧毁县学、仓库，虏县丞金璧等去。接着抢掠广东、福建各县。何镗奉命进剿，他用计擒拿了山贼大头目，敌兵大败。张琏带领残部潜逃海外，夺据三佛齐岛，自立为国王。

何镗升云南参政，以侍养年老父母为由，请求辞官回家乡丽水，获准，退居悠然堂。浙江行省布政使、按察使曾数次以"异才"向朝廷举荐，先后擢升为广东按察使、河南布政使都不去赴任。闲居在家潜心著述数十年，著作甚丰。著有《翠微阁集》，集录名人游记，编成《古今游名山记》17卷，还有《修攘通考》《高奇往事》《历代舆图》（清代列为禁书）、《中州人物志》12卷等。何镗最有影响的著作是《栝苍汇纪》。

《栝苍汇纪》15卷，明万历七年（1579），处州知府新昌熊子臣修，何镗总纂，刊本，现藏上海图书馆、南京图书馆。丽水市档案馆有影印本。《四库全书》据两淮盐政采进本存目。

何镗在《栝苍汇纪》自序中说："自成化至今，殆百余年，人文治典盖缺如也。于是关中乔公视学往来浙东西，慨文献无征……乃以余郡十邑事见属，而郡守新昌熊君，偕诸邑令长协规盛美，开馆于夏四月，分汇为纪，邑以汇萃，统之以郡。以是经理凡八月已事，而以命梓人。明年春三月梓成。……勒成十五卷，总之为三十余万言，题曰《栝苍汇纪》。"[1]

本志共分舆图、沿制、秩统、次舍、官师、选举、封爵、地理、食货、祀祀、保圉、治行、往哲、闺操、艺文、大事、杂事等17门。《明史》卷九十七《艺文志》，著录何镗《栝苍志》55卷当即是书，卷数有误。光绪《府州府志》作17卷，亦误。

《栝苍汇纪》虽然有不少疏误，但内容丰富，覆盖全面，保留了较多的文史资料，被誉为"简而文，核而实，详而有体"。尤其是古代处州许多志书佚失，《栝苍汇纪》就成了研究处州乡土历史的重要参考文献。清《处州府志》《丽水志稿》《丽水县志》，于前事多引自当时见存之《栝苍汇纪》。总纂《栝苍汇纪》是何镗对家乡的可贵贡献。

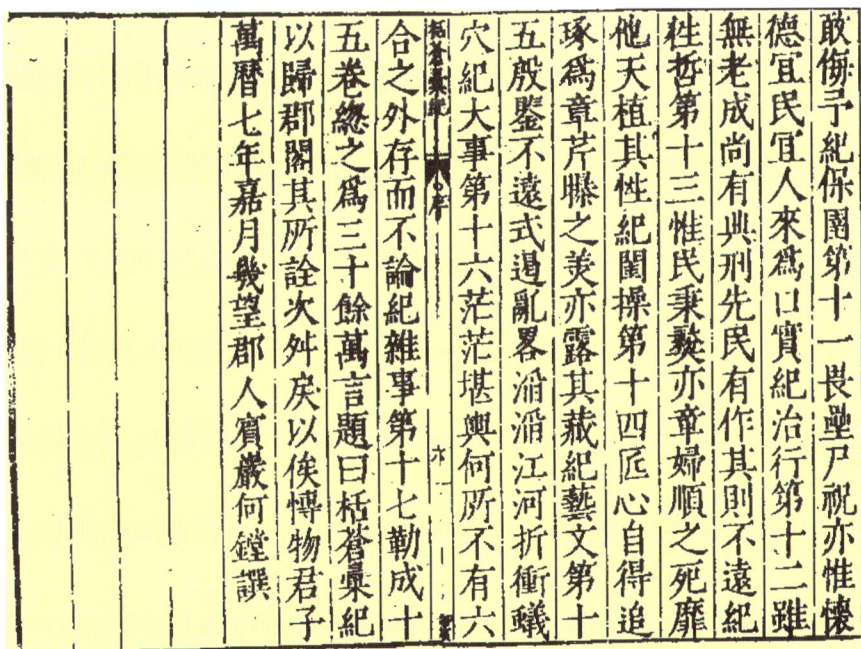

《栝苍汇纪》卷首　何镗《序》（局部）

---

[1] 洪焕椿编著,浙江方志考,浙江人民出版社,1984.06,第436页。

何镗卒于明万历十三年（1585），享年七十八，郡人祀于乡贤祠，墓葬县东40里喜康乡武山。

何镗有三子，均有乃父遗风，深受乡民赞许。

何镗长子应乾，字孟阳。天性颖悟，质素雅尚，与弟应春、应文以学问品行互相勉励。侍奉父亲端肃温顺，得父欢心。20岁入府学，考试常取第一。以贡生授浙江宁海县训导，关心后辈，常与生员相互切磋古人之道。寄情赤霞台胜景，即景赋诗。被荐拔为广西荔浦县令，到任后体恤百姓，看重士人。但生性厌烦为官之事，不到一个月就飘然辞官回到

何镗墓东南侧神道柱

故里，在悠然堂与志趣相投的朋友饮酒吟诗自娱，不问一切世事，只是喜爱读书至老不倦。家中藏书颇多，人有别集，必借录之。尤其喜欢帮助和荐拔后生晚辈。

何镗次子应春，字仲仁，身材魁梧，风度倜傥，博洽风雅。兄弟之间互为师友。精于书法，赋诗师法陶渊明、韦庄。以医药为业，潜心研究方药脉象，亲友有病，处一方即可痊愈。数次进科举考场，均告失败。待人坦诚，以道义和文章礼制相规谏，亲友都受其良善所熏染。

何镗幼子应文，字季明，淳朴笃实向学，待人恭谨谦逊坦诚。以高尚的文德被陆锺符、祝石林等名人所器重。

汤显祖三谒悠然堂

　　清道光《丽水县志》载："梅山在富山东。宋姜特立别业在此，故名其集曰'梅山'。《栝苍汇纪》云：'宋士大夫多居此'。今山上下皆何氏宅，有翠微阁、悠然堂、归云亭。"[1]志文中的翠微阁、悠然堂、归云亭均为何氏宅邸的组成部分，而这里所谓的何氏，指的就是明代乡贤、汤显祖的恩师何镗。

　　明万历二十一年（1593）至二十六年（1598），汤显祖在遂昌当了五年知县，五年间，常因公务到府城，并留下不少诗文。其中《与丽阳何家昆仲》《悠然堂栝苍宾岩师隐处》《归云亭怀何宾岩先师丽水》等诗都抒发了对何镗的敬仰和怀念之情。

　　何镗为什么是汤显祖的"先师"呢？读了下面汤显祖这首诗就明白了。

汤显祖画像

与丽阳何家昆仲

吾师何公起家进贤令，视江右学，予年十四补县诸生。令平昌，怀旧作此。

归云亭望思悠然，一径梅花小洞天。但值何郎随意饮，每逢陶令折腰怜。

星当处士莲花郡，岁在成童弟子员。并道江西旧桃李，投琼空有泪如泉。[2]

　　诗的小序揭示了何镗"起家进贤令"以及汤显祖称其为"师"的来由。何镗调任江西提学佥事，分掌学政，他勉励学生勤奋研习理学，临川县14岁的汤显祖受其赏识，荐补为县学生员，所以汤显祖称其为师。

　　老师的知遇之恩汤显祖感怀在内心，以至于何镗过世后多年，仍旧日益思念，这从汤显祖的诗文中可以深切地感受到：

---

① （清）道光《丽水县志》卷三《山水》第2页。
② （明）汤显祖著，汤显祖全集（1-4集），北京古籍出版社，1999.01，第535页。

悠然堂栝苍宾岩师隐处

洞壑辞春早闭关，偶然开户见南山。悠悠欲傍停云上，忽忽那知采菊还。
碧海心期扶杖里，名山游记卧楼前。朝霏暮杳成何意，傲吏怀人向此间。①

归云亭怀何宾岩先师丽水

候山亭子怅遗文，洞倚梅花到夕曛。积砌几年留崦暧，连廊千载宿氤氲。
非关山岫心难隐，长是成龙气十分。况复佳人怀日暮，山川常见鼎湖云。②
悠然堂、归云亭在哪里？

何镗在《悠然堂记》开首云："余家梅山之阳，盖栝山之东麓也。栝山山之巅故为郡校，唐李邺侯守栝劝学兴理，昌黎韩公为作《孔庙碑文》正在其上。自栝山而东为梅山，郡志云'士大夫多居之，有花木之胜，又曰花园'。"何镗故居就在孔庙之东的梅山，现今梅山弄梅山小学一带，当时这里除了悠然堂、归云亭外还有翠微阁等。那时，梅山和栝山是冈阜相连的，20世纪70年代后期，为了延伸和拉直中山街，将两山挖开，大街从中穿过，使中山街和原来的仓前街连接起来，两山便分离了。梅山弄旧时叫花园弄，与三坊口连接，何家花园一直保留至清代。民国初年，丽水城内的戴炎就职于京城，出巨资购何家花园的部分宅基，请家中亲戚建中西合璧的楼房一座，后租给当时的大律师黄景之办律所，就是如今的全国律师行业党校教育基地、中共浙江省委机关旧址——黄景之律师事务所旧址。

此外，汤显祖常往来丽水遂昌之间。一个暮春时节，汤显祖从丽水南明门下船登岸，作《丽水风雨下船棘口有怀》以记，收录《明诗综》：

石城双水门，落日远江介。春潮风雨飞，暮寒洲渚带。
流云苍翠里，绪风箫鼓外。分披悟曾裂，合杳迷新届。
宿雾缅余丘，生洲隐遥派。地脉有亏成，物色故明昧。
曲折神易伤，幽清境难会。江花莞流放，岸草凄行迈。
不见林中人，自抚孤琴对。③

---

① (明)汤显祖著,汤显祖全集(1-4集),北京古籍出版社,1999.01,第399页。
② 中共丽水市莲都区委宣传部,莲都区文学艺术界联合会选编,莲都古代诗词选,浙江古籍出版社,2007.03,第257页。
③ (明)王夫之著,明诗评选,上海古籍出版社,2011.07,第142页。

汤显祖还曾游赏城东洞溪，作《追和洞溪十咏》：

翠潭

栝苍苍色正江南，下有婵娟百尺潭。似与空明沉翠碧，应开倒影映晴岚。
寒余洞壑生烟渺，雨过虚源暮色含。独叹侍臣青鬓晚，春衣点染思何堪。

青室

曾羡轩辕驾玉台，郁葱佳气与徘徊。檐楹旧向垂萝密，户牖新从凿翠开。
便学东华流雾霭，何如少室倚莓苔。生香更借芝兰色，无影空青许看来。

桃源

栝苍山里一桃源，似楚桃源较不喧。春色也知浮涧曲，美人还似忆湘沅。
不知晋世今何得，欲向天台未敢言。荡漾东南好溪水，折腰终此寄田园。

竹屿

也无孤屿似江心，只是崔嵬寄碧浔。箭竹回临星漱晓，栝苍分与丽城阴。
春如鼓吹山明翠，秋似潇湘水气深。曾住缙云古仙子，此中长啸凤凰音。

琴石

东溪一枕隐飞湍，青碧琴床水面安。色映湘灵闲弄好，韵沉方响欲浮难。
波间激玉清谁诉，洞里流泉冷自弹。日暮更为金石奏，回风吹作水仙寒。

钓矶

一片清寒入好溪，好溪真有钓鱼矶。应须咫尺通严子，只是寻常在会稽。
蓑笠雨飘垂柳岸，钓丝春惹落花泥。无缘更之江潭客，白鹭是飞到竹西。

虚廊

小小桃墟向赤霞，连廊千步亦无涯。檐前细韵山寮竹，槛外长飘水碓花。
四注空蒙云下宿，一方清冷月西斜。深歌响屐曾谁到，来去萧萧说暮鸦。

响濑

溪恶何须到永嘉，高滩势作雁行斜。崖泉隐枕吹寒碧，山溜回春吐绀花。
避暑烟云流漱玉，入秋风雨带鸣沙。萧疏尽日松涛起，长似高斋听煮茶。

峭壁

增城大壑几曾逢，积翠搏空此路重。插地自应连海影，垂天真欲碍云容。
晴笼薜荔朝烟澹，溜折苔斑晚气浓。咫尺飞禽不来往，何人面壁正东峰。

崎石

海上归云下石帆，嵌空留此夜明岩。幽生洞壑愁龙语，迥转余花觉鸟衔。
倒影暂能萦翠碧，回风长似入松杉。栏杆溜迹封苔遍，道有天书在玉函。[1]

---

① (明)汤显祖著;徐朔方笺校,汤显祖集全编(2),上海古籍出版社,2016.11,第764-767页。

　　为纪念汤显祖的丽水情缘和作《牡丹亭》于遂昌，丽水市政府立汤显祖铜像于丽水大剧院前，以供市民游客瞻仰。

丽水大剧院前的汤显祖铜像

叶志淑诗文留名山

　　叶志淑，明万历年间（1573—1620）前后在世，字子善，丽水县高溪人，后迁居丽水城东行春门内。

　　叶志淑少时家境贫寒，但学习刻苦，钻研儒术，尤其精通《三礼》[①]。他汲水灌园，种植蔬菜瓜果自养。他清高自守，不妄交友。在静海（今天津市静海县）任教谕。明万历十年（1582），参加顺天乡试，考中举人，遂升安徽虹县（今安徽泗县）知县。当了一年多知县，因持守正直，得罪了当权者，辞官归隐，逍遥林下，到各地游山玩水，怡情吟咏，在各处留下了不少诗篇。目前，有多处全国闻名的旅游景点，将他当年吟咏的诗作引入导游词。

丽华村民国《叶氏宗谱》
叶志淑画像

　　阴陵山，在泗州（今江苏泗洪东南）35华里，鹿鸣山西。楚汉战争时，楚霸王项羽被汉军追赶，逃到此处，迷了路。此地山径迂回，夜深人静，明月高悬时，尤为幽静而迷人。叶志淑在诗中咏道：

　　阴陵山北小村东，旧说重瞳向此迷。今日偶经征战地，残阳古木任鸦栖。[②]

　　虞姬墓，坐落于安徽省灵璧县城东15里，当年楚汉相争，项羽被汉军围困垓下（今灵璧县城东南，沱河北岸），夜闻四面楚歌，知大势已去。虞姬在绝望中又带着让霸王重生的一丝希望，挥剑起舞，唱道："汉兵已略地，四方楚歌声。大王意气尽，贱妾何聊生？"肝肠寸断，忽地寒光闪烁，美人已翩然倒下。在兵败途中，项羽匆忙将决然自刎身亡的虞姬安葬于此。某日，叶志淑瞻仰虞姬墓，为虞姬美丽而大义的精神所感动，赋诗《虞姬墓》一首以抒缅怀之情：

---

① 按：《三礼》即《仪礼》《周礼》《礼记》。
② 泗县地方志编纂委员会编,泗县志,浙江人民出版社,1990.08,第510页。

散楚歌残霸业空，虞兮无计转江东。可怜秋染荒原草，犹带当年剑血红。①

叶志淑游览缙云仙都时，也留下了一些赞美仙都景色的诗篇。群玉山位于好溪之东，初阳山北，有一山奇石低昂，立于潭滨。山前曾有群玉台，相传为明御史樊献科所建。叶志淑有诗云：

台迥环群玉，烟光凝紫蓉。登临动襟袂，香袭木樨风。

（《莲都历史人物》）

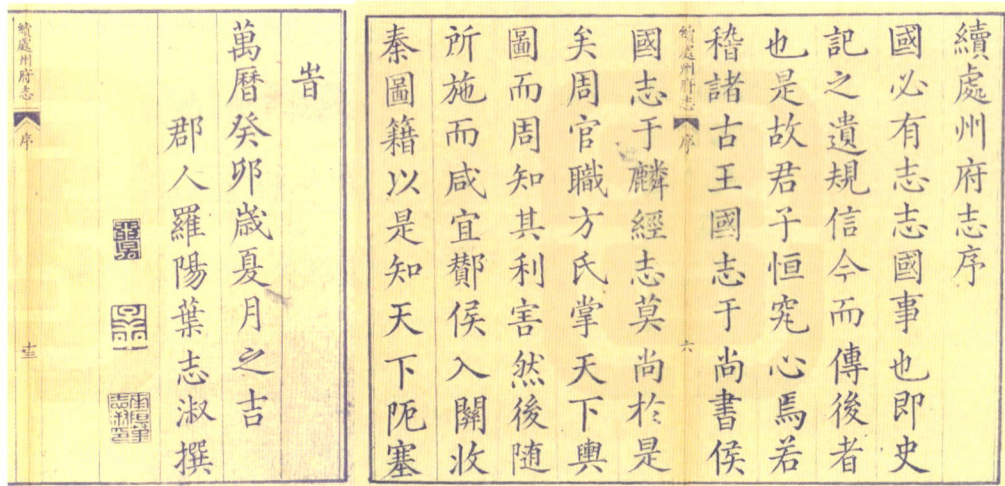

红白相间的小赤壁上，留有许许多多的摩崖石刻，有的清晰可辨，有的斑驳脱落。许多字迹如蝌蚪，难以读通。人们一直以为是仙人写的天书；也有的人说这是仙人发布榜文之地，故称仙人榜，岩称仙人岩。叶志淑也有诗云：

何代仙榜悬，丹书小篆文。拂云看石刻，衫袖染余芬。

（《莲都历史人物》）

叶志淑撰并书《续处州府志序》

叶志淑应处州知府许国忠之聘，主纂《续处州府志》8卷。该志书成于明万历三十一年（1603）。记事起于明万历七年（1579），共6万多字，分次舍、官师、选举、地理、祠祀、治行、往哲、武功8门。现存世有万历三十三年（1605）刻本，藏于上海等图书馆。

---

① 秦隆兴主编；灵璧县地方志编纂委员会编，灵璧县志，浙江人民出版社，1991.06，第914页。

学者御史王一中

　　明崇祯版《处州府志》为丽水县城人王一中编纂，他还为通济堰写过堰记。他是一位刚正不阿，耿直执着的谏官。明朝后期司礼秉笔太监魏忠贤，可谓妇孺皆知。这个阉党首领与明熹宗的乳母客氏沆瀣一气、狼狈为奸，权倾朝野，自封为"上公"，宦官称之为"九千岁"，无耻大臣更有称他为"九千九百岁"者。他在民间养了不少"义子"，如什么"五虎""五狗""十孩儿""四十孙"等。各地官吏阿谀奉承，纷纷为他设立生祠。他残酷镇压反对派东林党人，直至彻底消灭。当时，有一位从丽水县走出去的铁骨御史，曾经先后两次弹劾魏忠贤和客氏，与阉党作坚决的斗争。这人，就是王一中。

　　王一中（1568—1639），字元枢，号石门。他的曾祖父王巽从青田迁居到处州府城收徒讲学。王巽，字德制，是宋代理学家、青田浮弋人王梦松的后裔。学者称其"松园先生"。王巽因应贡卒于武林旅邸。王一中的祖父王顺度，字鸿范，选入太学，不营仕进，开设义塾，教训宗族生徒。王一中的父亲王敦仁，字寿崖，以明经授平阳县训导，后历官福建邵武教谕、沂州学正等职。又任常州府判，署无锡篆。后因中伤高攀龙被排斥回乡，90高龄而卒。王一中出生在丽水县城，王家故宅在三坊口（今大众街与新圃山路交接之地），1958年毁于火灾。民国时期，丽水城丽阳门外，尚存乡民为王一中所立的"清朝侍御""盛世联魁"两座石牌坊。

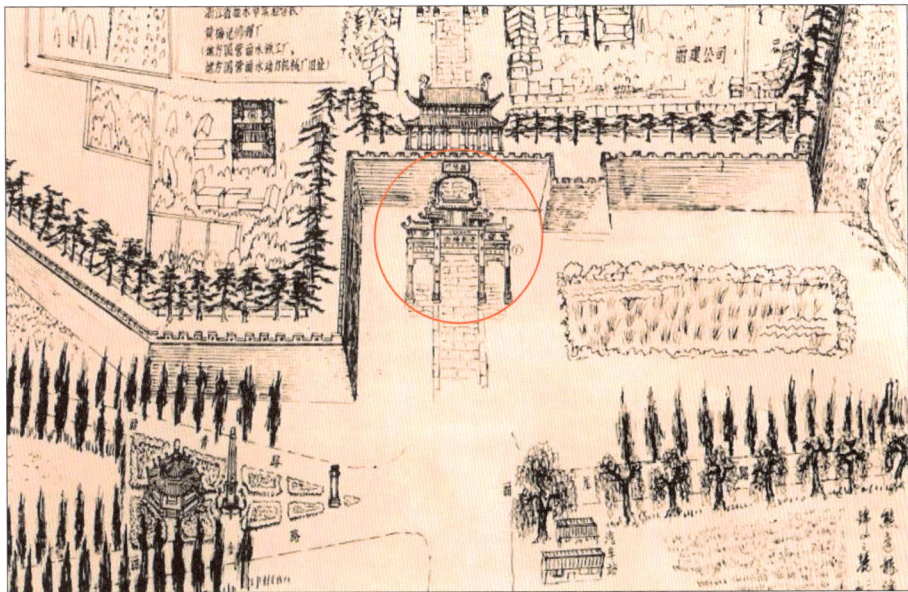

拆除前的丽阳门及王一中石牌坊（熊远龙绘）

他早年读书于白云山借闲堂。明万历三十四年（1606），参加浙江乡试考中第三十一名举人，明万历三十五年（1607），以民籍、治礼记，进京考中丁未科黄士俊榜三甲第七十七名进士。初授福建古田县令，将十恶不赦的当地恶霸陈宏德问罪，闽人感恩戴德，王一中离任后，祀于古田名宦祠。后历任河南新蔡、杞县知县，皆以廉著。因此升为广西道监察御史，成为一名谏官。

明代以监察御史分道监察，数量较多。其主要职责一是推按狱讼。包括推问皇帝下达的案件，审理普通百姓的案件，参与三司推事等。二是弹劾犯罪。对违法犯罪的官员进行纠举，弹劾其罪，提请司法机关审判。三是巡察内外，分察六部的具体行政行为，使之合法而有效率，遇有非法行为，便予以纠查。四是监督决囚，如发现司法机关违法及犯人有冤者，予以纠举平冤。王一中任广西道监察御史时，上书朝廷，建议罢黜宫廷内市，遣散内宫宦官，法办官库坐奸等。

明天启二年（1622），移任山东道监察御史。当时，因魏忠贤、客氏结成阉党，暴戾专权，无恶不作，大肆掠夺天下财富，百姓已无法生活。五月，山东郓城、邹县一带爆发了徐鸿儒等人利用白莲教组织农民起义，众至数万。王一中上疏朝廷，直言明熹宗乳母客氏与魏忠贤阉党相互勾结，"民乱"由此而起。

在山东期间，公务之余，王一中还畅游齐鲁名胜，并留下诸多墨宝，至今犹存。如：游莱芜望夫山鹰窝崖时，在山顶悬崖绝壁上留下"鹰窝崖"三个阴刻楷书大字。

不久，王一中升迁太仆寺少卿[①]，封中宪大夫。他再次与京官联名上疏弹劾魏忠贤阉党。因数次与魏忠贤相忤，魏忠贤对王一中恨之入骨，积怨甚深。明天启五年（1625），东林党人、副左都御史杨涟、左光斗等先后被阉党酷刑至死，朝廷并向天下公布东林党的名单。因王一中与杨涟、左光斗等人是同年，被阉党以"依附门户"的罪名削夺他的官职，回归故里。

明天启七年（1627），明思宗朱由检即位，客氏、魏忠贤均被诛灭。明崇祯二年（1629）十二月，王一中官复原职，改任光禄卿（掌管宫殿门户、皇室膳食、帐幕器物的官员，从三品）。后来因为王一中养性自恃，不投靠当时得势的大臣，调任南京光禄卿。明崇祯十二年（1639）辞世，享年七十二，葬丽水寿元山下三公路。

王一中热爱家乡，关心家乡建设，对乡亲富有深厚的感情。明万历四十六年（1618）夏秋之季，松阴溪暴发洪水，通济堰堤倒塌。郡守陈见龙（号在明）主持

---

① 按：明代光禄卿为掌管宫殿门户、皇室膳食、帐幕器物的官员，从三品。

并带领百姓重修通济堰。王一中深受感动，于明万历四十七年（1619）写了《重修通济堰记》。

丽水北乡洪川（今雅溪镇洪渡村）是当时通京大道稽勾古道必经之路。明天启二年（1622），王一中奉旨北上巡按山东道，途经洪川时，借宿吴姓老者吴仰峰家。吴家杀鸡煮饭热情款待，使他十分感动。"恍睹三代之遗风，复见虞夏淳懿之天矣。"[1]后来他得知此家是礼部右侍郎吴政的苗裔，更是钦佩吴氏承传祖辈之德。当时吴姓家族在重修宗谱。吴仰峰请王一中为宗谱作序。因时间紧迫，没有来得及写。明崇祯元年（1628）七月初三，"宦志顿冷，解授还乡"的王一中再次借宿吴仰峰家，问起重修宗谱的进展情况。吴仰峰告诉他宗谱早已修好，就等他作序，因此还没有付印。王一中非常感动，当即撰写了《赠延陵郡宗谱序》。

丽水城北的白云山是栝苍名胜，古迹风景甚多，历来为文人墨客所称道。王一中少年时曾在白云山上筑借闲堂读书。一日，王一中到白云山中休闲散心。置身于苍茫林海之中，凉风拂面，鸟语涧鸣。才华横溢、仕途失意的王一中触景生情，诗兴大发：

> 本来无一物，白云犹较多。浮游皆幻相，真趣在岩阿。
> 日暮忘归路，春游是处窝。呼垆浮大白，酩酊欲如何。
> 挟策耽幽胜，群峰入望明。雾深玄豹隐，雷动蛰龙惊。
> 羡尔探禅乘，偏余涉世情。白云如有意，去路几回萦。

（《莲都历史人物》）

王一中广泛涉猎经史、稗官野史等，学识渊博，尤其对道德性命之学很有研究。他一生著作丰厚，有《瑞芝堂集》《经书疏解》《东巡疏草》《禄勋疏草》《灯下焚余》《靖匪录》等，其中《靖匪录》编入民国时期刘耀东编纂的《括苍丛书》。明崇祯八年（1635），他还编纂了《处州府志》18卷。刊本现藏于中国社会科学院、北京图书馆。

王一中一门，书香世第，忠义传家，后代绳其祖武，人才辈出。

王一中有两个儿子。长子王胤昌，生卒年待考，字长文，有孝声，工诗文。以恩贡授推官。推官在明朝为各府的佐贰官，一般为正七品，掌理刑名、赞计典。

次子王胤升，生卒年待考，字仲方，幼年时就非常聪明勇敢。有一次，他母亲潘淑人身患疟疾，卧病在床，洪水涌向他的家，王胤升背着母亲从深水中往外

---

① （清）光绪《延陵郡吴氏宗谱》卷一《赠延陵郡宗谱序》第8页。

挣扎。刚刚跑出，房屋顷刻间倒塌。王胤升长大后为副榜贡生，考授通判，卒时享年八十四。王胤昌、王胤升均祀丽水忠义祠。

王继祖，生卒年待考，字尔志，王胤升之子。清康熙七年（1668）参加乡试，考中举人。清康熙十二年（1673），洪水暴发，丽水许多百姓无家可归，王继祖施粥给受灾百姓，并出资带领百姓浚通通济堰。清康熙十三年（1674），福建靖南王耿精忠叛乱，战火殃及丽水。王继祖与王运乾被叛军捕获，"不屈，贼壮而释之"。[①]王继祖应知府刘廷玑的邀请，参加编修《处州府志》。后经考试官授内阁中书。著有《芝山文集》。

王学祖，生卒年待考，字而敏，王胤昌之子。幼年时父亲去世，与母亲相依为命。王学祖从小酷爱读书，考入县学。一次，他和母亲在逃避耿精忠战乱时，中途碰到耿精忠的部队。王学祖背起母亲就跑。

至清代，篆刻家王惟球、金石家王尚赓均为王一中后裔。

---

① （清）张铣，金学超纂，清·道光版丽水县志 丽水志稿点校合刊本，方志出版社，2010，第200页。

书画双绝方亨咸

　　清代早期"四王"居正统，"四僧"与"金陵八家"称为主流。顺治至康熙初年，文人，山水之间兴盛，并形成两种不同的艺术追求。承续明末董其昌衣钵的"四王画派"，以临摹为宗旨，受到皇室的重视，居画坛正统地位活动于江南地区的一批明代移民画家，寄情山水，借画抒怀，艺术上具有开拓创新精神，以"金陵八家""四僧"为主要代表。清代早期处州绘画以顺治年间的丽水知县方亨咸为代表。方亨咸老家是与金陵毗邻的安徽桐城，自古为文人鼎盛之地。能文，善书，精于小楷。山水仿黄公望，博大沉雄，力追古雅，花鸟意态如生，曾绘百尺梧桐卷，雀雏入神品。与当时的画坛大家程正揆、顾大申时称鼎足。

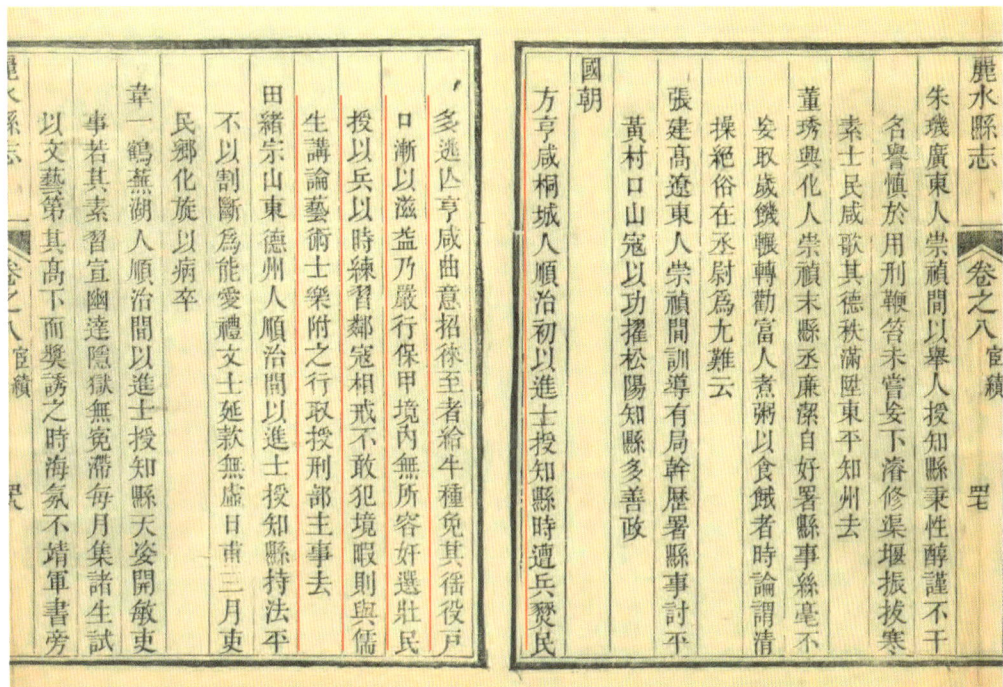

清道光《丽水县志》卷八《方亨咸传》

　　方亨咸（1620—1681），小字姐哥，字吉偶，号邵村，号龙瞑、心童道士，安徽桐城人。方拱乾子。清顺治四年（1647）进士，授丽水县知县，累官至监察御史。方亨咸不但所到宦绩卓著，而且能文，善书，尤精于小楷。平生足迹几遍天下，故其所见无非粉本，不规规于古人，所以更胜于古人。而他的画作更是造诣高深，工山水，深得黄公望真谛；又擅翎毛，意态入神，堪称画坛佳品。《国朝画识》《图绘宝鉴续纂》《古夫于亭录》《百尺梧桐阁集》《昭代尺牍小传》《清朝书画家笔录》《瓯钵罗室书画过目考》《古代书画过目汇考附目》著其画作遗事。生平著有《邵村诗集》《塞外乐府》《楚粤使稿》等。

家学渊源

方氏是桐城望族。其大父方大美曾任御史、太仆寺少卿等职，生有五子，方亨咸的父亲方拱乾最小。方拱乾少年聪颖，成童时能记六经，7岁"能属诗文"。20岁时，诗文已为世人称许，与同乡姚孙森等5人为友，人称"六骏"。明万历四十六年(1618)，方拱乾中举人。后而于明崇祯元年(1628)中进士，授官庶常。历官翰林编修、左渝德、少詹事、东宫讲官等职。崇祯十七年三月十八日，闯王李自成率大顺农民军陷北京，明朝灭亡，方拱乾被大顺军俘虏，初受酷刑，以行贿得免。清军入山海关，李自成弃北京退山西，拱乾乘乱南归。

方亨咸画像（熊远龙绘）

方拱乾(1596—1667)，初名策若，字肃之，号坦庵。清顺治十四年(1657年)，因受江南科场案株连于1659年被流放宁古塔，其五子方章钺因与主考官方犹"联宗"而中举，皇帝令刑部将方章钺"速拿来京，严行详审"。[1]顺治十八年即1661年赦归故里，1667年客死扬州，时年72岁。

拱乾好写诗，在绝域宁古塔仍"无一日辍吟咏"，[2]留下不少描写异地史诗。拱乾至戍所后，建屋三楹。在屋外种植花果蔬菜，并效仿明代王守仁贬居贵州龙场驿时行事，将其所居命名为"何陋居"。方亨咸随父兄数十年戍边，深得父兄真传，少即善诗，与父兄一起在异域传播中原文化，抒发家族流入他乡的悲愤情怀，同时也砥砺志气，磨炼性格，给方亨咸之后为官的爱民勤谨，对学术坚韧追求和

---

① 白寿彝总主编；周远廉，孙文良主编，中国通史18(第10卷)·中古时代·清时期(下)，上海人民出版社，2015.06，第983页。

② 魏涵民编著，马鞍山古诗词选注，合肥工业大学出版社，2015.01，第206页。

对艺术生涯的向往产生了巨大影响。

画作如云

　　方亨咸现存世的作品颇多，平生足迹几遍天下，故其所见无非粉本，不规规于古人，所以更胜于古人。早期作品有清顺治十五年(1658)为刘年伯作山水轴。传世作品有康熙十三年作《松石图》录于《中国名画集》；清康熙十五年(1676)作《五苗图》轴藏上海博物馆。清顺治十五年(1658)为刘年伯作山水轴。清康熙十七年(1678)作《深林垂纶图》，现收藏于日本；清康熙五年（1666）作《山水花鸟》册页、《江右纪游图册》共10帧，现藏故宫博物院；八年作《梅花双雀图》轴图录于《神州大观》；方亨咸《似兰斯馨，如松之盛》书画象牙牌子现藏于西河自然博物馆。其清康熙十七年（1678）作《深林垂绘图》，现在日本。

　　方亨咸雅好笔墨，名重一时，其作品亦为后世藏家所珍赏。《锦树茅亭图》轴树石之结构，章法之开合起落，皆合规矩准绳而又无画师拘结庸碌习气，其上自用印被采入《中国书画家印鉴款识》。题识："锦树茅亭，闲云细路。秋思无端，一筇领趣。亨咸。"钤印："方亨咸字吉偶、心童道士、庞谷"（见《中国书画家印鉴款识·方亨咸》13、18、16印，194—195页）。鉴藏印：一砚斋藏。

　　《五苗图》为方亨咸代表作之一，其题跋所记："清梁清标曾梦一人授以宋绣，上有苍松百尺，树底青葱出五苗，旁有'五苗图'三字，适逢此时梁生第五个儿子，

方亨咸《锦树茅亭图》，纸本设色，纵181.5厘米，横50.5厘米，民间收藏

即以‘五苗’名其子。扬州汪懋麒赋百字令词为纪，并应汪懋麒调填词一阕录于图上。此图画面简洁，笔法坚实细劲，树石以干笔皴擦渲染而成，显得苍厚结实。图寓意吉祥，刻画细致入微，故临摹者甚众，也反映了当时重男的传统思想仍为主流，即使文人大雅之士亦是如此。”

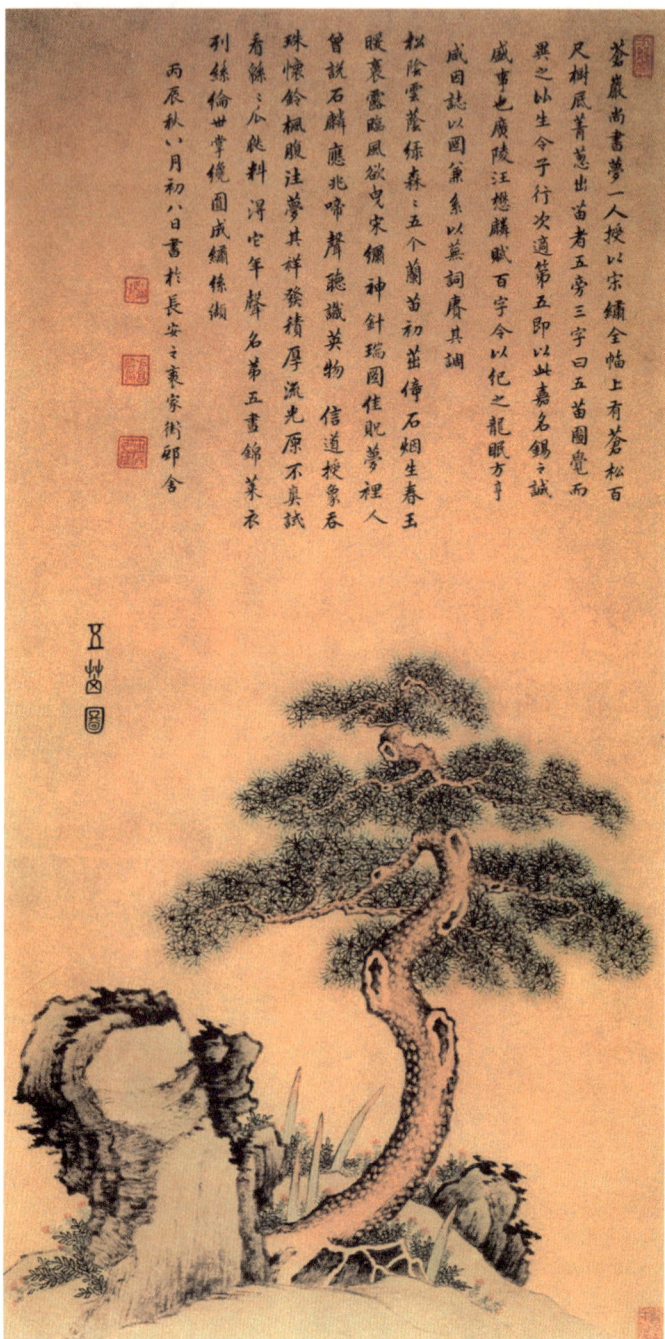

方亨咸《五苗图》，纸本设色，纵82厘米，横43厘米，上海博物馆藏

恩泽丽水

清顺治四年（1647），安徽桐城人方亨咸授丽水知县。当时刚经历改朝换代、抗清战事，连年兵燹，尤其是清顺治三年(1646)六月明勋戚方国安反清失败，兵勇溃退，散入处州，到处大肆抢掠，丽水许多男女逃亡外乡，丁口大减。方亨咸采取各种优惠办法招徕外迁者回乡，发给耕牛粮种，在一定年限内免去他们的徭役赋税，使一些外逃的人纷纷回来，户口逐渐增加。为了稳定社会，他严格实行保甲法，加强治安，招收青壮年组织乡兵，经常训练，使得周边地区的盗寇不敢侵犯丽水县境。方亨咸空暇时常常和儒生们在一起，讲论经书儒学，因此士人都喜欢跟他接近，他在民间有很高的威望。

方亨咸刚到任，就得知东郊好溪堰严重崩坏，影响灌溉和城中用水。于是带头捐俸银备料、雇工，组织民众重筑堰坝，垒石修堤，引水入渠。并设北堰、小堰、东堰，将好溪渠分为三派支流，灌田二万余亩。东乡百姓念其恩德，将好溪堰改名为"子来堤"（又呼"子来堰"），典出《诗经·大雅·灵台》："经始灵台，经之营之。庶民攻之，不日成之。经始勿亟，庶民子来。"意思是民心归附，如子女趋事父母，不召自来，踊跃参与。

清顺治六年(1649)春天，方亨咸下乡"劝农"，路过西乡，召集父老慰问辛劳，询问百姓利害疾苦。父老们说修通济堰是头等要事。近几十年来几乎年年有战事，当官的把做官看成住旅店，没有心思顾及水利，而溪水长年累月奔流侵蚀，堰渠有的被冲，有的干涸，水不再在原来的水道流淌了，什么地方好流就往什么地方流，年年有旱灾，苦煞了百姓。方亨咸认为应趁堰堤还没有大坏时作一次修补，现在只要花三个月时间，万缗之费，便可修复，利当千载。否则，让它颓败不问，总有一天会全面崩溃，酿成大灾，危害就大了。他倡言由各都图受益农户乐助投工，推选有德望的老年人主持修筑堰渠，以完成全面修复。在方亨咸倡导下，官民协力，通济堰于当年春夏之交动工修建，秋天修复完工。

处州道台姚启圣

姚启圣这个名字，因为电视剧《康熙王朝》而几乎成为妇孺皆知的人物。他是清康熙朝治乱名臣，他也曾以处州守道的身份到丽水主政处州，勘祸平乱，政绩卓著。尤其对无辜乱民施以怀柔，"全活千余人。"①

姚启圣（1624—1683），字熙止，号忧庵，浙江绍兴人。清康熙朝著名政治家、军事家，为收复台湾的决定性人物之一。姚启圣为政带兵执法严明，曾随康亲王爱新觉罗·杰书平定福建耿精忠叛乱，后在收复台湾战役中功勋卓著，历任福建总督、兵部尚书、太子太保等职。清康熙二十二年（1683）病逝于福州。

清康熙十三年(1674)，福建靖南王耿精忠在福建举兵叛乱，进入浙江境内，攻取温州、台州、处州等下辖县。康熙皇帝命康亲王爱新觉罗·杰书率兵讨伐，姚启圣与儿子姚仪募壮兵数百，赶赴康亲王麾下效力。清康熙十四年(1675年)，康亲王将姚启圣的功绩上奏康熙皇帝，姚启圣因而被破格提拔为浙江温（州）处（州）道金事。后随都统拉哈达剿平处州府丽水、松阳、宣平县的叛兵。清康熙十五年(1676)，姚启圣与副都统沃申、总兵陈世凯等协同平剿耿精忠，攻打云和县石塘，将木城焚毁，斩杀众多

姚启圣画像

耿军，乘胜收复云和县城。同年十月，姚启圣父子随康亲王军征讨耿精忠，率部从处州攻入仙霞关，逼近福建，耿精忠最后投降。姚启圣也因此战功被提拔为福建布政使。

关于姚启圣在处州任上的事迹，清光绪《处州府志》记载较详："姚启圣，镶红旗举人。康熙间，分守。才全文武，遇事明敏，尤善任繁剧。甲寅，闽逆倡乱，浙东骚动，会稽支狼山贼众盘踞，圣率义兵讨平之。和硕康亲王奇其功，劄授处州守道，随征至栝。时人民畏贼，多匿深山。满汉大兵进剿石塘、石帆等处，松、

---

① （清)光绪《处州府志》卷之十三《职官志上》第12页。

青二县皆男妇，玉石不分。圣不避强悍，力请审释，或捐资代赎，全活千余人。养练义兵五百，立营寨，防护碧湖石塘。距贼营仅隔一水，捍御岁余，乡民赖以安堵，粮饷捐给不费公帑。贝子统大兵攻石帆，领众为先锋，破之，松、遂、龙、庆、云、景悉平，叙功。历官至福建总督。"[1]

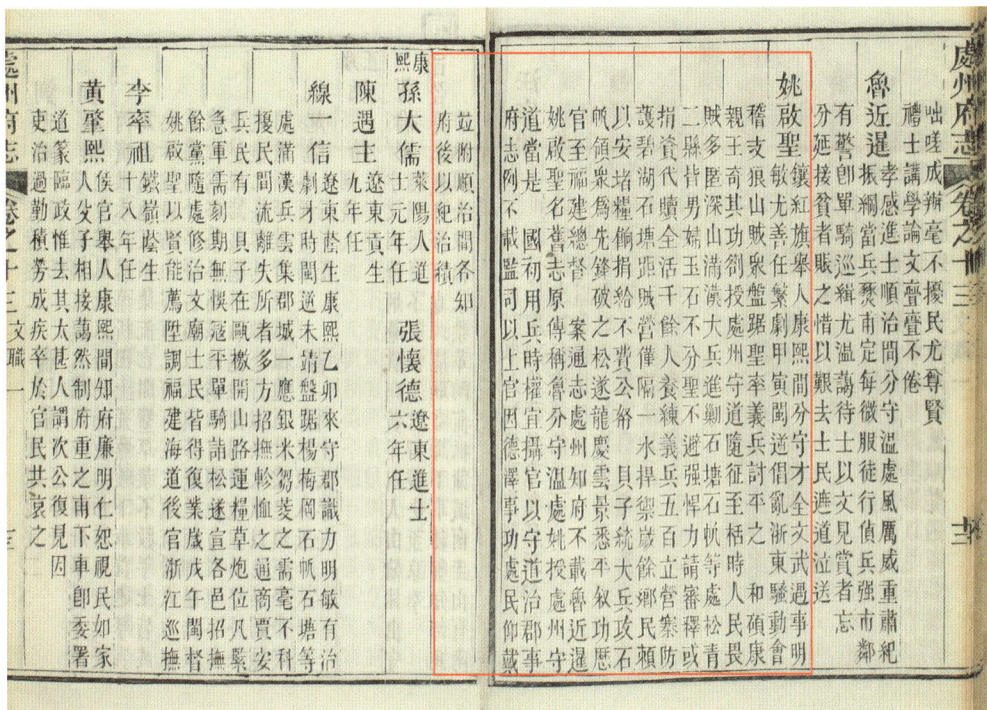

清光绪《处州府志》卷之十三《姚启圣传》

姚启圣一生宦海，三起三落，但书法造诣较深。就目前掌握的信息来看，姚启圣存世墨迹题刻作品较多，且形式丰富：有对子，有立轴，有扇面，还有匾额。

清顺治十三年（1656）姚启圣行书立轴，纸本，长96厘米，宽厘米。题识：丙申孟秋之吉，姚启圣。钤印：姚启圣印、熙之。

姚启圣行书七言联，纸本，167厘米×39厘米，书写时间待考。题识：程子精微谈谷稚，谢公近处喻桃仁。款识：孝先年翁，熙止姚启圣。钤印：姚启圣印、熙止。

---

[1]（清）光绪《处州府志》卷之十三《职官志上》第12页。

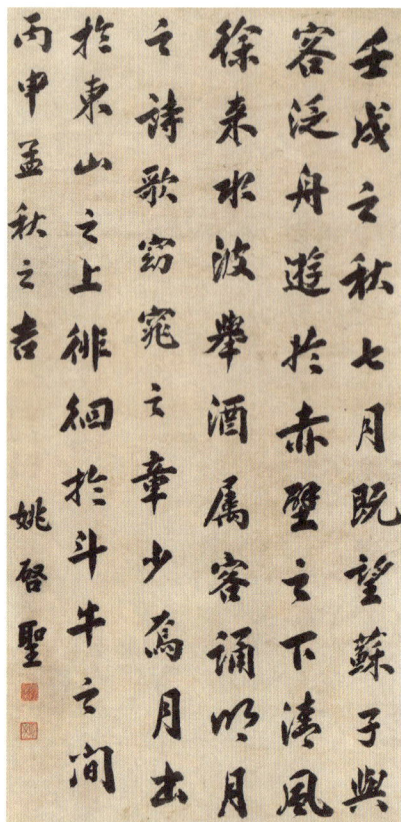

壬戌之秋七月既望蘇子與
客泛舟遊於赤壁之下清風
徐來水波舉酒屬客誦明月
之詩歌窈窕之章少焉月出
於東山之上徘徊於斗牛之間
丙申孟秋之吉
姚啟聖

清顺治十三年（1656）姚启圣
行书立轴（民间收藏）

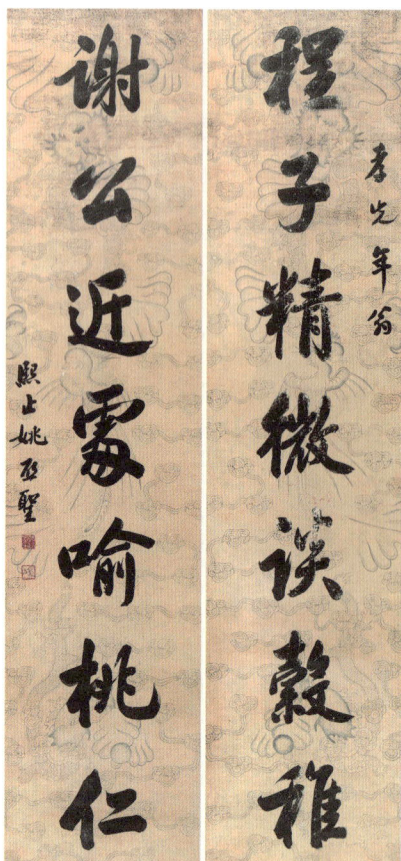

程子精微誤穀稚
謝公近霄喻桃仁
孝先年翁
熙上姚啟聖

姚启圣行书七言联（民间收藏）

姚启圣《增守庐》扇面，行书，水墨纸本，19厘米×51厘米。书写时间待考。款识：守庐先生，姚启圣。印鉴：姚启圣印。

姚启圣《增守庐》扇面（民间收藏）

姚启圣行书七言联，纸本，168厘米×38厘米，书写时间待考。题识：毫端蕙露滋仙草，琴上熏风入禁松。乐圃先生，熙止姚启圣。钤印：姚启圣印、熙止。

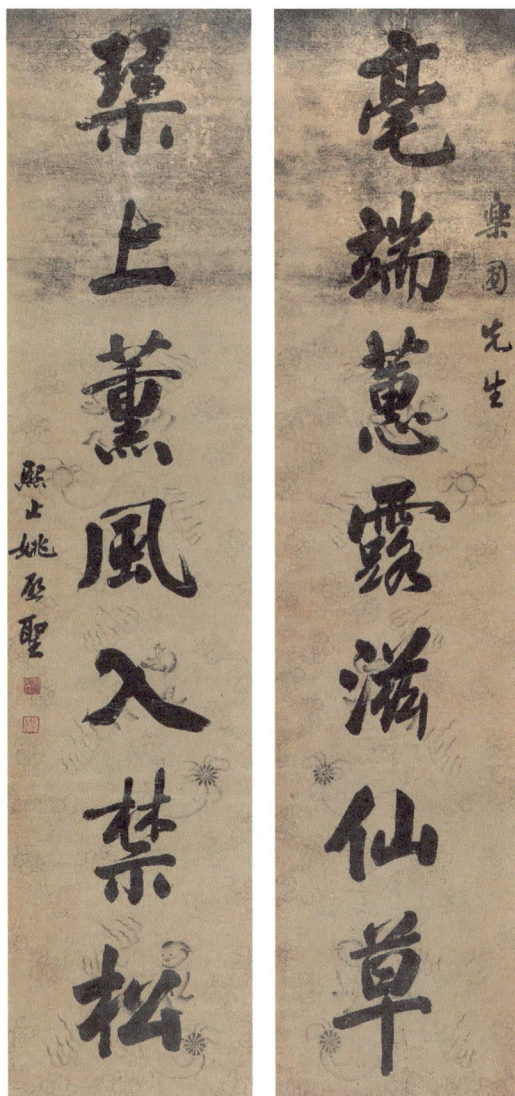

姚启圣行书七言联（民间收藏）

名医汪昂寄籍丽水

　　《汤头歌诀》是在中医中广泛流传的方剂典籍，是一位叫汪昂的八旬老国手时刊行的。选录常用方剂300多个，编成七言歌诀200首，每首均有方名冠之，并附有简要注释而便于初学者习诵，在普及方剂学知识和民间医治中产生巨大影响。

　　汪昂（1615—1695），初名垣，字讱庵，晚年人尊"浒湾老人"。祖籍安徽休宁，汪昂30岁前寓居杭州，甲申之变因避战乱而寄居丽水。清嘉庆《休宁县志》有汪昂为"（休宁）县城西门人，寄籍括苍"的记载。①

　　汪昂出身于较富裕的家庭，早年苦读经书，考入县学。"经史百家，靡不殚究"，②且爱好诗文，著有《讱庵诗文集》。他本欲通过科举步入仕途，曾多次参加科举考试，但每每名落孙山。他在丽水的寓所名为"延禧堂"，③见于汪昂在《增补本草备要叙》后题："康熙甲戌岁阳月休宁八十老人切庵汪昂书于延禧堂。"

汪昂画像

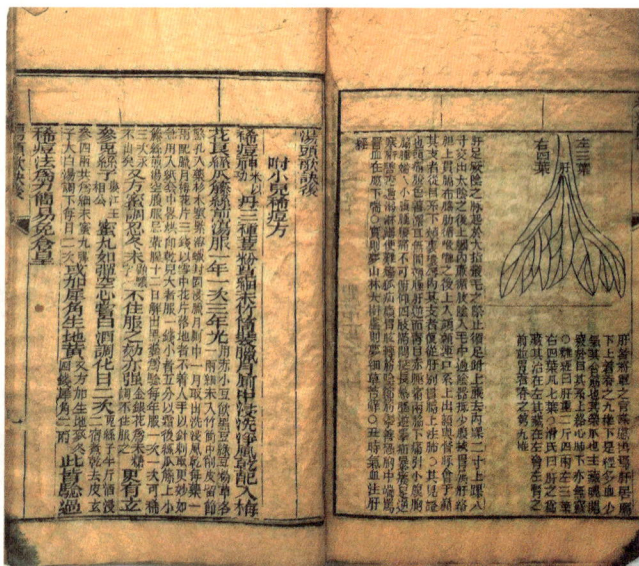

汪昂著《汤头歌诀》

　　明亡清兴，社会动荡，汪昂越来越看清科举考试的弊端，厌恶科举制度，决心另辟人生道路，而平民百姓饱尝动乱之苦，患病者甚多，通医者少。于是，他认为"诸艺之中，医为尤重"。清顺治初年，他已30多岁，毅然弃儒从医。由于缺

---

① 董正华，步凡著，中医历代名家学术研究丛书 汪昂，中国中医药出版社，2017.09，第7页。
② 杨建峰主编，名方名医，江西科学技术出版社，2017.04，第336页。
③ 张志远编著，中医源流与著名人物考，中国医药科技出版社，2015.03，第278页。

乏明师指导，主要借助医书，勤苦自励，探索医学门径。经过几十年的探索实践，终成一代名医。在此基础上，他以毕生的精力从事医学理论研究和著书立说，著有多种医学科学普及书籍，盛行于世，为祖国医药知识的普及做出了重大贡献。

寓居丽水的汪昂还发生了一个与中药有味女贞子有关的《"二至丸"的故事》。女贞子为《本经》上品，是木樨科植物女贞的成熟果实，因其以果实入药，故《本经》原名女贞实，其味苦性平，而现多认为甘苦性凉，入肝肾经，善补肝肾之阴。肾为先天之本，其"安五脏，养精神，除百疾"皆与本品补益肝肾相关。肝主藏血，肾主藏精，其华在发，女贞子通过其补益肝肾之功以达生发乌发的作用，常与墨旱莲配伍应用，即二至丸，主治肝肾不足之腰膝酸软、健忘失眠、须发早白等，疗效较佳。明末安徽地区有位叫汪汝佳的名医，从小体质较弱，虽长得单薄，但聪明过人，诵读诗经过目不忘，深得父爱。不料父患重病医治无效而亡。临终前对汪汝佳说："不为良相，且为良医。"汪汝佳遂弃儒习医，专攻医术，几年后成了当地颇有名气的医生。由于长年苦读，加上先天不足，汪汝佳不到40岁就未老先衰，须发早白，头晕目花，时常腰酸背痛，浑身无力。一天，他带弟子上山采药，夜宿一寺院，遇到一位百岁老僧，此翁耳聪目明，须发乌黑，步履矫健如飞，便向其请教养生之道。老僧指着院内一株高大的女贞树说："取女贞子蜜酒拌蒸食即可。"汪医生反复琢磨，为增强其疗效，他又配伍墨旱莲，将墨旱莲捣汁熬膏，搅和女贞末制成药丸，试服了半个月，觉得效果很好，便连续服用。半年后，完全恢复了健康且精力过人。数年后，汪汝佳行医路过浙江丽水，前往探望寄籍在此的同乡好友汪昂，汪昂见他光彩照人，全无昔日的病容，颇感惊诧。汪汝佳如实相告。汪昂因家境富有，闲居日久，放纵酒色有肝肾不足之虞，闻之赶紧如法炮制、服用，结果同样收到良效。汪昂素爱岐黄之书，正寻思在有生之年做些流传千古的事，便以厚俸延聘汪汝佳。历时4年，汪昂著书4部，并将女贞子、旱墨莲组方收入《医方集解》中，称之为"二至丸"。[①]

清康熙二十一年（1682），汪昂68岁时写成了《医方集解》。全书6卷，分21门，共收入正方370多个，附方490多个，刊行之后，迅速流行全国。1935年被曹炳章先生编入《中国医学大成》，1959年至1979年上海科技出版社曾先后7次刊印发行，全国中医高校奉为参考教材，1999年国家中医药出版社再次将汪昂医学全书编入《明清名医全书大成》，并在北京人民大会堂举行了首发式。

《黄帝内经》是我国早期的医学理论典籍。宋代开始，《素问》《灵枢》始成

---

① 宋永刚著，神农本草经讲读，中国中医药出版社，2018.01，第231页。

为《黄帝内经》组成的两大部分。汪昂注释的《素问灵枢》，乃遵王冰等4位前人之注的十分之七，增入本人见解十分之三，经过删繁、辨误、畅文、释意，务求言简义明，故名"约注"（也称《素问灵枢类纂约注》）。《中国医学大辞典》认为汪氏之作，在《素问灵枢》节注中，可称善本。

汪昂不仅擅长临证，研究医学理论，而且十分重视医药的相互作用，常说"用药如用兵"。认为明代李时珍《本草纲目》虽为完善、周明，然而过于浩繁，于是他"特衷诸家本草，由博返约，取适用者，凡四百品，汇成小帙"，取名为《本草备要》（四卷）。《本草备要》刊行十年后，于清康熙三十三年(1694)汪氏80高龄时补充再版。《本草备要》后经清初三大名医之一太医院判吴谦审定，在国内外广为刊行，总有70余种版本。1729年（日本享保14年）植村藤治郎将该书在日本刊行。

汪昂一生诊务繁冗，然其著书立说至老不倦。他著书立足于基础，着眼于普及，并讲究实用，文字流畅，通俗易懂。汪昂一生著作丰硕，除《医方集解》、《素问灵枢类纂约注》《本草备要》《汤头歌诀》(合称"汪氏四书")外，还著有《经络歌诀》《痘科宝镜全书》《本草易读》等书。这些著作与前人相比"皆另为体载，别开径路，以发前贤未竟之旨，启后人便易之门"。《中国医学史》称汪昂"其书浅显易明，近人多宗之"，称他为我国清代著名医学科普及启蒙派的代表人物。他所著的《医方集解》《素问灵枢类纂约注》《本草备要》《汤头歌诀》，300多年来一直是中医入门必读书。

汪昂不仅是卓有成就的医学科普家，而且自幼坚持练功，讲求养生之道，强身防病。他年过八旬，身体仍健壮，精力充沛。所著《勿药元诠》一书，为《医方集解》之附录，全书1卷，介绍养生修炼方法，主要记述导引、气功、摄养等防病健身方法，某些常见病的预防，以及饮食起居诸方面应当注意的问题。载有《养生颂》《金丹秘诀》《保健十六宜》等功法十余种。《勿药元诠》论述精辟，至今仍被医学家沿袭应用。现存清乾隆二十六年和清咸丰年间两种刻本及多种附刊本。

朱彝尊莲城题诗

朱彝尊(1629—1709)，字锡鬯，号竹垞，秀水（嘉兴市）人。清代著名诗人、学者。当时诗坛有"南朱北王（士祯）"①之称。朱彝尊是浙派诗的鼻祖，曾领袖诗坛数十年之久，卓为一代正宗。清康熙元年（1662）十月，为避魏耕案（"通海案"）牵连，前往永嘉（温州）。途经缙云、丽水等地，沿途以诗排遣郁闷的心情。

此次处州之行，时在冬季，大雪纷飞，从缙云到丽水，走的是括苍古道，而不是好溪水路。早晨从缙云丹枫驿出发，沿途经过青云岭、桃花岭、却金馆、枫树湾，城东大瓮山对岸的青林渡上船，过社后、奚渡，然后暮后停泊于丽水城东好溪与瓯江交会处的洞溪好溪渡。隔数日，再沿瓯江大溪过石帆前往永嘉。朱彝尊这一路径和感

朱彝尊画像

想，在《丽水舟中》《好溪棹歌》诗文中描述得甚是清楚：诗中刻画了好溪与瓯江两岸的山水形胜：好溪水湍如箭，水怪自息，瓯江水清似镜，日夜奔流；描写了沿途的气象与风物：朝云暮雨，花发花落，芙蕖虾蟹，蓑笠扁舟，抒发了一路的轻松愉快心情及对"人间风波"的担忧。山水自然与人文景观，是化解人们愁肠的良药。朱彝尊刚到缙云时心情有些压抑而沉重，经过山水与人文的化解，到丽水青田就轻松愉快多了，但阴影不离，故仍有担心忧虑。诗作色彩明丽，语言清新，情调也较为轻快。

其中《丽水舟中》全称《䌷丹枫驿晓行，大雪度青云岭、桃花隘诸山，暮投丽水舟中》（三首）：

> 晓发丹枫驿，微茫出远郊。月斜吹积雪，风急烧黄茅。
> 断岭羊肠折，寒沙虎迹交。军麾犹未靖，何处得安巢？

---

① 傅璇琮等主编,中国诗学大辞典,浙江教育出版社,1999.12,第725页。

隘口屯师日，功臣汗马劳。空山无赤帜，废垒但黄蒿。

乱插繁花盛，千盘细路高。由来设险地，未必尽神皋。

峻岭行还山，愁人迹转孤。饥寒催暮日，风雪逼穷途。

土锉须同燎，金刀可剩沽？莫辞舟楫少，今夜宿江湖。①

又有《好溪棹歌》（八首），生动描绘了他到丽水城一路的所见所闻与感想：

大瓮山后放棹行，云端遥指栝苍城。风流不见永嘉守，依旧长江似镜清。

金莲城下采芙蕖，沐鹤潭边觅鲫鱼。濑似突星溪似箭，更无人识右军书。

记从水怪做鲸鲵，来往行人路不迷。若比西湖堤上路，好溪应是段公溪。

东溪垂杨千万行，西溪花发水流香。西溪才过东溪接，那得行人不断肠。

烟雨楼头烟雨霏，白云山下白云飞。朝云暮雨人何处？花落溪头尚未归。

石帆山下送扁舟，溪水滔滔日夜流。莫怪石帆长不落，行人来往可曾休。

蓑笠年年江上渔，梅虾稻蟹足村居。好溪更有汤泉好，十里鱼仓万队鱼。

劝君莫厌乱滩多，要向滩头鼓棹歌。滩水有时消恶浪，人间无处不风波。②

在丽水期间，朱彝尊前去拜谒过开国元勋祠，写下《谒刘文成公祠》诗：

草昧经纶日，英雄战斗年。真人淮泗起，王气斗牛躔。

命世生良弼，卑栖役大贤。一官齐簿尉，千里正戈铤。

记室依袁绍，飞书谢鲁连。神鹰思饱掣，威凤必高搴。

汉祖除秦法，周王卜渭畋。庙堂才不易，束帛礼宜先。

遂有君臣契，能令帷幄专。南征频克敌，北伐旋摧坚。

王会收三统，军谋出万全。河山分带砺，冠盖俨神仙。

未辟留侯谷，长辞范蠡船。麒麟当日画，竹帛后时编。

一自邱陵改，重愁岁月迁。隆中犹故宅，绵上少封田。

旧俗迁祠庙，清歌入管弦。黄金遗像蚀，铁券几人传。

古瓦鼯鼪落，荒庭桧柏圆。蛛丝虚寝罥，鸟迹断碑眠。

① （清）光绪《处州府志》卷之二《封域志中》洞溪条目。
② 中共丽水市莲都区委宣传部，丽水市莲都区文学艺术界联合会选编，莲都古代诗词选，
浙江古籍出版社，2007.03，第237-238页。

处州城三皇岭及刘基祠（开国元勋祠）图（熊远龙绘）

想像阴符策，沉吟宝剑篇。前贤余事业，后死尚迍邅。
去去辞枌梓，栖栖到海堧。空林多雨雪，哀角满山川。
玉帐无遗术，苍生久倒悬。凭留一黄石，相待谷城边。[1]

　　朱彝尊客游丽水时间虽短，但留下的印象颇深。后来，他的诗作中还多次提到处州：

　　如《云中至日》诗中提到："去岁山川缙云岭，今年雨雪自登台。可怜至日长为客，何意天涯数举怀。"[2]《陈参议上年署中题画五首》诗中有："恍忆昔游长至

----

① （清）光绪《处州府志》卷之八《祠祀志》开国元勋祠条目。
② 霍有明著，文艺的"复古"与创新，中国戏剧出版社，1997.03，第123页。

日，满衣风雪栝苍山"之句。朱彝尊还有《恶溪》诗云："中有玳瑁鱼，可以荐嘉客。"①

《送李司训琇之栝州》有："我闻栝州洞天福地有其四，近在缙云、丽水、青田间。广文先生此去主郡学，芙蕖面面峰回环。毋嫌签程远，毋惮行旅艰。……恶溪亦不恶，经年水潺潺。隘口亦不隘，终日车斑斑。青衿胄子载酒至，往往剥啄鸣枢闩。龙泉碧碗蛛丝斑，香菇绿笋饭赤曼。全家志在洁白养，三簋（古代食器）之禄足以怡慈颜。况闻此地僻且闲，有腰免使陶潜弯。热官何如冷官好，宴坐但看门前山。新诗相忆肯相寄，老夫为子方便删。"（见《浙江通志》卷二七三）

朱彝尊不仅记住缙云岭、括苍山、恶溪、桃花岭，与处州的特产玳瑁鱼、碧碗、香菇、绿笋，对丽水的风土人情记忆非常深刻，充满深情厚爱。

---

① （清）张铣，仝学超纂，清道光版丽水县志·丽水志稿点校合刊本，方志出版社，2010，第252页。

白鹤拳祖师方七娘

"谁号东亚病夫此耻宜雪，且看中华国术威武维扬；勿忘黄帝儿孙任人鱼肉，相率中原豪杰为国干城。"这是陈嘉庚先生于1929年，送给由白鹤拳师组成"闽南国术团"应邀到星马表演，载誉归来时写的一副对联。拳术，又称国术。白鹤拳是南拳的一种，与太祖、罗汉、达尊、行者诸拳一并称为少林五祖拳。白鹤拳是清康熙年间（1662—1722），丽水人方七娘首创。后来，其弟子郑礼、林权等人在"白鹤拳"的基础上，创编出宿鹤拳、食鹤拳、飞鹤拳、鸣鹤拳四个支派。至今广泛传播于东南沿海各地。

方七娘，生卒年不详，是一个极富传奇色彩的女子。方七娘生于明末，世居丽水县城，他的父亲方种，字振东，是处州府有名的少林派拳师。方种早年丧妻，只有方七娘这么个独生女，因此被方种视为掌上明珠。方七娘聪慧灵巧，深得方种疼爱，方种将其平生所学，循序渐进地悉数传授给方七娘，因而方七娘从小练得一身好拳艺。又见《福建武术人物志》载："方七娘（生于明末崇祯年间）女，福宁府（今霞浦）人。永春白鹤拳创始人。浙江省丽水县少林拳师方种的独生女。七娘自幼得父亲精心传授，练就一身好拳艺，因婚姻失意，投白练寺为尼。在白练寺中经数年揣摩衍化，糅合白鹤的各种动作于少林拳法之中，创

中国永春白鹤拳史馆内供奉的方七娘塑像

出别具一格的白鹤拳。永春拳师颜起诞与其徒曾四，访游各地，以武会友。七娘的高超拳艺使起诞心悦诚服，旋即命曾四拜七娘为师。七娘见曾四年轻聪慧，朴诚厚重，乃收为徒。曾四在寺中与七娘学习切磋拳艺十余年，并结为夫妇，其艺益精。康熙年间，传说曾四夫妇被谪居永春西门外后庙辜厝，开馆授徒，于是将白鹤拳传入永春，故白鹤拳又称永春白鹤拳。后人尊曾四为"前永春名师"。其徒弟郑礼、辜喜、辜魁、乐杰、王打兴等称为"前五虎"。[1]又《永春县志》亦有"相传白鹤拳的创始人方七娘是浙江省丽水县少林拳师方种的独生女。"[2]的记载。

方七娘俏丽多姿，远近青年纷纷登门求婚。方种年逾花甲，七娘为赡养父亲，发誓不嫁。不料有豪门大户子弟窜入方家，以权势相逼，要娶七娘。为反抗财主逼婚，七娘进了城内庵堂为尼。一天，方七娘正在庵中埋头飞梭织布。突然，一只白鹤翩翩飞舞，在屋顶盘旋俯视，最后飞下来，伫立在织机旁边，仰头朝七娘凝视，许久不肯飞走。七娘十分惊异，顺手抓起梭盒向白鹤掷去。但见白鹤轻轻展翅，把梭盒子反弹了回来。七娘又举起织布用的那只竹砚策，朝白鹤身上打去。白鹤一脚轻轻抖动，那竹砚策反弹到堂外。这一天，那羽毛白洁如雪的鹤鸟终不飞走，表演了引喙理毛、伸颈觅食、缠膝憩息等姿态。入夜，便栖息梁间。

黑沉沉的夜，万籁俱寂。方七娘在床上细想白鹤展翅和扬腿的动作，渐渐进入了梦乡。天一亮，父女俩就在厅堂上，模仿那只白鹤动作揣摩新的拳术拳路。通过不断钻研，把白鹤舞姿揉入少林拳法之中，衍化出别具一格的拳法，称为"白鹤拳"。方七娘在庵中传授白鹤拳法，不久声名大噪，名闻遐迩。

某日，天上黑云密布，狂风呼啸，霎时暴雨倾盆。突然一阵急促的敲门声响起，七娘开门，但见一青年卖艺打扮，肩扛棍棒，身背行囊站在檐下，看来是来避雨的，七娘就让他进门借歇。那青年说我是福建永春人，名曾四，家境贫寒，到处耍拳棒卖艺糊口。前些日子来到贵地，因慕方七娘之名，想拜师学练白鹤拳。还说同来的有他的师父颜起诞（又名颜上观，精棍法）。方种见此人忠厚便将他带到家中，并让他把师父也叫来。二人便在方家住下。颜起诞恳请七娘把曾四收留门下，传授白鹤拳功夫。七娘遂收其为徒，传予拳法，后经方种与颜起诞撮合，七娘与曾四结为夫妇，生有二子。曾四潜修十余年，其艺已臻至精微之境界。方种去世后，曾四带着方七娘及两子回归故里福建永春。据《永春县志·方技传》

① 林建华主编,福建武术人物志,厦门大学出版社,2015.06,第78页。
② 梁天成总编辑;永春县志编纂委员会编,永春县志,语文出版社,1990.10,第758页。

214

载："康熙年间，方七娘与其夫曾四以罪谪永春。"①住在"永春西门外后庙莘厝"，是何罪被谪，不详。他俩在那里开馆授徒，后人称为"曾武馆"。从此，白鹤拳就在永春蓬勃发展，广为传播。后人尊曾四为"前永春名师"，传有郑、王、吴、林、李、蔡、颜、乐、潘等姓"二十八英俊"。

自康熙至光绪两百年间，白鹤拳在福建、台湾、浙南、粤东传播极广，并传入东南亚和日本。清康熙年间，永春白鹤拳流传到福州地区，衍化成纵鹤、飞鹤、鸣鹤、宿鹤、食鹤等五种，风格各异，套路纷繁，形成拳理和技法自成体系的福州鹤拳。当时，琉球进贡船只经常停泊福州，日本人东思纳宽量开始把永春白鹤拳和福州鹤拳一起介绍到冲绳，发展成为现在风靡日本及欧美的空手道刚柔流。溯本求源，空手道的渊源竟是方七娘始创的白鹤拳。康熙二十二年（1683）夏历六月，康熙命福建水师提督施琅进兵台湾，八月与郑克塽讲和，台湾终与大陆统一，隶属福建省。两岸民众自由往来，其时施琅从台湾带来名师白戒，到永春学习白鹤拳，使白鹤技法更加完善。郑宠、林添等多人随其学艺，后人称白戒为"后永春名师"，传人中以郑宠、林添、郑畔、辜初、辜荣5人最杰出，世称"后五虎"。清嘉庆年间（1796—1820），浙江平阳鳌江雷渎村（今平阳县麻步镇鳌峰）温大九从福建漳州学得白鹤拳，该拳始传入平阳县。

白鹤拳共有三十六天罡、七十二地煞、一百零八法，以鹤为形，以形为拳，弹抖劲力足，变化技艺多，似刚非刚，似柔非柔，具有独特风格，尤其是以气推力，内练脏腑，肌肉收缩能随对方之击；外练肌体，内壮外强为典型代表，是当代开展散打基本功的有效训练方法。永春白鹤拳还有传统的舞狮，模仿雄狮的各种动作，惟妙惟肖，栩栩如生，并与白鹤拳套路对练，武韵别具一格，深受广大群众喜欢，为各种喜庆活动锦上添花。

白鹤拳还有按经络、穴位、时辰不同，用"鹤

2009年在福建永春县发现的方七娘发动武林向林泉院（即南少林寺）捐资的石刻

---

① 郑连来藏谱，郑昆明注译，泉州少林古拳谱注译，厦门大学出版社，1996.05，第289页。

技"点断筋脉的方法，还包括一套推拿、按摩、接骨、治伤的方法、药方以及制作丹膏丸散的知识。因而，在白鹤拳发展史上也不乏对祖国医学，尤其是对骨伤科有专门研修的白鹤拳名师。

新中国成立后，白鹤掌得到进一步发展，受到国家体委的重视，我国香港以及新加坡、马来西亚等国家和地区都出版了白鹤拳的《拳谱》《秘要》等书籍，方七娘被《中国武术实用大全》《中华武术实用百科》《太极门》《福建武术人物志》《南派鹤拳用法与练法》《福建武术史》《泉州南少林传奇》《永春白鹤拳大观》《南拳技巧》《五祖门研究》《中国武术大辞典》《中国的四大功夫》《清代武术史》等众多武术研究文献存录。

姜岱绘《山水雪景图》

姜岱（1728—?），字仰山，又字鲁岩，号东皋，金华仁义里人，清乾隆三十年（1765）拨贡，初授宁海教谕，后升处州府儒学训导。为杜鳌高足，擅指画，兼工书、诗，尤以画八哥最著名。与鳌并称。姜岱存世作品较多，有金华市博物馆藏的《观瀑图》《雪景图》、丽水市博物馆藏《山水雪景图》轴等等，另在宁海、萧山等地亦有收藏。

金华博物馆藏有姜岱于清乾隆四十六年（1781）年所作山水画作《观瀑图》，落款为"古婺州姜岱指画"。现为国家二级文物，山石线条苍劲古拙，云水墨色淋漓酣畅，构图雄伟奇特，尤其是瀑布自天而降飞动而下的气势，此图结构疏中见密。纵放、简括，指法悦然超突，具有空发幽淡之气。远山重崖间瀑泉奔流夺路，奔腾直泻。画面利用指势的变化，以中锋、侧锋点衬皴擦的巍然气势，明净而深远。在画下端树林之外凸崖上站着二人，正凝神远眺瀑布奇观。山与瀑泉留有空间，并用淡墨饰以云层来加宽远景视野，顿使画面产生立度，增加了整体雄伟壮观的山色观瀑图景。

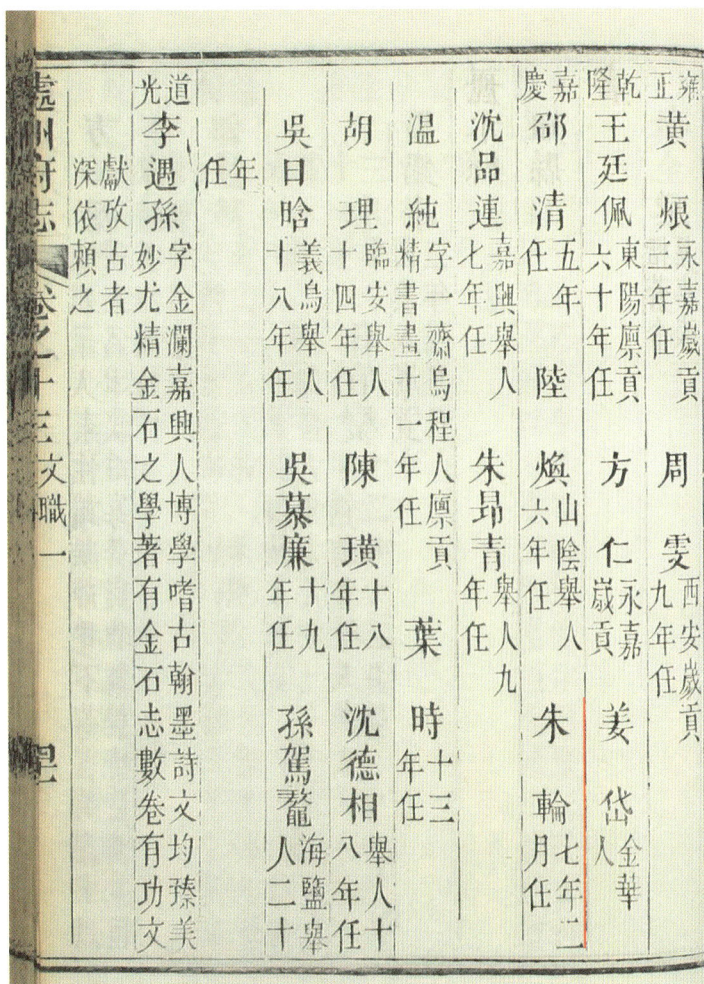

清光绪《处州府志》卷十三《职官志》关于处州府儒学训导"姜岱，金华人"的记载

清乾隆四十六年（1781）年姜岱《观瀑图》轴，纸本水墨，纵135厘米，
横90.5厘米，金华市博物馆藏

据笔者考证：丽水市博物馆藏有姜岱《山水雪景图》轴，落款中有清嘉庆三年（1798），"七十一叟姜岱"字样，据此，姜岱应出生于清雍正六年（1728）。

除了山水，姜岱又以画八哥最为著名，所画八哥往往结群而栖，欲飞、欲立、欲交颈等各种姿态，灵动而富有生气。所作荷花等花卉，简笔构图，寥寥数笔，有八大山人之意。

乾隆皇帝南巡时，曾以画晋见，得乾隆皇帝赞赏，故作品上常有"曾经御览"和"太平教书"两鉴赏印。金华指画流派到姜岱时，已经日趋成熟而形成一个流派。当时影响较大，也给后世很大影响，如黄宾虹的水纹、瀑布的画法，皆得自姜岱画水之法。[1]这也反映了姜岱在绘画艺术方面高超的画技和才能。

清嘉庆三年（1798）姜岱《山水》图轴，纸本水墨，画心纵128厘米，横59厘米，绘就山间茅舍，苍茫远山。左下角墨书"鲁岩姜岱指墨"，下钤"姜岱之印"（白文），丽水市博物馆藏

---

[1] 政协浙江省金华县委员会文史资料委员会编,金华县文史资料 第3辑,金华县政协文史资料委员会,1990.11,第67页。

阮元题刻括苍古道

　　清代金石大家阮元曾官浙江巡抚等职，多次到过丽水，并留下了诸多题刻、诗文和故事。

　　阮元（1764—1849）字伯元，号云台、雷塘庵主，晚号怡性老人，江苏仪征人，清代著名金石学家、学者。乾隆五十四年登进士，先后任礼部、兵部、户部、工部侍郎，山东、浙江学政，浙江、江西、河南巡抚及漕运总督、湖广总督、两广总督、云贵总督等职。历乾隆、嘉庆、道光三朝，体仁阁大学士，太傅，谥号文达。被尊为三朝阁老、九省疆臣，一代文宗。

阮元画像

　　阮元其中两次经过栝苍古道是以浙江督学的身份来处州选拔人才，后来又以浙江巡抚身份去温州催战舰和扫荡海盗。在栝苍古道留下的一批诗作，值得我们为之张扬。从苏北平原来到浙南山区，秀山丽水的优美景色吸引他，沿途写下了一组诗篇《冒雨由缙云趋丽水，道出桃花、茭青、黄龙诸岭，得诗四首》：

春城晚逾暖，四山云气蒸。晓发缙云南，雨势方奔腾。
延缘起修磴，岩壑纷填膺。眼前快磊落，足底愁凌兢。
傅壁凛倾洞，接石升高陵。路穷岭直立，一一冲云登。
云深不见路，叱驭将无能。涉险有竦志，探奇多旷情。
松篁易成响，况以风雨声。杂花满四山，红白垂繁英。
上有千仞峰，苍翠流余清。上有百道泉，乱石交喧鸣。
足底山径滑，白云横庚庚。岭上多桃花，花落多生叶。

芳草何芊眠，染湿绿蝴蝶。不知升逾高，转觉平易蹑。
迷漫十步外，白云飞贴贴。浮岚青数痕，中有峰千迭。
若令廓清霁，飞鸟去犹慑。青岩亦已转，陵缅山之阳。
林壑正怀烟，花涧犹屯香。降随猛泉落，升共高云翔。
翔云扶我行，冷逼春衣裳。欲招青田鹤，矫翼来低昂。
仙都在何许，云海空茫茫。①

又有《过桃花岭》题咏：

白云横绝万峰齐，更踏东风向岭西。掉臂已过白云上，回头尽见万峰低。
何年道士栽桃树，终古征人散马蹄。我向东瓯催战舰，封关那用一丸泥。②

古人云：文以景成，景借文显，物以人名，地以人重。阮元的诗文，正是由山水风物的触发而产生，桃花岭、瓯江、石门等胜景又借阮元的名声而显扬，名闻海内。

清乾隆六十年(1795)八月，32岁的阮元奉命调任浙江学政。开始在浙江长达十余年的宦海生涯，也辑录了诸多有关浙江的学术著作，对浙江文坛也产生着巨大的影响。清嘉庆二年(1797)八月，兰亭修禊，同人赋诗。是年，摹刻天一阁拓北宋《石鼓文》，嵌于杭州府学明伦堂壁间。嘉庆三年(1798)四月，辑《两浙輶轩录》成。清嘉庆四年(1799)十月，奉署浙江巡抚。嘉庆五年(1800)四月，书绍兴府《大禹陵庙碑》，隶书。嘉庆六年(1801)正月，立诂经精舍，延请王昶、孙星衍主讲。《两浙防护录》撰成。嘉庆七年(1802)正月，《浙江图考》撰成。刻《诂经精舍文集》。嘉庆九年(1804)正月，修《海塘志》成。嘉庆十年(1805)正月，嘱元和何元锡修《两浙金石志》成，此稿后在粤删刻。清嘉庆十三年(1808)年三月二十八日，抵杭州接印，再任浙江巡抚。是年，购得钱东壁所藏《西岳华山碑》四明本拓片。

阮元写《北碑南帖论》《南北书派论》，大力推举碑学。他说：宋、元、明书法家多为《阁帖》所囿，好像除了楔帖之外，没有书法可言。他要求文人，尤其是书法金石界振拔流俗，宗汉、魏古法。阮元这两篇文章之影响，这无异是提倡碑学的宣言。

① (清)阮元记,定香亭笔谈(1-4册),中华书局,1985,第129页。
② (清)阮元著,研经室诗录,中华书局,1985,第60页。

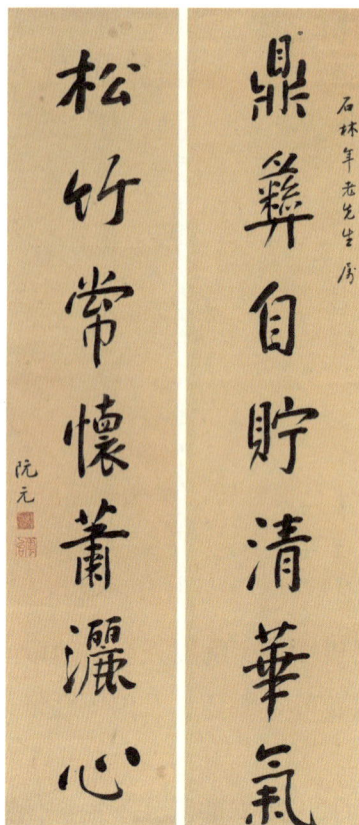

阮元撰并书《鼎彝松竹》联

清嘉庆九年(1804)带兵去温州扫荡海盗而再次途经栝苍古道。这次他在银场官坑桥头旁的峭壁上留下"栝苍古道"的摩崖石刻，还有诗作。

嘉庆九年（1804）"栝苍古道"题字位于莲都区岩泉街道办事处银场与余岭之交的官坑桥下原古道旁的崖壁上，幅高490厘米，宽190厘米。阮元篆书"栝苍古道"四个大字，字径约70厘米；落款"嘉庆九年（1804）春浙江巡抚扬州阮元题"十四字，为正书，字径约20厘米。"栝苍古道"四个巨擘大字，中锋运笔，笔力遒劲，豪迈劲健，让每一位欣赏者惊叹不已。此摩崖题字现为丽水市级文物保护单位。

此外，阮元在青田石门洞摩崖题刻2处，还为端木国瑚之父墓碑题刻存世。

阮元在浙江任职多年，多次巡行处州，同时留下了诸多故事。

处州各县都有畲民，但在封建社会里，对于畲民，通过科举考试进入仕途之门是关闭的。"畲民皆为舆台，为人身役，身家未为清白，不准与考。"①舆台就是

————————
① (清)光绪《处州府志》卷之二十四《风土志》第7页。

奴隶，被别人役使，身份是"不清白"的，所以不能走进科举考试之门。

这种歧视少数民族的政策遭到丽水畲民的反对。畲民对处州府不准畲民参加科举考试的规定，十分不满，希望丽水畲民雷起龙等人领头伸张正义，向官府争取考试权。清嘉庆八年（1803），雷起龙和青田畲民钟正芳，联络丽水、松阳、青田、云和、宣平5县畲民，具呈文递送处州府，要求准予畲民参加科考。经过多次力争，处州知府时敏只得将呈文报送省抚台。当时的浙江巡抚阮元，是一位比较开明的大臣，审阅了畲民的呈文，认为他们的请求合

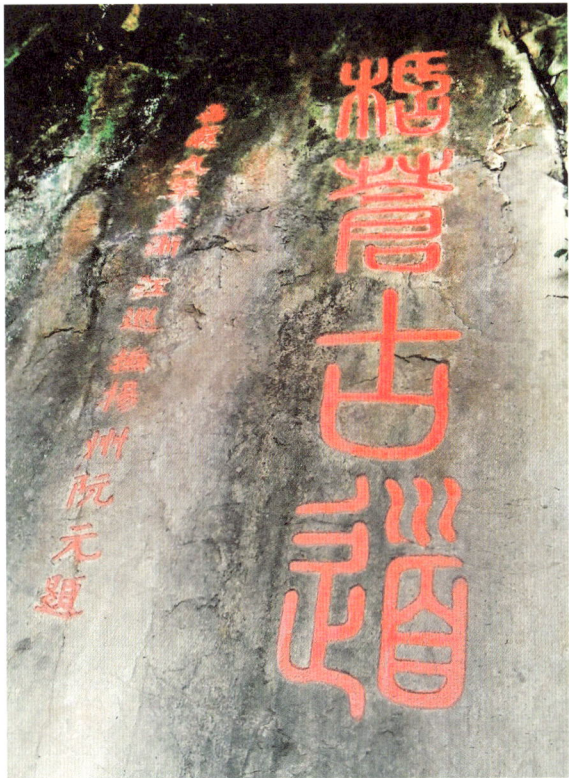

阮元"栝苍古道"题字

理，便会同提学使文宁上书礼部，请准畲民"一体考试"。获准。畲民终于争来了与汉人一样参加科举考试的权利。丽水县学教谕桐乡人屠本仁（字道甫）也为畲民高兴，写了《畲客十二韵》，称颂此事："……即此十县间，畲客县千百。子弟秀而良，亦足备选择。字或识九千，弓可挽五石。以之充学童，汉法不相供。大吏请于朝，准敕转恩光。令下郡县庠，五姓咸欢怿。"[1] "五姓"指畲族、盘、蓝、雷、钟、李。"大吏"指的就是时任浙江巡抚的阮元。

---

① （清）张作楠著,吴志华校注,《梅簃随笔》卷四,浙江古籍出版社:2013.7。

雷起龙为畲民抗争考试权

处州各县都有畲民，但在封建社会里，对于畲民，通过科举考试进入仕途之门是关闭的。清光绪《处州府志》载："畲民皆为舆台，为人身役，身家未为清白，不准与考。"①舆台就是奴隶，被别人役使，身份是"不清白"的，所以不能走进科举考试之门。

这种歧视少数民族的政策遭到丽水畲民的反对，领导这场抗争的是丽水县西乡惠明寺畲民雷起龙。惠明寺雷氏畲民由广东琼州迁福建古田，后有雷万六郎者，于清顺治年间从古田迁处州府云和县新处洋，转徙宣平上坦(今属武义县)，清康熙年间，雷国法又自上坦迁居丽水县惠明寺定居。

雷起龙（1782—1871），谱名祚余，字南田。历经乾隆、嘉庆、道光、咸丰、同治五朝，活到90岁。丽水县十四都惠明寺（今属碧湖镇苍坑村）人。惠明寺是个只有10多户人家的偏僻穷村，雷起龙身处穷乡僻壤但幼怀大志，学文练武，决意改变命运。他长大后识文能武，常往来于丽水、松阳、宣平、云和、青田等县畲民聚居的村落。他行侠仗义，深受畲胞爱戴，有很高的声誉。

畲民对处州府不准畲民参加科举考试的规定，十分不满，希望雷起龙领头伸张正义，向官府争取考试权。清嘉庆八年（1803），雷起龙和青田畲民钟正芳，联络丽水、松阳、青田、云和、宣平5县畲民，具呈文递送处州府，要求准予畲民参加科考。经过多次力争，处州知府时敏只得将呈文报送省抚台。当时的浙江巡抚阮元，是一位比较开明的大臣，审阅了畲民的呈文，认为他们的请求合理，便会同提学使文宁上书礼部，请准畲民"一体考试"。获准。畲民终于争来了与汉人一样参加科举考试的权利。

清嘉庆十一年（1806），雷起龙参加处州府武科童试。他马出箭飞，连中三的，考取武庠生，成了武秀才，惠明寺小山村终于有了第一个秀才。此后，畲民在府里童试中不断有人考中秀才、武秀才。

雷起龙因贫穷要养家小，无力再深造，居家纂修族谱，和睦乡邻，劝善息讼，成为畲民中德高望重的长者。闲暇时亦不忘练武，至今，其家尚存三百二十多斤重的练武石磴。

丽水学院畲族文化研究所收藏着一份《谕扎应试章程》复印件，记载的就是

---

① 《丽水市教育志》编纂委员会编，丽水市教育志，浙江人民出版社，2015.09，第441页。

從官至山鄉往往見畲客其來自南荒 聖世有苗格安插向內地一一畫疆場梏莕浙東陬百年此 焉宅攀陟重巖艱依棲窮谷僻研畲刀耕舉燒畲火種 雖未列編氓久已供賦役生齒日以繁轉惜山土窄開 墾有畸零無空隙輿丁及擔夫餘力耐勞劇戎辱 擁篲布幅青搭額州人輒鄙之相視笑啞啞數典及盤 等人奴謀食不遑惜三五女貢薪鬻市雨腳赤筊筒綠 瓠傳聞自荒闞厖牛越雋連參狼武都隔遣種戎羌

借大吏請於 朝准敕 恩光赫令下郡縣庠五姓咸歡懌雷藍鐘盆吾試與之言蠻大 選擇字或識九千弓可挽五石以之充學童漢法不相 蒙教澤卽此十縣間畲客且千百子弟秀而良亦足備 誕語肆譏斥范史姑勿引杜詩庶可摭古者五溪蠻大 族相接迹於今諸土司猶得通仕籍粵黔川楚交猺獞 音燮格磔 以紀 康熙癸酉邑遭回祿劉在園郡伯捐俸賑邮賦詩 雲和顧之玫 教諭

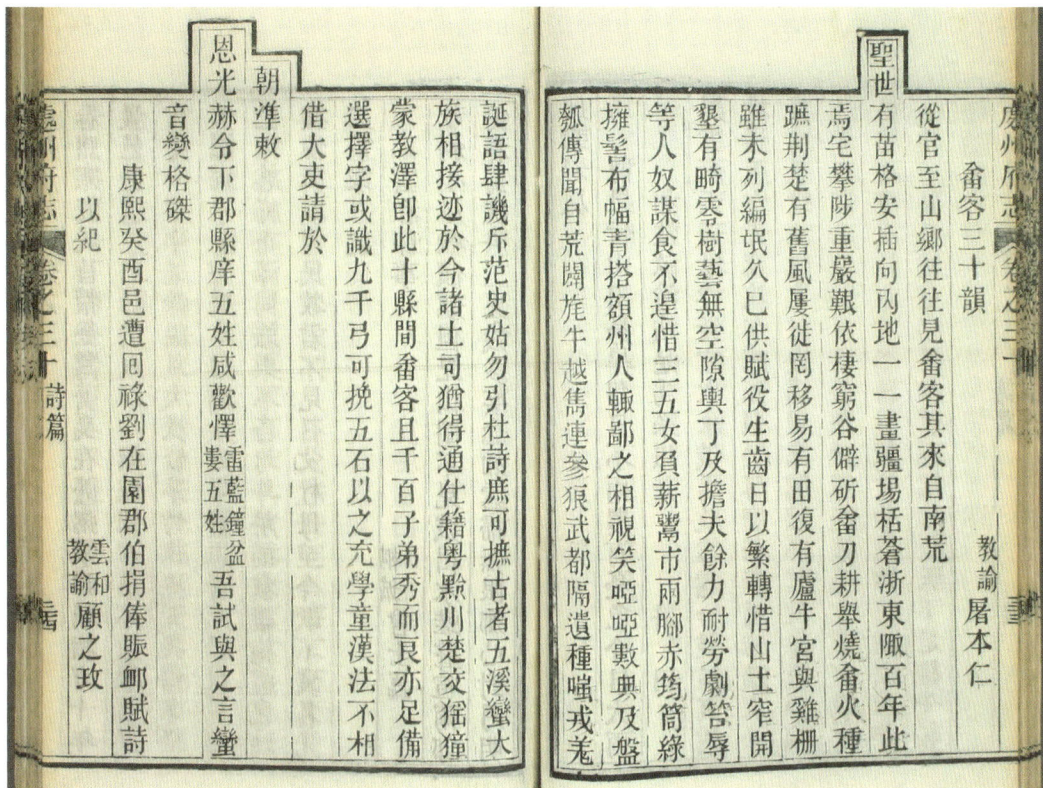

清光绪《处州府志》卷三十 屠本仁《畲客十三韵》

雷起龙等畲民争取试权的事件过程和结果。《谕扎应试章程》1件，6页，清嘉庆八年(1803)八月二十五日，浙江学院文理就准予畲民考试案奏请礼部议制后，下达咨准畲民应考章程一折，为清乾隆四十一年（1776）以来畲民不断申诉与斗争取得胜利的结果。该文献记载：浙江处州府青田县畲民钟正芳等呈请，要求与士民"一体应试"，畲民乃顺治间迁居内地的纳粮编户，务本为农，"素非贱秽"，未便因穿妇女服饰稍异即"阻其上进之心"，其能通晓文义者应"准与平民一体报名赴考……前奉学宪行司业经转饬在案"。后各县先后收到"应试章程"粘单，注有"浙江布政使学先潘某"押发字样。自清乾隆四十一年（1776）青田知县吴楚椿作《畲民考》至清嘉庆八年(1803)，近30年的斗争历程，畲民终获应试权利，可知此事不虚。《谕扎应试章程》据浙江松阳县后塘《雷氏宗谱》等谱牒转载。白色棉纸，宋体墨色。页面36厘米×22厘米，10行21字。保存完好。后附清嘉庆十一年(1806)三月处州府武生雷起龙（今莲都区碧湖镇惠明寺村人）等"入册具籍"字样。①

① 吕立汉编，浙江畲族民间文献资料总目提要，民族出版社，2012.02，第306页。

特别要提出的是：丽水畲民虽然经过雷起龙等人的抗争，获得了考试权，但周边地区如温州的畲民仍旧还没有参加功名考试的资格。清道光《丽水县志》载："畲民不知其种类，云顺治十八年（1661）由交趾迁琼州，由琼州迁处州，结庐深山，务耕作。畲妇戴布冠，缀石珠，赤足负载。土著者贱之，斥为盘瓠遗种。嘉庆八年（1803），巡抚阮元会同学使文宁，咨准一体考试。其散居温州者，于道光六年（1826）援例求考，诸生禀于学使朱士彦，云照例身家不清白者不准与考。泰邑（泰顺）畲民皆作舆台为人役，身家未为清白，奉批不准与考。"①正因如此，后来在清道光和光绪年间，又发生了两次畲民争取考试权的事件，丽水人蓝光邦等也参与了其中。

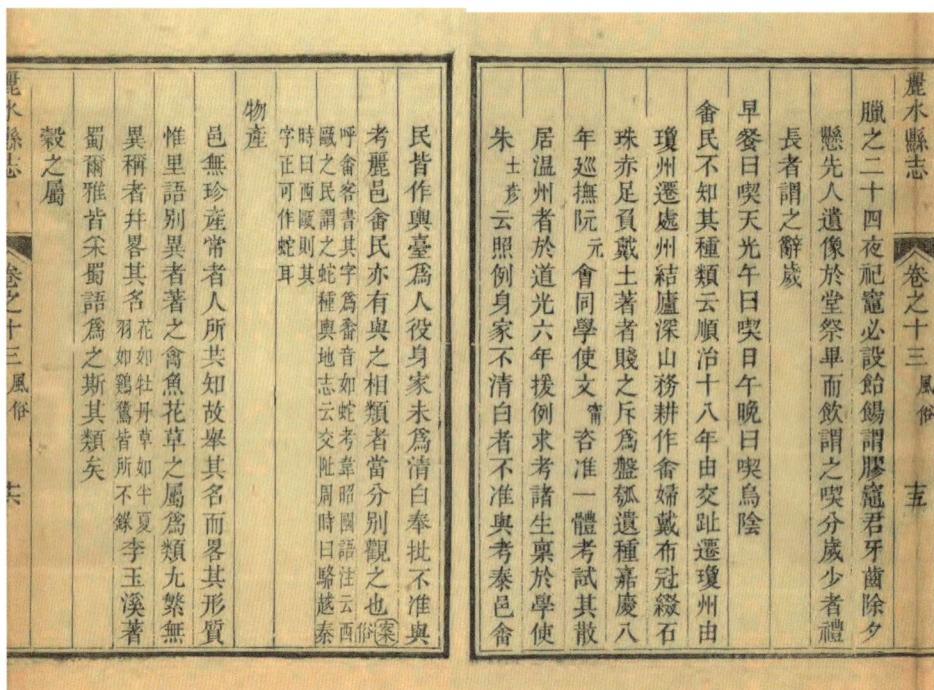

清道光《丽水县志》卷十三《畲民》

---

① （清）道光《丽水县志》卷十三《风俗》第15页。

戴熙绘《姜山读书图》

在清代，姜山是处州府城姚小园家的花园，清代画家戴熙为园主人画过一幅《姜山读书图》册页。戴熙（1801—1860），字醇士（一作莼溪），号榆庵、松屏，别号鹿床居士（一作槐床）、井东居士，钱塘（今浙江杭州）人。清道光十一年（1831）进士，十二年（1832）翰林，官至兵部侍郎，后引疾归，曾在崇文书院任主讲。工诗书，善绘事。四王以后的山水画大家，被誉为"四王后劲"，与清代画家汤贻汾齐名。山水早年师法王翚，进而摹拟宋元诸大家，对于王蒙、吴镇两家笔意更有所得。晚年观摩巨然真迹，在用墨方面有深切的领会。道光时宫廷书画多出于其手。又能画花鸟、人物，以及梅竹石，笔墨皆隽妙。秦祖永的评论是："临古之作形神兼备，微嫌落墨稍板，无灵警浑脱之致，盖限于资也。所写竹石小品停匀妥帖，尚为蹊径所缚，未能另立门庭也。"[1]戴熙另著有《习苦斋画絮》，于画理多有论述。题画偶录行世。

《姜山读书图》绘于清咸丰二年（1852），戴熙落款题记："处州城内有姜山，北枕北郭，南临远山，周围仅二里许。山中只姚氏一书塾，有堂五楹，竹木环之，姚君小园，读书其中。嘱写图以记之，时壬子冬日醇士识。"

落款盖有"戴熙之印"图章。姚小园将其画宝之。次年作诗四首于册首，征求题咏。开头一首是这样写的：

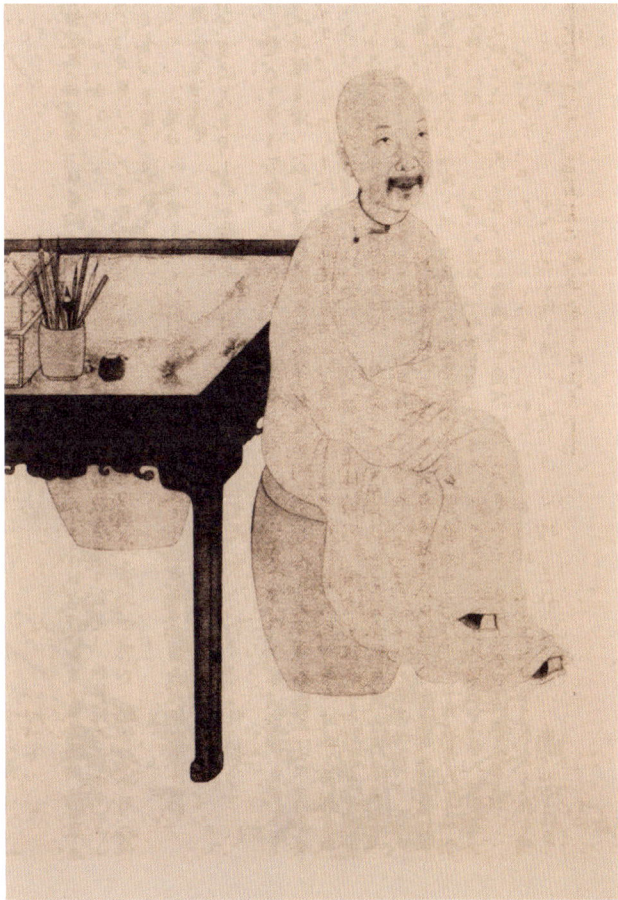

戴熙画像（叶衍兰《清代学者画像》）

---

① 朱铸禹编，中国历代画家人名辞典，人民美术出版社，2003.12，第2323页。

姜山不改旧时青，许我争墩拓翠屏。一卷芸编摊短案，三椽茅屋掩重扃。

窗虚最爱银蟾透，地僻都忘玉漏停。藜阁清风忆淮海，至今犹得仰仪型。

他的诗，引来不少题咏，其中有一篇《序姚氏姜山读书图》，署名"岭南顺德李业修撰并书"。序文中"酒瓶出土，宋谪宦曾开监酒税之场；炬案交花，元才子尝著填词之本，"透出信息，当年曾挖出秦观监酒税时酒税署的酒瓶；同时佐证元高明在姜山写作《琵琶记》之事。对于《琵琶记》，另有说法是高明晚年在宁波写的。如《鄞志》记载："明避乱，主于沈氏楼，作《琵琶记》成，清夜按拍歌舞，几上蜡炬二支，光忽交合，遂名楼为'瑞光'。"《温州府志》亦记载："明寓鄞之栎社，以词曲自娱。"故又有"属稿于栝，断手于明（鄞）"之说。即在处州创作初稿，最后在宁波完成。故两地交传为佳话。此说清道光版《丽水县志》亦有记述。

端木国瑚画像（叶衍兰《清代学者画像》）

姜山现在何处？当代的丽水的年轻人已经大多不知所在的了。姜山就在现在莲都区政府办公大楼之处。清道光版《丽水县志》载，北宋词人秦观谪处州监酒税时居此山前酒税署办公。山上有悬藜阁及元处士郑似山墓。清代学者、青田端木国瑚有一首《姜山秦淮海监酒税处》：

莺花昨梦总飘零，一笏姜山似旧青。木石流传余气韵，诗篇寄托有精灵。
小塍荒草埋吟屐，隔代苍苔出酒瓶。太息藤州人去后，难将风月问园丁。①

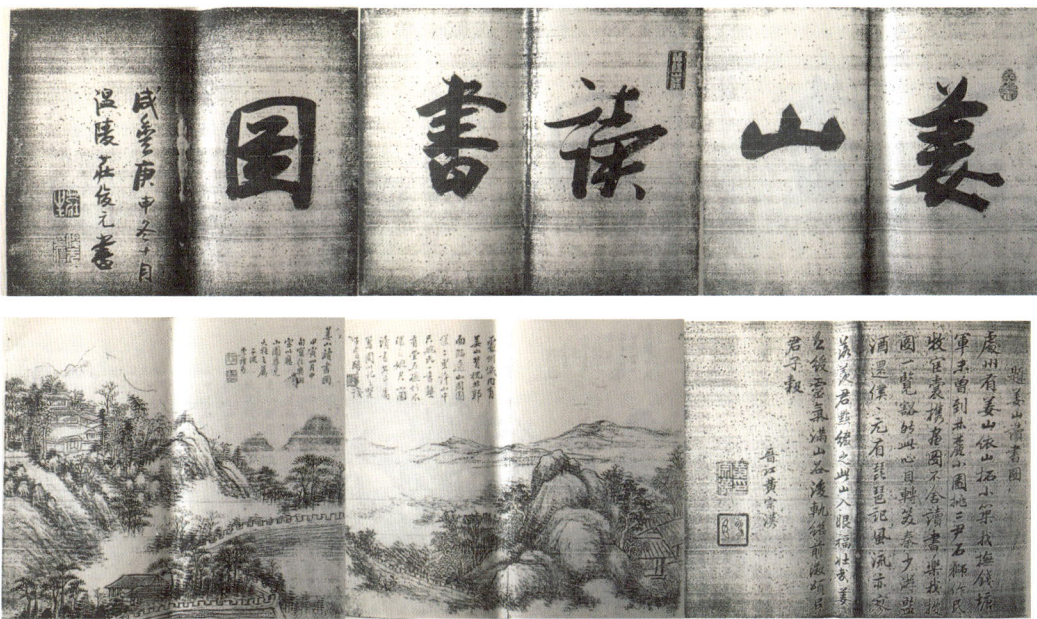

戴熙《姜山读书图》（姚氏后人藏）

① （清）张铣，金学超纂，清道光版丽水县志·丽水志稿点校合刊本，方志出版社，2010，第47页。

袁枚丽水留题

牧童骑黄牛，歌声振林樾。意欲捕鸣蝉，忽然闭口立。

这是一首流传甚广的清代脍炙人口的诗歌《所见》，作者袁枚是清代文学大家。

袁枚（1716—1798），字子才，钱塘（今杭州市）人。袁枚少有才名，擅长写诗文。清乾隆四年（1739），进士出身，一生为官政治勤政颇有声望，但仕途不顺，无意吏禄。清乾隆十四年（1749），辞官隐居于南京小仓山随园，吟咏其中，广收诗弟子，女弟子尤众。清嘉庆二年（1798），袁枚去世，享年82岁。袁枚倡导"性灵说"，主张诗文审美创作应该抒写性灵，要写出诗人的个性，表现其个人生活遭际中的真情实感，与赵翼、蒋士铨合称为"乾嘉三大家"（或江右三大家），又与赵翼、张问陶并称"性灵派三大家"，为"清代骈文八大家"之一。文笔与纪晓岚齐名，时称"南袁北纪"。主要传世的著作有《小仓山房文集》《随园诗话》及《随园诗话补遗》《随园食单》《子不语》《续子不语》等。

他在清乾隆四十七年(1782)来丽水，行前已游罢雁荡山。有人告诉他，永嘉仙岩、缙云仙都均值得一游。他本打算先游仙岩，舟行10里，方知走岔了道，于是不再折返，顺道游览青田石门洞、丽水南明山，后走括苍古道，至缙云。

袁枚游青田石门洞之后的归程中来丽水。处州知府伊汤安与其旧交，作诗以赠，向这位杭州来客讲述了处州万山之内的地方官员的诸多不易：

弹丸十邑宰官分，四野谁歌挟纩温？山地畸零休论顷，人家三五便成村。
清秋露冷猿啼树，黑夜风号虎到门。利用厚生当务急，就中俗吏恐难论。[1]

袁枚在丽期间，游兴甚浓，跋山涉水，不辞辛劳；文思泉涌，诗兴大发，给后人留下了诗作有十六首之多。

袁枚首先游玩了南明山，有《南明山》诗为证：

小憩南明寺，双池花叶香。山深云色古，瀑细水声长。

---

[1] （清）袁枚著；吕树坤译评，随园诗话，吉林文史出版社，2004.01，第297页。

试大围樟树，夸强走石梁。数行元祐字，磨灭剩偏旁。[1]

（袁枚自注：渡口古樟七人合抱。渡口，当是南明渡，可见袁枚是到南明门外渡口乘船到南明山的）

游玩了处州城南南明山，又往城北游赏白云山。在朱仁山等人的陪同下，他在白云岭眺望处州城，又到福林寺会见了在此剃度出家的常州张秀才。

偕朱友仁山、谢甥新之同登白云山望处州城

高绝白云岭，登临忘世间。一州如斗大，四面总山环。

竹映春波绿，僧如野鸟闲。羡他张仲蔚[2]，到此闭禅板。[3]

（袁枚自注：常州张秀才良缘，在此披剃。）

袁枚诗中山水多具有性灵，其散文中山水亦常常不是单纯的青山绿水，而是具有生命力的人化之自然。山水在他笔下往往被赋予感情、个性，是有灵性之物。一人徜徉于自然中，有宾至如归的感受，享受到远离尘嚣的惬意与审美的情趣，于人与自然和谐的关系中看出天人合一的境界。

袁枚丽水畅游后，前往缙云。从丽水去缙云有两条路：一为水路，乘船筏逆好溪而上；一为山道，即栝苍古道，经却金馆、桃花岭而入。袁枚是取山道乘舆去缙云的，这有他所写的《舆夫叹》为证。桃花岭长30里，横跨丽水、缙云两市县。岭巅隘头村，已属缙云管辖。当地民谚云："桃花云里过，隘头半天高。"可见其地势高峻。5月时节，阴雨不定，袁枚半撩轿

袁枚画像

① （清）袁枚著；周本淳标校，小仓山房诗文集，上海古籍出版社，1988.03，第731页。

② 按：张仲蔚为东汉隐士，此处借指张秀才。

③ 王英志编纂校点，袁枚全集新编（第3册），浙江古籍出版社，2015.10，第683页。

帘，看山花烂漫，揽群峰入怀，饶有情趣。袁枚离开丽水过栝苍古道。

袁枚走括苍古道，似坐轿上山，并在却金馆宿夜。袁枚就这样晃晃悠悠地上山，心情怡然自得。但同时，他也体会到轿夫的艰辛，并寄予一定的同情，《舆夫叹》中就有"舆夫负重行，上山复下谷；经尽诸艰险，垂暮方息足"句。从此诗中，我们还可以知道，袁枚曾经在隘头村宿夜，轿夫们彻夜赌博，他一方面予以批评，另一方面认为"愚民"不可理喻。《至却金馆霞裳悦金凤为留一宿》与《舆夫叹》二诗云：

> 舆夫负重行，上山复下谷。历尽诸险艰，垂暮方息足。
> 我意获弛担，自当速睡熟。谁知重张灯，彻夜作篇搏！
> 此哄彼复嗔，甲逃乙更逐。所得几何钱，未足供馏粥。
> 胡乃大鸠张，抛撒如星落？明朝重耸肩，勇气盛贲育。
> 至夜又复然，如有鬼捉缚。母乃枭与卢，竟是医劳药？
> 物性果不齐，熊鱼各有欲。上智与下愚，不可常理度。
> 且勿忧人忧，姑且乐吾乐。①

从处州城到缙云，沿路跋涉，可以饱览名胜古迹，领略神奇的自然风光。大自然的灵秀时时触发着生性酷爱作诗的袁枚，此次古道之行，他写下了多首优秀的纪游诗和怀古诗，他的《山行杂咏》诗云：

> 十里崎岖半里平，一峰才送一峰迎。青山似茧将人裹，不信前头有路行。
> 风吹梅雨作轻寒，穿破油衣湿未干。一霎车中小眠去，好山已过不曾看。
> 春山漾漾水平堤，田父插针手自携。难得插来随意好，不同春草有高低。
> 晴山高耸雨山沉，起爱天晴游爱阴。一种淡青浓绿处，王维能画不能吟。
> 前峰远望势岧峣，及到行来客忘劳。只为白云吹不散，青天未觉比山高。
> 海角山尖尽插禾，冲人处处小牛过。开元户册何须看，已庆升平岁月多。②

袁枚还写了《客怀》五首。诗云：

---

① (清)袁枚著;周本淳标校,小仓山房诗文集,上海古籍出版社,1988.03,第732页。
② 王英志编纂校点,袁枚全集新编(第3册),浙江古籍出版社,2015.10,第684页。

作客如云耳，逢山即是家。见碑先下马，试水屡烹茶。

绿笋烘千挺，黄精载一车。闻香不相识，多少野田花。

白发人间久，青云盖易倾。虚心无物我，到处有逢迎。

村叟求诗扇，僧笺乞姓名。雪泥鸿爪迹，吾亦纪生平。

暂作蓬庐住，何嫌客舍低。寺遥先认塔，村近早闻鸡。

暖借黄棉袄，凉乘绿耳梯。客怀吾正好，不许子规啼。

妙理闲中得，清谈孰与听。松稀难起翠，山远自然清。

有树风才响，无僧佛不灵。眼前能指点，即是《度人经》。

作达全无梦，还家忽有思。出门梅落后，归路麦黄时。

游伴怜禽子，书声忆衮师。不知门外竹，新长几千枝？[1]

括苍古道桃花岭段

在缙云期间，留下诸多关于缙云山水风物的诗文，如《讼堂养猪》《仙都有鼎湖响岩挂榜诸色目》《赠虞启蜀陪游仙都峰诗》《游仙都峰记》《游黄龙山记》等。

丽水之行的诗歌生动记述袁枚游赏山乡的经历，直接抒写客居山村的深切感受与某些人生妙悟。这些速写式小诗，袁枚以行云流水般的语言，表现别致的审美体验和独特的人生感受，读来颇感亲切，富有韵味。袁枚说："江山也要伟人扶，神化丹青即画图。"[2]千百年来，栝苍古道上的诗声，是以袁枚为代表的文豪巨匠留给丽水厚重的文化财富。

---

① 王英志编纂校点，袁枚全集新编（第3册），浙江古籍出版社，2015.10，第685页。

② 刘向东编著，古诗词文名句识诗集，台海出版社，2011.12，第61页。

梅君子吴慎言

《中国美术家大辞典》记载："吴慎言，清代画家。字品梅，浙江丽水人。善绘画，尤工画梅。"[1]俞剑华编著的《中国绘画史下》亦载吴慎言为清代"四君子画"之名家。

梅自王冕以后，明代率多因袭，苦少别调。清初金俊明出，始斟酌于仲仁、无咎之间，别成雅构。疏花细蕊，丰致翩翩，颇为世重。道济、八大偶一为之。不落常蹊。金农则繁花密蕊。为一代宗匠。童钰虽以画梅称于世，而不免于霸悍之习。汪士慎则姗姗若藐姑射之仙子，气势稍弱。宝源笔墨纷披宛如草书。陈撰则隽逸潇洒，失于零碎。计楠以红梅见称，朱光埏以朱砂烘地，孔继杆善写梅影，可谓别开生面。其余专门画梅者当不下百余家，而其他画家之兼画者尚不知凡几，可谓盛矣。[2]清乾隆至道光年间丽水画家吴慎言擅画梅花，虽逊金农、汪士慎大家，然其笔致清劲，亦是名重一时，《中国绘画史》载其独善画梅方家芳名，殊为不易。

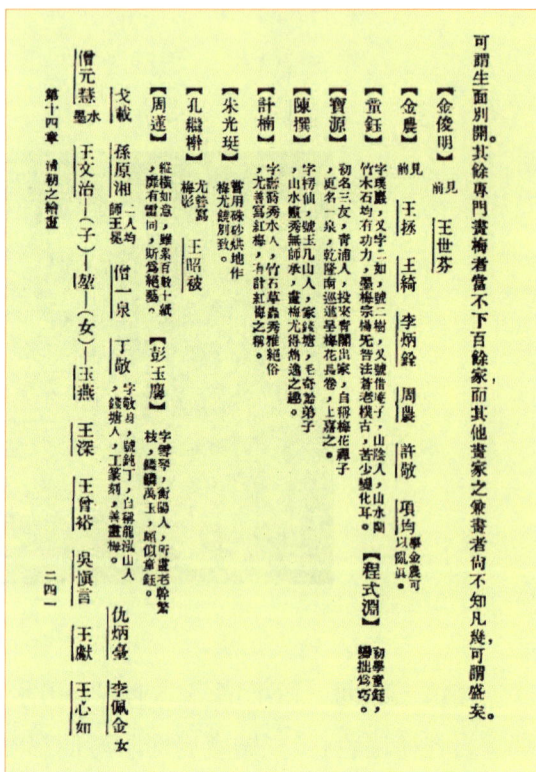

《中国绘画史下》第十四章《清朝之绘画》载吴慎言[3]

青田名士、著名画家端木百禄曾作《吴品梅慎言惠画梅书此以赠》：

括苍山下君所家，老梅万树春争花。天然姿态入图画，但愁俗笔工铅华。

---

① 赵禄祥主编，中国美术家大辞典（上），北京出版社，2007.07，第797页。

② 俞剑华著；周积寅导读，朵云文库·学术经典·中国绘画史，上海书画出版社，2016.08，第365页。

③ 俞剑华，中国绘画史（下），上海书店出版社，1992.10，第241页。

君身羡汝元鹤侣，胸罗万本宣和谱。一枝秃管走龙蛇，淡墨轻烟落琼楮。
高人挥洒但写真，脱尽窠白笔有神。兴来泼墨便成画，意中含抱先天春。
老干杈丫丑枝折，一梢半断如屈铁。腕底能霏冻雪春，毫尖忽吐中天月。
偶来舣棹瓯江东，拍肩一笑惊相逢。与君并客领芳趣，松台山下多松风。
赠我苔虬春几幅，珠斗凌空香十斛。不需驿使寄相思，一片寒光撑老屋。
雪湖已往不可期，君今老腕能出奇。寄巢尚缺梅花帐，待汝花间老画师。

端木百禄，字叔怂，一字少鹤,号梅长，青田县城人。清道光年间（1821—1850）拔贡。工诗，善画山水，兼工花鸟，尤爱梅，晚年流寓瑞安，卖画以终。其有《题折梅图》诗：

天寒劳汝伴闲身，手折归来不赠人。夸说吟肩香雪满，一枝分得岭头春。

吴慎言有《梅花》四条屏存世，自署款识："丙戌冬月莲城吴慎言写"。钤印："吴慎言印"。"丙戌"或为清乾隆三十一年（1766），或为清道光四年（1826）。从吴慎言与端木百禄交集来看，吴慎言此《梅花》四条屏应该作于清道光四年（1826）。

吴慎言《梅花》4条屏，纸本水墨，纵172.5厘米，宽45厘米，民间收藏

吴慎言《梅花》立轴，纸本水墨，落款："品梅慎言写"，熊远龙藏

丹青郡守陆玉书

陆玉书，生卒年不详，字綮田，江苏六合人。清代著名画家。清道光十四年（1835）署任处州知府。清光绪《处州府志》载："陆玉书，字綮田，六合人。道光间，知府事。多惠政，风标潇洒，和厚宽平。而驭下独严，胥吏敬惮。喜画竹，风梢雨箨，擅美一时，民间得之如珍宝。"①

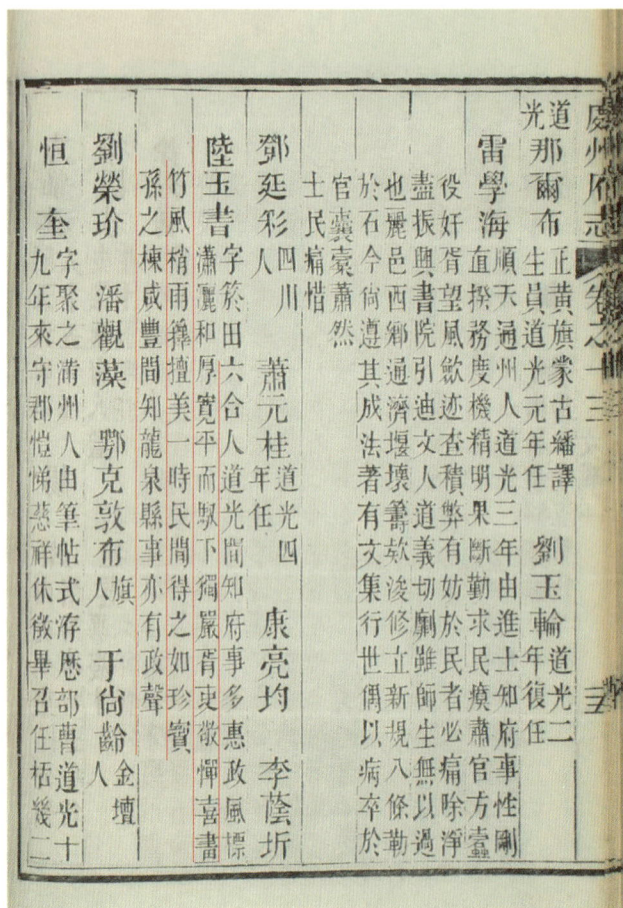

清光绪《处州府志》卷十三《陆玉书传》

真是无巧不成书。陆玉书父子于处州府龙泉县可谓缘分颇深。他们父子俩还都任过龙泉知县。陆玉书之子陆之栋，在陆玉书离开龙泉十四年后的清道光三十年知龙泉县事，亦有政声。此后，陆之栋还曾三任龙泉知县。清咸丰二年（1852），陆之栋离任，祥符人刘润任龙泉知县。清咸丰三年（1853），刘润卸职，

① （清）光绪《处州府志》卷之十三《职官志上》第15页。

陆之栋回任龙泉知县。不久，陆之栋离任。之后有翼城人李家鹏、宁化人伊念曾、侯官人高福康任龙泉知县。清咸丰七年（1857），陆之栋再次回任龙泉知县。

陆玉书于清乾隆五十九年（1794）乡试举人，历官富阳、钱塘知县，清道光十三年（1833）任龙泉知县。不久处州同知加知府衔。工画兰竹，颇能自出新意。清道光十四年（1834），陆玉书组织修建括苍古道后，撰写了《三望岭碑记》。

陆玉书为人持廉，不苟取，制事以诚。篆治尚宽，不轻鞭挞，而驭胥吏独严。陆玉书诗才横溢。公余之暇，与文士唱和，或出城游览，随处留题，写有许多佳作。

清道光八年（1828）陆玉书《竹石图》，纸本水墨，尺寸不详，民间收藏

陆玉书《墨竹图扇面》，纸本，18厘米×54厘米，现藏新津县文保所。扇面还题诗一首：

最爱窗前竹数竿，风吹雨洗总宜看。枝技叶叶都成谱，惟有虚心欲画难。
写请友梅四兄大人正，愚弟陆玉书并题。

印文为"臣玉书（白文）；筷田氏（朱文）；定阳张氏雨湘珍藏书；信手拈来（朱文）。"

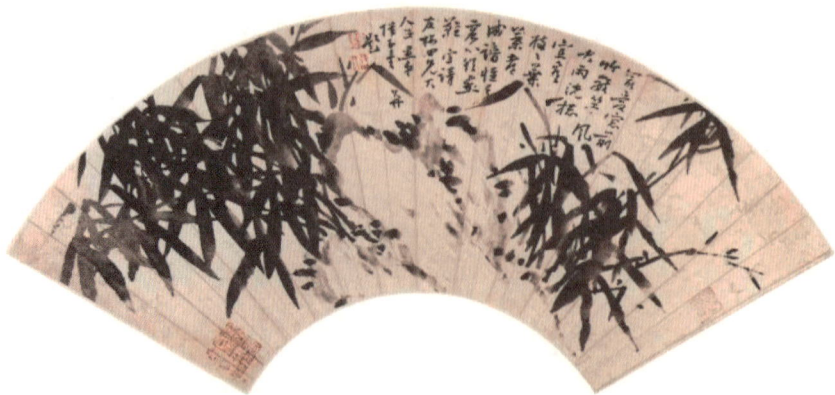

陆玉书《墨竹图扇面》，纸本水墨，纵18厘米，横54厘米，新津县文保所藏

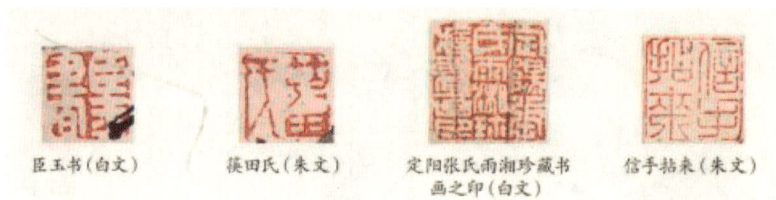

臣玉书（白文）　　　　樑田氏（朱文）　　　定阳张氏雨湘珍藏书　　信手拈来（朱文）
　　　　　　　　　　　　　　　　　　　　　　画之印（白文）

陆玉书印文

　　洞溪，今古城岛，据历代郡县志书记载，此地为隋唐处州故城，后州城迁至小括苍山（一呼西山，今万象山烟雨楼一带），此处便城了州城遗址。洞溪地处大溪好溪交汇处，山水形胜，风景旖旎。唐贞元年间（785—805）的处州刺史李敬仲筑别墅于此。李敬仲离开处州以后，此别墅舍建为广圣寺。惜于元代毁于青田季文龙等农民起义战事中，千年古迹成为废墟之地。明成化《处州府志》卷三对洞溪这段历史有载："洞溪，在东溪东二里余，唐贞元（785—805）中，驾部郎中李敬仲出守是郡，爱其林壑之胜，买山筑室，栖隐之地，赋《洞溪十咏》。官满，舍于寺。咏见记载。"[①]相传洞溪寺里有一只500多斤的香炉，民间有"处州洞溪寺，温州太平寺"的说法。南宋诗人许尹诗作《洞溪》写道："刺史他年宅，如今桑柘村……吾来访遗迹，只有断碑存。"从许尹的诗中可推断，当时尚有唐宋时期的碑刻存世，随着时光的推移，至清代已无元代以前的碑刻存世，否则王尚赓等人编写《栝苍金石志》定会收录。如今，现存的洞溪玉成观的碑刻仅存清道光七年（1827）处州总兵哈丰阿所撰写的《重建玉成观碑》和清道光十五年（1835）处州知府陆玉书所撰写的《洞溪玉成观碑记》，现藏丽水市博物馆。

　　清嘉庆年间（1796—1820），洞溪居民就山上广圣寺遗址，建妙成观、吕祖庙

———————

① （明）成化《处州府志》卷三《丽水县》第6页。

等道教建筑。清道光《丽水县志》：“（清）嘉庆年间（1796—1820），里人重建道观。”又有清道光十五年（1835）处州府知府陆玉书所撰写的《玉成观碑记》记载李敬仲建别墅于洞溪山巅以及清代建玉成观的过程。

清道光十五年（1835）《洞溪玉成观碑》碑额为双龙戏珠图，宽约132厘米，高约90厘米，厚12厘米。碑额下方居中刻有印符“处州府印”，印符宽8.5厘米，高约6厘米，分书篆体与满文，字径约1.5厘米，满文字径约1.3厘米。碑额原置古城村玉成观遗址旁，现被丽水市博物馆收藏。

《洞溪玉成观碑》原存莲都区紫金街道古城村委会用房旁玉成观旧址，现藏丽水市博物馆，刻于清道光十五年（1835）。该碑高139.5厘米，宽94.5厘米，厚11.5厘米。碑文正书，23行，满行28字，字径约2.9厘米。碑体基本完好，表面平整，字迹清晰可识。该碑由署理处州知府陆玉书撰并书。

陆玉书撰并书《洞溪玉成观碑》释文如下：

处州郡城东南五里许，名“洞溪”。昔唐贞元中刺史李公敬仲栖隐之地，有《洞溪十咏》，见郡志。后，官满去，舍为寺。宋皇祐元年，赐名“广胜寺”。明郡守许公国忠、遂昌令汤公显祖，皆续有《洞溪十咏》。其时，寺尚在。后圮于何年，无所考。至国朝嘉庆十八年，邑人复劝捐建玉成观正殿，供奉吕祖师像。殿后为冲虚楼，楼东为恬澹轩，轩西为静安殿，亦奉吕祖师寝像。前二殿供奉文武二帝像。他若感德堂、寿星堂，所建不一。而观之所宗主者，则为吕祖师。二十余年来经营创造，朱瓦碧槛，藻采缤纷，穷极华丽。观后有园有亭，花木繁茂，四时有人不绝，括苍一郡之胜也！伏念祖师福国佑民，利济及天下。嘉庆九年，河工大臣以清江浦吕祖师庙应祷示灵，奏请仁宗睿皇帝，钦定“燮元赞运”四字，加封为“燮元赞运纯阳演正警化孚佑帝君之神”，在淮郡地方敕建崇祀。

凡各省原有庙宇，令该地方士民自行供奉，一体遵照。处之人士既于郡城法海寺设建祠寺，以行典礼，而洞溪玉成观之奉祖师。盖欲神之灵爽，无乎不周，而民之仰望荫庇，又随在而欲求之必应也！处州地瘠民贫，年来每遇大雨，为溪水冲决，民苦弥甚。正赖祖师默佑，俾风雨调和，人物熙阜，登斯民于衽席之上。国之福也！民之幸也！亦守土者之所日夜祷切者也！《诗》曰“：以妥以侑，神其肸蚃”。谨拜手而为之记。

道光十五年岁次乙未季春下浣 谷旦。

署处州府处州同知、加知府衔陆玉书拜手谨撰。

洞溪玉成观碑碑额

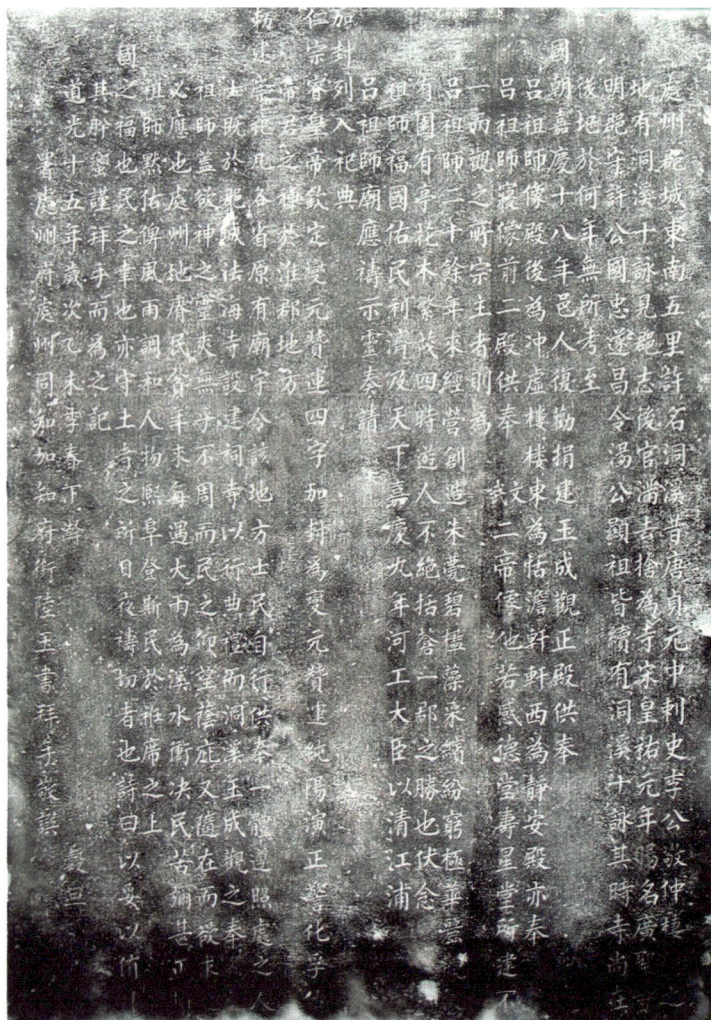

陆玉书撰并书洞溪玉成观碑拓片（莲都区档案局藏）

曾衍东流寓碧湖街

《古堰画乡故事》讲述了清代著名画家曾衍东流落丽水的一个生动场面："清道光六年（1826）初秋的一天，经过碧湖中堡龙子庙的人，即使漫不经心或心不在焉，也会感觉到庙门口的异样。一位七旬老翁和一位二十多岁的青年在庙门边。老翁面前摆了一张简易的书桌，桌上有笔、宣纸和各色染墨，还堆着一摞书。桌前垂挂着几幅人物、花鸟画。老翁坐在桌后的凳子上，一身布衣，却显得整洁而儒雅，一脸蔼然的神色。边上的那位青年，衣着褴褛，低垂着头坐在一块石头上，面前是一只豁了一个口的陶钵。"

故事情节是一种合理想象，然曾衍东流寓于丽水碧湖是不争的事实。世居山东的大画家曾衍东为何会到丽水？这要从曾衍东坎坷人生讲起：

曾衍东（1750—1830），字青瞻，一字七如，号七如居士、七道士，祖籍山东嘉祥，为曾子第67代孙。清乾隆五十七年（1792）举人。曾衍东的父亲曾尚渭，是个恩贡生，游宦江南，曾任广东博罗县令。曾衍东自幼随父走南闯北，在开阔其胸襟眼界的同时，也迎来他坎坷飘荡的一生。

曾衍东仕途坎坷，直至50岁迟暮之年由人举荐，才得任湖北江夏县令，后调任巴东县令。曾衍东个性清高、倔强。后因断案而触怒巡抚，而他坚持"此官可去案不移"，终被降罪罢官。曾衍东是罢官后流放途中到丽水的。清嘉庆二十五年（1820），道光皇帝即位，曾衍东遇赦，但已贫老不得归乡，最终客死于温州。

在中国文化史上以狂放不羁而名留青史者众多，大名鼎鼎者如屈原、李白、徐渭等，皆是千百年后名篇典故依旧不断传诵的传奇人物。在清代也有一人个性鲜明，书画文章皆有声名，艺术风格影响了多位现代著名画家，那就是"七道士"曾衍东，他被誉为"被遗忘的漫画先驱"。曾衍东的创作颇类似当年的"扬州八怪"，但狂放、率性更有过之。所作山水人物、花鸟鱼禽简笔焦墨，一任性情信笔挥洒，以独特的视角，采用漫描式手法，描绘市井众生，世态万相，寓意深刻，被称为清代简笔大写意代表人物。《瓯雅》评其画艺"用笔似青藤、板桥而狂放过之"。

曾衍东其人不但是一位书画篆刻家，更为重要的是一位对艺术创作理论进行总结著述的理论家，其关于"今画论"的《七如题画小品》一书即是其画论的总结。所谓"今画"者？是曾衍东以自身所处时代的市井人物、风土习俗、真山真水为题材的画作。作品俱是现实生活的反映和表现，这在文人画家中也极为罕见。其关于"今画论"有"三境"之说："今画于我心有三境焉：始则杂然陈，继而矫然异，终乃适然常。夫适然如常者，非不于杂陈之后而呈其矫异之撰，斯进而有得矣，是为造境。"①译为今文就是，第一要熟悉了解现实生活的真实状态，第二要在熟悉的生活中发现别人看不到的"异"相，第三是将自身看到的"异"相用喜闻乐见的表现形式呈现出来，此画论提升了以宋代张择端《清明上河图》为代表的界画理论，将现实主义表现形式上升到和"文人写意"同样的艺术高度，此画论最终成就近代美术史上最著名的艺术大师齐白石。

曾衍东一生困顿却高寿八秩，关于其号"七如"有一说法流传甚广，所谓"七如"，取"花酒琴棋诗字画"无不如心之意，但终其一生，面临的却是日日柴米油盐酱醋茶，事事不如意。曾衍东在《古榕杂缀·折桂令》自嘲云：苦的是老来穷，万里孤苦，愁的是亡命囚徒东海鳏。无生路，穿也无衫，食也无餐，断发文身，尽消磨瓯越荆蛮。

但另一方面曾衍东在所作《日长随笔》里又言："人所不能做的，我偏要做去，人所不能减的，我偏要减去。"在观看了他的绘画篆刻作品后，对他这种离经叛道，纵横啸傲，独具恣肆放纵的人生态度便有了更深的理解与尊重。对于绘画艺术进行开拓及创新，证明他是一位真正崇尚不羁人生的艺术家，正是他的率性气质注定他不会被官场桎梏，被世俗人生所覆没，随着对其艺术生涯的更多发现，曾衍东必将焕发出其应有的灿烂光芒！②

《墨菘图》立轴，纸本水墨。款识："仿青藤老人画意。七道士曾衍东。"钤印："衍东"（白）"七如"（朱）"雨□风□"（白）

① 公关世界，第12期，2017年，笔墨曼妙的奇人——"七道士"曾衍东&赵军。
② 公关世界，第12期，2017年，笔墨曼妙的奇人——"七道士"曾衍东&赵军。

曾衍东《登场傀儡》，纸本设色。款识：
"七如"，钤印："七如"（白）

曾衍东《何仙姑》，纸本水墨。
款识："七道士曾衍东寓碧湖
书"，丽水市博物馆藏

徐望璋主教莲城

　　莲都区峰源乡西坑村是一个有着700余年历史的古村落，整个村庄依山而建，历史文脉深厚，民风淳朴，书香浓郁。西坑徐氏，为村中主要居民。据《徐氏宗谱》载：元至元九年（1272）。徐显清为避战乱，自丽水县西乡碧湖泉庄迁居西坑，为西坑始迁祖。西坑村现有居民78户，350人，以徐姓为主。村民主要种植水稻、香菇等。

西坑村远眺

　　徐显清迁居西坑，教育子孙耕读传家，正源务本。徐氏先祖留下了"学堂田"，徐姓子孙读书的所有费用，都由"学堂田"所出。于是，族中学风蔚然，人才辈出。

　　村里文物古迹众多，随处可见古老的民居，泥墙黛瓦，马头墙高耸；梁坊、牛腿、门窗、石板、石件等雕刻花鸟人物，栩栩如生；门前的青石桅杆墩，刻着徐岷等贡生姓名，和"五福临门""三元及第""松鹤延年""龙飞凤舞"等浮雕。村里有建于清乾隆七年(1742)的徐氏宗祠，悬挂着"有勇治方""以厚其本""聚德参天"等牌匾，传承着西周时期徐国国君徐

徐望璋画像

244

偃王倡导的重仁义、讲仁爱、让人民安居乐业的精神；有建于清嘉庆癸卯年（1843）前后的大顺公家庙，清宣统三年后为西池（初等、高等）两等学堂所在地，取消了旧清制的私塾教学，开设了国语、算术、国史、地理、自然等现代文化课程，并且还作为义仓，每年藏谷80担以上，专门用于救济贫困百姓；有"存仁堂"中药店，为村民百姓悬壶问世；有徐琨建于清道光二十三年（1843）左右的三层楼，二楼专门设置了藏书楼，其中有些孤本已成为国家图书馆珍藏的善本。

在西坑历代学子中，以徐望璋最为著名，西坑徐氏后人尊其为"望璋公"或"望璋太翁"。

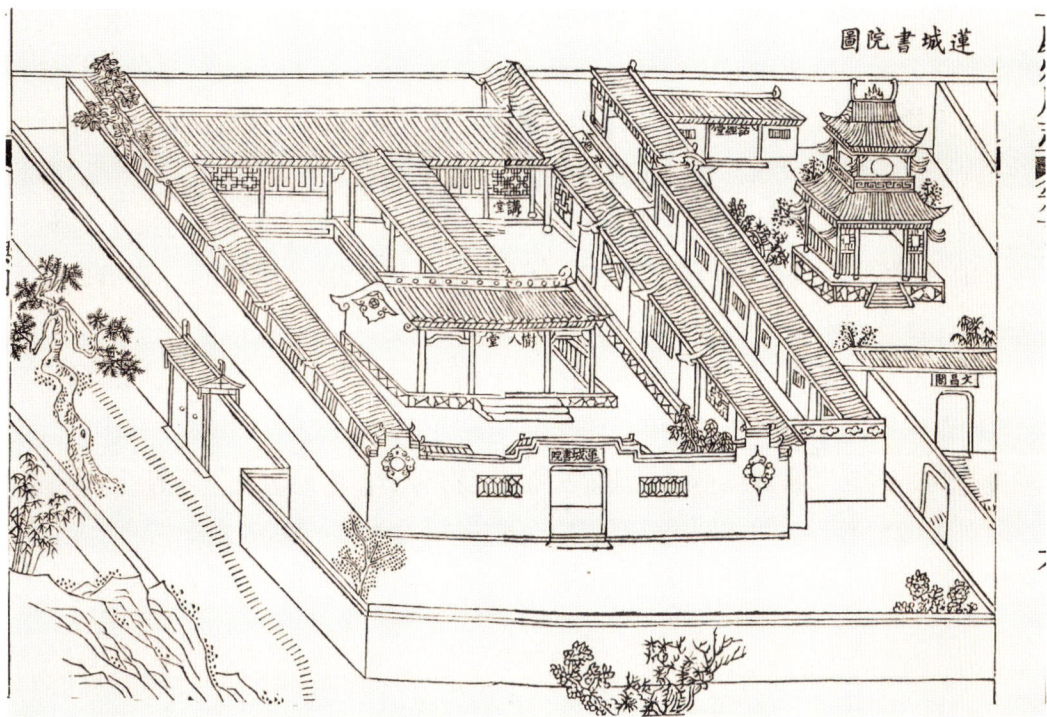

清光绪《处州府志》卷首《莲城书院图》

徐望璋（1776—1885），谱名宗穆，字达珍，号芸亭，清代丽水县元和乡西坑（今属莲都区峰源乡）人。西坑始祖徐显清第十四世孙。自幼颖敏，每天读书千言。长大后更加喜欢读书，但家贫无钱买书。后来，他想了个法子，无钱买书就借书读。他主动来到碧湖镇上的汤家设馆授课。汤家藏书非常之多，徐望璋每天抄写阅读，不论大雪大雾，不让时光虚度，对诗、古文、词都能深刻领会古人的境界。徐望璋爱书，可谓痴迷至极，常常由于囊中羞涩，对极想珍藏的文献，就典卖衣物以购书。

18岁时，徐望璋考入处州府学。清嘉庆六年（1801），举拔贡。处州知府恒奎爱其才，聘为莲城书院主讲，前后十余年，可谓桃李满处州，出其门下的学生都有他的风范。清嘉庆二十一年（1816）乡试，考中第八名举人。当时，徐望璋中举轰动丽水城。因为丽水县自清乾隆十八年（1753）林鹏举中举后，已经63年没有丽水籍士子中举。之后，徐望璋曾两度入京参加会试，皆因长途跋涉，重病缠身未能入场考试。后以其学生、知县朱有章荐举，被授武义县教谕。任上，徐望璋廉洁自律，珍爱士子，武义人至今还称颂他的亮节高风。70多岁时，以足疾致仕回乡。徐望璋曾倡议邑中乡绅名士，置兴宾田一百余亩，资助邑中贫困而好学者。

徐望璋与清代著名数学家、处州府学教授、金华张作楠非常友善。张作楠在丽水期间，常与徐望璋讨论学问。在其《梅簃随笔》云："徐芸亭以《处州府志》名宦、人物各传不采各朝正史、碑碣，不录各家题跋，所收遗文佚事，不注所据之书为憾。"又云："徐芸亭，辛酉①拔贡生。居贫力学，虽居城市，人罕见其面。工行楷，有书癖，得密笈，常典衣购之。嘉庆丙子②，始举于乡。丽水自乾隆癸酉③林鹏举隽后，脱榜已六十三年矣。是岁，丽水吕协六［亦调］、青田孙心斋［经邦］，皆荐而未售。二君并积学能文，与芸亭友善。"④

徐望璋生平善书法，尤工行楷。有《姜山读书图》题跋存世。徐望璋还为处州教授张作楠的书斋梅簃题过字。张作楠在《梅簃随笔》云："梅簃北有小轩，南向为治事处，老屋数椽，不蔽风雨，每诵髯翁⑤对子，由诗辄讶，若预为余赋者。轩旧有额曰兰心，为海宁张荔园⑥题字，拙跋语亦近俗，属丽水徐芸亭［望璋］书，小如舟额，易之。"⑦

---

① 按：辛酉年即清嘉庆六年，即1801年。
② 按：嘉庆丙子即清嘉庆二十一年，1861年。
③ 按：乾隆癸酉即清乾隆十八年，即1753年。
④ （清）张作楠著，吴志华点校，梅簃随笔，浙江古籍出版社，2012.7，第10页。
⑤ 按：孙髯翁，陕西三原人，博学多识。乾隆间，曾为昆明大观楼题楹一幅，计180字，号称天下第一长联。后人尊称为"联圣"。
⑥ 按：张骏，字荔园，浙江海宁人，于乾隆五十一年任处州府教授。
⑦ （清）张作楠著，吴志华点校，梅簃随笔，浙江古籍出版社，2012.7，第1页。

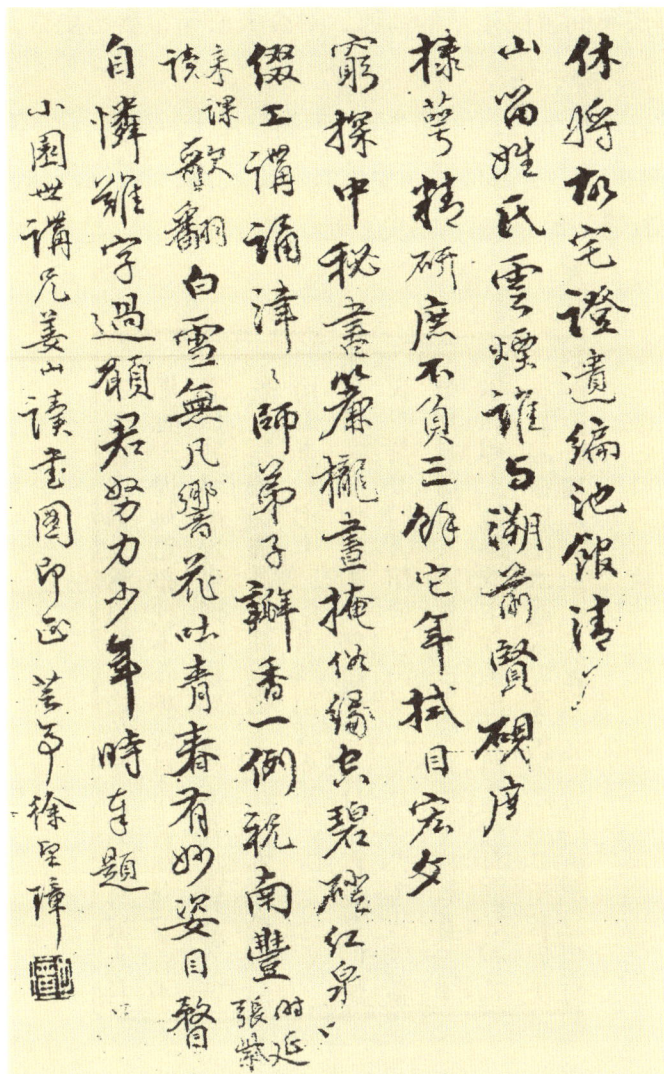

徐望璋《姜山读书图题跋》

　　徐望璋功诗文，今存有《姜山访秦淮海监酒税处》《题画二首》《题啸溪上人印谱二首》《杂诗四首》《送别诗》《白云山》等诗篇，而最为有名的是《畲妇》一诗：

　　衣斑斓，履苴芦，薪担压肩走风雨。覆髻筠筒缀石珠，自称槃瓠我之祖。面目瘠且黧，钩辀獠语何支离。名称更可怪，呼畲作畲终无稽。耕不疗饥，歉岁仍赈灾，休问官仓陈。麻布单衣著两层，朔风吹壁寒欲冰。燕来茅屋莲蓬火，促膝团坐温如春。①

---

① 郑志惠主编，中华大典·民俗典（3）南方地区总部，北京日报出版社，2015.11，第1967页。

可谓对清嘉庆年间畲民生活的写照，对今人研究畲族历史以及畲民生活等均有重要的意义。

徐望璋卒时，年八十二，可谓"学博寿高"之士。著有《芸亭书抄》。清同治八年（1869），丽水廪生李国材撰《望璋太翁传》，载入西坑《徐氏宗谱》。《中国美术家人名辞典补遗一编》《皇清书史》卷二均有传。

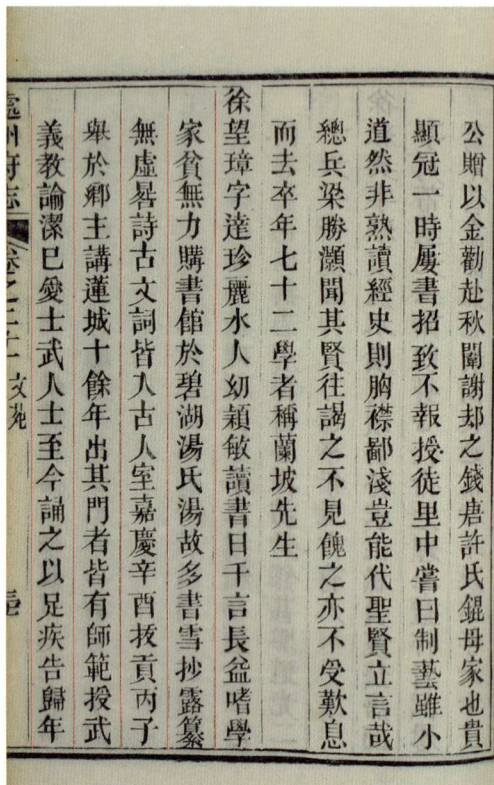

清光绪《处州府志》卷二十一《徐望璋传》

潘绍诒倡修郡县志

潘绍诒，生卒年不详，字芸台，江苏元和人。由运副通守嘉兴府，历办浙省转饷、海运漕粮、盐厘局务等职，后以军营叙劳保升知府，加盐运使衔，补授处州知府。清同治九年十月到任，十三年保荐卓异。在任四年。在处州任上，主修《处州府志》，并倡议各县修纂县志，为《处州府志》及多部县志撰写序言。此外，潘绍诒还为遂昌县儒学撰文以记，碑设明伦堂，已佚，仅存碑文，录入清光绪《处州府志》卷之七《学校志》。他还为死于太平天国战斗中的处州知府李希郊建昭忠祠，并撰《昭忠祠记》，此碑流落于民间。

潘绍诒在处州任上头尾五年，属于在任时间比较长的处州郡守。潘绍诒是一位勤于政务的官员，所作善政，涉及教育、交通、水利、民生、教化等诸多方面。潘绍诒在丽水有十大政声：

一是投身莲城书院教学。莲城书院，在府治东南圭山，即南明书院旧址。自清雍正间修葺后，知府赋琏于清乾隆十七年（1752）改为莲城书院。清咸丰八年（1858），毁于战火。清同治四年（1865），处州知府清安重建，属于处州府学书院。潘绍诒到任后，延师主讲，于月课诗文外，还增设字课，讲明楷法，并令生员钞录各经，随时默写。他还捐廉银设置奖学金，对学习优异者，加以奖励。处州各县前来求学者接踵而至。

二是修葺文昌庙。处州文昌庙，也称文昌阁，在府城圭山。明万历二十二年（1593），处州知府任可容、通判文似韩建。清咸丰十一年（1861），毁于兵燹，鞠为茂草。清同治十二年，潘绍诒于圭山旧址筹款建复，是年缙云有登魁入

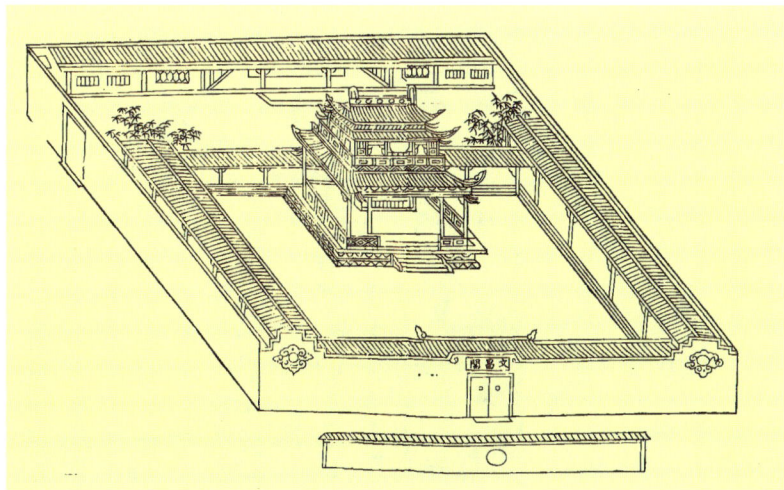

清光绪《处州府志》卷首《文昌庙图》

选者。逾年，又有处州学子登进士第。

三是续建城隍庙。城隍庙作为地方的保护神，处州一带自唐以来即盛行。处州府城隍庙在处州城东南圆山下，丽水县城隍庙之左。清咸丰十一年（1861），毁于战火。清同治八年（1869），处州知府清安筹捐议建，刚兴工，便以丁忧离任。清同治九年（1870），署理处州知府冯誉骢督催建造。清同治十年（1871），今潘绍诒接续经理，于清同治十二年（1873）工竣。

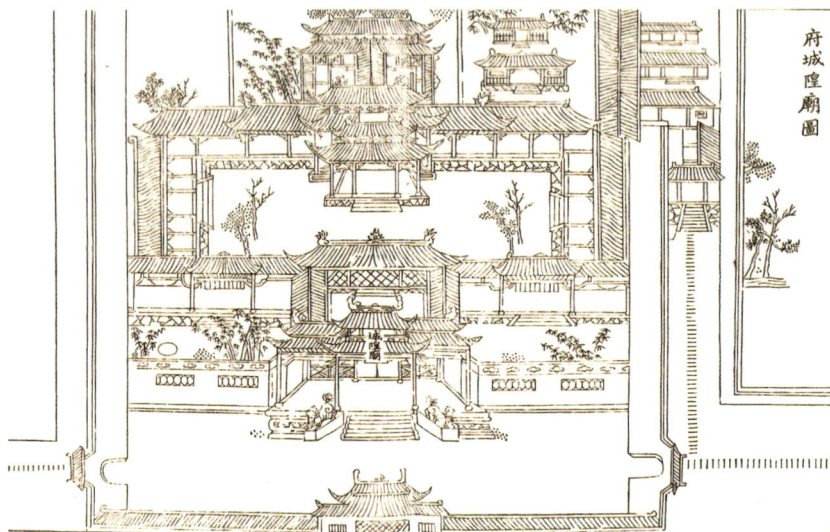

清光绪《处州府志》卷首《府城隍庙图》

四是修建龙神祠。龙神祠在丽水县治西丽阳行祠之后。清嘉庆十三年（1812），处州知府方维祺建。清咸丰八年（1858），遭匪蹂躏，仅遗基址。清同治十年夏，处州大旱，潘绍诒斋沐步祷于龙神庙遗址，果然得雨，立愿新之，越

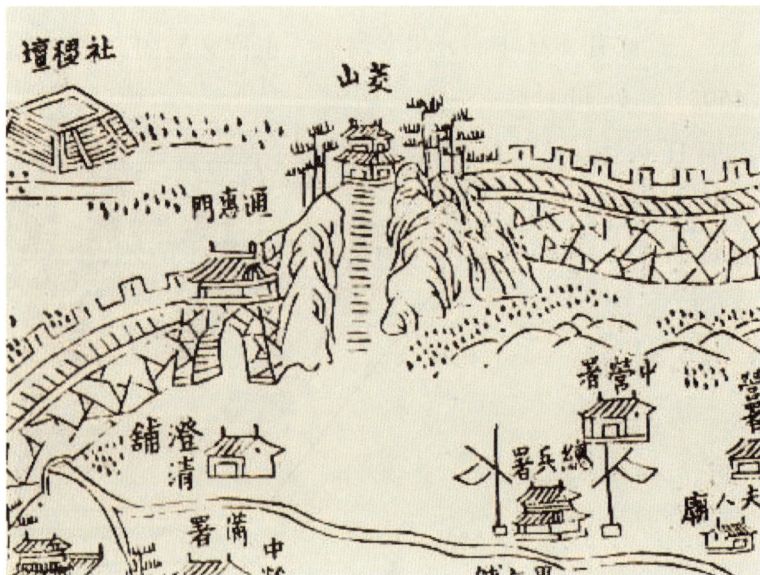

清光绪《处州府志》卷首《处州府城图》（局部）之芡山护国夫人庙

日大雨，此岁得以丰年。于是，潘绍诒倡捐廉银五百金，率领僚属士民，重新创建龙神祠。

五是修建护国夫人庙。护国夫人庙在处州府城通惠门内茭山之上，因此也称"茭山夫人庙"或"茭山娘娘庙"。祀奉唐代景宁孝妇马氏。清咸丰八年（1858），毁于匪患。清同治十二年，时任处州知府潘绍诒倡议丽水县士民鸠赀重建。

六是创建昭忠祠。昭忠祠在丽水县西四十里碧湖村头。清咸丰十一年（1861），处州知府李希郊殉难于此。清同治十三年（1874），潘绍诒详文奉奏至朝廷，获准建立专祠，主祀处州知府李希郊，并将前经历方溥暨同时殉难之叶维藩等一并附祀。清光绪二年（1876），竣工落成，潘绍诒亲自撰写《昭忠祠记碑》记其事。此碑文录入清光绪《处州府志》卷之八《祠祀志》。

七是筹建演武厅。处州卫演武厅，在南明门外校场。清咸丰八年（1858），毁于兵燹。清同治五年（1866），处州知府清安请帑重建。清同治十年（1871）六月，大风拔木，倒坏民房无数，演武厅亦遭飓风圮毁。潘绍诒率众僚属筹款重建，又一并修筑照壁墙。

平政桥（林招松摄于20世纪70年代）

淹誤者咸代謝典籍淪之不唯無以備掌故孤忠咸訪使前人之難亮節顛末條分而臚因革顛末可按籍而稽謂前事不忘仍性志之舊昕謂前事不忘列馬無幾採錄者別颣次各名至丙午以前不渉變更者一後受洪纖畢具綱紀縈陳要十月而稿咸明府詩余鑒定蓋萬文升其首余披覽一過歎受洪纖畢具綱紀縈陳要而能章備方無冗彼階誃友臨安志羅端良新安志不得專美於前矣其已二供太史輔軒棐撰不誠信而有微武抑余更曰進者彭明府懷歊歎主才其剛方立挑勇任已廩應餉躬令且為民導植桑祝李興課士學田行見交養畫隆民氣文風蔚之且上其一所以慰余厚望者又昌有窮期耶同治十三年歲次甲戌嘉平月欽加三品銜知虔州府事加三級紀錄三次元和潘紹詒撰

心兼綜條貫尅期以告成功益信凡事得人而理始事難而成事易者六類如是也爰識其顛末於簡端時光緒三年歲次丁丑仲冬　穀旦鹽運使銜知虔州府事卓興候陞元和潘紹詒撰

潘绍诒撰并书清光绪《处州府志序》局部

八是修建通济堰陡门。清光绪二年（1876），大水冲毁通济堰陡门，潘绍诒召集通济堰三源堰长，倡议西乡民众筹款重修。叶穴位置碎石砌成，易于冲刷，潘绍诒组织更用石板，以期稳固经久。

潘绍诒撰并书《重修丽水县志序》

　　九是重修平政桥。清同治九年（1870）九月，高要人冯誉骢任处州知府，组织修复平政桥。十月毕工桥成，仍委首领官经理。但未三年，平政桥复坏于大水。因桥租被人吞食，而桥岁不加修葺，而且桥夫横索规费。潘绍诒得知其中弊病，遂将桥工集款修复。开始于清同治十一年（1872）春，至秋落成。同时对平政桥的管理进行整顿规范"另选诚实桥夫充补足额，桥夫工食，向编丽水地丁项下，除奉文扣解平成外，每两仅折解钱一千三百五十三文，年额解钱一百三十四千有奇。额夫十七名，即尽数分给，每名岁仅得钱七千八百余文，不足以资衣食，即无以杜绝弊端。当于额夫中举充桥总二名，加给工食，令其常川督率，不准擅离。余夫每日五名，分班轮值。桥租田亩，坐落丽、云二邑，复于是项租息内提钱四十千二百八十四文，按其承值之日，均匀分给，以资津贴。遇山水骤涨，众桥夫协力护防，商货经过，随时启放，不准留难需索。桥板漂失，责成赔补。所余桥租，除岁修外，存俟大修，以期永久"。[①]

　　十是扶持育婴堂。处州府城育婴堂，在丽水县治东城隍庙右。清乾隆二十年，知县陈垲建，置田地若干亩，令董事司其出纳。后因亏蚀，由处州府随时委员经理。日久弊生，仍无实济。清咸丰八年（1858），城陷堂毁，田亩荒芜。清同治三年，处州知府清安改变以往的办法，分别收养、寄养两种办法，每月给钱米也有差别。但后来因弃婴增多，经费经常不够。清同治九年（1869），潘绍诒陈请浙江巡抚，以盐厘捐税作为育婴堂的津贴费用。于是求养愈众，并因为种痘、给衣、抚育等条件愈来愈完备，所需经费也愈来愈多。清光绪元年（1875）冬，核计收养、寄育女婴三百余名，较往年数增十余倍。这样靠劝捐廉银济急，难以经久。因此，潘绍诒通禀各宪司，请于栝苍厘局，就铁捐内酌收婴捐钱文，岁可得五六百千缗，以

---

① （清）光绪《处州府志》卷之六《建置志下》第2页。

充经费。潘绍诒还动员北乡小安村监生何亿昌、何亿元兄弟重建育婴堂。

潘绍诒在丽水期间，也是大修处州地方志书的时期。

清光绪三年（1877）春，潘绍诒组织修纂《处州府志》，越十月而成书。该志共三十卷，卷首附旧序、纂修衔名、凡例、舆图；分封域志、建置志、祠祀志、学校志、古迹志、赋役志、武备志、职官志、选举志、人物志、风土志、祥异志、艺文志等分志，卷末附杂记。书成，潘绍诒撰写《重修处州府志序》。该志书为处州最后一部郡志，体例严谨，门类齐全，不失为历代郡志之精品。清光绪三年仲冬《处州府志》修成后，潘绍诒撰并书《重修处州府志序》。

潘绍诒在处州任上，其中所办的一件功在千秋的大事，除了倡修《处州府志》，还有要求各县编写县志。该志由同治年间丽水知县彭润章主持修纂，共十四卷。潘绍诒称此志："洪纤毕具，纠纪綮陈，要而能章，备而无冗。彼潜说友《临安志》、维端良《新立志》，不得专美于前矣！"[①]

清同治十三年十二月，《丽水县志》修成，潘绍诒撰并书《重修丽水县志序》。

潘绍诒除了组织重修《处州府志》《丽水县志》外，还指示缙云、宣平等县重修县志，并亲自撰写序言。

---

① 赵治中点校；丽水市莲都区史志办整理，丽水县志（民国版），方志出版社，2017.02，
第8页。

西泠名家陈璃

陈璃（1827—1906），字鹿笙，又作六笙、鹿生，号澹园。贵县（今广西贵港市）人。累知处州、杭州等府，擢湖南岳常澧道，升湖南按察使，历山西、四川按察使、四川布政使、护理四川总督印信等职。曾先后两次出任处州知府，与处州结下深厚情结。在处州的留世之作有《春登南明山》诗碑等。

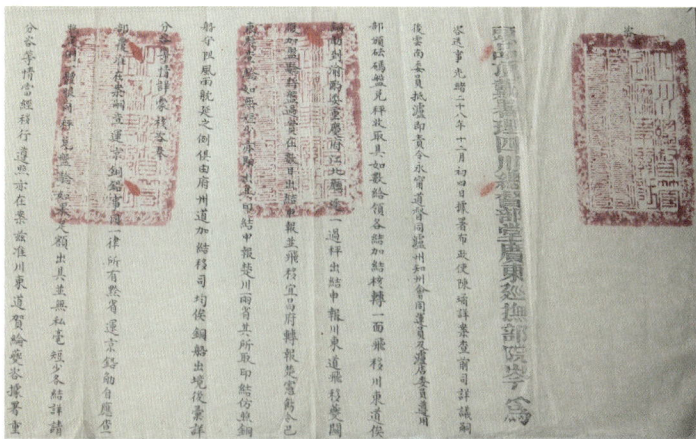

清光绪二十八年（1902）陈璃护理四川总督印信咨文（局部，民间收藏）

两任处州，剔弊兴利

在历任的清代处州知府中，陈璃勤政爱民，政声尤为突出。

陈璃第一次走马上任处州知府是光绪十三年（1887）的夏天，此时处州城正遭受洪水冲淹，城垣与门楼塌毁。年届六十的陈璃到任伊始，即踏勘城池，访贫问俗，了解百姓疾苦，他带领吏民修缮城池，恢复被淹田地；为缓解百姓的贫困，他还"筹开质库①以便民"；同时，修缮书院，"购书训士，加课选材"，②并为书院筹藏图书，以供生员披览；此外，他还举办了育婴堂，收养弃儿……

陈璃还把杭嘉湖地区先进的茶叶和蚕桑生产技术带到处州，"课茶桑以兴利"。③他从嘉兴购来桑树苗10万棵，让百姓免费领取去种植。

在杭嘉湖一带，妇女参与制茶、养蚕和织丝是平常事，但当时在处州，却"妇女鲜知织者"。于是，他打破旧习，让妇女学会制茶、养蚕和丝织，使我地区

---

① 按：质库即官办的当铺，兼营信用放贷。
② 丽水市莲都区史志办整理，丽水县志(民国版)，方志出版社，2017.02，第400页。
③ 丽水市莲都区史志办整理，丽水县志(民国版)，方志出版社，2017.02，第400页。

蚕桑渐兴，农民自此多了一条"救贫之良法"。陈璚在《调任杭州留别栝州诗八首》自注："栝民多贫，正在筹开质库以便民，并课茶桑以兴利，购书训士，加课选材遴焉。""栝俗妇女鲜知织者，蚕桑渐兴，勉习阙事，十年后，大利之所出，实救贫之良法。"①

陈璚第一次任处州知府仅两年，便被调往台州。由于陈璚在处州任上救民安民，多有善政，深得百姓爱戴，当清光绪十五年（1889）调守台州时，处州的百姓竟赶到府衙前拦住他的车子，不愿让他离去。

两年之后，陈璚再次回任处州知府。与前次来时正遇洪水不同的是，清光绪十七年（1891）的夏天，处州适逢大旱。陈璚车驾刚一到州府的那天，竟突然下了一场倾盆大雨，像是为他接风洗尘。处州百姓们欢呼雀跃，奔走相告，都说是这个重回的好父母官带来的甘霖。

陈璚是个才识超凡、风流儒雅的文士，因此，也特别怜才爱士。他非常重视人才的选拔与培养，为了解决处郡学府中书籍少而生员阅书困难的问题，他专门为莲城书院购买各类图书，对学习成绩优异的高才生，提供给膳食津贴，同时增添课目让他们展露才能。

清光绪十八年（1892），陈璚因治处政绩卓著而调补杭州任杭州知府。临行前，他满怀深情地写下了《调任杭州留别栝州诗八首》。充满了对处州父老"长揖栝山去，青青日萦思""双鱼相问讯，远寄厦河湄"的绵绵牵念。②

书画大家，西泠鼻祖

陈璚是一位工诗善画、书名冠时的名流，在政事之暇，不废文翰，雅兴流襟：

新除西圃秽，坐对南山陲。鸟助花间酒，蛩催竹里诗。

衙清常放吏，课懒偶笞儿。长日无余事，挥毫墨半池。③

这是他的《调任杭州留别栝州诗八首》之一。陈璚雅爱山水，常驰足南明山、白云山、万象山等名胜，吟诗寄情。诗中"南山"即指南明山，据作者自注："南明山在郭外五里，己丑辟署东小圃未毕调台，颜曰雪泥小圃，辛卯回任葺署西废园，颜曰西圃。莳花种竹，甫毕，又有杭州之行。"他酷爱书画，在公务之余经常："挥毫墨半池"，致使"乞书者众，老兴也乐此不疲。"④

陈璚在政事之暇，沉湎文翰，精工书法，兼画墨梅，自钟、王下迄赵、董，

① 丽水市莲都区史志办整理,丽水县志(民国版),方志出版社,2017.02,第400页。
② 吴克裘、吴志华主编,莲都历史人物,北京:中国文史出版社,2009年2月版第242页。
③ 丽水市莲都区史志办整理,丽水县志 民国版,方志出版社,2017.02,第400页。
④ 吴克裘、吴志华主编,莲都历史人物,北京:中国文史出版社2009年2月版第244页。

"莫不摸拟酷似，于宋四家尤得神髓。人争宝之"[1]。陈璚留下墨宝颇多。曾临写自魏时钟繇至明代董其昌诸多名家佳作，由张逸田刻石为《橅古斋法帖》，置于杭州西湖烟雨楼，时人因此对其"为湖山润色"之盛誉。晚年寓居杭州时，入西泠印社首批社员，事迹收入俞剑华先生主编的《中国美术家人名辞典》。《杭州市志·文化艺术篇》第五章第二节《书法》（《清代后期至民国，杭州书法名家代表碑刻》）收入陈璚的《重修沈山碧云寺记》《重修姜村席村二堰碑记》。陈璚手迹信札或刻匾、或碑刻镌石于各处名胜之地。虽历经浩劫，亦有诸多存世。如浙江温岭有行书"石华海月"刻于石塘天后宫西透天洞岩壁；宁波天台山瀑布石梁有"神龙掉尾"刻石；杭州西湖名园刘庄客厅悬陈璚对联："故乡亦有西湖，一半勾留，行窝且傍蕉屏石；旧宅尚留南海，三千里路，别梦应寻荔子湾"；杭州立庞公祠题联"圣代即今多雨露；故乡无比好湖山"；绍兴兰亭流觞亭有其对联："胜迹流连邻曲院；群贤觞咏继兰亭"；绍兴观瀑亭对联："十年生聚有今日；四时风景同古初"；嘉兴平湖有其对联："五伦之中自有乐趣，六经之外别无文章。"等等。

"行年八十似浮鸥，万斛尘缘死便休。但愿海波风渐息，家声不坠作清流。"[2]

这是陈璚在易箦之后，忽地坐起索纸作的绝笔，书毕即"投笔就枕，仍悠然而逝，来去自如。"经学大师俞樾叹"真异人也"。陈璚生平见俞樾撰《诰授光禄大夫、头品顶戴前护四川总督、威勇巴图鲁、鹿笙陈公八旬寿序》、民国《丽水县志》之《陈璚传》等文献记载。

另外，陈璚著有《随所遇斋诗集》，存《澹园吟草》一卷。

陈璚《春登南明山》诗碑

清光绪十四年（1888）春天的一个傍晚，陈璚踏青至南明山，游览南明山云阁崖、高阳洞和石梁，触景生情，赋诗以即，并吩咐勒诸与诗碑。

陈璚南明山诗碑立于丽水城南南明山石梁下。碑高157厘米，宽77厘米，厚约10厘米。无碑额。碑文正书，5行，满行16字，字径约8厘米。陈璚诗文并书丹。

陈璚《春登南明山》诗碑释文：

葛翁仙去也，何处觅丹砂。虹断石梁瀑，莺留山洞花。离文天奂象，丽景物增华。独立峰头啸，云开烂晚霞。光绪戊子春登南明山。

郁平陈璚作并书。

① 高涌芬,徐家祯著,山居杂忆,长江文艺出版社,2016.01,第454页。
② 张剑,徐雁平,彭国忠主编;俞樾著;张燕婴整理,俞樾函札辑证(上),凤凰出版社,2014.03,第27页。

葛翁仙去也何霞觅丹砂
虹剑石梁瀑鸢曲山洞花离
文天矣象飞景物增华独立
峯头啸云闲烂晚霞

先绪戊子春登南明山 缙平陈璚作并书

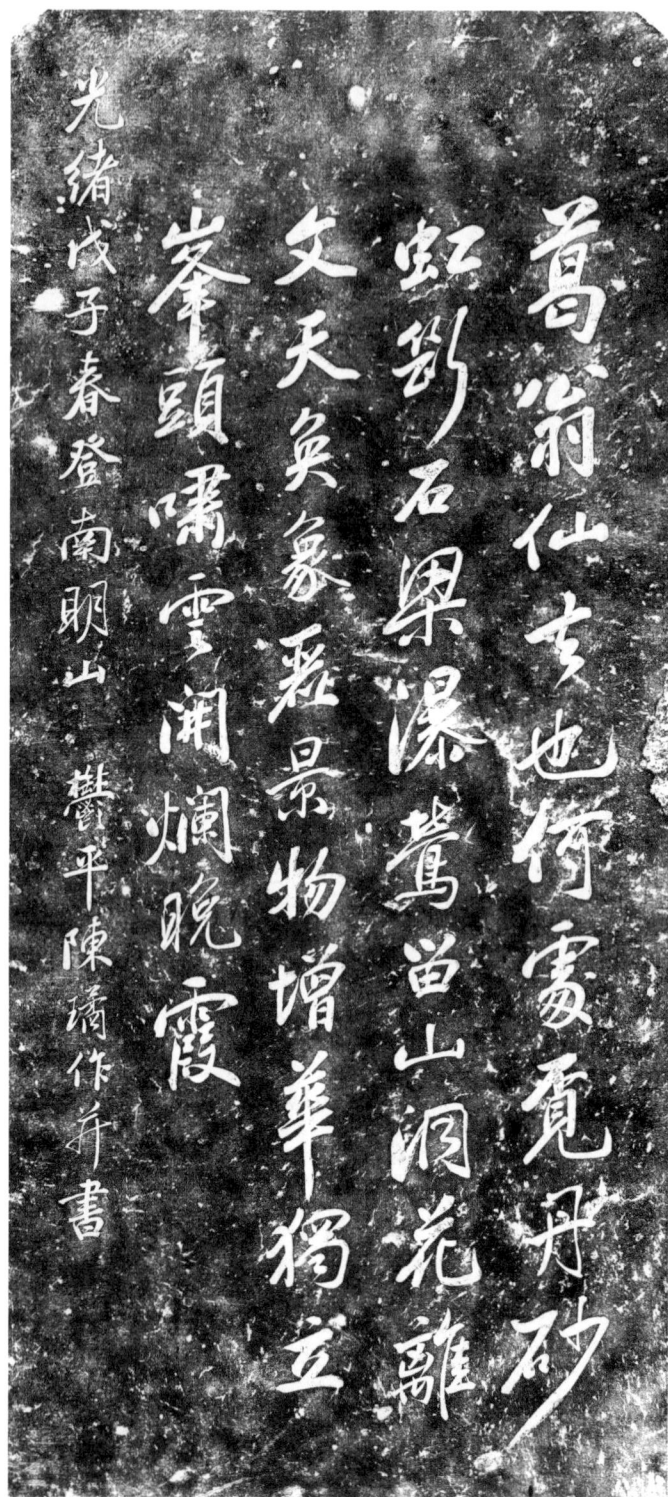

陈璚南明山诗碑拓片（吴志华藏）

陈璚《遗诏帖》行书立轴

陈璚《遗诏帖》行书立轴作品中"光绪壬辰秋",即清光绪十八年秋,是在处州与杭州任上,陈璚手抄米芾《遗诏帖》,也许是手抄此帖,寄情心中烦闷与不平。

陈璚《遗诏帖》行书立轴释文:

朝廷遣诏使,未离国门。诸监司纵横遣官,每司两三辈。交驰,体访按察,将迎旁午,诏使未尝到而郡县已不胜扰矣。未晓晓此岂朝廷德意?民之利病,州县利害。恬不恤,而点检钱物簿书,是何闲事?

光绪壬辰秋抄,陈璚书。

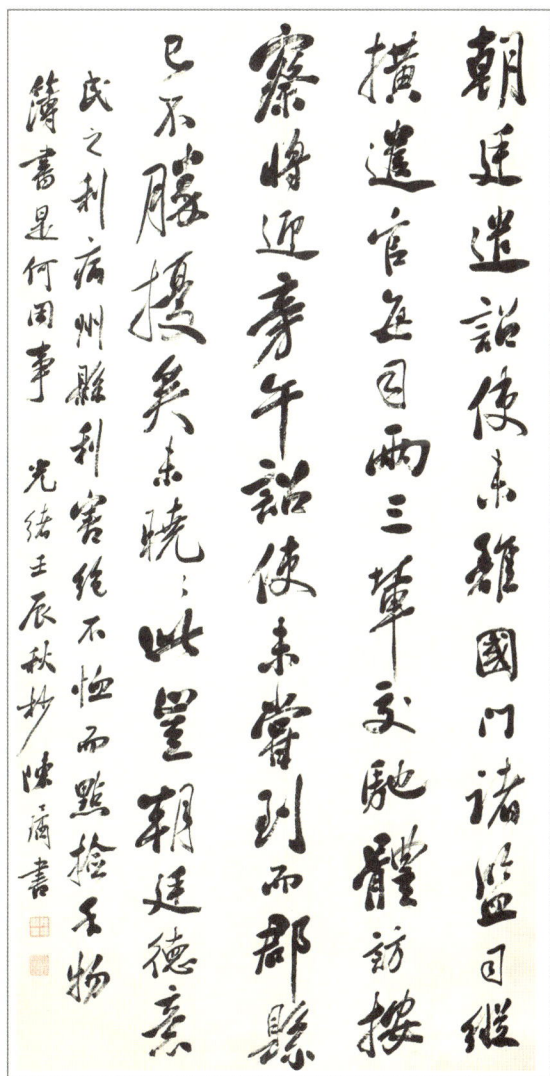

陈璚《遗诏帖》立轴,行书,水墨纸本,
141厘米×71厘米(民间收藏)

赵亮熙留碑南明山

赵亮熙（？—约1905），字寅臣，四川宜宾人。曾两度出任处州知府。清咸丰十年（1860）进士，分入工部，因没有空缺，一直不能补职，人谓之"苦守寒窑王宝钏"。直到清同治七年（1868）才补主事，后升员外郎。曾多次以部郎身份为主考官。清光绪十八年（1892）外放处州任知府，七月到任。第二年调知台州。三年后，即清光绪二十二年（1896）八月，台州知府任满，再次调处州任知府。载在处州任上，有赵亮熙《登南明山诗》碑、赵亮熙撰并书《处州府厦河堤障记》以及扇面、对子、匾额题字存世。

耿介清明的赵本府

赵亮熙"性刚直，风裁峻整，果毅有为"，文牍案卷必亲自披阅。"处理政务只求合乎情理，不拘泥于现成的惯例。传说他审理案件常常不在府署大堂上，而在府衙前面的广场上公开审判，起到警示、劝诫、教化作用。他常常穿着便服，不带随从，一个人走街串巷，了解民情。'遇勤苦者，辄加奖恤'。民间传说，某天，他在厦河门外铜牌桥边见到一块地的毛芋长得特别好，便询问正在地里劳作的那位农民，听了农民勤劳耕作、细心管理的介绍，便赏了他两块银圆。有个郊外的农民，每天一早挑柴进城卖，卖了柴挑一担粪肥回去，常常被赵知府碰到，每次都赏给他几文钱。这些事不胫而走，传为佳话。

赵亮熙关注教育，每逢书院课考，他把生员召集到府署，关门让每人写两篇文章、一首诗，第二天早晨交卷，他亲自校阅批改，评定等级次第。他劝勉生员力学必以敦品笃行为先。'训诲勤恳，无异父师之诏子弟焉'。处州距离省城遥远，每逢'宾兴'——清朝惯例，地方官设宴招待赴省应乡试的士人。一些贫穷的读书人，因没有路费，不能去赶考。赵亮熙设法为他们筹措路费，设宴为所有赴考之士饯行，'礼貌有加，士气咸奋'，增强了考生的信心和勇气。

赵亮熙'操守清廉，爱才若渴'，但是'严于嫉恶，见人稍不循礼法'，就当面斥责毫不宽容，因此，人们都忌惮他的威严。他管束和治理府中吏胥十分严厉，使得'蠹役奸胥望风敛迹'。"[1]

清光绪二十六年（1900）夏，瓯江流域各处连日暴雨，山洪暴发，河水猛涨。七月二十日、八月十日两次洪水淹漫府城，城厢内外水高数丈。东郊盆地和碧湖

---

[1] 吴克裘，吴志华主编，莲都历史人物，中国文史出版社，2009年2月版第246页。

平原基本绝收，"嗷鸿遍野"。赵亮熙紧急开启常平仓、预备仓和义仓，平粜、借贷、赈济，但仓廪全罄尚不能渡灾。饥民涌入府署。碧湖饥民将不肯平粜稻谷的财主戴高帽游街。赵亮熙向省台请求拨款向外地购粮，获准。于是"按户赈济，灾民赖以存活"。

赵亮熙受到近代维新思想影响，主张废科举办新学。他的宅第在酱园弄谭宅，房主谭献（1847—1912）为清末岁贡生，任圭山书院讲学，知识渊博，教学有方，两人过从甚密。赵亮熙鼓励谭献办学兴教，谭献听从知府意愿，首先在宅中举办私塾，教授文学、数学，开新学之先。清光绪二十八年（1902），赵亮熙改莲城书院为崇正学堂，比清光绪三十一年（1905）朝廷下诏"废科举，办学校"还早三年。

此外，赵亮熙还有许多利民之举，"如散借仓谷以惠贫民；广设义学，以端蒙养；除育婴之弊，浚堰工之利。善政宜民，莫可枚举。"

赵亮熙"守栝九载，颂声载道"。他的德才与德政远近闻名，行省抚院器重他的才能，他两次荣膺考核"卓异"。两任六年俸满，入京觐见，又命他回到处州任知府。终于因为生性刚直，不阿谀奉承，得罪了上司，但他德高才茂，无由贬谪，巡台只好以调省解其任。赵亮熙没有赴任行省。不久患病，在处州去世。"民思其遗爱，莫不痛惜焉。"[1]

赵亮熙《登南明山诗》碑

登上南明山，步入仁寿寺山门，抬头仰望，石梁上的摩崖石刻琳琅满目。在石梁下，竖着几块碑刻，其中有一方保存完好的石碑上，端正、秀丽的楷书字字清晰，常吸引不少游人驻足细细鉴赏，有的还会情不自禁地吟哦出声清光绪十八年（1892）处州知府赵亮熙的《登南明山诗》碑："光绪壬辰十月十三日游南明山仁寿寺。甫入门，见佛殿下两方池。如梦初觉，乃昔年梦中所常游玩者……"

此时须发已白的处州知府赵亮熙，首次登临南明山，竟发现这里曾经是他早年梦中常来游玩的地方。四川宜宾与浙江处州，山川阻隔，遥遥千里，梦境与现实竟如此相符，无怪乎会发出"事皆前定也"的感叹。从惊喜中人们看到诗人初来乍到就爱上这里了。他必然要为处州做些造福百姓的事了。流传至今的富有传奇色彩的赵本府传说，证实赵亮熙的确是位深受丽水人民爱戴的好知府。民间都称他为赵本府，但不知这称呼出自何典。如本文开头所引赵亮熙南明山碑诗所言，赵知府首次守栝，甫数月"匆匆又说向台州"，留下"辜负我民肫挚意"的遗憾。

① 吴克裘，吴志华主编，莲都历史人物，中国文史出版社2009年版第247页。

光緒壬辰十月十三日游南明山仁壽寺甫入門
見佛殿下兩方池如夢初覺乃昔年夢中所常游玩者可見凡事皆前定也爰戲題四絕以紀之
憑欄間玩水澄清卻向欄前更濯纓此境昔年曾入夢今朝石上證三生
閣閣簡樸古風留三月操刀乆遠猷章負我民肶摯意恩恩又說向台州
浮沈郎署卅三春同譜無多騰此身齒髮漸衰情未改問心不負是斯民光陰荏苒去如梭五十餘
年歷境多直到白頭方出守南明山土且高歌　宜賓趙亮熙未是草

赵亮熙《登南明山诗》碑拓片（吴志华藏）

然而再守梧州九载，以善政惠民，直至献身处郡，实现了"问心不负是斯民"的平生夙愿。可谓"事皆前定也"。

赵亮熙在南明山留下石碑，在民间留下口碑。[①]

赵亮熙南明山诗碑刻于清光绪十八年（1892），现立于丽水南明山石梁下，碑高181厘米，宽99厘米，厚约9.6厘米。无碑额。碑文正书，10行，满行20字，字径约5厘米。碑体完整，碑面平滑，文字清晰可识。赵亮熙撰文并书丹。

赵亮熙《登南明山诗》碑释文如下：

光绪壬辰十月十三日游南明山仁寿寺。甫入门见佛殿下两方池，如梦初觉，乃昔年梦中所常游玩者，可见凡事皆前定也。爰戏题四绝以纪之。凭栏闲玩水澄清，却向栏前更濯缨。此境昔年曾入梦，今朝石上证三生。闾阎简朴古风留，三月操刀乏远猷。辜负我民肫挚意，匆匆又说向台州。浮沉郎署卅三春，同谱无多胜此身。齿发渐衰情未改，问心不负是斯民。光阴荏苒去如梭，五十余年历境多。直到白头方出守，南明山上且高歌。

宜宾赵亮熙未是草。

赵亮熙撰并书《处州府厦河堤障记》

赵亮熙督造厦河水障图（熊远龙绘）

---

① 吴克裘，吴志华主编，莲都历史人物，中国文史出版社2009年版第246页。

处州府城厦河一带紧临大溪、好溪两水，暴雨季节常被浸漫。清光绪二十九年（1903）秋，赵亮熙首先捐俸倡修水障，并拨府库钱3000缗（每缗1000文，计300万文），组织民工修筑，水障建成，厦河民居、田地免受水患。是年九月，厦河堤坝成，赵亮熙作《处州府厦河堤障记》以记，并刻勒于石，立于厦河渡埠亭中。

清光绪二十九年（1903）《处州府厦河堤障记》碑原立于丽水城东南厦河埠，防洪堤改造工程中移至刘英纪念馆，后被丽水市博物馆收藏。碑高163厘米，宽82厘米，厚约9厘米。无碑额。碑文正书，10行，满行20字，字径约3.5厘米。碑体、碑座完整，碑面平整，字迹清晰可识。处州知府赵亮熙撰文并书丹。赵亮熙在处州知府中书法即为时人所称道，此碑当为赵氏书法中之精品。由此碑用笔结构特征可窥知，赵氏楷书当取法唐代欧阳询，其字中刻宫碑收紧，结字修长，用笔方中带圆，温润典雅。

赵亮熙《处州府厦河堤障记》释文如下：

赵亮熙撰并书《处州府厦河堤障记》
（藏丽水市博物馆）

处州府厦河堤障记（题）

行春门外五里许曰厦河村。村之前一水盈盈，环绕如带，曰洄溪。是溪也，阖郡之

冲要，九邑之咽喉，千山万壑之水奔而来者，至此一束汇合而赴瓯。迩者溪之南沙碛日高，溪之北田畴日陷，水为沙阻而流不畅，往往横决，贻患诸民。岁庚子夏，雨积日，山水暴涨，城厢内外，莫不抱其鱼之忧。越日水退，二三耆宿，思议筑堤障之，窘于赀，难以集事。予为捐廉以倡，于是郡之殷富亦踊跃乐输。岁辛

丑相度地势,经之营之,唯虑基址弗坚弗善,难垂永久,寸衷焦灼,会吕祖梦赉良法,遂谨遵之。由是鸠工庀材,创始于仲秋,蒇事于仲冬,凡三阅月而堤成,坚固完密,观者叹异。以为大水比来,得以庆安流而歌乐土者,莫非此堤为之障也;且以为非神力不及此也。堤自趾至巅,竖计四丈一尺,纵长二十丈四尺,横广十丈二尺,共支青蚨三千余缗。董其事者为捐局委员陆理闻继贤,盐局委员晏大使,同书贡生王国香、赵维城,监生王邦兴,生员王邦佐,例合具书于碑。

赐进士出身、花翎道衔、浙江处州府、前工部郎中、乙酉陕西、戊子贵州乡试考官;丙子顺天乡试、庚寅会试同考官、宜宾赵亮熙撰并书。

光绪二十九年岁次癸卯季秋月立石。

丽水职技院创始人萧文昭

清朝统治处州267年，先后有100位知府，其中当过三任的3人，当过两任的4人。萧文昭于光绪三十二年（1906）、宣统二年（1910）两度出任处州知府，是处州最后的一位知府。在处州任上，萧文昭变卖家产，新办处州教育，创建处州种植学堂，为近代丽水的教育事业倾注了极大的心血。

萧文昭（1862—?），字叔衡，一字君恳，号同甫，湖南善化（今长沙）人。清光绪二十年（1894）进士，授刑部代递主事（最低级司官）。清光绪二十四年（1898）六月十一日，光绪皇帝下诏宣布变法，史称"戊戌变法"。萧文昭是受维新派思想影响很深的知识分子，曾数次上书，建言实行新政，开办茶叶学堂，举办机器制茶厂，扩大茶叶出口，以平衡贸易逆差，深得光绪皇帝赏识。由于慈禧太后为首的顽固派发动政变，103天的维新变法，以改

萧文昭塑像在丽水职技院110周年校庆时落成

良派的流血牺牲而告终。萧文昭的建言也付诸东流。清光绪三十二年（1906），萧文昭被派到处州任知府。

萧文昭"鬻田兴学"

萧文昭到处州任知府的前一年，即清光绪三十一年（1905），清廷下诏"废科举，兴学堂"，丽水莲城书院改成的崇正学堂改为处州中学堂，就是丽水中学的前身。萧文昭到任后视察学堂，见校舍简陋，便捐赠银圆250元，扩建学舍，并创建种植学堂、阅报所和图书馆。又拨款令丽水知县黄融恩开办劝学所。处州所属各县，也相继开办学堂，但资金匮乏，十分困难，萧文昭遵照先祖父母、先父母"鬻田兴学"的遗训，写信给善化老家的亲属，叫他们变卖田产，汇来解湘平银1485两，全部捐出用来办学和充实图书馆。这一义举深得民众和省署称赞，浙江

提学使支恒荣认为萧文昭"摄篆处州，实心任事，提倡学务，不遗余力"，"仰承先志，由原籍变卖田产捐银补学，洵属难能可贵"。①奏请朝廷在其家乡建立牌坊旌表其先祖父母、先父母和萧文昭。

萧文昭撰并书《重修通济堰碑》

萧文昭来丽水前，通济堰曾两次遭受洪水袭击，堰坝、陡门被冲毁，因政局动荡，没有及时修复，堰渠淤塞，碧湖平原粮食连年歉收。清光绪三十三年（1907），萧文昭到处州后，急民所急，与丽水知县黄融恩计议修葺通济堰。他亲临堰区勘视，召集当地士民商议，并率先捐俸带动筹款。通济堰经过整修，恢复了灌溉功能。萧文昭又与丽水县丞、堰长等商议，在碧湖龙庙后建造三间西堰公所，作为堰长、堰董议事办事场所，并设神龛，祀奉对通济堰作出贡献的先贤，建造粮仓，储存堰租。随后又制定《通济堰善后章程》，刻石立碑（今存），完善管理制度。

清光绪三十三年（1907）《重修通济堰碑》碑原立于丽水碧湖通济堰龙庙内，20世纪60年代被温州市博物馆运走。碑高142厘米，宽78厘米，厚约9厘米。碑额"重修通济堰碑"，篆书，字径约10厘米。碑文正书，18行，满行48字，字径约2.6厘米。碑面平整，字迹清晰可识。此碑为首次著录。

萧文昭撰并书《重修通济堰碑》释文如下：

重修通济堰碑（额篆书）

处州十属，皆山也。无良田沃壤，深陂巨浸，足以蕃育五谷，阜生桑麻，十年前罂粟之植不多天，又无大灾，裰居民自给，然亦赖番薯玉米资生活，初无余粟，及邻境所产仅材木，岁入不及百万，盐布百货，皆自他郡。输入值适相当，故处民在乐岁已贫啬。

庚子甲辰，两次大水，连年歉收，编户一饱为难催科者，或日夕敲扑求足征额，饥枭于省，转海而达，辗运艰阻远者二金，致一石。丙午四月，文昭奉差往来丽云松遂间，咨询田夫野老，佥云："水利坏，岁比旱，穑用不成"。因沿大溪行，见龙泉、松阳两水合流，湍旱异常，因骇然曰："处之旱，责诸人；处之水，诿诸天。"嗟乎！官与民之蔽也，洎冬十月，权守是邦，下车之日，博考图志，求昔人牧郡之方，乃得通济堰焉。是堰也，始凿于梁天监中，引松遂大溪之水，分为四十八派，延袤七十里，灌田三十万亩。松水自□为堰渠与龙泉诸水合流，其

---

① 《丽水市教育志》编纂委员会编，丽水市教育志，浙江人民出版社，2015.09，第848页。

力稍杀，上流之田免冲决，则下流之水无壅塞。欲治大溪，先坊沟洫，凡处之水利，皆以此为准，通济堰尤卓卓大者。郡赋米三千五百石，丽水占两千五百，以食堰利。故唐以前勿可考已，自宋以来，守郡之能识，治体而勤民者，皆尽力于此率。二三十年或五六十年一大修，而以宋世范公成大所定。水则尤为农民遵守，不敢别刊，差其详，具《宋史》。国朝自顺治至道光，凡七修。同治中，与前守清公安，尝大加修导，舟楫畅行，近十年无人过问。堰水进函深仅尺许，沟港悉壅泥沙，久雨则涝，久晴则旱，膏腴变成瘠壤。上下履勘，倍知昔人修治之方。与近日乘灾之苦谋，所以重修之款无所出。乃电省宪，借官款千元，又循故事派亩捐，中丞张公、方伯信公、提学支公、廉访颜公、郡转崔公、观察贺公，胥嬲予言以十一月望开工，委丽水县丞朱丙（按：应是"炳"）庆董其役，百姓趋工若治其私，昼夜工作，用夫三万工，材木铁石之类，必求坚良。洎丁未二月望告成。复集三源之人，谋岁修于碧湖建报功祠，祀前之有功于堰名姓可纪者，官绅各自为龛，而乡之耆民亦得岁时萃集议堰事。天下事创者难，因者亦不易，不修浚即溃塞，旱干水溢，悉人事之未尽，天何尤哉。特锲诸石以告后来。是役也，三阅月而毕，用款二千五百余元，出纳之事，程督之方，绅耆皆朝夕在公官司亦各治其事，其名姓、职掌、舆夫、费用、出入均刻碑阴，使有所考云。

光绪三十三年夏五月，朝议大夫、升用道署、处州府知府、前充会典馆协修兼画图处详校、刑部主事、善化萧文昭记并书。

萧文昭于清光绪三十三年（1907）八月离任。三年后，即清宣统二年（1910），九月，再次来处州任知府，并兼丽水知县。这时，腐朽的清朝已经穷途末路，走到尽头。清宣统三年（1911）10月10日，武昌起义成功；11月初，浙江宣布独立；11月25日，吕逢樵从缙云壶镇率领光复军光复处州府城。萧文昭作为最后一位处州知府，随着清朝的灭亡离开处州。他虽怀爱国、惠民、济世之心，很想做一番事业，但生不逢时，仕不逢时，壮志难酬。[1]

---

① 吴克裘、吴志华主编，《莲都历史人物》，中国文史出版社，2009年版，第251页。

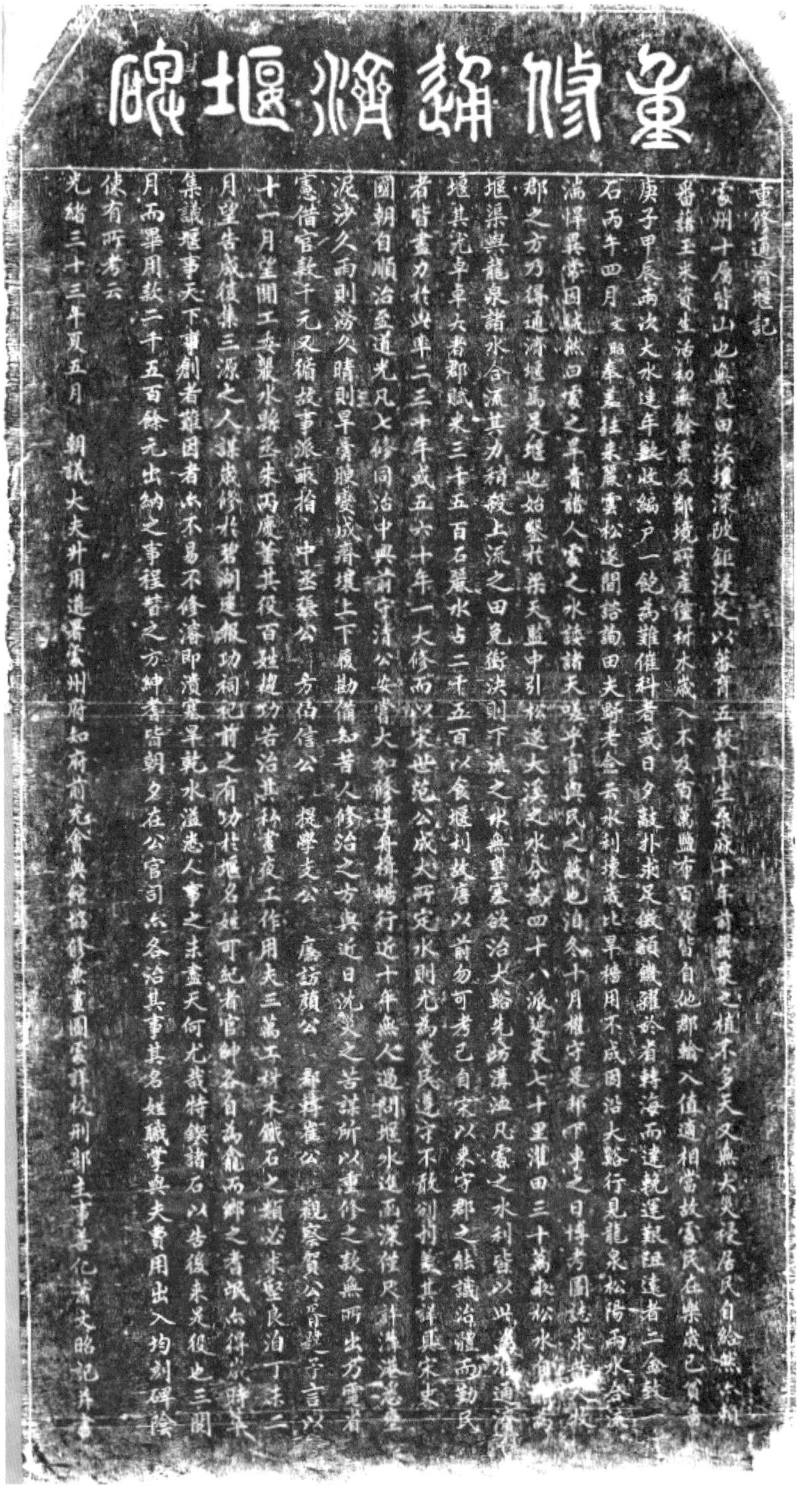

萧文昭撰并书《重修通济堰碑》拓片（温州市博物馆藏）

造福乡梓的孙寿芝

孙寿芝（1856—1930），字兰友，居丽水县城内三坊口孙家弄，祖上于明朝中叶自江西辗转迁至丽水定居。孙寿芝父亲雅好诗书礼乐，曾中秀才，在地方上颇有声望，孙寿芝系其独生子。孙寿芝幼年丧父，赖母亲谭氏含辛茹苦，抚养孙寿芝长大，盼能成才，为国家所用。孙寿芝不负所望，奋发读书，终于取得功名，只因日夜苦读经书，终致两眼近视，青少年时即以文名冠乡里，博览群书，诗文下笔立成，才气横溢。

1921年孙寿芝与省立第十一师范学校同仁在万象山烟雨楼前的合影并题跋

孙寿芝天性仁厚，事母纯孝，道德学问为乡里所尊重，被举为孝廉。清光绪十九年（1893），孙寿芝中恩科举人，历任仁和（今杭州）、瑞安、新昌等县教谕。光绪二十四年（1898）戊戌变法失败，孙寿芝于光绪二十六年（1900）卸职回乡。回乡时，两袖清风，仅书囊一担而已，深得当地士绅的爱戴和去思。

回乡后，孙寿芝致力于发展地方教育。光绪三十三年（1907），联合地方士绅，集资创办处州初级师范学堂，学堂分完全、简易两科，有学生100多人。次年，孙寿芝被委为处州师范学堂学监（校长）兼教国文读经老师。

处州军政分府光复纪念银章

处州民政部长之印

宣统三年（1911）10月武昌起义爆发，12月，处州革命党人积极策应缙云人吕逢樵率革命军光复府城，地方士绅为免战乱之灾，推举孙寿芝为代表，说服驻丽水城的清军管带李茂青放弃抵抗。孙寿芝与教员陈子俊等人，带领学生配合革命军的行动，积极在处州城开展革命宣传。处州光复后成立处州军政分府，吕逢樵任都督，孙寿芝被推举为民政部部长，孙寿芝改革了许多旧规陋俗，为民众减轻负担。

民国元年（1912）2月军政分府撤销，孙寿芝在省立第十一师范学校（原处州初级师范学堂）讲授国文、经史达十余年。这一时期，他服务桑梓，热心公益，喜为乡民排解纠纷，为人所敬仰，为地方人望、士绅领袖，获大总统黎元洪褒题"无言人间"匾额，知事陈赞唐赠送"经师人师"匾额，知事李钟岳赠送"乡国垂型"匾额，举城为之庆贺，在三坊口搭起彩色牌楼，在街道上空铺起彩布，悬灯结彩，演戏祝贺，盛况空前。

孙寿芝为人忠厚，为乡人所敬仰。民国初年的一天，处州师范学堂的学生在三坊口文昌阁看戏，与保安队几名徒手士兵发生冲突，士兵受伤后，赶回队整队持枪来校报复时，孙寿芝闻讯立即邀同县知事李钟岳，先期到校关住校门，二人站立校门口，向士兵多方劝阻，得免一场大祸。有一年丽水发生大水灾，孙寿芝陪同知事李钟岳到受灾地区慰问灾民，并发放救济物资。

1924年夏，丽水县议会推聘孙寿芝为《丽水县志》总纂，孙寿芝在清同治十三年（1874）《丽水县志》的基础上进行增修，新增学校、工商业等新时代内容。孙寿芝细心校核、一丝不苟，1926年春成稿付梓，成为民国时期丽水县唯一的一部县志。

孙寿芝平时好饮茶，嗜爱花卉金鱼，并练就一手好字，平时喜做诗词书赋，每年年初一，必以红纸书写"元旦开笔，诸事大吉，老小平安，合家有益"十六字，并作诗一首。他常与地方士绅研究诗文、为人做寿序墓志、铭联对，并应付慕名求写对联条幅，其热情好客，每日访客络绎不绝，故书斋常告满座。

孙寿芝从教数十载，桃李满浙南。但因其不治生产，早年刻苦读书，筹办学堂，又生养有四子三女，家中需费浩大，晚年靠变卖家产度日，所以年近七十，还是坚持赴学校教书，以薪金养家，后来终因年高退休，校方为体念其家庭困难，每月赠送其薪金，酬谢其创办学校之功。

孙寿芝于1930年左右逝世，享年七十多岁，安厝于丽阳门外，出殡之日，地方官员士绅亲朋戚友都来执绋，黑纱白花，气氛庄严肃穆。孙寿芝的一生勤学苦读，为官清廉，办学兴教，热心乡里，一生造福乡梓，为后人所敬仰。

工艺美术家阙伊

　　阙伊，字十原（石原、石源、十源），丽水县城人，出生于清同治七年（1868），父亲阙艮儒，祖居丽水县水东乡净水村，后徙居丽水县城宋衙基（囿山北麓，现金汇广场处），以种菜为业。阙伊多才多艺，其作品纯朴自然，独具一格，在山水人物绘画、麦秆贴画（又称麦草画）、金石篆刻、摄影等方面多有建树，集摄影家、革命家、美术家于一身。其一生经历丰富，早年赴上海学习摄影术，是丽水目前已知最早的摄影师，后留学日本，回国后从事推翻清朝的革命活动，又参与南洋劝业会和美国巴拿马万国博览会的筹备工作，编辑出版多部图书。

阙伊在自家花园内的留影（摄于民国初年）

沪上习影　开创先河

　　阙伊从小喜爱美术，勤于学习，无论哪种艺术形式都乐于尝试。西方摄影术自1839年发明以来，先后传入香港、澳门、上海等地，阙伊以敏锐的艺术嗅觉，对这个新式的西洋艺术形式颇感兴趣，于是，自费赴上海习得摄影技术，并购回照相器材，于清光绪二十四年（1898）回丽水，在自家菜园内砌花坛、堆假山、

阙伊"涤古斋"画室旧影

栽花木，取名"阙园"，设"涤古斋"画室，建摄影房，从事摄影业务，开创了丽水摄影业先河，是现今所知丽水最早从事摄影者。

据曾在丽水莲城书院就读的青田人刘耀东在《疚庵日记》中回忆，当时22岁的刘耀东在丽水拍摄了自己人生的第一张照片，而给他拍摄照片的摄影师就是刚从上海学习摄影技术归来的阙伊。

"光绪戊戌（1898），余年二十二，读书莲城，丽水阙石原（阙伊）自沪上习摄影术归，为余照半身小照，是余生平第一次之写真。"

1921年，阙伊在自家花园建房时，亲自上脚手架为新房外墙绘装饰画，不慎意外坠地去世，由其次子阙铭（字孔苏，又名阙肇贵）继续从事照相业务。

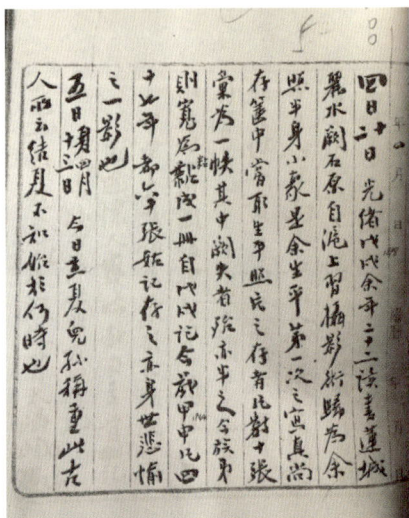

青田人刘耀东在《疚庵日记》中关于阙伊与摄影的记载

274

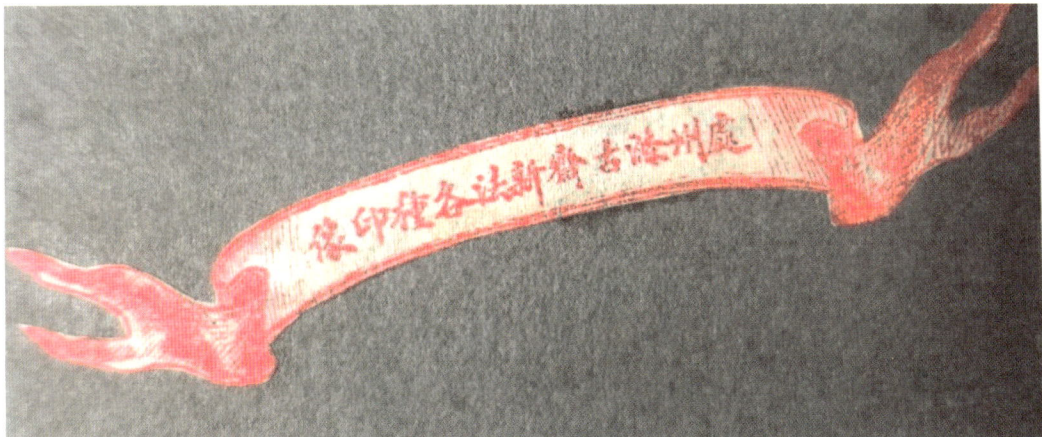

涤古斋画室（照相馆）拍摄的照片底板上贴有"处州涤古斋新法各种印像"字样的广告

留学东瀛　投身革命

光绪三十年（1904），阙伊受丽水利用织布学堂聘请，派遣其赴日本东京工业学校学习工艺设计。在日本期间，受秋瑾、徐锡麟等革命党人的影响，加入光复会。

光绪三十一年（1905）（一说1906年），阙伊毕业回乡，与一同留日归国的丽水人陈达，以及与丽水城内知识分子谭献、何子华、阎逊斋等以兴办实业为名，在府城东南城墙脚边的法海寺开办利用织布公司，作为秘密联络革命的机关。光复会会员魏兰（云和人）、阙麟书（丽水碧湖人）、龙华会缙云分会会首吕逢樵（缙云壶镇人）等常以"合伙人"的身份在这里进行革命活动。他们常与处州中学堂教员叶庆崇、吴朝冕、项华黻及崇实两等小学堂教员李平、刘廷煊、王庆槐等在此商议发展革命力量，发动武装起义事宜。光绪三十二年（1906），阙伊、陈达等又在利用织布公司旁的关帝庙创办丽水体育会，该会与徐锡麟创办的绍兴体育会

利用织布公司旧影（20世纪70年代）

有密切联系，丽水体育会招收了一批有志青年，一面教授体育技能（也秘密传授军事技能），一面进行革命思想教育，训练和发展处州所属各县的革命力量。光绪三十三年（1907），徐锡麟、秋瑾筹划的浙皖起义败露，两烈士赴难后，清地方政府侦悉杭州、丽水体育会与光复会有关，遂令其解散。

清宣统元年（1909）春，魏兰派光复会员张伟文（字蔚斋，云和人）回国策动起义。张伟文与阙麟书（丽水碧湖人）、徐仰山（龙泉人）在杭州羊坝头张顺余烟店密谋浙江起义，商定由张伟文去乐清县策动黄飞龙等首先起义，丽水阙伊、魏兰等组织义师在丽水响应，待杭城清军出击温、处（丽水）二府时，阙麟书、徐仰山等乘机袭击省城的巡抚衙门。但不幸起义计划被叛徒告密，张伟文去温州，船抵江心寺即被温州巡防统领梅占魁逮捕，阙麟书、徐仰山也先后在杭州被捕。因此，阙伊不得不避走他乡。

钻研美术 扬名海外

阙伊美术功底扎实，早在其留学日本期间，利用麦秆创新艺术形式—麦秆贴画（又称麦草画），据姚棻《阙氏石源新制之麦草画》（《南洋商务报》1908年第44期）一文介绍， 阙伊曾制作了一幅麦秆画山水长卷，约10寸长，6寸宽，在东京劝业博览会展出时，颇受好评，后被一美国人所看中，以30元购去，这在当时已是不低的价格。求购者纷纷要求其再制作一些，但阙伊当时忙于学业，而无暇创作。该文作者姚棻对阙伊的麦草画技艺也给予了高度的评价："麦草画……乃阙氏石源新发明者也。"其制作方法为"选一种洁白纯净之麦草，以刀剖刻成人物山水鸟草虫，并正草隶篆各书，以坚韧之胶粘贴，已裱元缎上，外罩以玻璃挂镜，经久不脱，其笔法之挺秀，刻工之精巧，较之古名人用池清堂作泥金书画者不多让，而镂金错采，光怪陆离，则又过之，洵一时绝技也。"

清宣统元年（1909），阙伊在南京

《菊花蜘蛛图》阙伊1918年作
（丽水市博物馆藏）

两江督练所教练处担任绘画主任时，又制作了一幅长约18寸、宽约13寸的《木兰从军图》，图中的花木兰"英气飒爽，光莹豁目，见之者莫不赞美"。惜阙伊的麦秆剪贴画作品存世极少，仅见其1918年中秋所作的《菊花蜘蛛图》，现收藏于丽水市博物馆。

清宣统二年（1910），清政府在南京举办南洋劝业会，历时达半年，共有中外30多万人参观。该会是中国历史上首次以官方名义主办的国际性博览会，青田人陈琪被委为坐办，具体负责筹备工作，又在南京设劝业会事务所，具体负责筹办运作。阙伊被聘为南洋劝业会美术主任，并组织成立了美术研究会。

南洋劝业场正门牌楼，阙伊绘，选自《南洋劝业会场图说》（1910年）

1913年5月24日，大总统袁世凯任命青田人陈琪为赴美赛会监督兼筹备巴拿马赛会事务局局长，阙伊因在美术方面的造诣和参与南洋劝业会的工作经验，再次被委以重任，参与展馆的装潢陈列事宜。1914年阙伊赴美开展前期布展工作。1915年2月20日，巴拿马万国博览会在旧金山开幕，阙伊担任中国代表团的图画员，负责以写实绘画形式记录各展馆建筑和新奇见闻。

阙伊一生珍惜时光，勤于创作，且较有经济头脑，编著有多部畅销图书，并参与众多图书报刊的插图绘制。主编《南洋劝业会场图说》《美国名胜丛画谱》；绘制《明太祖孝陵图》《芥子园画传四集》；著《巴拿马万国博览会调查实记》，为《南洋兵事杂志》《新出工尺京调谱》绘制插图。

端木彧呕心沥血编《处州丛书》

端木彧（1871—1940），丽水县城人，字梅邻，原名端木彬，后改名端木彧，乳名绍箕，是孔子弟子端木赐（即子贡）的七十六代后裔，为清廪贡生。清同治十年（1871）生于丽水县城内一书香人家，其父名芳，字春圃。兄弟三人，端木彧居长，二弟端木彰，字善夫，乳名绍裘，三弟端木彦，字楚璜，乳名绍贻。处州光复后（1911），端木彧曾任处州军政分府秘书。

1924年，端木彧与处州同乡青田徐则恂、丽水章阁同在杭州为官，三人兴趣相投，对古籍图书都颇有研究，每在工作闲暇之余，辨谕古籍。端木彧、徐则恂、章阁有感于"吾栝宋元以降，人文蔚起，明初四先生，栝居其三。政治文学，炳耀今古"，为"存梓乡精粹，庶后起之人有所观感"，同时有感到古代处州乡邦名彦虽著述颇多，但许多著作因年代久远，多有失散，遂决定共同搜集处州十县乡贤著述，重新刊印，以留来者。

徐则恂（1874—1930），字允中，号东海，青田县城人。早年，曾留学日本，加入光复会，投身革命。徐则恂酷爱藏书，在杭州购地建有藏书楼，并以自己的号为名，称东海藏书楼，藏有古籍5万册，编有《东海藏书楼书目》，其中关于处州乡邦名彦的著述颇多。章阁，字叔言，别名章巨摩，丽水人，肄业于浙江武备学堂，专于诗文，为南社社员。

三人为搜集处州乡贤著述不遗余力，多方搜寻，如能找到原刊本，则花钱购之，无刊本者，如四库全书有收入，则雇人到浙江省图书馆抄写文澜阁藏四库全书。历经数年，共收集宋至清代乡邦文献40余种，共分百册，编为《处州丛书》。成稿后又先后邀请富阳夏震武（又名震川，字伯定，号涤庵，富阳灵峰里人，同治十三年进士）、金华王廷扬（字孚川，金华蒲塘人，清光绪二十四年进士）、黄岩喻长霖（字志韶，黄岩县焦坑仙浦喻人，清光绪二十一年榜眼）三位饱学之士给予审订。1925年10月，由喻长霖先生撰写《处州丛书》的序言。

万事俱备，只欠东风。因刊印《处州丛书》的经费一直无着，而无法付印。这时，正值青田人夏超任浙江省省长，端木彧经与夏超商议，夏超答应为其筹措经费。人有旦夕祸福，1926年10月，夏超兵败被杀，资金之事遂告吹，所编丛书半归沦胥，原一起同编丛书之人，青田徐则恂、丽水章阁也因各自之事，而四处星散。

　　1930年，端木彧解职归乡。所幸的是，其一直保存着《处州丛书》副本，得以带回丽水老家，并给自己的居所取名为"退补斋"。面对功亏一篑，数年的艰辛付诸东流，端木彧先生发出了"是书之成，既艰苦采集，复苦于经费，经费成而阻于政变，得毋乡先贤哲文字之灵，终遭忌于大造耶。功败垂成，良可慨已！"的长叹。

　　正当端木彧还在为数年艰辛付诸东流而伤感之际，1932年，浙江省第二特区（丽水）县政督察专员公署专员姜绍谟的到任又让他重新燃起了刊印《处州丛书》的希望。端木彧抱着一线希望，将仅存的《处州丛书》书稿副本送专员姜绍谟鉴赏，并讲述了搜集、编辑这套丛书的经过和艰辛，姜绍谟答应设法为其筹措印刷资金。这让端木彧重燃起了刊印《处州丛书》的希望，他不顾自己年迈体弱，不惜殚竭精力跋涉省城杭恒，重新到浙江省图书馆抄写那些缺失的书稿。如今故地重游，可当年一起搜集《处州丛书》书稿的同乡好友徐允中和章阊，都已不幸作古，只剩下端木彧一人独自去完成这未完成的使命。

　　1933年4月2日下午，在专员姜绍谟的主持下，借用丽水燧昌火柴公司燧园内的颐庐，召开了筹备刊印《处州丛书》会议，参加会议的有旧处属各县的县长，如丽水县长丘远雄、景宁县长吴吕熙、松阳县长李裕光等，又有各县士绅代表，如丽水县的周昭德、毛管封、龙泉刘子才等。会议决定由端木彧担任刊印《处州丛书》筹备处主任，筹备处分设采访、审定、校对、经理四股，借用燧昌火柴公司的遂园为办公地点，采取各县分认印费，各县县长和士绅分头动员认购的形式给予解

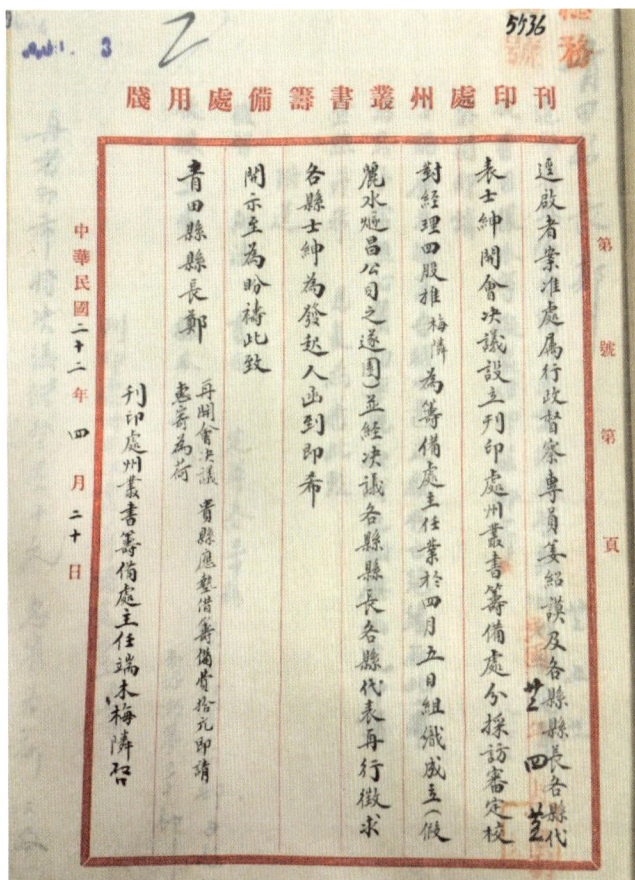

刊印《处州丛书》筹备处印发的《启事》（1933年4月）

决经费，并由各县县政府垫借十元，作为筹备费。刊印《处州丛书》筹备处成立后，向各县印发了启事，刻制了"刊印处州丛书筹备处"章，印制了专用信笺。

为筹集刊印经费，筹备处采取了预付费的方式，印制了《预约券》，分头动员认购，每部书的预约价为30元，先付10元作为订金，发给《预约券》作为凭证，等书刊印后，凭证取书，再行付清余款。原本计划当年7月底结束预约，但实际却只发出《预约券》30余份，筹集到的资金远远少于预想。为此，筹备处于8月2日再次召集各县发起人在遂园开会讨论，决定各县需平均预销三十部，第一期印费未筹集到位以前，由各县政府先行垫

筹备刊印《处州丛书》会议记录（1944年4月）

付100—200元，待该县征募到资金后归还。每个县聘请征募主任一人，征募员若干人，以加强征募的力量。

处州刊印《处州丛书》之事，引起了省内文化界的关注，1933年《浙江图书馆馆刊》第2卷第4期以《刊印处州丛书近讯》为题，报道了《处州丛书》的进展。该刊第6期，刊印了由端木彧撰写的《处州丛书》序目。

天有不测风云。经过数年的筹备，正当《处州丛书》准备刊印之时，1937年，抗战爆发，而当时，《处州丛书》仅印就目录和序言数页。书稿存放于丽水县民众教育馆。这年，端木彧老骥伏枥，在国难当头之际，出任龙泉县县长，直至三年后的1940年去世，直到此时，其奔波操劳半生的《处州丛书》，终未刊印完成。

更为不幸的是，《处州丛书》书稿，后来在战乱中竟不知所终，一说为1942年，丽水城被日军占领，书稿被战火所焚，另一说为城失陷前，已将书稿迁放乡间，后因保管不善，而散失一尽。

280

至此，历经近20年搜集整理的《处州丛书》，历经两起两落，最终还是消逝在战火之中。无数人的心血亦毁于一旦，怒哉！悲哉！惜哉！

　　根据现存的1933年《浙江图书馆馆刊》第2卷第4期上刊印的《〈处州丛书〉序目》一文中附录的《处州丛书总目》，全书共计划收录处州从宋至清代的乡贤著述40种，循四部为序，共分百册。其中传钞文澜阁四库全书的有11种；另有虽列入书目，但未找到刊印本，又暂时未抄录的有4种，分别是宋郑汝谐的《东谷易翼传》和《论语意原》、宋叶梦得的《石林燕语》、明刘宣主编的明成化《处州府志》。

　　时值太平盛世，文化昌盛。近年，丽水市政府启动《处州文献》丛书出版工程，整理出版包括地方史志文献、处州先贤的经典著述文献，端木或的未尽心愿即将在新时代得以实现。

教读终世的高鹏

　　清末民初，碧湖保定村有个知名人士，名叫高鹏。他博览经书，才学兼优，不慕名禄，甘作布衣，创办教育，热心公益；关注民艰，乐善好施，是一位受人尊重的乡绅。

　　高鹏（1874—1931），乳名荣才，又名蓬仙，号拙园，清同治十三年（1874）出生于保定村。父亲是个皮匠，靠替人制作皮靴为生，母亲叶氏长年累月患病服药，加上弟妹又多，因之家境贫寒。但他天资聪慧，且刻苦寒窗，好读诗书。12岁那年，他郡试秀才，一举夺魁，为优贡廪生。因父亲病丧丁忧，未进省赶考。

　　清末废科举后，高鹏为浙江省法政专门学堂校外毕业生。光绪三十三年（1907），与吕调阳等目睹保定人多村大，经济贫困，村民子弟无力外出求学，便筹措学田，在悟空寺创办了"植基两等小学堂"。他亲兼教席，主讲文史，与校教师谆谆善导，每届毕业生参加县里

高鹏像

会考都名列前茅，并创连续5年全县毕业会考第一的纪录。因此，处属10县人士纷纷送子弟来这乡校学习。他还创作了《处州地理歌》《保定高等小学校校歌》等，教学生们唱。高鹏自任校长兼教席，培育高小毕业生24届，1924年至1931年，在家办中学复习班7期。高鹏毕生从教，学生达3000余人，桃李满处州。

　　清末，松阳象溪有位进士叫高焕然，曾出任广东长宁、灵山知县，后来又担任钦州、直隶州知州。他对高鹏的才学人品甚为赞赏，常与以其诗文相切磋。有一次高焕然亲临保定高小，邀请高鹏到广东任事，可是高鹏不愿入仕为官，并作诗婉谢，其中两句是："平生不慕朱门贵，耕种自还读我书。"

　　高焕然见他无意官场，又愿引为同宗，邀请高家入象溪高氏宗祠，并赠族租51亩，以作族祭，高鹏也淡然谢绝。

　　民国初期，松阳籍北大毕业生何联奎和进士老乡高焕然为栝苍的"栝"字争

碧湖保定村的高鹏故居

议，高焕然说"栝"应从"木"，当为"栝苍"；何联奎则力争从"扌"，当为
"括苍"。二人争议不一，打了很久的笔墨官司，请高鹏做仲裁。高鹏旁征博引，
以令人信服的历史依据和雄辩阐述，论证了"括苍"之"括"不应从"扌"而应
从"木"为"栝"字，还为此专门写了一篇《栝括商榷书》的文章。

高鹏好学，不但工于文史诗书，且谙熟法律，他常在教课余暇替人书写诉状，
以补贴家用。由于他文思缜密，笔锋犀利，肯为人解忧排难，故名声鹊起，近邻
乡邑的人都愿找他写诉状。各县一些读书人来到他家里，向他学习法律和诗文。
民国初年，全国征文比赛，他撰写《虞美人传》，荣登奖榜。

高鹏对地方利病、民生疾苦极为关注。孙中山领导国民革命，推翻清朝建立
民国后，开展解放缠足、剪除发辫运动，他皆积极响应，以身作则带头剪去长辫，
让女儿带头解足，并对学生极力宣传。

他非常识赏孙中山"平均地权""耕者有其田"的主张，率先对自己的出租田
亩执行"二五减租"规约，并积极为佃户争取权益，倡导保定村收租的秤斗统一
改成标准的秤斗，还动员全村财主对佃农进行"二五减租"。因而，被推为西乡佃
业理事会理事长。是年，丽水县署陈绍寿和随从来保定村收官租，高鹏对其门生
谢泽良说："你到五显庙看看陈绍寿来村收官租有否执行'二五减租'，如果还未
执行的话，你把他的租簿拿来。"谢泽良照着高的嘱托，走到五显庙向陈绍寿借来
一看，果然仍照原额收租。谢泽良就拿了这租簿交给高鹏。翌日，高鹏来到县署
据理力争："孙中山先生领导国民革命，推翻了清朝，建立民国，实行三民主义，

拯救农民于水深火热，推行'二五减租'旨在减轻农民的重租剥削，官署应先实施，为何不遵令减租呢？"经高的交涉后，县署也实行了"二五减租"，大大减轻了农民的负担。

民国初期，保定一带林光山秃，植被破坏严重，村民缺柴引炊，甚至连笼衣、松毛都要往十多里路外的砻头嘴、岭下、大林等山区采砍。高鹏积极组织集体造林活动，还集资发展蚕桑和果园，恢复了生态。

高鹏乐善好施，他筹集资金在大港头、保定、石牛等渡口添设日夜渡、修建凉亭，为过往的村民提供便利。他还对孤独无依者倡建施舍、对无力求学者倡建助学金，资助他们入学，以及提出禁溺婴等，皆有德于乡里。为此，丽水知事李钟岳赠以"望重儒林"匾额一方，悬其堂中。

高鹏颇具文才，工书法、善楹联。一年，堰后村在云和、松阳、丽水三县交通要隘的村口建造了一座凉亭，村绅请了高鹏和玉田、小岗的文人秀才、贡生，要求结合堰后的地理环境为这亭作楹联。秀才、贡生个个抓耳挠腮，无人下笔，高鹏略思片刻，便欣然命笔：

树中云接云中树，山外溪连溪外山。

此联不但吻合情景，还可倒读，大家连声叫绝。不久大港头渡船埠建亭，也请高鹏书写亭联，高鹏环顾四周，只见对岸保定六和圩树木苍翠可爱，瓯江上游的龙泉港和松阳港两股溪水汇合于大港头，见景生情，提笔挥就：

六和树色千重翠，两港溪流一径通。

书罢，大港头满街人士拍手叫好。后来保定下保村口建造凉亭供人憩息，也请高鹏书写亭联。保定是个大村，村落辽阔，人口众多（1500左右），但经济并不富裕。当时流落来村里的乞丐甚多，村民给之，乞丐往往嫌少要多，难以应付，而村中又有赌博之风。高鹏结合村情，便在亭的门口撰写楹联：

虽是大村却无富户，欲成善俗须少闲人。

高鹏学识丰富，教绩卓著，生平不慕名禄，教读终世。著作有《虞美人集》《拙园文集》《拙园偶存》《哭佛》等。还曾参与编纂《丽水县志》和《通济堰志》。此外，他曾有寿序、墓志、楹联、婚启、祭文等小楷手稿数卷遗世。惜在"文化大革命"中毁失。现今堰头村口文昌阁前高鹏撰并书的一块碑尚存。

军事理论家端木彰

端木彰（1880—1948），字善夫，丽水城内营房弄人，民国中将。清朝末年，端木彰先后在江南陆军小学堂、日本陆军成城学校、日本陆军士官学校第六期步兵科、日本陆军大学第十三期毕业。清光绪三十三年（1907）冬，端木彰毕业回国。历任江南陆军第一师步兵营长、支队长，宁波绥靖分处军务科科长等职。

民国元年（1912）12月，任保定陆军军官学校第一期战术教官等职，1914年12月，任北京政府陆军部编练处督练官，陆军部科长等职。1918年夏，考入日本陆军大学，1921年10月，毕业回国，历任北京陆军大学兵学教官，1925年，任陆军大学步兵科科长，授少将衔。1927

端木彰

年10月，参与在南京复办中央陆军军官学校事宜，1928年3月，任南京中央陆军军官学校第六期教授部少将副主任，第七期军校办公厅编译科科长，兼任高级编译官等职，1930年10月，任南京国民政府参谋本部编审委员会委员等职，国民政府军政部中将研究部副主任。

端木彰为人忠厚，大家都称他是个军界道德先生。端木彰身材魁梧、有老佛祖的长眉，有四大金刚的眼神，像刘备那样，两耳垂肩，是军界一位标准仪容，使人肃然起敬，但一开口，乃文质彬彬，完全是个学者的态度。他的军衔虽是将官，但从未带过兵，打过仗，一生做幕僚及从事军事编审工作，是军事学家。编译有《欧战最新改良军事丛编》（南京共和书局1929年5月出版，全书32开658页）等，编著有《步兵炮阻击炮迫击炮操法》（北京武学书馆1926年8月出版，全书有图像及表32开74页）等。[①]

端木彰一生最为辉煌的时期就是代理中央军事学校校长期间。端木彰是位军界前辈，蒋介石对他也尊敬三分。蒋介石兼任中央军事学校校长时，他任编审处处长。有一次蒋介石下野时，选来选去选不到一位适当人选代理军校校长。后来

①陈予欢编著，中国留学日本陆军士官学校将帅录，广州出版社，2013.12，第467页。

285

就由端木彰代理中央军事学校校长，直至蒋介石复职时为止。抗日战争爆发后，曾任浙江余姚县县长，汤溪县县长等职。

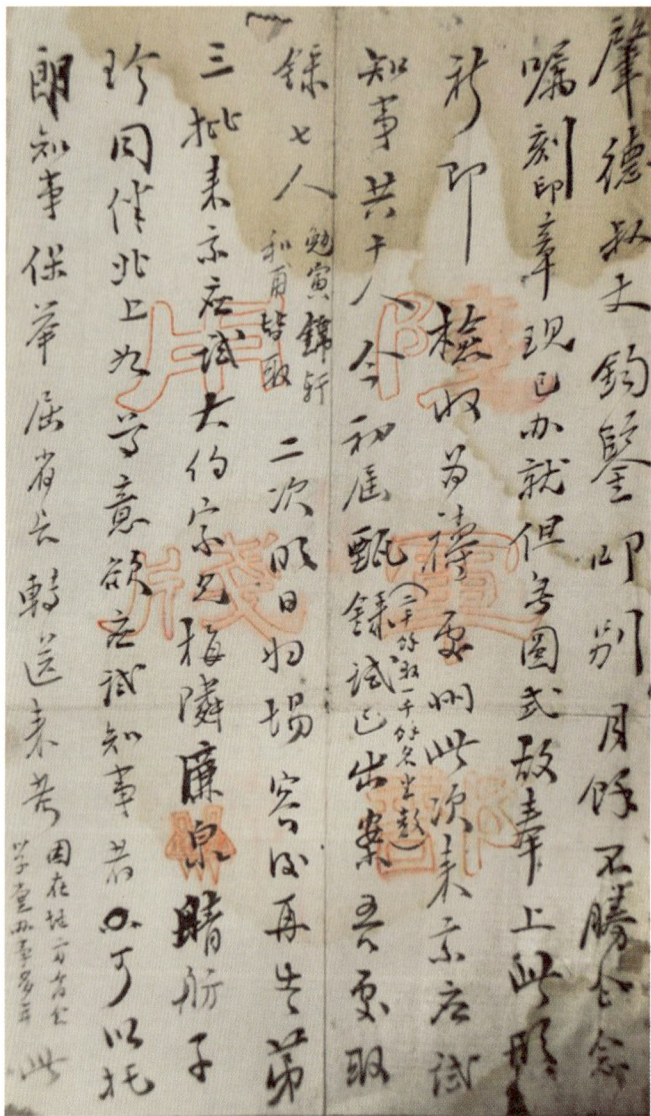

端木彰墨迹（葛畈周子秋藏）

1937年，端木彰辞官归隐，长期居住于北乡葛畈其岳父宅邸"汝南旧家"宅院。日本侵略军入侵丽水时，闻端木彰之名，欲让他主持伪维持会，端木彰闻知，毅然拒绝与日寇往来。

归隐丽水期间，端木彰还曾参加竞选国大代表。第一届国民代表名额，旧处属十县只有四名代表，先由各县全体乡镇长选出该县国大代表候选人，端木彰被推选为候选人。但到中央圈定候选人时，被当时担任镇江公安局局长傅肇仁取代了。因为傅肇仁是保定军校毕业，与CC头目陈果夫是同学，是CC派的亲信人。当时腐败的官场，使端木彰这位颇有声望的军界老先生落选了国大代表。

端木彰生性纯孝，对母亲十分孝顺。端木彰的母亲，勤俭治家，管教甚严，他的母亲到了九十高龄才去世。善夫先生在家摆设灵堂祭奠，各方前来吊唁者甚众，灵堂中悬挂的名旌，就是蒋介石的亲笔，写在一条红绫上。许多诸如陈诚等中央大员都送来挽联或花圈，备极哀荣。他头戴三联冠，身穿白孝服，腰系草绳，手持孝棒，足穿草鞋，终日守候灵堂中，见人就流泪，十分悲伤。

营房弄端木彰故居门额

丽水城内营房弄端木彰故居

红色律师黄景之

在中国共产党早期的历史上，有位被称为"劳工大律师"的工人运动领袖施洋律师。他是1923年京汉铁路工人举行总罢工的领导者之一，为革命牺牲时年仅34岁。在我们丽水也有这样一位与施洋律师经历相似的红色律师黄景之，他不忘初心，追求真理，放弃优越生活，不畏艰险，为了掩护中共浙江省委机关而献出生命。

不忘初心 追求真理

黄景之出生于清光绪十二年（1886），谱名开潮，字景之，学名希宪，其父亲黄品琳，为国学生，母亲杨氏。丽水县碧湖吴山坳村人（现莲都区碧湖镇大林村）。清光绪二十二年（1896），黄景之跟随丽水碧湖一带著

黄景之

名的塾师高鹏学习传统启蒙经典，高鹏思想开明，尤受戊戌变法之影响，思想较进步，他勉励黄景之要追求进步，希望他将来能学习法律，以宪政改变中国社会，因而为少年黄景之取学名"希宪"。在高鹏的悉心教育之下，清光绪三十一年（1905），黄景之考中丽水县学第一名秀才。

少年时的黄景之目睹旧社会的不公与黑暗，尤受启蒙老师高鹏的影响，从小关注地方利病、民生疾苦，就立下为天下事打抱不平的志向。清光绪末年，黄景之考入杭州的私立浙江法政专门学校学习法律。1912年，黄景之毕业后回乡，在丽水城内的府前创办"黄希宪律师事务所"，后又租用花园弄2号作为律师事务所办公室和一家人居住的场所。该宅的房东为戴炎，在外从事工程师工作。因院内有两个小花园，而被称为戴家花园，这条弄堂也被丽水人称为花园弄。黄景之凭借扎实的法律知识和律师业务，很快成为浙西南一带著名的律师，在社会上有了较高的声望，1922年，当选为丽水县议会议员。同时，律师职业也为黄景之带来

黄景之律师事务所旧址（2018年摄）

丰厚的收入，一家人过着衣食无忧的小康生活，30年代初，黄景之还特意买了一架德国产蔡司相机用于家人的留影。

为民维权　不遗余力

黄景之作为一名执业律师，平日急公好义，同情弱势群体，深得丽水百姓称赞。抗战前夕，庆元有一农民的土地被地方豪强所强占，农民为此不停上诉，直至浙江省高级法院，还是判处农民败诉。黄景之得知此事后，义愤填膺，帮助该农民将案件上诉至南京大理院，终获胜利。

黄景之使用过的公文包和怀表（浙西南革命根据地纪念馆藏）

抗战时期，黄景之长期义务担任由战时儿童保育会浙江分会主办的进步刊物《浙江妇女》杂志的法律顾问，免费解答读者来信，特别是回答关于妇女儿童的法律咨询，维护了妇女等弱势群体的合法权益，受到广大读者的肯定和欢迎。

1939年第4期《浙江妇女》中有位名为沙雨的读者写道：

黄景之购买和使用过的德国蔡司相机

黄大律师：

我看到你在《浙江妇女》上解答我们姊妹的法律问题，实在使我感佩。您不仅在法律上作着正义的答复，而且激励了我们姊妹们在抗战上作着正义的答复和应有的认识。

在黄景之牺牲后，《浙江妇女》杂志社特意刊发了《悼黄希宪先生》，表达对黄景之律师的敬意和缅怀：

本刊法律顾问黄大律师希宪，不幸于五月十八日，因猩红热症，在丽水宋（松）坑口医院逝世。噩耗传来，同人等不胜悲悼！先生丽水人，在丽执行律务，不但法学湛深，且热心公益，身前为缙丽路股份两合公司董事，最近对于将缙丽路股款移办生产事务，更竭力赞助。本刊创刊时，即承先生慨允担任法律顾问，按期为各读者解答各种法律问题，恳切详尽，不惮琐繁，实为本刊生色不少，今意溘然长逝，使社会失一栋才，本刊读者失一导师，曷胜惋惜，特志数语，以表哀悼！

接触新知　寻求真理

1938年春，在黄景之律师事务所旁的丽水刘祠街（现刘祠堂背）开设了一家由中共地下党领导的新知书店，店中有出售马克思、列宁著作，黄景之常出入书店，浏览书刊，买回《大众哲学》《毛泽东印象》《二万五千里长征》《列宁全集》《资本论》等进步书籍。他从这些书中刊里受到启蒙，不断寻找革命真理。中共地下党员、丽水县委书记周源看到黄景之学习认真，同情革命，有一股爱国情怀，于是通过新知书店这个联络点，经常与黄景之聊天谈心，使其逐渐加深对国家、民族前途的认识，拥护团结抗日，拥护共产党的主张。

在地下党的教育和帮助下，1938年7月，黄景之经中共处属特委委员周源介绍，加入中国共产党。入党时，将自己的名字改为吴樵，意为吴山坳的樵夫，愿为人民当樵夫。周源曾长期借住在黄景之律师所内，并在此召开丽水县委会议、处属特委会议。

抗战爆发后，丽水成为浙江抗战的大后方，众多机关学校和难民迁至丽水。黄景之就以自己律师的合法身份为掩护，积极投入抗日

黄景之妻子周玉梅与女儿黄素姬
（40年代）

救亡工作，担任丽水县抗敌后援会副主席，积极为抗战筹措经费，为难民解决吃住。他经常到城区、碧湖等地进行救亡演说，发动各界捐款支持抗日，鼓舞群众的抗战情绪。即使在日军飞机持续轰炸丽水，他不得不回到老家吴山坳村躲避敌机轰炸时期，还每天下午二三点钟，就翻山越岭到十里外的南坑村和地下党员丘昔光两人一起办起了农民夜校，给农民讲解抗日救亡、民族解放等革命道理，夜里又摸黑赶回家。

黄景之关爱革命同志，尽力为同志解决生活上的困难，用自己的收入资助党的活动。有次周源患疟疾发高烧，黄景之知道后，立即去请来丽水的名医为其看病，还亲自买药、煎药，精心护理，直到病痊愈。还有一次，丘昔光在南坑村患肺病吐血，黄景之特地回乡，以探望母亲为名去看望他，并找当地群众给他买了鸡蛋等营养品，为处在病痛中的同志送去关爱和温暖。

在父亲的影响下，黄景之的两位子女也都思想进步，先后参加革命工作。独子黄学圃不仅学习成绩优异，而且从小就有报国之志，考入省里第十一中学后，取字"稼轩"，立志要像宋代民族英雄辛弃疾（也是字"稼轩"）一样精忠报国。中学毕业后，毅然报名参军考入军校，在南京国防部兵工弹道研究所任中尉，1939年参加长沙会战遭遇日寇细菌战而殉国，年仅29岁。

1938年底，黄景之介绍在碧湖省立联合中学师范部读一年级的女儿黄素姬认

识了碧湖儿童保育院的护士，地下党员、丽水县委书记蒋治的夫人毛钦征（白天），在毛钦征的介绍下加入"中华民族解放先锋队"（简称"民先"），并被推选为省立联合中学的"民先"小组的组长。

为党工作 不幸牺牲

为便于领导全省党的工作和抗日救亡运动，1938年5月，中央东南分局指示撤销闽浙边临时省委和浙江省工作委员会，成立中共浙江临时省委，刘英任书记。9月，中共中央批准浙江临时省委转为正式省委，刘英利用"新四军驻温州通讯处"，开展抗日救亡运动。10月10日，通讯处被破坏，省委组织部部长谢长青、青年部长赖大超等7人被捕。1939年3月中共浙江省委机关秘密从温州迁至丽水。为利于在丽水的秘密工作，便于与各地党组织的联系，省委在丽水城区和城郊设立了10余处秘密机关和交通联络站。其中黄景之律师事务所作为重要的联络站。省委领导刘英、薛尚实、汪光焕等常到黄景之家中了解情况，在他家与各地的来人谈话，研究工作。省委机关常在黄景之律师事务所召开各类会议，如省妇委会，省委宣传工作会议、省委机关的支部大会等。黄景之以律师身份，利用社会关系和业务上的便利，不惜牺牲自己的性命财产，为掩护中共党组织活动，为了组织和同志的安全，黄景之夫妻和女儿黄素姬经常冒着风险，轮流站岗、放哨，掩护同志。还冒着随时会被国民党反动派查抄的危险将党的一些重要文件和资料在家中刻写、油印和存放。一次敌机轰炸丽水城，府前一带大街的房子被烧毁，新知书店也有被毁的危险，黄景之冒险从书店中抢出两大箱地下党的文件和材料，搬回家中存放。

1940年5月，国民党顽固派掀起反共高潮，在丽水的各级党组织处境日益严峻，党组织考虑到黄景之为党积极工作的情况有所暴露，决定调他去皖南的新四军军部工作。但因黄景之年过半百，身体虚弱，积劳成疾，痔疮经常复发，为了去皖南途中方便，他决定再次动手术，治愈后立即出发。于是，前往驻松坑口村的浙江省卫生所割治痔疮，在医治过程中，不幸被国民党特务暗害，于5月18日逝于卫生所，享年54周岁。

黄景之牺牲后，被家人安葬于碧湖镇堰头村（现古堰画乡景区堰头村停车场对面山脚）。夫人周玉梅为了不给组织增加麻烦，毅然带着女儿回到吴山坳老家，靠着几亩薄田养家。

1941年4月,中共浙江省委机关迁回温州。在丽水的三年时间里，中共浙江省委机关加强了全省的抗日民族统一战线，取得了与上海党组织的联系，建立了与上饶集中营被捕同志的秘密联系，加强了对各地特委的领导、巡视和联络工作；浙江地区的党组织得到了迅速发展壮大，并领导全省各地抗日救亡运动走向高潮。至1940年底，全省特委数从1938年底的6个增加到8个，县委（工委）数增加到50多个，党员人数从6700余人增加到近20000人。这些成绩的取得离不开像黄景之这样默默为党工作、奉献了自己一切的共产党人。

伟大精神　后人景仰

1950年，丽水专员公署专员宣恩金亲手写了书面证明，确认黄景之为抗日战争英勇牺牲的烈士。1980年，黄景之正式被国家民政部确定为革命烈士。

纵观红色律师黄景之的一生，他从最初的一个希望以宪政救国、以法律主持正义的进步知识分子，受共产主义思想影响和党的教育，成长为忧国忧民，追求民族解放的共产主义者，并为了这一信仰，放弃优越的平稳生活，不顾个人安危，积极为党工作，最后献出了宝贵的生命，在他身上体现了伟大的"浙西南革命精神"。

位于莲都区碧湖镇堰头村的黄景之烈士墓

美术教育家叶元珪

叶元珪，字志成，又名善昌，清光绪二十三年（1897）年出生在丽水碧湖镇上一家三代行医的书香门第。父叶寿椿，精于岐黄之术，又擅长书画，祖父、父亲都是当地名中医。母汤娇娥，出身名门，知书达理。兄妹十人，他排行为长。

少年时代父亲就教他玩墨弄彩，耳濡目染，激发了他对书画的浓厚兴趣。浙江省立第十一中校毕业后矢志专攻美术，1919年，叶元珪以优异的成绩插班考入我国第一所高等美术学府上海美术专科学校油画系学习（时称西洋画系）。

叶元珪入学以后，由于学习勤奋，生活俭朴，受到刘海粟校长的器重。刘

青年时期的叶元珪

海粟校长发现叶元珪经济拮据，就帮助解决了公费学习问题，还替他在上海美术公司找到一份工作，白天上学，晚上画画，增加一些收入来弥补费用不足。 1921年学成毕业，因成绩优异为刘海粟校长所赏识，留校任教。时著名画家黄宾虹、徐悲鸿、潘天寿等也在该校任教，他们一起组织研究团体"一八艺社"，切磋画事，相从甚密。叶元珪以西画见长，亦精于国画、雕塑、工艺美术诸道，曾受托设计钞票。著书立说，饮誉沪上。1925年，上海大东书局出版叶元珪所著的《实用图案画》，内有废除不平等条约，反对蚕食中国领土，同心协力赶走侵略者等画面。1931年，在张辰伯教授的倡导下，叶元珪组织"一九四〇雕塑会"。1932年，叶元珪出版《小学美术教材》12册，由于内容进步，遭国民政府教育部查禁[1]。

在上海这个特定的环境中，文化界涌现了一大批爱国人士和思想进步的文学青年。在这个时期，叶元珪呼吸到了新文化运动的清新空气，结识了弘一法师、著名教育家黄炎培、沈钧儒等不少文化界的志士名人。这些人对他的人生观和艺

---

[1] 虞文喜主编,丽水地区人物志,浙江人民出版社,1995.03,第110页。

术观都有很大的影响，特别是启迪了他爱国爱民的热情。

1937年8月，日本侵略者占领上海，叶元珪先生举家迁回碧湖。时浙江省党政机关纷纷南迁，众多的机关学校设在碧湖，他受聘浙江省立高级商业学校、处州中学，教授美术课。后和国画家周天初、指画家郑仁山、画家孙多慈联袂执教省立联合师范学校艺术科，兼任浙江省训团美术教官、国立英士大学美术科教师。

英士大学于1939年初建于丽水处州中学龙门岭旧址，后建于丽水县三岩寺，初名浙江战时大学，后改为浙江省立英士大学。内设工、农、医三学院。校本部和工学院设丽水县三岩寺，医学院设丽水县通惠门，农学院设松阳县白龙川。① 1943年夏，东南联合大学与英士大学合并，迁入云和县，聘潘天寿任英士大学艺术教育系图工组主任。②

叶元珪在英士大学和省立联合师范学校各排半周课程，两头奔跑。授课之余，叶元珪经常与潘天寿谈论画技。1944年，潘天寿在英士大学住所给叶元珪画了一幅《一天细雨竹鸡声》的国画。这幅画笔简意足，清新隽永，有浓厚的山村气息。潘天寿擅长简笔画，总是以最简练的笔墨表现出最丰富的艺术。③

抗战胜利后，叶元珪因家庭牵累未随英士大学复员，乃赴设在云和的省立处州师范任教务主任。他极力建议学校向省教育厅申报，开办艺术师范，为山区培养艺术人才，经过努力，终获试办，从处州所属十个县的小学生中，招收符合条件的学生入学，学习美术六年，然后分配工作，直到1953年这批学生全部毕业，为浙西南山区培养了一批美术、音乐、劳作专业人才。

当时，不满国民党反动派统治的学生运动风起云涌，处州师范的进步学生也开展各项活动，当局欲采取弹压手段，叶元珪多次出面排解，保护学生，因而在学生中有很高威信。

丽水解放后，潘天寿先生主持杭州西湖艺专（浙江美院前身）校政，曾邀他再度共事，叶元珪为安心留在山区，继续教授艺术师范班，婉拒了邀请。

1956年，叶元珪以著名人士身份，被选为丽水县副县长，主管文化教育体育卫生工作，此后自1959年至1985年连续六届（第二届至第七届）连任丽水县政协副主席，并曾当选为第二、第三届省人大代表、第四届省政协委员。在任期间，为丽水人民办了许多好事、实事。1965年，他主持编写了10万字的《丽水县志·

---

① 丽水市莲都区志编纂委员会编,丽水市莲都区志(下),方志出版社,2018.07,第1515页。
② 王艾村著,艾村文史小集,陕西人民教育出版社,1999.06,第159页。
③ 丽水文艺丛刊,1982年第3期,40页。

政治志稿》（油印），是丽水县解放后的第一部《县志志稿》，起到了资政、教化、存史的作用。他还为保护和维修丽水的文物古迹做了许多有益工作。①

十年浩劫期间，年逾古稀的他亦在劫难逃，被打成"走资派"和"反动学术权威"而遭到迫害。粉碎"四人帮"后，冤案平反，叶元珪虽已八十高龄，但他兴致勃勃地抹掉画桌上的灰尘，除去画笔上的垢，奋力重描文艺的春天。他被安排担任丽水县政协副主席，他从内心感谢党的伟大、英明，虽已耄耋之年仍积极做好统战工作。尝对人语"一生清白，嗜画如命，辍笔十载，今获新生，自应老当益壮，勤于笔耕，以弥补虚度的岁月"。因此，晚年画作均钤有"老当益壮""从头学起"

老年叶元珪

的印章，寄托了他锲而不舍的治学精神和对艺术的执着追求。②他画了《鹤舞千年》和《莺歌燕舞报新春》两幅画表示庆祝，又画了一幅歌颂共产党和民主党派长期共存的《松柏常青》的画，赠送给浙江省政协。1981年6月为纪念建党60周年，85岁的叶元珪不顾年迈体弱，花了一个多星期时间精工细笔绘画了一幅《福寿图》献给中共丽水县委。画面上，青松、铁杆虬枝迎风傲立，白鹤栩栩如生、亮翅起舞。灵芝含笑，蟠桃争艳。这幅画反映了一位老知识分子对我们党忠心耿耿、无限信赖的火热心肠；体现了一位历经清朝、民国、新中国三个不同朝代的老人献身艺术，笔耕不息的黄花晚节。

叶元珪先生从事美术教育工作共六十年，受其教诲者众，可谓桃李满天下。1983年有关部门曾为他举行过"从事美术教育生涯六十年"庆祝活动，以表彰他

---

① 丽水地区文联，丽水文艺丛刊，1982年第3期，41页。
② 政协丽水市委员会文史资料委员会编，丽水文史资料第9辑（文化史资料专辑），1992.01，第123页。

为人师表，提携后学的平凡而又光辉的业绩。1984年，叶元珪以88岁高龄，加入了中国共产党。①

晚年他有举办个人画展的强烈愿望，惜1984年底不慎摔倒，卧床不起，1985年5月带着夙愿未偿的遗憾与世长辞，享年89岁。

纵观叶元珪的一生，政治上要求进步，严于律己，事业上兢兢业业，诲人不倦，学术上深有造诣，生活上廉洁奉公，具有中国知识分子正直无私的高尚情操，堪为后人楷模。

叶元珪先生一生著作颇丰，除众多画作外，还著有《水彩画技法》《绘画透视画法》《中学图画教材》《小学工艺新教材》等多种美术教材传世。

叶元珪编写的美术教育著作

① 政协丽水市委员会文史资料委员会编，丽水文史资料第9辑（文化史资料专辑），
1992.01，第124页。

沈作乾和《畲民调查记》

沈作乾（1901—1951），字连三，清光绪二十七年（1901）出生，丽水县碧湖镇人。曾祖父兄弟三人均系清贡生，祖父沈馥斋善诗文，然无意仕途而经营商业。因经营得法，获利甚厚，是碧湖屈指可数的富商之一。

少时沈作乾便颇具胆识，受家学影响，勤思苦读，稍长入碧湖小学，每次考试，成绩在全班名列前茅，深为师长、同学所器重。后考入省立第十一中学（今丽水中学前身）。时值五四运动爆发，举国上下群情激愤，他联络丽水各校的进步青年，组织了丽水学生联合会。积极投入运动，领导了罢课、游行和抵制日货运动，到处演说、鼓动，锋芒直指当局而为学校所不容，终被勒令退学，后赴上海澄怀中学修完课程。[①]

1922年，沈作乾以优异成绩考取北京大学政治法律系，时家道中落，无力负担他的昂贵费用。他辛勤笔耕，换取稿酬维持至毕业。是年冬，沈作乾加入由在北京各大中专学校就读的处州（丽水）籍生学为主体的一个名为括苍学社的学术研究组织，并很快成为该学社的骨干成员。沈作乾在暑假回乡期间，通过实地走访调查，撰写了《畲民调查记》，并发于表1924年4月10日的《东方杂志》（第十一卷，第七号）。

近现代以来，许多学者对畲族的族源、语言、文化、风俗习惯等进行了研究探讨，写下了许多论文。其中有些文章就出自丽水籍的知识分子，他们并非专业的民族学或民俗学研究专家，但他们凭借对家乡的

沈作乾《括苍畲民调查记》

热爱，对生活于身边畲民的好奇心，走进了畲民，关注了他们独特的生产、生活风俗。其中有代表性的作品有清末云和人魏兰的《畲客风俗》和丽水县碧湖人沈作乾的《畲民调查记》（1924年）和《括苍畲民调查记》（1925年）。

---

① 政协丽水县委员会文史资料委员会，丽水文史资料第3辑，1986.09，第166页。

沈作乾幼时曾有畲妇为乳母，与畲民关系相当密切，因此其调查较之魏兰更为细致真切。他从畲民的居住区域、生活情况、风俗、思想、性情、畲汉关系、畲民由来各方面详细记述自己的调查所得，不少内容在今天看来依然具有相当大的民族学价值。沈作乾的行文饱含理解同情，在对畲民普遍受歧视的环境中可谓相当难得，他在文首强调畲民"总是我中华民族的一分子，在中华民族的组织史上应有相当的地位"。①

《畲民调查记》共 16 页，洋洋洒洒有上万字。全文共分九部分，在第一部《导言》中，沈作乾讲述了他写作此文的目的："本地汉人虽和畲民朝夕相处，却因司空见惯不以为奇，而畲民自身又不肯将他的风俗、语言、历史等告知汉人……府志、县志关于畲民的记载非常简略，且有许多不实之处，父老相传多附会"，文中还提到了沈作乾自己和畲民一点小小关系："我三岁时，曾吃过畲妇数月的乳，现在我的乳母虽已死了，两家仍是互通庆用……今年回家和几个朋友到各处调查，将调查的结果和平时的见闻，一块儿写出，作一种报告。"

第二年，沈作乾将《畲民调查记》进行了进一步修改补充，在 1925 年第 4 期《北京大学研究所国学门月刊》上发表了《括苍畲民调查记》，文中说明了他进行畲民调查的原因："本年暑假本校研究所国学门，有调查全国风俗之举……思我括之最引人注意者，莫如畲民，其风俗、言语、服饰等，均与汉人迥异……愚以为括苍畲民为数虽少，要亦组织中华民族之一分子，而不可不加以研究者也，所困难者，该族无自制之文字，与存留之古迹，可供吾人之研究，旧籍沦亡，无可以资参考，父老相传，语多附会，且因时间仓促，故所得结查，殊未甚惬意也。"

这两篇调查报告在畲族研究的学术史上均获得较高评价。作者沈作乾所学专业为法律，并非民族或民俗学，所以我们不能以专业畲民研究的角度去评价他的这两篇调查报告。以现在的眼光看，此二文对畲民的一些记叙可能有所片面，但作为一名在校大学生，其能够以平等的眼光去关注身边的畲民，并通过大量实地调查，积累的资料，完成了这两篇报告，已实属不易。

1928 年，沈作乾撰写的毕业论文《论中国之不平等条约》，历数清政府，北洋军阀时期丧权辱国的屈膝外交。为时任北京大学的校长蔡元培先生所青睐，欣然为其作序和题字，甚受外交界的赞赏，并被推荐至外交部工作。因才学出众，办事干练为王正廷部长所赏识，每委以重任。1929 年，他被派往美国纽约领事馆任随习领事，赴任后利用工余乃入哥伦比亚大学深造，获博士学位，1936 年后，调

---

① 刘婷玉著,凤凰于飞,厦门大学出版社,2018.12,第 8 页。

任美国芝加哥总领事馆领事，发表《排斥中国人究竟为什么》的文章，谴责美国政府排斥华人政治的历史和现状。他还积极撰写文章，向国人介绍美国对华政策，1936年在《青年公论》（第1卷第5期）发表《美国中立案之因果》。

抗战期间，沈作乾虽人在美国工作，不能回国参加救亡工作，他每次给家中来信均以自己不能直接投身抗日而不安。于是，他积极参与争取美国朝野人士和在美侨胞支援中国的抗日工作，撰文揭露日寇的暴行，宣传中国军民抗日的文章，并发动华侨捐款援助抗日。

1946年，沈作乾调任驻菲律宾大使馆二等秘书，任内以中国代表团顾问身份，参加重大的国际会议。同年，参加在马尼拉碧瑶举行的国际粮食会议。1948年底，因身体不适，辞职养病，1951年月15日因患肠癌在美国檀香山去世，年仅50岁。①

沈作乾在国家内忧外患的情势中成长。少年时，接受新思想，为中国之振兴而忧虑。大学时期，立志改造社会，撰写的畲民调查报告，在畲族研究史上占有重要地位。后在驻外使馆服务时，虽身处顺境，而廉洁奉公，没有官僚习气，堪称"出污泥而不染"，是很难能可贵的。虽长期身在海外，但沈作乾时刻思念祖国，为寄托对祖国的祝愿之情，给在美国出生的两个儿子，分别取名祖望、祖兴。

沈作乾《撤废外人在华之领事裁判权》（《世界周报》第4卷总六七号合刊）

---

① 政协丽水县委员会文史资料委员会，丽水文史资料第3辑，1986.09，第166页。

革命音乐家阙大津

阙大津（1918—2002），艺名"洛辛"，阙伊长孙，阙诏之子，祖居丽水县城东净水村，其曾祖徙居丽水城内。现当代著名革命音乐家。1955年被授予少校军衔，荣获三级独立勋章、三级解放勋章，1988年被授予中国人民解放军独立功勋荣誉章。其主要作品有：小型歌剧《回春曲》《麦穗曲》；清唱剧《周家岗上》《向生产模范战斗英雄们唱歌》《东海凯歌》；歌曲《青春进行曲》《我们为什么不唱歌》《淮南，我们的家乡》《运动战》《中苏友好进行曲》；合唱曲《向着自由幸福的新中国前进》《唱起山歌一条心》《光荣任务守海防》（合作）《渔家姑娘情意长》。[1]

洛辛1932年毕业于南京中央大学实验小学，后保送入南京市立一中，1936年考入金陵大学附属高中部。在学校期间，受到新文化、新思潮影响，萌发从事新音乐活动的强烈愿望。

1937年，"8·13"沪淞抗日战争爆发后，他从南京金陵大学附属高中部辍学回丽水。面对金瓯残缺、民族危亡日益严重的情势，他与丽水进步青年董乐辅、陈莎蒂、王如海、陈珍裕等联袂发起组织"救亡剧团"（亦称救亡演剧队）"救亡募捐队"等丽水境内第一批抗日救亡宣传队伍。队伍在丽水

阙大津代表作《青春进行曲》

---

[1] 卞龙,常浩如著,铁军文华(新四军中的文化名人),华文出版社,2018.01,第49—51页。

城区开展戏剧演出、时事演讲、图片展览、义卖劝募等抗日宣传活动，并将募捐款全部支援抗日前线。1937年秋，"救亡剧团"改为"丽水县抗战后援会"所属的歌剧团。他随团加入该会，并任委员。同年发表了《论救亡与歌咏》一文。

1938年1月，他积极协助共产党员骆耕谟、汪海粟等在丽水创办救亡刊物《动员周刊》，并协助发行《时事半月刊》。1938年2月25日，"丽水县抗战后援会"改为"丽水县抗日自卫委员会"（简称"抗日会"），他应邀加入"抗日会"，担任干事。3月初，在中共丽水地下党组织的指导下，与董乐辅等发起组织"浙江省文化界抗敌协会丽水县分会"，并被选为总干事。

1938年3月下旬，他远赴四川万县，回到原南京金陵大学附属高中部继续求学。1938年10月参加党的地下组织，1939年1月转为中国共产党正式党员。1940年考入重庆国立音乐学院，学习音乐理论与作曲，并参加新音乐活动，为《新音乐》和《新华日报》副刊《时代音乐》撰稿，翻译苏联音乐文稿。也许是音乐人的艺术情怀，也许是革命工作需要，阚大津改名"洛辛"。

这一时期，洛辛创作的《青春进行曲》和《我们不能不唱歌》等歌曲，在重庆城乡大后方及敌后根据地广为流传。这一时期，洛辛向党组织汇报工作、接受党的指示都是去八路军驻重庆办事处，在那里他受到了周恩来副主席的重视、关怀和教诲。

1942年皖南事变后，由于叛徒出卖幸而及时发现，紧急关头，重庆地下党组织及周恩来副主席亲自安排了洛辛和李同生（音乐教育家、原音乐系副主任）、张锐（作曲家、二胡演奏家）一起撤离重庆到新四军去工作，以便打通由重庆经上海至新四军的通道，让后撤离的同志继续前往，不断地向新四军输送艺术人才。为确保安全，他们带着周恩来副主席的亲笔信和组织上给的路费，按照周恩来副主席亲自制定的行动路线，冲破千难万险，穿过白区道道的封锁线和沦陷区，沿路不断地在国民党和日本鬼子一次又一次的盘查中与敌人斗智斗勇，有惊无险地巧妙地周旋。一路上留下了多少惊心动魄而又化险为夷、转危为安的故事啊。历经数月艰险长途跋涉，由重庆至广西桂林、武汉，再经南京、上海抵安徽，于1943年春天最终到达淮南抗日根据地的新四军二师，投身到革命军队之中。多年以后，洛辛八十寿辰时，曾和他共同经历战斗年代的老战友胡士平（原海政歌舞团团长）即兴作了一首诗："总理派来阚大津，同征尚有李同生，极目硝烟弥漫处，英雄命运贝多芬，抗敌豪情增士气，淮南一片凯歌声。"这正是烽火岁月的真实写照。

这张照片是洛辛于1943年5月为纪念从重庆到达新四军淮南抗日根据地后所拍摄

1943年3月，洛辛任新四军二师政治部文工团音乐指导员，先后创作了两部较大型的清唱剧《周家岗上》《向生产模范战斗英雄们歌唱》和两部小歌剧《回春曲》《麦穗曲》。1945年7月，任二师文工团团长。1946年，根据章洛同志作词谱写创作了《淮南，我的家乡》这首极富感情和力量的抒情性战斗歌曲，表达了广大军民的共同心声，一经唱出来，就令人热血沸腾，因此便广泛流传，对动员群众参加自卫战争和鼓舞部队士气起到了很大的作用。这首歌成为抗敌剧团演出和誓师大会必唱的歌曲，也是他在淮南时期的代表作。1946年10月，任华中野战军文工团副团长，1947年1月任华东野战军文工团副团长兼二队（军乐队）队长，直至1949年1月正式成立第三野战军军乐队均担任队长职务。这支军乐队从小到大，在他的带领下，不仅在演奏艺术上，而且在思想觉悟上都不断提高，成为华东野战军历史上一支水平较高、队伍最为庞大的军乐队。

1950年7月任华东军区政治部解放军剧院音乐部主任；1953年4月任华东军区政治部解放军剧院歌舞队副队长；1955年5月任南京军区前线歌舞团副团长，是前线歌舞团的奠基人。20世纪50年代初，他和向彤、秦西炫合作的歌曲《光荣任务守海防》，在华东部队及解放军海防部队广为传唱，是前线歌舞团经常演出的保留节目，他和高骧合作的女生小合唱《渔家姑娘情意长》也被录制成唱片，深受广大官兵指战员和观众的欢迎。在舟山群岛他与部队战士们同吃同住同训练，他作词、何仿作曲的队列歌曲《前进在陆地天空海洋》，在解放军部队中流传甚广，被国务院文化部、中国文联和解放军总政治部评为新中国成立三年来群众歌曲奖。1955年1月，解放军陆海空三军联合渡海登陆作战，解放一江山岛，他及时率词曲创作人员到作战部队采访，并领衔担纲创作了大合唱《东海凯歌》。

洛辛是新中国成立后解放军艺术院校教育事业的创业人和奠基人之一，是解放军艺术学院音乐教育的开拓者，解放军艺术学院组建后第一任音乐系主任兼党支部书记。1960年军艺初创时期，国家经济正处于十分困难时期，办学也困难重重。他凭借音乐家的责任和才华，发扬了延安抗大勤俭办学的精神，开拓发展解放军唯一一所艺术院校音乐教育事业。白手起家，昼夜奔波协调，他从朝鲜撤军归来的志愿军文工团中，挑选了一批专业优秀的同志充实到学院各系的教师队伍中来，同时各文工团又支援了许多教学器材、学习资料及各类优秀干部，从而解决了建院的需要。

洛辛坚持"两为"方向和"双百"方针，将革命音乐创作经验与我军音乐教学事业相结合，并以他独到的教育思想，为音乐系亲手编写教材，制定了教学方针、教学大纲和教学方案。他实事求是、确定了切实可行的教学实施计划，使之有着浓郁的军队特点、兵的气息。他在教学上是一个科学而严谨的人，事事一丝不苟，从课程设置到课程安排都亲力亲为，连课程表都要亲自排定。

他领导教学，又亲自参与教学。在教学中他大胆改革创新，主张声乐教学采用科学的发声方法，民族化的表现风格，以情代声，声情并茂的教学原则，把国内外的先进教学方法和经验运用到教学中。在课外他又是一名编导，亲自给学员们排练声乐作品节目。

他特别注重教师队伍的培养和提高，当时大多师资没有教学经验，他就不失时机，聘请有着丰富实践经验的专家教授和歌剧导演来系里给老师和学员授课，既教育了学生又使教师自身的业务及教学水平不断提高，受到师生们的尊敬和好评。

1987年8月，他调任中国人民解放军总政文工团任副政委、总政歌舞团政委。2002年12月25日，洛辛在北京逝世。

卞龙，常浩如著《铁军文华·新四军中的文化名人》是这样评价："洛辛同志是军队老一辈德高望重的音乐家，经受了抗日战争、解放战争和社会主义建设各

20世纪70年代洛辛、洛珍林父女合影

担任解放军艺术学院音乐系政
委时的洛珍林

个时期的严峻考验和锻炼。他是作曲家，在创作岗位上，勤奋创作，成就卓著；但在艺术教育岗位上，为全身心地投入教学，很少有时间也很少分心搞创作；在政治工作岗位上，是文艺战士最知心的领导干部，几乎中断了创作，也无怨无悔。他为人民军队的文艺事业，贡献了毕生精力。"[1]

洛辛的音乐才华，深深地影响着他的女儿洛珍林人生成长历程。洛珍林后来也像父亲一样成为一位知名音乐家。2002年3月，洛珍林被任命为解放军艺术学院音乐系政委，授予大校军衔。代表作品有《重回太行》《怀念》《秋天送我红叶一片》《邂逅很美》等。

洛辛去世后，后人根据他的遗愿，归葬于他的故乡紫金街道净水村。他的墓碑背面，镌刻着他生前常念叨的一句话："故乡啊！母亲！听我唱：这片土地，这片山林，多美，多美……"

阚大津墓的背面刻着："故乡啊母亲，听我唱：这片土地，这片山林，多美，多美……阚大津，甲申年四月。"

---

① 卞龙，常浩如著，铁军文华(新四军中的文化名人)，华文出版社，2018.01，第51页。

版画家金逢孙

金逢孙（1914—2005），丽水县城人，出生在一个书香门第、教育世家。他的父亲金铭新为清代秀才，是李叔同在浙江两级师范学校任教时的学生，同盟会会员。金逢孙从小就受到家庭中诗画艺术的熏陶。

1930年，金逢孙考入上海美术专科学校西画系。当时，鲁迅先生正在上海领导左翼文艺运动，提倡和扶持新兴版画运动。鲁迅认为，当革命时，版画之用最广，虽极匆忙，顷刻能办，他认为版画植根于人民，是人民革命斗争的有力武器。

1933年上海MK木刻研究会部分成员合影（左起后排一为金逢孙）

青年时代的金逢孙，受鲁迅倡导的新木刻运动的影响，从1931年开始学习木刻。他与上海美专同学张望、黄新波、钟步卿、周金海、陈普之等自发组织学术团体"MK木刻研究会"，并被推选为理事，分管总务。他们经常深入贫民区、码头和工厂等地，用铁笔创作了大量反映劳动人民疾苦和觉醒抗争的木刻作品。1932年，金逢孙参加中国左翼美术家联盟及共产主义青年团，不久被任命为上海法南区团区委委员。金逢孙创作的木刻版画《小贩》，被鲁迅先生和内山完造先生收藏；创作的木刻版画《阅报》，在1934年时，被鲁迅选送参加法国文艺家协会在巴黎举行的"革命的中国之新艺术展览会"，后又送往莫斯科展出。

在上海滩笼罩着白色恐怖期间，鲁迅先生作为年轻人的革命导师和精神领袖，经常在上海四川北路的内山书店悉心指导"MK"学员的作品。"MK"学员的作品通过鲁迅先生和上海左翼美术同盟的推荐，时常发表在上海的报纸杂志上。

抗战爆发后，金逢孙回到丽水以抗战后援会的名义率先创办并主编丽水第一份抗日救亡通俗画报《解放漫画》月刊，1938年，又与共产党员曾涛等人组织浙江省战时美术工作者协会丽水分会，1939年9月，在金华选举产生了浙江省战时美术工作者协会二届理事会，金逢孙担任常务理事。

1938年9月，浙江省战时美术工作者协会丽水分会合影（第二排左三为金逢孙）

1939年10月，浙江战时木刻研究会成立，金逢孙当选为副社长。金逢孙又与地下党员野夫等组织浙江省战时美术研究社，以丽水县为中心基地，开展宣传抗日救亡运动，创作了为数不少的木刻作品，并举办过几次木刻流动展览。11月，他们在丽水举办"木刻函授班"，有学员102名，来自浙江各地和闽、赣、粤、桂、湘、黔等省。为提高学员的绘画基础，1940年夏，金逢孙、野夫在丽水筹办了"暑假绘画专修社"。为解决木刻工具问题，金逢孙、潘仁又于1940年在丽水创办了浙江木刻用品供应合作社，为木刻爱好者供应木刻刀、板及油印墨等工具和材料。一时间，使丽水成为浙江木刻运动的中心。丽水"木刻函授班"创办过《铁骑》《号角》《战鼓》《木刻艺术》等十余种抗日宣传画刊。1939年年底，金逢孙任浙南文委支持创办的《刀与笔》综合文艺月刊编委。这些画刊在东南沿海地区影响很大。

老年金逢孙与夫人郑月圆

金逢孙抗战时期的版画作品题材多为反映抗日救亡、日军暴行、后方生产支援前线等题材。通过这些黑白线条组成的图画，通俗易懂的内容，富有感染力和便于印刷的特点，唤起了广大普通民众，特别是不识字农民的抗战热情，抗战版画成为感召民众，激励斗志的重要形式。

新中国成立后，金逢孙创作了大量讴歌祖国社会主义建设的木刻、国画作品，先后担任过中国美术家协会美术服务部副主任、北京荣宝斋副经理等职，曾任浙江省文史研究馆馆员、中国美术家协会会员、中国版画家协会会员、浙江省版协顾问、丽水地区文联顾问。他的美术作品集有《金逢孙国画集》《金逢孙版画（附速写）》等。1991年，中国美术家协会、中国版画家协会向其颁发"对中国新兴版画事业做出贡献纪念奖"。2005年12月，金逢孙因病去世，享年91岁。金逢孙生前和去世后其家属将其创作的大量木刻版画、国画作品及其收藏的剪纸、皮影作品捐赠给丽水市博物馆、丽水市档案馆、莲都区档案馆等单位收藏。

金逢孙版画作品《小贩》

金逢孙版画作品《失去土地的人》（1939年）

金逢孙版画作品《愤怒》（1940年）

著名学者凌纯声、芮逸夫丽水调查畲民

凌纯声

芮逸夫

　　民国时期，一批民族学研究者和知识分子，走进了神秘的畲民和畲寨，利用现代的科学方法，开展实地调查研究，陆续发表了一批关于畲民的研究论文，为后人留下了珍贵的一手调查记录。

　　芮逸夫和凌纯声两位先生都是中国民族学与人类学发展史上的关键人物，他们主张走出书房进入田野，进行少数民族第一手资料的收集和研究，学术著作颇丰。1934年，时任南京中央研究院历史语言研究所研究员的凌纯声与芮逸夫来到丽水县对畲民进行民族学调查。同行的还有技术员勇士衡专门负责照相、绘图、拍摄电影。在一年前的1933年，三人前往湘西苗族地区调查，使用了电影摄像机，开创了中国影视人类学的先河。据《社会学、人类学新词典》介

1934年的山根村全景

绍，对浙江丽水畲族、云南彝族等边疆民族的调查是中国人类学家较早的田野工作实践。

凌纯声（1902—1981），字民复，号润生。中国民族学家、人类学家、音乐家。江苏武进（今常州）人。早年就学于中央大学，后留学法国巴黎大学，师从人类学家M.莫斯等研习人类学和民族学，获博士学位。归国后，历任中央研究院历史语言研究所研究员，民族学组主任，国立边疆教育馆馆长，教育部边疆教育司司长，中央大学教授、系主任。芮逸夫（1897—1991），江苏省溧阳人。东南大学毕业。后赴美国柏克莱加州大学、耶鲁大学研修人类学。1931年，任职中央研究院社会科学研究所及历史语言研究所研究员。

凌纯声一行在丽水期间，选择了水阁山根村作为畲民调查的主要区域。山根村因位于大梁山脚而得名。全村蓝姓为主，雷、钟两姓人数较少，是一个典型的畲族村，只有十几户人家，不到一百人。他们在山根村一共住了约3个月。在山根期间他们还购买了许多畲族的生活、生产、宗教用品。畲民们看到照相机时都感到很新奇，但又非常害怕拍照，生怕被摄去灵魂。

他们在丽水拍摄了大量畲民照片，约有90张，涉及山根的照片有约20张，这些照片真实记录了20世纪30年代畲民的真实生活场景，包括畲民的服饰、外貌、村庄的远景、近景、民居，畲民的生产、生活习俗，还特别对畲民的宗教信仰进行了详细的影像记录。此外，拍摄的地点还有丽水县的长岗背（今市区上岗背）、横坑（今峰源乡）、沙溪等村，每张照片均附有拍摄时间、地点、人物姓名等文字信息。

在丽水调查畲民后，他们并没有马上刊发相关研究成果，直至1947年凌纯声教授在国立

中央研究院《历史语言研究所集刊》（第16本，商务印书馆出版）发表了一篇名为《畲民图腾文化的研究》的论文，此论文开创了以西方现代科学研究畲民的先河，是民国时期畲民文化研究的最高成就之一，是畲民研究的经典之作。《畲民图腾文化的研究》全文共45页，约2万字，有照片和图画44幅，对畲民图腾崇拜有关的盘瓠传说、祖图、祖杖、头冠、族谱、歌谣、文学、风俗习惯、祭祀等做了深入的调查研究，既有文字描述，又有图片说明，图文并茂。还附录《高皇歌》《同源娘姓歌》等。此外，还与广西瑶族以及世界15种图腾崇拜的民族做了比较研究。此文为研究畲族历史与文化提供了重要资料，是作者历经十几年对畲、瑶、苗等南方民族进行系统调查研究后的成果，并不是一朝一夕完成的。

丽水山根沃门下的蓝姓畲民家族（1934年摄）

1948年底，包括这些照片和实物在内的中央研究院历史语言研究所的重要档案资料和故宫博物院的国宝们被一起运到了台湾，现保存于台北中央研究院历史语言研究所。现台湾国立中央研究院历史语言研究所的网站上除可在线浏览丽水畲民的照片外，还展示有当年在丽水所采集的56件畲民日常生活、劳动、宗教所使用的实物和100册畲民文书的图片。

少年金庸在丽水碧湖二三事

提起金庸许多人都知道他是当代武侠小说界的泰斗，在他笔下诞生了《射雕英雄传》《笑傲江湖》《鹿鼎记》等脍炙人口的武侠小说，但是许多人还不知道，金庸先生少年时和丽水碧湖有一段不平凡的情缘。

少年金庸

千里流亡到碧湖

金庸原名查良镛，嘉兴海宁袁花镇人，1924年2月出生在一户书香世家。1937年13岁的金庸进入嘉兴中学读初中，时值抗日战争爆发。上海、杭州等地先后沦陷，嘉兴、湖州也岌岌可危。为不当亡国奴，嘉兴中学师生在校长张印通带领下踏上了千里流亡之路，经过近两个月艰苦跋涉，终于来到了浙江抗战的大后方——山城丽水。金庸进入设在丽水碧湖的由杭州高级中学、杭州初级中学、杭州师范、杭州女子中学、杭州民众教育实验学校、嘉兴中学和湖州中学等7所杭嘉湖地区迁来的学校组成的浙江省立临时联合中学初中部读书。

金庸（第三排右一）在省立联合初中的毕业照（1939年6月）

金庸在省立联合初中的毕业证书（1939年7月）

初次"下海"弄潮

1939年，金庸15岁时，做了一件令他后来还津津乐道的事——出版了他生平第一本书。当时，金庸正准备参加初中升高中的考试而天天忙于功课。放学后，他还要和两位要好的同学共同复习、互相切磋，有一天他突发奇想：既然考高中这么辛苦，何不编一本指导小学升初中的学习参考书，减少考初中同学的复习时间，提高学习效率。他把这个想法和张凤来等两个要好的同学一说，他们都表示赞成，说干就干，并推选金庸为主编，三个人合编了《献给投考初中者》，并赶在考试前由丽水的一家书局印刷出版，此书不仅畅销浙江，还远销到江西、福建，甚至重庆等省市。这本书的畅销使金庸他们得到

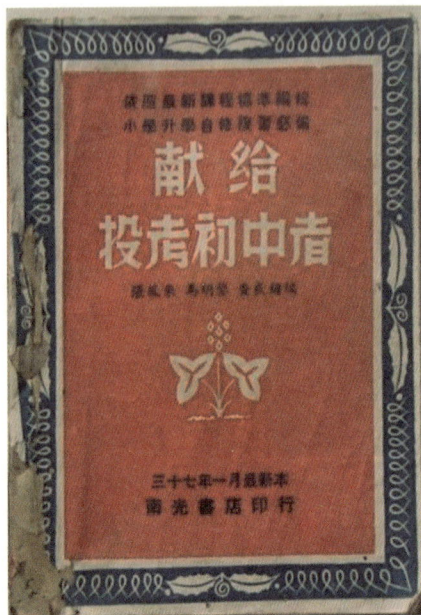

1948年重版的《献给投考初中者》

了不少的稿酬，使金庸不仅有了生活费，还使他有能力将妹妹接到了后方求学，并接济一些有困难的同学。

金庸后来在与日本友人池田大作的一次对话中提到这件事时说："《献给投考初中者》那本书，内容平凡，只是搜集了当时许多中学校的招考试题，加以分析解答，同时用一种易于翻阅的方式来编辑，出版后得以很大成功……这本书和文学修养无关，而是商业上的成功。"

壁报事件　被迫离校

当时联合中学内办有一个壁报，金庸也常在上面发表作品。1940年的一天，金庸在壁报上发表了一篇名为《阿丽丝漫游记》的文章，讽刺由国民党派到学校的训育主任沈乃昌，因而得罪了这位训导主任，虽经师生的一再求情，但因训导主任是上面派来的，权利在校长之上，在这位训导主任的逼迫下，校方决定开除金庸，在那动乱的战争年代，如果金庸失去了继续求学的机会，将面临生活无着，流落街头。所幸在原嘉兴中学校长张印通和好友余兆文的帮助下，校方才勉强将"开除"改为"退学"，使金庸得以转学进入了衢州中学继续完成高中学业。金庸后来回忆道，这是他一生中最大的危机之一，是"生死系于一线的大难"。

从1937年12月来到丽水碧湖至1940年7月转学离开丽水到衢州，金庸先生在丽水一共生活了近三年时间。这三年的艰苦求学生活，让少年金庸尝遍了流亡生活的艰辛，民族受外人压迫的屈辱，这些苦难为其以后创办《明报》和写武侠小说产生了深远的影响。丽水碧湖，也在他心中留下了不可磨灭的印记。

名媛画家孙多慈执教碧湖

孙多慈（1913—1975），安徽寿县人，她的祖父孙家鼐是清末重臣，历任工、礼、吏、户部尚书和中国首任学务大臣，曾一手创办京师大学堂（北京大学前身）。父亲孙传瑗（养癯）曾参加晚清民主革命，为一代名士。自幼酷爱丹青的孙多慈于1930年7月到南京中央大学美术系做旁听生。当时徐悲鸿正好是美术系主任，也时常亲自授课。因为孙多慈的冰雪聪明，加上一定的绘画天赋与其少女的清新纯真，引起了徐悲鸿的关注。在以后的四年里，师生两人间的情感日见笃厚。因此，关于二人之间的一些小道消息就已在中央大学传得沸沸扬扬。

孙多慈自画像

执教碧湖联中

1935年孙多慈从中央大学艺术系毕业，家人不放心她一个人待在南京，就把她接回家乡安徽安庆，并在当地的省立女中教书。抗战爆发后，孙多慈一家先是避难到广西桂林。1937年底，孙传瑗受曾经的上级，时任浙江省教育厅厅长许绍棣之邀，随省教育厅来到丽水在省教育厅当书记员。加之，孙多慈的大学好友李家应和其父亲李立民（时任省政府秘书长）也在丽水。因此，孙多慈也随父亲来到丽水，在丽水县碧湖镇的浙江省立联合中学担任美术教师。

浙江省临时联合中学（简称联中）是1938年6月由南迁丽水碧湖的杭州高级中学、杭州女子中学、杭州初级中学、杭州师范学校、杭州民实中学、嘉兴中学、湖州中学等7所学校合并成的，分高中、初中、师范三部，校址设在丽水县碧湖镇。一年后，三部分各自分设，转为省立联合高中，省立联合初中和省立联合师范三校（简称联高、联初、联师）。

孙多慈在省立联合中学任教时，她的优雅、美貌与才华给学生们留下了深刻的印象，有多位学生在后来的回忆文章中都有对其细致的描述，她的学生碧湖人沈祖达回忆道：孙多慈老师住在沈苑华家。这是一油漆一新、主人还未入住过的新房子。孙多慈老师气质高雅、和善、寡言、端庄，常穿月白色或阴丹士林的棉布衣服，冬天有时也穿一件黑绒长旗袍。虽然衣料朴素一般，但衣服裁剪得体合身，线条分明，她还自己编织围巾、毛线衣，自己设计发型，都是最新颖的，这对于赶时髦的沈家年轻媳妇、姑娘很有吸引力，总是向她讨教学习。[1]

学生徐茂兰除回忆了她的容貌外，还对其书画作品很是赞叹：算来教我们课时她应该有二十六七岁了，但看起来和我们的女同学差不多。娟秀的脸庞总是带着微笑，但是很开朗的，并无蒙娜丽莎那种神秘感。细柔的秀发卷成波浪形，和她的脸型非常配合。明眸皓齿，

1942年孙多慈于在碧湖联高送给学生郑钟灵的个人照片

说话软软柔柔轻轻，那种高贵的气质，优雅的风度，显得清丽圣洁。有时候穿着素色长裙，淡雅苗条，进教室时像是飘然降临，真是"宛如素娥下碧宫"。她的画，无论人物、山水、花木、景物，都有种清逸幽雅的超脱，并注入哲理的情趣。即使是山石、溪流、树木、花草都似乎有意志，有情感，有活力。她尤擅长人物素描，简单几笔就把容貌神韵跃然纸上，真是灵眼觑见，灵腕捉住。她的书法也和画一样著名，奔放清逸，挥洒自如，豪中有力，秀中有美，无论神韵意趣兼具众派之妙。她曾在多处举行书画展，但都标明非卖品。[2]

就这样孙多慈在碧湖联中除专心教学，或背个画夹，穿梭于碧湖的乡村田野，拼命作画，以此排解心中的郁闷和对徐悲鸿的思念之情。在这里，她独自吞咽各种苦涩，以画解忧，以画消愁。[3]

结缘许绍棣

与此同时，郁达夫的妻子王映霞也带着几个孩子避难来到丽水，郁达夫为许绍棣在日本留学时的同学。在许绍棣的关照下，她租住在丽水县城燧昌火柴公司，

---

[1] 杭四中校友会联初校友分会编印，《联初校友》第32期，2006年7月，第30页。
[2] 杭四中校友会联初校友分会编印，《联初校友》第32期，2006年7月，第47-48页。
[3] 叶剑平，《孙多慈与许绍棣的尘烟往事》，《栝苍史志》。

和许绍棣成为邻居。许绍棣是浙江临海人，生于1900年。1936年时夫人方志培患病去世，留下3个女儿。

王映霞在丽水颇受许绍棣的关照，许绍棣时常登门看望，送些水果等礼物，这不免又引起外人对这两人关系的猜疑，引来了不少的风言风语。但王映霞虽然对许绍棣印象较好，但更多看到的是许绍棣的儒雅谦和与乐于助人。此时，孙多慈的大学好友李家应，也在碧湖担任浙江省第一儿童保育院院长，自然很是关心孙多慈的情感世界，对孙多慈与老师徐悲鸿之间那段情感早有耳闻，她也认为两人在一起是不会有好结果的。为使自己的好友走出情感的困扰，就托在丽水的王映霞为孙多慈介绍合适的对象。王映霞于是就有了把孙多慈介绍给许绍棣的想法，为许绍棣做起媒来。

孙多慈也对父亲的这位上司有些许的好感，也想在乱世飘零中找到一个依靠。更令孙多慈感动的是许绍棣对她父亲的处处关照。每当日机空袭丽水城，许绍棣总是安排孙传瑷夫妇住到建有防空洞的处州中学宿舍。于是，孙多慈答应和许绍棣先通信，增进了解。作为上司的许绍棣给了孙家很多帮助，孙传瑷对这个未来女婿抱有很大希望，此后处处为许绍棣说话。

通过书信两人相互增进了对对方的了解。经过一段时间，两人之间的距离也越来越贴近。最终，在王映霞的引见下，两人于碧湖正式约会认识对方。虽然许绍棣给孙多慈的印象不差，但也没那么容易真正走进婚姻的殿堂。许绍棣与孙多慈真正走在一起，用了近四年的相互认识和考验。1941年春，28岁的孙多慈与41岁的许绍棣终于在丽水成婚。两人的婚礼虽然简朴，但规格相当高，婚宴只简简单单两桌便饭，但浙江省的政界要员都来了。

1942年，日军发动浙赣战役，丽水城和碧湖经常遭受日机轰炸，日军步步逼近丽水。8月，省立联高迁到青田县的南田（现属文成县），孙多慈也结束了

孙多慈、许绍棣一家

在丽水碧湖四年的生活，随学校前往南田。

在碧湖的四年，应该是孙多慈一生中难以忘怀的日子。在战争的烽火之中，得以暂时远离战乱，得以安心教学创作，治疗情感的伤口。结婚之后，她随许绍棣风尘仆仆地奔波于景宁、庆元、云和，致力于抗战模范教育县的建设。工作之余，两人流连于浙西南名山大川，暂时忘却了乱世的烦恼、离乡的忧愁。

孙多慈后来成为中国现当代史上为数不多且卓有成就的女画家之一，其素描功夫有"国内第一名手"之称。1948年，孙多慈随许绍棣来到台湾，任台湾师范大学艺术学院教授，后任院长，1975年病逝于美国洛杉矶。

徐悲鸿油画《孙多慈像》

美术家周天初情系碧湖山水

　　1940年11月5日，丽水碧湖岩头村口迎来了一位身穿长衫，面容清瘦的教书先生模样的外乡人，他背着一套类似画画写生的用具，沿着乡间古道徒步而来。他是从碧湖三峰方向过来的。一路上，他似乎深深地被这一带的风光所吸引，手里拿着一张画迹未干的国画稿子，画的是一棵乌桕。乌桕是三峰、岩头一带很常见的落叶乔木，至深秋初冬时节火红的叶子和白色的果实挂满树梢，特别美丽，特别惹人喜爱。这幅画的右上角还题有一首题秋景乌桕诗：

　　三载住碧湖，年年见乌桕。衰颜借酒红，霜叶浑如旧。

周天初于1940年在碧湖郊游的画作《乌桕》

　　穿过岩头，他继续往箬溪口方向前行。来到箬溪口，驻足许久，完全沉醉在鸡鸣犬吠的乡野美景之中。他取出笔墨，将纸小心地夹上画架，抹了又抹，挥毫写道：

题箬溪口小景，（民国）二十九年十一月

金刚山脚箬溪口，地接三峰百步间。画理细参王摩诘，何劳跋砂终南山。

这位才华横溢的外乡人就是随国民党浙江省政府来丽水碧湖联师执教的美术教授周天初。周天初在碧湖一住就是8年。在这漫长的8年时间里，在此留下了许多画作和诗文，成为莲都文化史上重要的艺术财富。

周天初（1894—1970），浙江奉化江口周村人，别号天衣居士，奉化诗人石虞先生之哲嗣。周天初早先在上海美术专科学校习画，1916年毕业于上海美术专科学校，后经刘海粟推荐留校任教，1918年远赴日本东京美术专科学校习画，潜心研究西洋画的原理，尤致力于透视学与色彩学。1922年秋，周

在碧湖执教期间的周天初

天初学成回国，任教浙江省立女子师范学校。翌年春，兼任浙江省立第一师范学校课务。除了在一师任教外，周天初还在其他学校兼职美术教育。1924年周天初应沈定一之请在浙江艺术专科学校兼教西画一年半；同年起，应林风眠、潘天寿之请在国立杭州艺术专科学校（今中国美院）兼职任教8年，主要教授色彩学、透视学。1923年秋，女师改称浙江省立女子中学，一师并入浙江省立第一中学。1931年6月，师范独立，杭高师范科停止招生，周天初转入复校后的浙江省立杭

周天初作《湖口归渡》

州师范学校任教。

1937年11月,"寇迫杭垣,学校内迁"。周天初爱国爱校,将家眷安置在奉化乡间,只身随校南迁。1938年7月,杭嘉湖旧属省立七校在丽水碧湖合并成立浙江省立临时联合中学,内设师范部。1939年秋,联中师范部改为浙江省立临时联合师范学校。抗战期间,周天初"随校转徙,跋涉关山,老而益壮,至堪敬佩"。当时物质条件极差,周天初喝最差的酒,用长烟管吸烟,晚上备课,用的是青油灯,不以为苦,一直坚持到抗战胜利。"朱弦一曲伯牙琴。流水高山要赏音,犹记碧湖春雨夜,泥炉温酒话文心。"是周天初抗战时期在丽水碧湖教书生活的真实写照。

在碧湖执教期间,留下了许多反映碧湖风物和心情心境的画作和诗文。

1940年10月27日,周天初徒步碧湖下街霞江古渡口(碧湖人俗称下江埠),见江中有一木船,载着两位樵夫迎面而来,提笔画下了这一生动场面,题名《湖口归渡》。

吴家圩,碧湖人俗称"吴村圩",是碧湖镇西南1.7公里处的一片江边圩地。早年有吴姓人居此,故名。这里是瓯江河段湿地生态极好的一段,很有《诗经》中"在水一方"的韵味。1940年10月27日,周天初自霞江渡沿江而上,在吴家圩驻足良久,作《碧湖吴家圩》。

周天初作《碧湖吴家圩》

1941年，周天初在碧湖得到宁波失守的消息，和家人相隔多时的周天初在《梦游黄山图》的题序中表达了对家人的急切牵挂、无奈和彷徨。"……无奈沧海水，淹没故乡田，妻孥谁撇得，念之方寸间"。此间周天初的三个孩子相继离开了人世，周天初常为没能拯救家人而追悔。国殇家难中的周天初只有不断作诗绘画来消解心中的殇情。

周天初在碧湖期间，还在宿舍门口种花，以寄雅趣，并排遣对远在故土亲人的思念和世事无常的郁闷。1942年3月18日，还作过种花自画像。1947年6月，在杭州寓所还专门补题画诗一首：

晨风掠水来，皱纹侵吾脸。风定水还平，脸皱不复展。
忆我垂髫年，每嫌流光缓。而今逾四旬，夜长苦昼短。
自笑应不惑，群疑偏相绊。暗中一摸索，眼花更撩乱。
眼花可戴镜，夜长且起早。毋令寂寞心，处处添烦恼。
烦恼不添心如扫，养花四季不知老。
老年花似雾中看，花在雾中看更好。

周天初《种花自画像》

周天初才华横溢，难能可贵的是他把毕生主要精力都放在师范美术教学上。周天初认为一个人从小就应该培养他的爱美的情趣，而我国小学美术教师很少，先生希望通过师范教育，培养出更多的合格美术教师。周天初日本留学回国在女师、一师任教后，即积极提倡写实主义。20世纪30年代起，杭州美术界风靡西方的形式主义，而周天初坚持写实主义，讲透视法，强调写生（为此制作了一套写生对象）。在这种教学思想指导下，学生从美术学习中学得了较扎实的功夫。周天初坚持师范美术教学必须为培养小学师资服务，为小学美术教学服务。其绘画形式则坚持铅笔淡彩。这是水彩画的一系，当时在美国、苏联和欧洲广泛流传，与我国国画传统亦有联系，有其独具的艺术特点。周天初认为这是一种最适于幼、小教学的实用美术技术。这种为培养小学美术师资服务的思想，与一般师范美术教学脱离实际、追求纯美术基础或自我表现、自我玩乐的美术思想（这在当时是相当普遍的）是根本对立的。周天切的得意门生，曾任杭州幼儿师范学校副校长的余礼海说："周先生的美术教学思想是我衷心赞同的，也是在我四十五年的教学实践中验证正确，全力以赴的。"

1943年，教育部举行推进师范教育运动，对在师范教育服务15年以上且品德高尚、努力工作、卓有成绩的教师予以奖励，浙江省奉令推荐1名，联师美术教师周天初获此殊荣。

抗战胜利后的1946年1月，周天初和其他联师师生一道告别丽水，迁回杭州，联师恢复原校名：浙江省立杭州师范学校。周天初继续留校任教直至1958年退休。退休后仍坚持写诗作画并投身浙江美协的筹划和建设。1961年，浙江省美协正式成立，潘天寿任主席，周天初任副主席。

碧湖的8年教学生涯，周天初有缘亲密接触自然山村的机会，也是他艺术境界得到升华的时期。周天初多才多艺，中青年时期社会活动繁多，与郁达夫、潘天寿、林风眠、张宗祥等均有厚交。纵观周天初的传世作品，西洋画的一些特点很好地糅和在中国水墨画中，使所表现的物体既有中国画的意境，又结合了西洋画的透视和造型，在表现上更加丰富。谈到中西融合的绘画创新和探索，周天初有诗言道："趋新多险阻，反古亦超趄。谁能酌其中，脱然出囹圄。绘事虽小道，造诣亦良苦。黄荃善双勾，允称无双谱；徐熙没其骨，卓然一技树。厥初师造化，于焉成鼻祖……一味尚形似，见与儿童伍……"

中文速记发明人杨炳勋避难丽水

抗日战争前，中国的文化人多集中在北平、上海、杭州等大城市，这些大城市自然成为文化中心，但在战争爆发后，大城市率先陷落，原有文化中心由此散落，文化人不得不四处迁徙、流亡，去寻求战局相对平稳的地域。丽水地处浙江西南部，因战事暂时未波及而成为文化人理想的避难之地，从而在丽水上演了一幕幕原本和丽水无关的爱恨情仇和生离死别。

中文速记发明人杨炳勋就是这些众多避居丽水的文化人中的一员。杨炳勋是杭县（今杭州）人。早年在叔父杨青的资助下他去美国留学，获美国堪萨斯大学硕士学位，学成回沪。1925 年发表了《炳勋速记》，并在上海开办炳勋中文速记学校（后改名炳勋国音速记学校），推广其发明的"炳勋中文速记法"。学校下设炳勋国音速记学社，分为翻译部、研究部、编辑部。办学方式灵活多样：有面授、函授；分初级、高级、特级；有平日班（每天上课一小时），星期日班（每周日上课2小时）。初级班不问速度，学习一个月，讲授速记基本原理、连写方法

杨炳勋所著的《炳勋速记入门》

与速缩公式。先后出版教材《炳勋速记入门》《炳勋中文速记》《炳勋国音速记学》，创办《炳勋速记月刊》，出版《炳勋速记模范语词典》《炳勋速记特种词典》《炳勋速记习语词典》《炳勋速记成语词典》。

1929年9月上海复旦大学新闻系成立，设速记为必修科，聘杨炳勋为速记教授。杨炳勋对速记事业十分热心，培养了不少速记人才，上海中共地下党还通过该校培养了一批速记和情报人员。

1938年上海沦陷，杨炳勋把他的速记学校迁到浙江抗战的大后方丽水，其间

还兼任英土大学英文教授。

由于杨炳勋多年以来致力于速记推广事业，不治生产，没有积蓄，到丽水后，独自苦苦支撑着速记学校，在战火和贫困的多重重压之下，1942年3月30日晚在丽水投河自尽。

据"老丽水"庄祖光老人回忆，抗战时期，他小学毕业后，一边当学徒，一边读夜校的英文速成班，教他英语的就是杨炳勋。杨教授英文水平很高，人长得很精神，性格也很开朗。在英文速成班读了不到三个月，他英语水平已有很大进步。有一天去上课时，他听说杨老师跳河自杀了，他猜想可能是因为思想进步而被人迫害了。

《中文速记发明人杨炳勋自杀》
（1942年4月17日上海《申报》）

在那战乱年代，一个外乡人的离世，在小小的丽水城并没有引起太多人的关注，直到其去世半个多月后，4月17日的上海《申报》上才刊登了一条几十字的通讯，对这件事作了简要报道。4月21日远在重庆的《新华日报》也以《中文速记发明人杨炳勋氏自杀》为题发表了一篇"浙江丽水通讯"。但都没有说明自杀的原因和具体地点等更多信息，从而留下了重重迷雾，让后人去猜想。

郁达夫情系莲城

郁达夫（1896—1945）是著名的爱国主义作家，抗日斗士，杭州富阳人，他的《沉沦》《故都的秋》《春风沉醉的晚上》佳作尤为读者喜爱。但也许很少人知道：丽水，还曾是他的家。在《郁达夫年谱》里有这样一个条目：

1937年郁达夫、王映霞夫妇合影

1938年　42岁

3月9日，应郭沫若的邀请，与妻子王映霞在丽水会和赴武汉任军委会政治部第三厅少将设计委员。①

郁达夫的妻小家人是1937年底到丽水来的，1938年3月9日举家离开丽水前往武汉，前后近半年时间。"七七"卢沟桥事变爆发后，沪、杭沦陷，大批抗战青年和进步文化人士纷纷撤退，相率路过或汇集在金华、丽水一带。一时间，这个通往大后方的浙赣线重要战略区内群英荟萃，到处响彻要求团结抗战的呼声。郁达夫家人是在这样四方多难的多事之秋从杭州搬到丽水的。他的妻子王映霞有这样的自述：

谁知到金华不久，大约是要过春节的时候，听说浙江省政府要搬到丽水来，若从丽水去江山再到福建的浦城，是比较容易。至于我们的家，住在金华和住在丽水，也是相仿。何不就在大家搬家的时候，我们也搬到丽水去住呢？这念头一转，索性一搬再搬，在一九三七年的冬日，我们老小六人，租下了丽水燧昌火柴公司的两个房间。住定了下来。燧昌火柴公司在丽水是新造的房子，而且相当的大，这次搬到里面去住的，计有浙江省政府民、财、建、教四个厅，还有浙江省政府属下的附属机构，里面的房子，是可以论间出租的，我们虽说非厅非局，但也因为有熟人可以通融，居然也住了进去，伙食可以包在里面的大厨房里，在这里面住家的人，既省事，又安全。②

---

① 李海燕编著，非常人物之非常记忆(孤旅悲情　郁达夫)，民主与建设出版社，2012.01，第228页。
② 梁秋实，林语堂著，自由的人，岳麓书社，2017.11，第116页。

327

丽水燧昌火柴公司就在现在丽水市区灯塔街的市老年大学大院里，为民国时期著名的民族资本家郑宝琳所创建，他的遂园就在丽水燧昌火柴公司，抗战爆发后国民党浙江省政府内迁丽水，这里是省政府部分机关要员的住所，一时间名流云集，好不热闹。当时，郁达夫家人寓居丽水，而他本人则早

丽水燧昌火柴公司大门旧影（20世纪40年代）

在1936年2月应当时国民政府福建省主席陈仪邀请出任福建省参议兼公报室主任。爱人孩子都在丽水，丽水无疑是郁达夫日夜思念和牵挂之地。而外界频频传出王映霞与其友人、时任教育厅厅长许绍棣有染，更令郁达夫心急如焚。1938年的仲春时节，郁达夫从福州起身，经龙泉、云和来到丽水。

在丽水燧昌火柴公司，郁达夫见到了妻子家人，见到了省主席黄绍竑，还曾会面了当时的著名报人严北溟。多年以后，严北溟写了一篇《与郁达夫的交往》一文，里面记载了王映霞与许绍棣在丽水的绯闻，尤其和郁达夫在丽水的两次会面，解读了一个有血有肉，充满正义，忧国忧民的郁达夫：

1938年初春的一个夜晚，我为联系刊物印刷事宜，由温州途经丽水，听说黄绍竑正在此地，便前去看他。黄的临时寓邸设在原燧昌公司的一幢双层大楼内。走进客厅，见明亮灯光下，黄绍竑正同一位年过四十的男子坐在沙发上交谈。当时公教人员大都着中山装，这人却仍穿一件半新旧的棉布长袍，头发蓬乱，面色苍白，神态有些憔悴，乍见之下，倒有几分像当时一般的小职员。谁知当黄向我介绍时，却使我吃了一惊，原来他就是郁达夫。虽然我们都曾在同一座杭州城内生活多年，但一直无缘相见。我只是在《沉沦》《春风沉醉的晚上》等小说和诗文中认识过这位青年们所景仰的进步文学家，却未料在此不期而遇了。后来郁告诉我，他不久前从福州经龙泉而至丽水，来探视妻子王映霞，并拟偕同去武汉的。

当郁达夫知道我正在主编《浙江潮》，谈话很快变得热烈起来。他说，他虽在外省任事，但一直十分关注家乡的抗战文化宣传工作，感到这个刊物办得很及时。

当时《浙江省战时政治纲领》已公布实施，他对黄绍竑"刷新浙江政治"的胆略表示赞佩。①

他们还就当时的抗战形势进行了深入的交谈，前后足足两个多小时，充分展示了郁达夫敢爱敢恨的真性情：

郁谈到他走遍很多地方和闽浙沿途所见的悲惨景象，说日寇铁蹄所至，到处是家破人亡，妻离子散，话到伤心处，我坐在一旁都能深深感受到达夫通过隐痛的语句所透露出来的无限悲愤和一片爱国赤忱。特别是当我们谈到日寇的兽性和暴行时，达夫仿佛陷入往事的回忆中。他沉默了一阵，才说起他留学东洋时，看到日本的下层人民对中国人民的友好态度。他们讲礼义，达人情，给人留下了深刻的印象。而今日本政府把人民驱入侵略战争的大海之中，那些野蛮残暴的兽行应该归咎于日本军国主义。说到这里，他还引了鲁迅先生的一句诗："历经劫波兄弟在，相逢一笑泯恩仇"，认为中国人民应该同日本人民一起粉碎这场灭绝人性的侵略战争。②

两日后，严北溟又在燧昌公司招待处的一间狭小的客房里拜访了郁达夫。二人先从谈诗论词开始，说得很投机，然后严北溟就提出了曾同黄绍竑商定的挽留其在浙江工作的意图。郁达夫没有作声。良久，他才告诉严北溟，他对家乡的感情是很深的。白香山有"未能抛得杭州去，一半勾留是此湖"的名句，他也曾有"何当一棹西湖去，浅水芦花共结庵"，但能否留得下来，他确实很难说定。言谈中似乎流露出内心的无限隐痛。郁达夫告诉严北溟，他离闽赴浙前，曾在福州王天君殿里课得一签，诗曰："不是有家归未得，鸣鸠已占凤凰巢"③，郁达夫将此诗收入诗集，并自注云："正当年终接政治部电促，将动身返浙去武汉之前夜。诗句奇突，我一路上的心境，当然可以不言而喻。一九三八年一月初，果然大雨连朝；我自福州而延平，而龙泉、丽水。到了寓居的头一夜，映霞就拒绝和我同房，因×君这几日不去办公，仍在丽水留宿的缘故。第二天，×君去金华开会，我亦去方岩，会见了许多友人。入晚回来，映霞仍拒绝和我同宿，谓月事方来，分宿为

① 杭州市政协文史委编,杭州文史丛编,杭州出版社,第93页。
② 杭州市政协文史委编,杭州文史丛编,杭州出版社,第93页。
③ 郁达夫著,郁达夫诗词集,吉林出版集团股份有限公司,2017.10,第107页。

佳，我亦含糊应之。但到了第三天，×君自金华回来，将于下午六时去碧湖，映霞突附车同去，与×君在碧湖过了一晚，次日午后，始返丽水。我这才想到了人言之啧啧，想到了我自己的糊涂，于是就请她自决，或随我去武汉，或跟×君永久同居下去。在这中间，映霞亦似曾与×君交涉了很久，×君似不肯正式行结婚手续，所以过了两天，映霞终于挥泪别了×君，和我一同上了武汉。"①从郁达夫这诗文的自注中印证了坊间传闻国民党省教育厅长、CC系头目许绍棣竟以郁达夫的旧友而乘国难之危霸占了王映霞的绯闻。

许绍棣

最后，也许是因为许绍棣从中作梗，郁达夫最终没有留在丽水到省政府机关工作。3月，郁达夫离开丽水去武汉。到年底又投荒炎海，去了新加坡。而王映霞虽曾一度随郁达夫去新加坡，不久终因感情无法弥合而离异。第二年三月，郁达夫在香港《大风》旬刊上发表的《毁家诗纪》。我们仿佛看见达夫那苍白的面容，那憔悴的神情下一颗火热跳动的爱国者赤子之心，又似乎是慑于许绍棣的威势而凄然离浙。他的《毁家诗纪》（诗十九首，词一阕），其中《贺新郎》一词诠释了这种家仇国难交织的复杂心情：

匈奴未灭家何恃？且由他，莺莺燕燕，私欢弥子。留取吴钩拼大敌，宝剑岂能轻试？歼小丑，自然容易。别有戴天仇恨在，国尚亡，妻妾宁非妓？先逐寇，再驱雉。②

隐痛在胸的"先逐寇，再驱雉"，郁达夫以民族国家为重，他在词作自注道："大难当前，这些个人小事，亦只能暂时搁起，要紧的，还是在为我们的民族复仇"③，这种爱国主义的思想境界又是何等的崇高！

---

① 郁达夫著,郁达夫诗词集,吉林出版集团股份有限公司,2017.10,第107页。
② 郁达夫著,郁达夫文集 第9卷 日记,书信,花城出版社,1991.05,第486页。
③ 郁达夫著,郁达夫大全集,新世界出版社,2012.12,第290页。

严北溟在丽水主编《浙江日报》

严北溟（1907—1990），字渤候，湖南湘潭人，中国哲学史专家。因家贫无缘进正规学校求学，靠自学成才，擅长诗词，写得一手好字。1924年考入长沙邮政学校，并积极参加工人运动，投身大革命洪流。1927年5月加入中国共产党。

严北溟

1934年5月至1937年10月，严北溟在浙江民众教育实验学校任教，讲授哲学、时事和中国近代史等课，宣传抗日和革命理论。1936年任杭州《东南日报》评论主笔，其针对时局的犀利笔锋"声震东南"，终被国民党CC系排挤出报社。1937年冬黄绍竑再次主浙后，严北溟任其秘书，并在中共党员、学者杜国庠等帮助下，为黄绍竑草拟《浙江省战时政治纲领》。这个《纲领》基本上根据中共中央提出的《抗日救国十大纲领》的精神，联系浙江战时实际情况，并考虑到国民党地方政府所能接受的程度而制定。

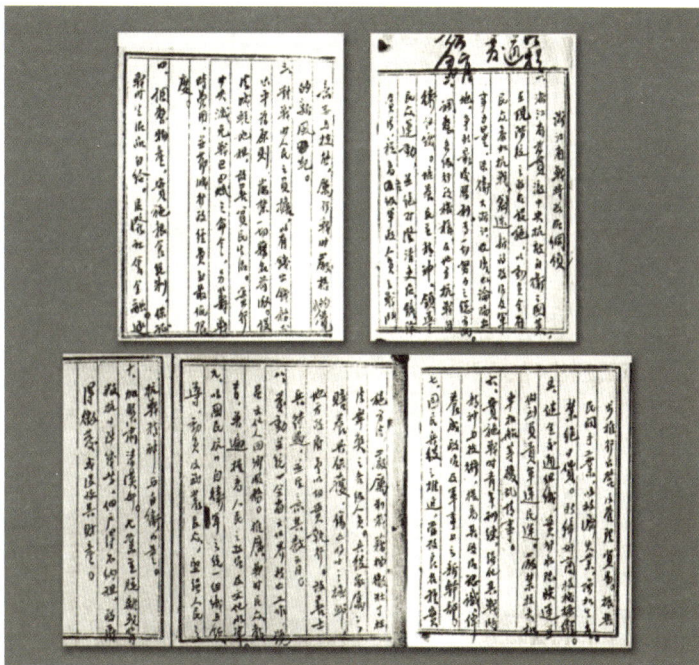

《浙江省战时政治纲领》抄件

黄绍竑非常重视建立舆论阵地，1938年严北溟受黄绍竑邀请主编《浙江潮》旬刊，该刊在金华编辑，在丽水印刷，严北溟经常往来永康、丽水联系印刷事宜，并与黄绍竑会面交流，由于此刊思想进步，在东南各省影响很大。1939年，周恩来到金华时曾单独召见他，予以亲切的鼓励和指示。1940年，国民党反共活动不断加剧，《浙江潮》政治环境日益险恶。1941年1月20日，出至128期停刊。25日晚，《浙江潮》编辑部的中共党员李士俊、沈任重等被捕，后严北溟也被迫离开金华。

在那战火纷飞的年代，为准确又快速地将当前局势告知给民众，宣传抗战凝聚民心，使浙江同胞能看到当日报纸，浙江省政府主席黄绍竑决定开办《浙江日报》，该报于1941年3月在永康张岭创刊，1942年5月，因日寇窜扰，《浙江日报》报社改迁丽水白云山，5月23日，正式在丽水出版《浙江日报》，并发表社论《本报迁丽出版》，同年，日寇侵犯丽水，10月底《浙江日报》迁碧湖上赵村出版。因日寇侵犯丽水，《浙江日报》被迫停刊近4个月，直至同年10月23日在碧湖上赵村复刊出版。

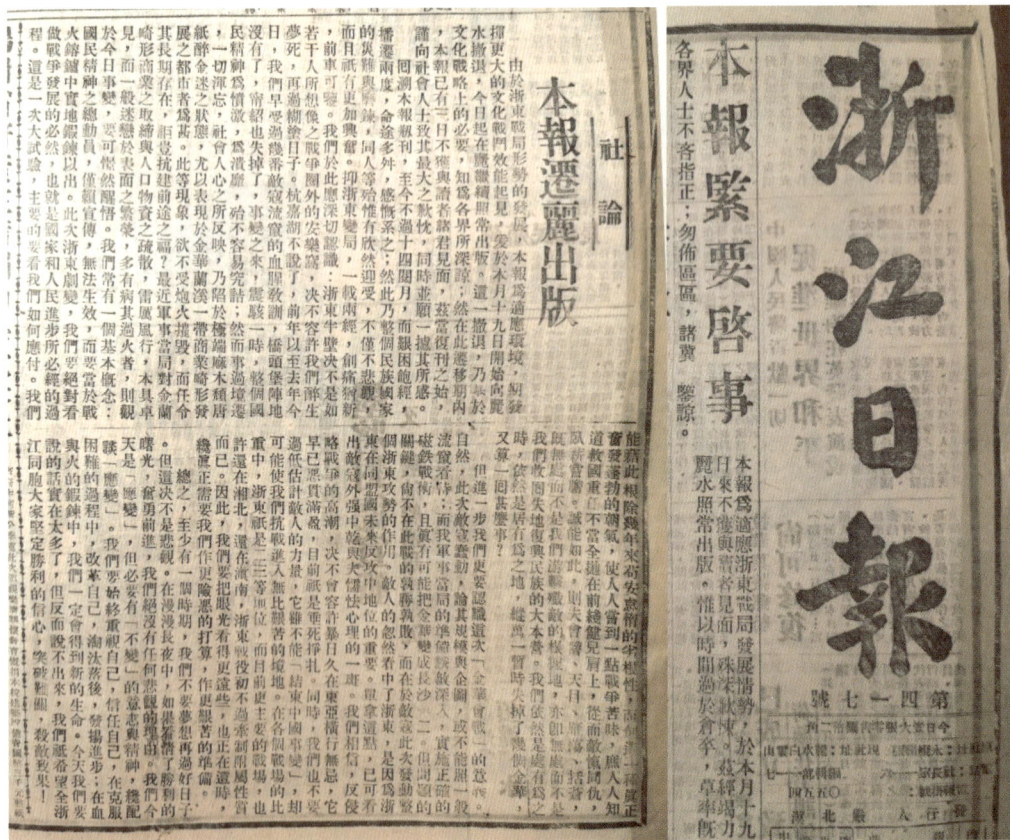

1942年5月23日《浙江日报》迁丽水后的报头与社论《本报迁丽出版》

《浙江日报》是一份综合性的报纸，日出对开一大张，分四版，第一版是要闻，第二版为国际国内新闻，第三版上半版为社论和各类专论文章，下半版为副刊《江风》，第四版半版广告，半版副刊《山水间》。

发行人兼社长严北溟除管报社行政外，还任主编写社论，工作非常忙碌，整日在奋笔疾书。据当时与严北溟有过业务往来的洪省三回忆：

我每次去联系工作，他都如此，独居三层楼，文稿成堆，条件差，晚间煤油灯一盏，戴着一副近视眼镜，孤灯独写，忙得连会客时间也没有。

报社下面设有三个科：总务、发行、广告。除总务科外，其他都是集中办公。另外还有无线电，整天在接收重庆中央社新闻和战事消息。此时沦陷区加大，战场又多，每日要接收一叠新闻稿供发行科选择刊登。为了工作需要，我经常持稿前去联系请他们刊登。这个办公室也很零乱，因陋就简，也没什么布置，摆着一张长桌，人手不多，只有六七个人，围坐一起编次日的报纸。工作十分紧张，业务科长也得看稿编排。

工人们忙着排字，在晚上六时必须完成次日报纸版面任务。晚上照明的是汽灯，试版印出后，大家分工校对，再又付印，偌大的一台对开机，是用人工手摇的，正反两面，差不多要通宵达旦。

1944年7月，因日寇进犯丽水，《浙江日报》又迁龙泉宫头，发行量减少，经济上周转不灵，被迫进行改组。社长仍是严北溟，后来，原来《浙江潮》的编辑沈任重、李士俊先后从上饶集中营出来，也进了《浙江日报》，所以报社虽经改组，编辑部依然是以地下党员和进步人士为核心。1945年9月20日，《浙江日报》迁杭州出版，1946年春，严北溟因进步活动受到迫害，离开浙江前往上海。

冯雪峰丽水以笔筑战垒

冯雪峰是当代著名诗人、作家、文艺理论家、社会活动家、鲁迅研究专家、中国革命文学奠基人之一。1942年底至1943年，正值艰苦抗战之时，这位红色作家在丽水养病与写作半年有余，他以笔代枪，针砭时弊，唤起民众的斗志，筑起抗战的"墨堡笔垒"。

作为一名作家和共产党员，他以惊人的坚强毅力，跟随党中央走完了长征。1936年4月20日，党中央在陕西瓦窑堡派遣他去上海工作。1937年12月，冯雪峰返回义乌老家，隐蔽在家中从事著述，创作一部反映红军长征的长篇小说。1941年1月，皖南事变爆发，国民党大肆捕杀中国共产党员和爱国人士。2月6日，冯雪峰被捕，后又转押至江西上饶

青年冯雪峰

集中营。在集中营冯雪峰遭到敌人残酷的折磨，不久，又传染上了烈性传染病"回归热"，连日的高烧把他折磨得半死。

因在狱中敌人未知冯雪峰的真实身份，只知其姓名为冯福春，不知其就是中国共产党"要犯"冯雪峰。在党中央和毛泽东的亲自安排之下，1942年底，冯雪峰以保外就医的名义得以出狱，此时，关押新四军的集中营已从江西上饶迁移至福建省建阳县城南三十里的徐市。冯雪峰与同时从集中营中得以保释出狱的共产党员郭静唐辗转来到位于庆元县下际的浙江省第二儿童保育院临时避难处。儿童保育院是抗日初期国共合作时，由各界进步人士发起，以一些著名的"官太太""大小姐"的名义建立起来的抗日救国的救济慈善机构。浙江省第二保育院有教职员工80余人，收养的沦陷区儿童有800多人，保育院的实权为中共地下党所掌握，如院长戚铮音、总务主任严金明、教导主任蒋冰洲、主持《儿童报》刊物的夏明、级任导师盛杰山、王冠民、夏风、孔昭锐等都是共产党员。

冯雪峰在狱中患过严重的"回归热"，治愈不久，又患了严重的肋膜炎和肋骨结核病，在狱中一位曾是外科医师的难友用刻图章的小刀给他动过"手术"，伤口还未完全愈合，时淌浓血，时有剧痛。经过在庆元的第二保育院一个月的休息和治疗，病情稍有好转。12月，他就拖着病体回义乌老家，寻找妻子和儿女，但他的家乡义乌已被日军占领近一年，敌战区情况非常混乱，公路也不通，冯雪峰只得折了回来，在丽水城住下来，每天睡在床上，但心里却很是苦闷与忧愁，仿佛病也严重起来了。

此时，他在丽水遇到了时任《东南日报》丽水版总编辑的旧友、同乡金瑞本。金瑞本为金华人，为人耿直，思想进步。《东南日报》是在浙江以至东南地区较有影响的报纸，1937年12月，从杭州迁金华，随着战事的发展，1941年4月又迁丽水，成立《东南日报》丽水分社，5月1日起，出版《东南日报》丽水版。1942年5月，浙赣战役爆发，6月24日丽水城失陷，丽水版被迫停刊，8月28日，丽水城收复，11月23日，中断了五个月的丽水版复刊。此时，因丽水收复不久，《东南日报》丽水分社人手少，丽水版总编辑金瑞本患有严重的肺结核病，卧床不起，见到了冯雪峰，分外高兴，顾不得两个都是病人，彻夜长谈。

冯雪峰后来在回忆金瑞本时写道：（金瑞本）几乎以一人之力在恢复一个报纸。而且他是患着真真沉重的多年的肺结核的，又很穷，报馆也无钱，人手更不多；报出版后，他就非一个人兼做四五个人的事不可。至少因为他是总编辑，有时一大张报非由他一人编辑不成。这样，病自然是更厉害起来了，而他的矛盾也就分明地显露了出来，时常在谈话的时候，一边咳嗽着，红着颊，喘着气，流露着种种深积着的牢骚，而一边却计划着即刻恢复副刊，训练编辑人才，在沦陷区建立通信网，等等。①

1943年初，病重的金瑞本要求冯雪峰为他自己兼编的《东南日报》丽水版的文化副刊《笔垒》审阅来稿，并每天写一篇短评，他还深情地说："这是能够使两人的病都会很快好起来的"。副刊《笔垒》于1938年2月在金华创办，"笔垒"寓意为在抗战中起"墨堡笔垒"，抗击敌寇，因其思想进步、内容丰富、形式多样，在国统区享有极高的声誉，所刊文章内容富有战斗精神，主要为批判社会阴暗面或宣传抗战的杂文，还刊载反映战时生活的散文和以古喻今的文史小品。

冯雪峰不顾自己病体和危险的处境，愉快地答应了金瑞本的请求，每天除审阅《笔垒》的来稿以外，还写了《还好主义》《利己主义的本质》《牺牲》《滚和

① 冯雪峰著,乡风与市风,河北教育出版社,1994.05,第11页。

悲觀主義的末日

庚少

新四十三期

筆壘

冯雪峰以化名"庚少"发表于1943年2月9日《东南日报》（丽水版）副刊
"笔垒"上的评论文章《悲观主义的末日》

卷》《节与志》《悲观主义的末日》《责任》《赌的变迁》《同化力》《他化力》《创造力》等十余篇短评杂文，用化名"木亭""方雨""庚少""五里""史木"等于2月1日起陆续发表在《东南日报》副刊《笔垒》[①]。据诗人莫洛（马骅）后来回忆，他在1943年初向丽水版《笔垒》投寄稿件，曾收到编者的复信，指出他的诗作中的一些思想情绪问题，意见较为恳切感人。他认为这些复信当是冯雪峰写的。

十余天后，金瑞本派人送了一张条子给冯雪峰，说他已经能起床，而且副刊《笔垒》已经请到了专人编辑，可以不再烦劳他了。除了已写出即在《笔垒》发表的十余篇外，冯雪峰还定了很多原本计划写作的题目，打算在《笔垒》缺稿时可以应急，但因当时向《笔垒》投稿的人尚多，暂不缺稿。金瑞本考虑到冯雪峰的身体，不应过度操劳，应将时间用到睡觉和散步上，以早日康复，致使许多文章没有完成，冯雪峰后来到重庆后所写的20余篇短文，有一半以上都是在丽水时就已定好了题目的。

1943年3月，冯雪峰回到了已迁至云和小顺的浙江第二保育院。保育院在小顺村浙江铁工厂附近的村子里租了一间民房让他居住，从他的住处到保育院本部需过一条小溪，要走里把路。这个村子在一个峡谷里，地僻人稀，很适宜隐蔽和

① 孙晓忠. 当代文学中的冯雪峰——以《文艺报》为中心[J]. 文学评论, 2005(3):86-98.

休养。组织上按照他的意愿，把他的妻子何爱玉，儿女夏熊、夏森和雪明接到云和来。安排何爱玉当保育院事务员，三个子女在保育院读书，经过一段时间的休养，冯雪峰的身体有明显好转。

这时浙江战时儿童保育会主办的《浙江妇女》月刊在云和小顺筹备复刊。《浙江妇女》主编秦秋谷常去向冯雪峰请教，由于人力、财力和印刷条件的限制，《浙江妇女》月刊难以恢复，冯雪峰建议她与在丽水碧湖出版的《浙江日报》联系，在《浙江日报》上辟专栏，将月刊改为周刊。冯雪峰还为《浙江妇女》周刊写过《妇女"觉醒"的今昔》《论女人的"虚荣心"》《论乡下女人的哭》等若干篇短论。冯

位于云和湖滨村小顺堡自然村的冯雪峰旧居

雪峰的文章切中时弊，笔锋犀利，句句入木三分，颇有鲁迅杂文的味道。①

冯雪峰常在月夜散步到保育院本部，保育院里的同志对他的到来总表示极大的喜悦和欢迎。爱听他讲二万五千里长征的艰险，讲上饶集中营里难友们的顽强斗争。②

不久，冯雪峰和第二保育院的进步活动引起了国民党特务的注意，冯雪峰被国民党浙江省党部列入黑名单，第二保育院院长戚铮音也引起了敌人的怀疑。为确保冯雪峰能顺利离开云和，第二保育院的同志几经磋商，终于想出了一个办法：以院长戚铮音向在重庆的战时儿童保育总会汇报工作，请求经费为名，经桂林转去重庆，而冯雪峰则以保育院教师的名义，陪同前往。这个两全其美的办法，既可使冯雪峰一路上有人掩护，也可让院长戚铮音也乘此机会离开云和，摆脱险境。

于是1943年5月初，冯雪峰在戚铮音的掩护照料下，离开了云和小顺，走上

---

② 政协云和县委员会文史资料研究委员会,云和文史资料(第4辑),1989.05,第14页。

了经桂林前往重庆的迢迢长途，他们先是乘卡车到广东曲江，再转火车到桂林，6月初，冯雪峰奉周恩来之召到重庆，向组织汇报被捕及出狱经过，并从事统战和文化工作①。

1944年11月，冯雪峰将在1943年写作的评论杂文由重庆作家书屋出版集结出版，书名为《乡风与市风》，全书分两部分：前部分文章为1943年1月至4月写作于丽水和云和小顺，共17篇；后部分为1943年8月至12月写作于重庆，共24篇。《乡风与市风》是冯雪峰对在丽水这半年多难忘时光的纪念。

在该书的序言中，冯雪峰回忆了他在丽水时和金瑞本交往的经过，以及对金瑞本抱病办报，提倡言论自由，疾恶如仇的赞扬，对其不幸去世的怀念。两人虽然只在丽水交往了十多天，因有许多共同语言，即使在去云和小顺后，冯雪峰依然与在丽水的金瑞本保持着书信往来，诉说着各自内心的苦楚，1943年5月初动身前往重庆前，冯雪峰还特意跑回丽水向金瑞本告别。此时，金瑞本已再次病倒，但每天报纸的清样都还需送到他的床前审阅，即使到了重庆后，两人还有通信，直至接到金瑞本已于12月31日去世的电报。

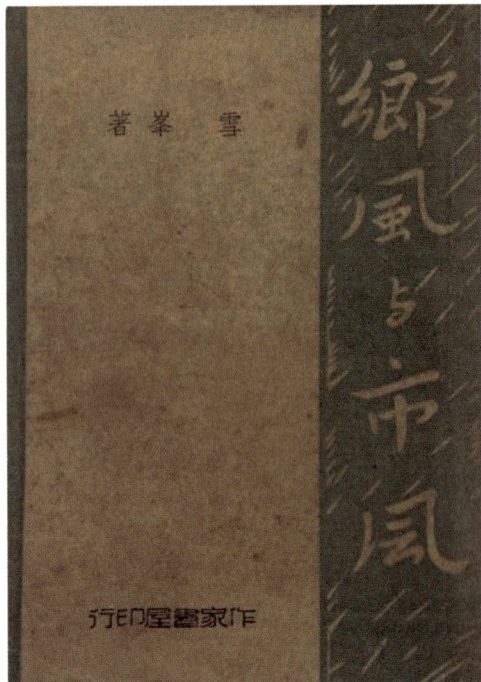

冯雪峰《乡风与市风》

序
还好主义 …………………… (1)
论女人的"虚荣心" ………… (4)
妇女"觉醒"的今昔 ………… (9)
赌的变迁 …………………… (15)
牺牲 ………………………… (19)
牺牲（之二） ……………… (22)
战斗的自觉 ………………… (26)
同化力 ……………………… (30)
他化力 ……………………… (33)
创造力 ……………………… (35)
责任 ………………………… (38)
节与志 ……………………… (40)
悲观主义的丧失 …………… (42)
利己和虚无 ………………… (45)
依然是空虚 ………………… (48)
爽朗的滚 …………………… (50)
疲劳 ………………………… (53)
以上一九四三年一月至四月作于丽水和云和小顺

《乡风与市风》目录中写于丽水和云和小顺的文章标题

---

① 包子衍,雪峰年谱,1983,第44页。

陈嘉庚烽火丽水行

陈嘉庚先生是福建省泉州同安县人，南洋华侨领袖、企业家、教育家、慈善家、社会活动家。他不仅是热心办教育的典范，先后捐资创办了集美小学、集美中学、集美大学和厦门大学，还是一位坚决反对侵略的爱国者。

1937年"七七"事变发生后，陈嘉庚即奔走各地，在海外侨胞中开展广泛的爱国宣传，号召他们有钱出钱、有力出力，并于1938年10月成立了南洋华侨筹赈祖国难民总会，捐募巨款支援祖国抗战。1940年3月，在抗战的烽火中，他又亲率南洋华侨回国慰问考察团回国前往西南与东南实地考察和慰问，并专程奔赴延安，与毛泽东等中共领导人会谈。延安之行让陈嘉庚对中国的未来充满信心，他认为"中国的希望在延安"。

陈嘉庚

1940年9月22日下午1时30分，陈嘉庚一行4人乘专车经永康方岩到达丽水，同行的还有侯西反、李铁民两位侨领，以及陈嘉庚先生的秘书庄明理。侯西反是新加坡华侨社会活动家，福建南安人，历任同济医院总理、新加坡福建会馆执委主任、中华总商会董事等职。对陈嘉庚倾资兴学及其爱国精神极为钦佩，故凡对于国家社会有所建树的事情，必竭力协助，是陈嘉庚在南侨总会的得力助手。1944年11月因飞机失事，在昆明郊区遇难。

陈嘉庚一行到达丽水车站后，受到第九（丽水）行政督查区专员余森文和丽水县政府，以及在丽水的浙江省建设厅、教育厅、师管区等机关团体代表一百多人的热烈欢迎。陈嘉庚下车后，在鼓乐声中与欢迎者握手致谢。据当时在场的人员回忆，陈嘉庚先生身材瘦长，身穿西装，外披夹大衣，持手杖，虽已66岁，但精神矍铄，他笑容可掬地和欢迎者一一握手。陈嘉庚先生又与大家经丽阳门步行入城，全城各商店住户均悬旗表示欢迎。

专员余森文对陈嘉庚先生非常敬重，他在得知陈嘉庚将到达丽水后，即于9月19日召开了欢迎陈嘉庚一行的筹备会议，要求各机关各派代表5人，英士大学、处州中学派学生两队，以及处州中学附属小学的军乐队和独立第九营士兵及警察等前往车站欢迎。余森文还告诫部属说，陈先生虽是侨商，但对祖国、对家乡的教育事业，慷慨解囊，非常热心，为抗日大事，这次又不辞辛劳，远涉重洋，回国考察和慰问，实为可佩，要求警察局和稽查处做好警卫工作。

陈嘉庚一行先至城内的文化建设协会稍作休憩。下午5时，各机关团体在文化建设协会举行宴会，招待陈嘉庚一行。晚六时，丽水社会各界在英士大学大礼堂（原处州中学礼堂）举行欢迎会，到会的有当地军政要员、各界知名人士及青年学生约两千人，济济一堂。欢迎大会由专员余森文致欢迎词后，陈嘉庚先生慷慨激昂、热情洋溢地发表演说，不断引起暴风雨般的掌声和口号声，会场气氛十分活跃。陈嘉庚先生欢欣地说："我以万分感激的心情，向今天的大会主持者和在座各位、丽水全县同胞表示衷心的感谢！从离开重庆以来，一路上每到一处，我都只能留宿一宵，在一间小房间里和当地官员、民众代表一二十人见面，今天在这里，蒙诸位举行如此的欢迎大会，这是第一遭。明天离开这里就可以到达我的故乡福建了。我想到了自己的家乡，该可以让我随意到各处和乡亲们见面谈心了吧！"

因陈嘉庚先生操着一口道地的福建乡音，其讲话由秘书庄明理逐段用普通话复述。他先是回答了几个民众提问的问题，一是中国工业重心移到西北西南的情况如何？二是大后方的富源开发情况如何？三是目前国际形势对抗战前途影响如何？陈先生根据自己这几个月来考察中的所见所闻进行了回答。其次是介绍了海外华侨的基本情况，如人数、聚居地、受当地政府压迫情况、对抗战的财物捐献等。再次是介绍了此行的目的，一是代表华侨向抗战将士和全国同胞致意和慰问，二是视察沿路各地建设情况，把祖国的情形带到海外去，使侨胞和祖国隔阂减少，鼓舞侨胞多捐款贡献祖国。

陈嘉庚先生在演讲中也隐晦地表达了对国民党政府的不满，以及对延安的赞扬。当时在会场作记录的《民生日报》编辑陆嘉亮多年后还清晰记得陈嘉庚先生的话。

我们在海外的同胞很关心祖国的抗战情况，抗战的胜败关系着我们的生死存亡，中国人是不愿做亡国奴的，只要我们大家团结一致齐心协力，一定能把日本鬼子赶出去。但是很遗憾，有的官员贪污腐败，趁火打劫发国难财，热衷于打内战，有的军队遇敌一触即溃，逃之夭夭，长此下去，怎能取得抗战的胜利？

然而我们在延安看到那里的情形就大不一样了，那里的领导人廉洁奉公，军民团结，艰苦奋斗，抓紧生产，军队英勇善战，接连打了几次大胜仗，威震中外，杀得日本鬼子走投无路，惊慌失措，给我们考察团留下了深刻印象，有如拨开云雾见青天，他们是我们祖国的希望。

在日军步步逼近，许多重要城市被占领的情况下，发表和平谈话，就是卖国的行为，我说过敌未出国土前，言和即汉奸，汪精卫是我们的公敌，我们不能受他的骗。

他最后说：

现在我们中国不是东亚病夫，也不是东方的睡狮，而是东方已醒的雄狮，我们是有志气的，我们不做亡国奴，团结起来，把鬼子赶出去。

陈嘉庚先生的演说博得全场听众的热烈掌声，群情激昂，掌声雷动，民众不断高呼"团结起来，一致抗日！惩办贪污分子！打倒汉奸卖国贼汪精卫！日本佬

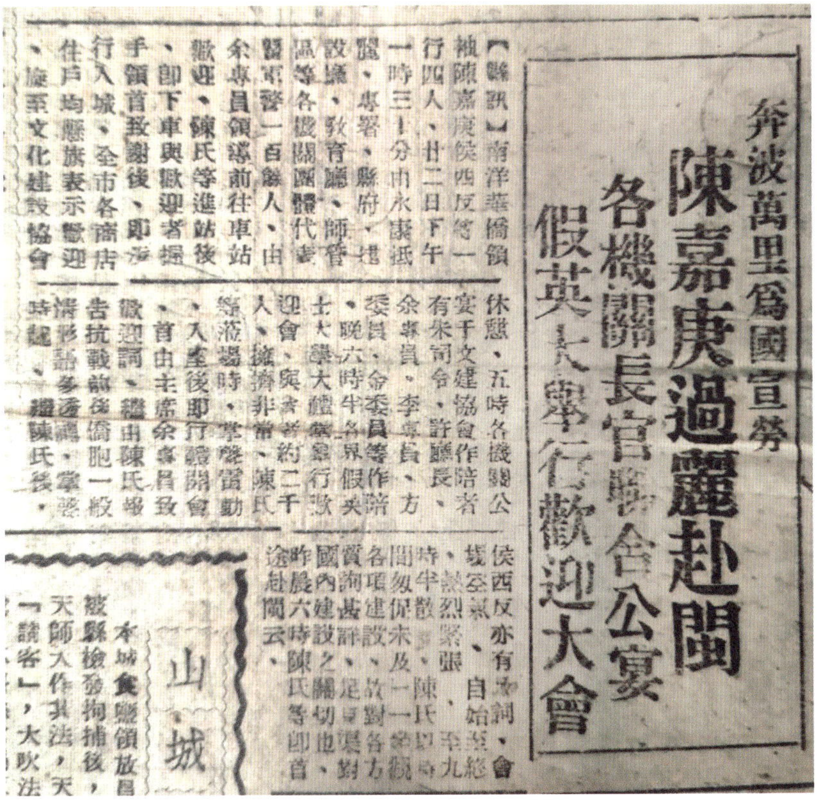

1940年9月24日《民生日报》关于陈嘉庚在丽水的报道

华侨博物院镇馆之宝龙泉陈嘉庚剑

滚回去!"口号声响彻整个会场。这次欢迎大会开得很成功,陈嘉庚先生讲了一个多小时,他的演讲深受民众拥护,在丽水民众中留下了深刻的印象。他的此次烽火丽水之行,受到了丽水各界民众的欢迎,他的演讲在浙西南和浙江的抗战后方广为传播,坚定了后方民众坚持抗战的决心,也让陈嘉庚先生为国操劳的精神更加深入民心。

第二日(23日)早六点,陈嘉庚先生一行辞别丽水,乘车沿丽浦路前往福建,经云和小顺时前往浙江铁工厂参观慰问,午时至龙泉时又受到县长唐巽泽和各界群众的热烈欢迎,并敬赠陈嘉庚先生一把剑身镌刻有"披荆斩棘 为国增光"八字的龙泉剑,该剑现存厦门的华侨博物馆。当晚陈嘉庚先生一行离开浙江抵达福建浦城。

关于在丽水两日的行程,陈嘉庚先生在其1943年至1945年于印尼避难时所写的回忆录《南侨回忆录》中写道:

余在黄(绍竑)主席处午宴后,即起程赴丽水。自入浙界沿途见男女耕耘田园,合力工作,绝未见有缠足者。近晚到丽水,厦大(陈嘉庚所创办的厦门大学)学生多人来见,系在此服务者。然终日应酬及坐车,晚间拟早休息,而各界乘夜邀余赴会,屡辞不获。往一所会堂颇广,人众千余,既欲见面,又欲知华侨对抗战情况,故不得不多延时间,报告南侨各事项,近夜半始散会。越早起程,沿途参观多处工厂,而尤以铁工军械厂为注意。有一厂专造轻机关枪,规模不小,每日可出品十余支，并在厂后山上设一目标试验。午间至龙泉县，此为浙省与闽省接界区域，郊外欢迎者颇众，闽省所委招待员等亦来参加，在龙泉午宴后，复往参观两处工厂，然后辞别起程。

9月22日晚的欢迎会结束后，《民生日报》编辑陆嘉亮连夜将陈嘉庚先生的讲话进行了整理，准备次日见报，然而国民党丽水县党部认为陈嘉庚先生讲话主观片面，言过其实，不利于抗日团结，不能登报。但民生日报社不惧特务威胁，9月23日以一个版面出版了《欢迎陈嘉庚侯西反两先生特刊》，内容包括社论《欢迎陈嘉庚先生》，专员余森文的欢迎词，陈嘉庚事迹介绍，并全文刊发了陈先生在丽水各界欢迎会上

版画家野夫所作的陈嘉庚速写版画

的演讲词，同时，还刊印了一幅版画家野夫所刻印的陈嘉庚先生半身像。第二天，又以《奔波万里为国宣劳，陈嘉庚过丽水赴闽，各机关长官联合公宴，假英大举行欢迎大会》为题作后续报道。

《民生日报》为时任浙江第九（丽水）专区专员余森文于1940年2月5日创办。编辑人员多为进步人士，因积极宣传抗战在浙江具有较大影响力，社址在通惠里（今继光街丽水军分区附近），由在丽水城药皇庙的手工业指导所印刷厂承印。1941年4月，印刷所被日机炸毁无力恢复，《民生日报》被迫停刊解散。

著名史学家宋晞

宋晞（1920—2007），字旭轩，原名宋耀文，碧湖镇九龙平三村人。1933年冬毕业于丽水城内的浙江省立十一中学附属小学，保送进入第十一中读初中。1937
年初毕业后，曾到南昌投考航空机械学校，因体格不合格未被录取，回碧湖九龙老家，受聘担任九龙纪氏小学教师。经父亲鼓励，同年夏，前往杭州考取省立杭州高级中学。时值抗战全面爆发，秋季入学时，学校已迁至金华锁园，后又转入在丽水碧湖的省立联合高中就读。1941年春高中毕业后，先在碧湖镇上的浙江省审计处担任抄写工作，工作之余作投考大学的准备。同年暑期，浙江大学龙泉分校和厦门大学举办联合招生，浙江考区就设在碧湖的省立联合高中。宋晞报名填报的志愿是浙江大学龙泉分校中文系，并以第二名的考试成绩被中文系录取。

宋晞

据他后来回忆，在浙大龙泉分校的两年里，有两件事给他留下深刻印象。一是1941年冬，卧病多年母亲去世，他立即回家奔丧，待母安葬后回校，参加第一学期的期末考试。二是1942年暑期回家，适值日军侵犯丽水，自丽水县南下进犯松阳，宋晞的家乡九龙为必经之地，于是举家避至后山苍坑亲戚家，后又转移至圆明寺一户畲民家中，亲眼见证了日军的暴行与对丽水的轰炸。

1943年，宋晞在浙大龙泉分校的两年学业结束，他和一批同学组队，辗转经福建、江西、广东、湖南、广西，历时近一个月，到达当时迁至贵州遵义的浙江大学本校，转入史地系三年级。在本校的头一年，宋晞除了学习史地系三年级的课程外，还要补上一、二年级的课程。因与家中通信中断，得不到家中经济接济，宋晞课余在学校教务处工读，以刻油印钢板的收入补助生活费。1944年秋，他开始跟从陈乐素教授做学士论文，宋晞以《北宋稻米的产地分布》为题，完成学士论文，1945年毕业后，以优异成绩升入浙江大学史地研究所攻读硕士学位。

这时正值抗战胜利结束。宋晞怀着胜利的喜悦，与同学们结队经湖南、湖北到武汉后又沿江东下，回到杭州，并回老家探亲。来回两次长途跋涉，宋晞对各地的风俗民情、地形天候，有了亲身的体验，留下了不能忘怀的印象。1947年夏，宋晞以《宋代豪商与政府官僚的关系》的论文，获硕士学位。研究生毕生后，留校任史学助教，负责调查京沪、沪杭南铁路沿线的名胜史迹，写成《西湖图景》，供上海铁路局开展旅游事业之用，从此治史成为其终生职业。

次年秋，应国立海疆（专科）学校之聘，赴福建泉州任史学副教授。以近一年时间，走访当地古迹，写成《宋泉州南安九日山石刻之研究》专文。

1949年8月，宋晞应原浙江大学文学院院长张其昀先生之邀，赴台湾工作。宋晞多次出席国际学术会议与讲学，访问过亚、欧、美、澳四大洲。1954年冬奉派赴美任台湾在美教育文化事业顾问委员会秘书，同时进哥伦比亚大学研究院史学所研究欧美近代史，获硕士学位。在美时考察美国各地名胜古迹。1957年夏，奉调任台湾驻美大使馆文化参事处文化专员。于翌年返台，协助张其昀先生在台北市阳明山华岗创办中国文化学院（后改为中国文化大学），先后担任史学系教授、系主任兼博士班导师、所长、第四任校长以及文学院院长等职，致力于教育事业，造就了众多高级人才。1974年，韩国建国大学授予他名誉文学博士学位。

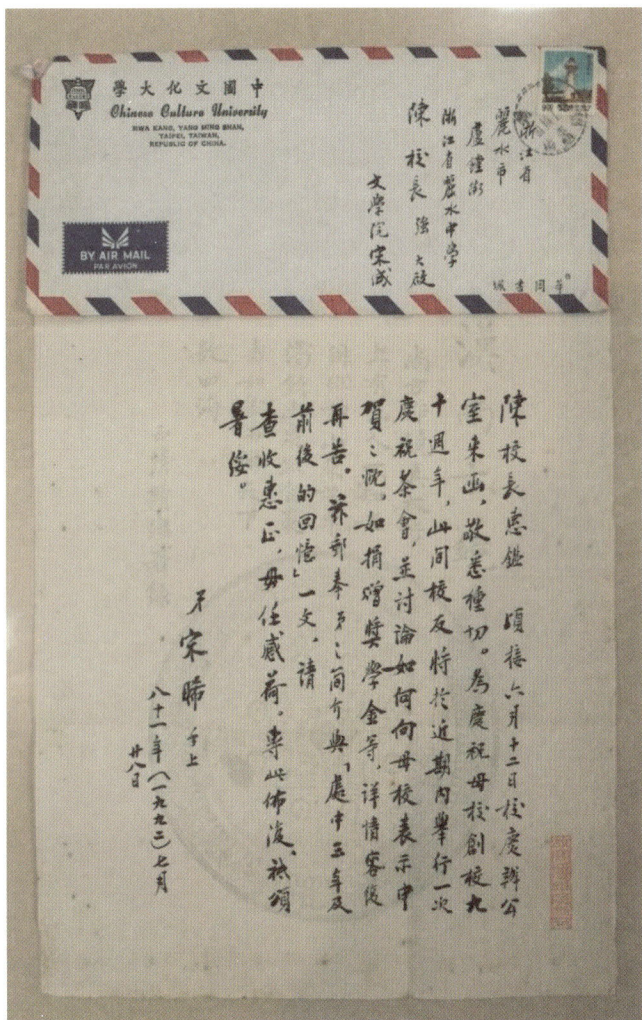

1992年7月，宋晞致丽水中学的书信

345

宋晞是我国研究宋代史的著名学者。著有《宋史研究论丛》（一）（二）（三）（四）册，《旅美论丛》《中国史学论集》《中国文化与世界》《清末华工对南非屈兰斯瓦尔金矿开采的贡献》《华学研究论集》《中国现代史论丛》《方志学研究论丛》及《东渐南浮集》等专著。编有《正史论赞》《司马光史论》与《宋史研究论文与书籍目录》等书。

宋晞在台湾时关注故乡，注意收集丽水的文献资料。1967年春，他在检阅山根幸夫编《日本现存明代地方志目录》，发现日本旧上野图书馆藏有完整的明成化《处州府志》。该馆藏书，已归日本国会图书馆保存。同年夏，他趁赴美出席第二十七届国际东方学者会议，途经东京，托苏振申向日本国会图书馆申请摄成胶卷，并印一份携回。1980年至1987年，宋晞担任第四、第五届台北丽水同乡会理事长，为联络同乡，增进乡谊做了许多工作。

改革开放后，宋晞十分重视海峡两岸的学术交流。他曾于1989年来杭州及丽水探亲访友并讲学；1991年来杭州参加"纪念岳飞诞生888周年学术研讨会"，并在浙江大学和杭州大学演讲。他常鼓励台湾地区的青年学者出去走走，与其到欧美，不如到大陆，大陆文化古迹多，使人开阔见识。1992年，丽水中学90周年校庆时，他曾寄来贺信，以表心意。2007年3月22日，宋晞因车祸于台北松山国军总医院离世。

《我们爱和平》的拍摄者阙文

阙文（1923—2003），丽水县人，原名阙大成，曾用名阙里，1923年生于上海。其祖父亲为清末和民国初年丽水著名的工艺美术家阙伊，其父亲阙诏，字鲁荪，为阙伊长子，1915年，入天津电报学校，1920年，毕业于北京交通大学有线电工程班，先后在天津、上海等地电报局任报务员，1927年，起调南京政府交通部电政司，1947年，任邮电司技正，新中国成立后在华东电信管理局上海供应处工作，后曾任上海邮电局工会主席。系中国电信工程师学会会员，为中国"国际电旗"设计人，旗标取用汉字电，字篆体一半"电"，又是由英文电报、电话缩字母组成。民国时期，用作全国电信系统徽记。

阙文

阙文于1944年开始业余摄影活动。1948年在上海新中国法商学院社会系学习一年肄业。1949年在北京新闻学校第一期毕业。在学校的时候，阙文就表现出了出众的艺术才能，性格活跃，爱唱歌，会画国画。1950年进入《人民日报》文艺部美术组当编辑，编辑《人民日报》头版的《我们伟大的祖国》图片栏目，每天刊登一幅照片。工作之余，阙文还编辑出版了《波兰民间剪纸集》《抗美援朝画册》《反对美帝武装日本画册》等书籍。[1]

在美术编辑的岗位上，阙文的工作才能得到了同事和领导们的认可，据阙文的同事、著名漫画家方成回忆：阙文编的图片画刊挺不错。曾任《中国摄影》杂志主编的袁毅平回忆：阙文非常聪明，爱好文艺。绘画、表演、写文章，尤其是电影理论、戏剧理论都很好。当时狄源沧、戴戈之、吴颂廉和阙文，号称摄影理论界的"四大金刚"。

阙文的摄影和暗房技术也很出色。有时候他会把照片拼接上，拼得十分独特：

---

[1] 钱江，白贵，摄影记者口述及亲历（人民日报口述历史第2卷），河北教育出版社，2019.01，第47页。

他把照片撕开，撕的时候只撕药膜，薄薄的一层，然后再粘上。由于撕的是药膜，粘起来很容易，而且几乎看不出来痕迹。①

关于拍摄《我们爱和平》的经过，阙伊在后来的多次采访中回忆：

《我们热爱和平》黑白原片（阙文 摄）

那是1952年的儿童节前夕，当时我负责《人民日报》版面里《我们伟大的祖国》这个图片栏目。根据周恩来总理"我们热爱和平，但也不怕战争"的精神，总编辑邓拓找到我说："抗美援朝取得了很大胜利，当前的形势是要求全世界爱好和平的人民团结起来，争取保卫和平，只有团结起来才能够制止战争，才能保卫我们的下一代。"这个主题很抽象，不太好表现，又不允许搞"客里空"（苏联话剧《前线》中一个善于捕风捉影的记者形象，后来泛指新闻中虚构浮夸的作风）。我一夜没睡好，后来就想到了毕加索的和平鸽，又值儿童节，我就决定用儿童和鸽子来表现。我和北京北海幼儿园联系，了解到他们那里养了一批鸽子，孩子们经常到北海公园放鸽子，我就在5月31日到了那里……幼儿园园长于陆琳带了一大帮孩子到了公园，每个人还抱了一只鸽子。

最初我拍了几张觉得非常一般，因为只是在人物和鸽子的形式上、构图上作了些安排，看不出儿童内心对鸽子的热爱，缺少内在的联系。于是，我用问话、交谈的方法，启发和诱导一男一女两个小孩儿，使他们在不知不觉中流露出真实的感情。我看看男孩又看看女孩，摸了一下他们的鸽子，问道："你们两个的鸽子谁的好呀？"男孩高兴而俏皮地说："我的好！"他看了一眼自己的鸽子，又看了一眼女孩的鸽子，然后紧紧地搂住鸽子，侧着脑袋，表现出一副非常得意的神情。

---

① 巴义尔，《我们热爱和平：一张令无数英雄洒血无憾的照片》，《烙刻：记忆中的影像》，作家出版社2006年版，第180页。

他的这种举动使女孩产生了强烈的反应。她立刻转过脸来瞧着他，赶紧说："我这个鸽子也很好！"在这一瞬间，两个人物的情绪都达到了饱和点，我立时拍下了这幅照片。第二天正好是儿童节，这张照片在《人民日报》上发表了，反响很大。[1]

当年 10 月，这幅照片被人民美术出版社的编辑安靖和邹雅制作成大幅彩色招贴画。照片原背景上有些树枝，美术编辑做了剪裁和修整，加上了桃花，用儿童体书写了"我们热爱和平"六个字作为题目。招贴画第一版印刷了 500 万张，此后还不断印刷，发行量很大。

《我们热爱和平》除各处张贴之外，还作为鼓舞志愿军战士浴血奋战的富有特色的宣传品，朝鲜前线的志愿军战士人手一张。这幅招贴画紧扣抗美援朝、保家卫国、保卫世界和平这一主题，充分表达了全中国人民的心愿和中国人民志愿军保家卫国的豪迈气概，成为 20 世纪 50 年代

根据摄影作品《我们热爱和平》制作的招贴画

最具影响力和震撼力的艺术作品之一，不仅在中国大地广为流传，也在朝鲜流传，可谓家喻户晓。在朝鲜前线志愿军指挥部的墙壁上、战壕里、野战医院里、祖国人民送给志愿军的慰问包里、信封、笔记本、明信片、搪瓷杯、茶叶盒、手帕也都印上了这张作品。这幅宣传画成为志愿军保家卫国、浴血奋战的巨大精神力量，深受广大人民群众喜爱。

当年任教于北京电影学院的苏联专家伊万诺夫看到了这张照片，鼓励阙文报考电影学院。经上级批准，1956 年，时年 33 岁的阙文考入北京电影学院导演系。

---

[1] 钱江，白贵，摄影记者口述及亲历（人民日报口述历史）第 2 卷，河北教育出版社，2019.01，第 48 页。

1960年毕业后，阙文在北京电影制片厂担任导演，参加了《阿娜尔汗》（1962年）、《彩蝶纷飞》（1964年）、《烽火少年》（1975年）、《春蕾》（1978年）、《巨澜》（1978年）、《元帅之死》（1980年）、《寒夜》（1984年）等影片的导演工作，其中《元帅之死》位列1981年第四届"百花奖"前十名。《寒夜》参加了1985年戛纳国际电影节，获荣誉证书。①

　　"文革"之后，阙文还拍摄了《不屈的桥》《大敌当前》《山魂》等多部电视连续剧，还创作电影剧本，他是中国电影家协会会员、中国摄影家协会会员。从事电影工作后，他全身心投入到电影事业，很少再拍摄照片，就是拍了也很少发表。但是，《我们热爱和平》已经无可动摇地成为中国摄影史上的经典之作。2003年，阙文去世，享年80岁。由于他长期奉行低调生活，生前很少有人知道他就是这幅著名摄影作品的拍摄者。

① 钱江，白贵，摄影记者口述及亲历（人民日报口述历史）第2卷，河北教育出版社，2019.01，第53页。

著名摄影家徐肖冰、侯波关心丽水摄影

摄影是一门关于光与影的艺术。1839年，摄影术在法国正式公布。丽水虽在清光绪二十四年（1898）时已有摄影活动，但丽水摄影真正迎来大发展还是在改革开放后，丽水的文化事业迎来了春天，一批丽水的年轻人自觉地走上了摄影艺术的创作道路。

1979年，吴品禾、初小青、高金龙等8位青年摄影爱好者，组织成立了丽水第一个民间摄影组织"闪光影会"。一批年轻摄影人开始向摄影艺术的高峰攀登，其中的佼佼者开始斩获国内外的各类摄影大奖。1980年6月，初小青的摄影作品《影途遇敌》获得联合国教科文组织的"亚洲文化中心奖"。1981年，吴品禾拍摄的《护排》荣获《中国青年报》主办的"八十年代青年人"摄影比赛一等奖。1982年，丽水全县有50幅作品参加"浙江省青年摄影比赛"，占全省展出作品总数的四分之一，受到浙江省摄影界的好评。丽水的摄影成绩还引起了全国摄影界的关注，得到了时任中国摄影家协会主席徐肖冰的注意，特别是听说了"闪光影会"组织的动员家属支持摄影的家属会后，有了到丽水摄影采风的想法。

1983年3月，徐肖冰和著名女摄影家侯波远道来丽水访问和摄影采风，他们在浙江省摄影家协会主席谭铁民、副主席徐永辉的陪同下看望了业余摄影爱好者并进行亲切交谈，同时还观看了《文明之花》《三八青年妇女》摄影作品展览，出席在文化馆召开的有100多名青年摄影爱好者参加的座谈会，在会上做了业务指导，激励和鼓舞广大业余作者的创作积极性。

徐肖冰和侯波在观看了近年丽水摄影爱好者创作的反映丽水自然风光与民俗风情的《丽水风

1983年著名摄影家徐肖冰、侯波在丽水采风

貌》摄影作品展后，对丽水摄影爱好者们对摄影艺术的执着与摄影水平非常赞赏，决定邀请《丽水风貌》摄影作品展在5月初到北京展出。

徐肖冰、侯波是著名的革命摄影家伉俪。徐肖冰是浙江桐乡人，1937年参加八路军。延安抗大学习期间，他拍摄了毛主席

1983年徐肖冰、侯波夫妇与丽水摄影群体举行座谈会

给抗大学员讲课的珍贵镜头。先后参与了《延安与八路军》《抗美援朝》《开国大典》等多部重要纪录电影的摄影或编导工作，同时在摄影创作上成就斐然。曾任中国摄影家协会主席、中国文联荣誉委员、中国摄影家协会顾问。侯波是山西夏县人，抗战胜利以后，任东北电影制片厂摄影科科长，为开国大典的主要拍摄者之一，1949年调入中南海，任中共中央办公厅警卫局摄影科科长，为毛泽东和党中央的领导同志专职摄影达12年之久，她用镜头记录了叱咤风云的共和国伟人们，尤其是毛泽东工作和生活的点点滴滴，留下许多永恒而珍贵的历史瞬间，后被誉为"红墙摄影师"。

徐肖冰、侯波的邀请，给了丽水的摄影爱好者们很大的鼓舞。为准备《丽水风貌》摄影作品展览赴北京展出，丰富作品题材，提高作品质量，丽水县文化馆组织业余摄影爱好者，深入畲乡，沿着瓯江两岸拍了许多新作。4月4日，在丽水县文化馆集中了300多幅作品，经过业余摄影爱好者和有关部门领导反复认真挑选，选留了100余幅。4月初，吴品禾、张秉衡将预选作品送省摄影家协会，又请协会领导和摄影专家作筛选。4月19日送到北京中国摄影家协会展览部，经副主任林志常逐幅审看，挑选出有丽水特色，艺术性和制作质量较好的75幅作品，并对展览前言、照片的标题都做了认真的修改。中国摄影家协会主席徐肖冰对展览非常关心，多次询问准备情况，并决定由协会发通知，为这次展览召开座谈会。

1983年5月6日，《丽水风貌》摄影作品展在北京王府井大街中国摄影家协会主办的"摄影之窗"展出。一个县的摄影作品集体在北京展出在全国还是第一次，这也是丽水摄影第一次集体对外亮相，引起了北京摄影艺术界的关注。5月7日，

中国摄影家协会为《丽水风貌》摄影作品展览举行座谈会。徐肖冰、侯波出席，新华社著名老摄影家吴化学、裴植，《中国青年报》的洪克，《人民画报》的何世尧，《民族画报》的高秀峰，青年摄影家马晓青、刘世昭，《大众摄影》编辑部负责人

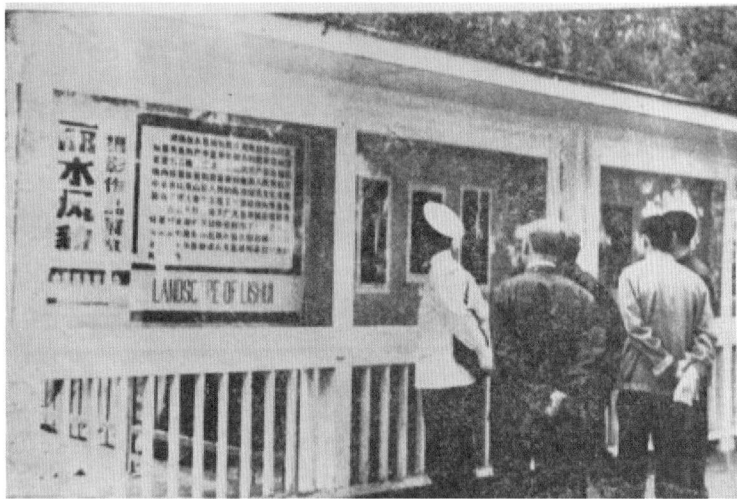

1983年5月6日，《丽水风貌》摄影展在北京王府井大街中国摄影家协会主办的"摄影之窗"展出。这是丽水摄影第一次以集体对外亮相。(吴品禾 摄)

佟树珩、李碧锐以及《新观察》杂志、《人民中国》杂志记者共30多人出席了会议。会议由中国摄影家协会展览部副主任林志常主持，吕绍泉代表丽水县文化局向前来参加座谈会的同志致欢迎词，吴品禾作丽水摄影队伍成长经过汇报，到会的同志都踊跃发言。老摄影家裴植和吴化学即兴作诗表示庆贺。

北京各新闻媒体对《丽水风貌》摄影作品展进行了报道，5月6日的《北京晚报》发表了毛传书撰写的《丽水丽影山城美》的通讯稿，并配发了照片。《大众摄影》编辑部选登了《丽水风貌》的一组照片，《人民日报》《新观察》《中国日报》《经济日报》《摄影家协会展览部》也都挑选了部分作品陆续刊载发表。

在徐肖冰、侯波等老摄影家的关爱与支持下，《丽水风貌》摄影作品展成功进京展览，丽水摄影开始在中国摄影界崭露头角。此后，徐肖冰、侯波仍继续关心着丽水的摄影事业，1986年，丽水首次举办名为《春》的全国彩色摄影大奖赛，比赛冠军的奖品为价值1万元的哈苏相机，这次大赛的奖额是当时全国各摄影比赛中最高的，在全国引起很大反响，也得到徐肖冰、侯波、吕厚民、杨绍明等老摄影家的支持与赞扬。

随着丽水和国内外摄影界交流的日益增多和频繁，越来越多的摄影家走进丽水，更多丽水摄影家的作品在国内外获奖。丽水的摄影人群也逐步扩大，摄影氛围也日益浓厚，摄影逐渐成为丽水的一张金名片。1999年，丽水被中国摄影家协会命名为中国第一个"摄影之乡"，第四届中国摄影艺术节在丽水成功举办。

主要参考书目

［1］（明）（成化）处州府志［DB］.日本国会图书馆藏版.明成化二十年（1484）

［2］（明）熊子臣修,何镗纂.（万历）栝苍汇纪［DB］.明万历七年刻本

［3］（清）曹抡彬等修.（雍正）处州府志［M］.成文出版社,1983

［4］（清）潘绍诒修,周荣椿纂.（光绪）处州府志30卷［DB］.清光绪三年刊本

［5］（清）李温孙辑；邹伯森增补.括苍金石志 12卷 续4卷［M］.浙江处州府
署,1875

［6］聚学轩丛书 第4集 栝苍金石志补遗 第1-2卷［M］.江苏广陵古籍刻印
社,1982.10

［7］聚学轩丛书 第4集 栝苍金石志补遗 第3-4卷［M］.江苏广陵古籍刻印
社,1982.10

［8］（清）彭润章纂修.（同治）丽水县志15卷［DB］.清同治十三年刊本

［9］（清）李卫修,沈翼机纂.（雍正）浙江通志280卷［DB］.清文渊阁四库全书本

［10］（清）张铣,金学超纂.丽水县志 丽水志稿点校合刊本［M］.北京：方志出
版社,2010

［11］（唐）韩愈著,韩昌黎全集 上［M］.北京燕山出版社,2009.01

［12］（后晋）刘昫等撰；陈焕良，文华点校.旧唐书 第4册［M］.岳麓书社,
1997.10

［13］（宋）杨亿撰,（元）杨载撰：武夷新集 杨仲弘集［M］.福建人民出版社,
2007

［14］（宋）王安石,王文公文集 下［M］.上海人民出版社,1974.07

［15］（宋）陆游,剑南诗稿校注第一至第8册［M］.上海古籍出版社,1985.09

［16］（元）关汉卿撰,四库家藏 文汉卿散曲集［M］.山东画报出版社,2004.01

［17］（元）傅与砺著,傅与砺诗集校注［M］.云南大学出版社,2015.08

［18］（明）刘基著；林家骊点校,刘基集［M］.浙江古籍出版社,1999.12

［19］（明）宋濂著,宋濂全集 第5册 宋学士文集 4 新编本［M］.浙江古籍出
版社,2014.06

［20］（明）刘基著：刘基集［M］.浙江古籍出版社，1999

［21］（明）解缙原著；刘凯主编,永乐大典 精华 第2册［M］.线装书局,2016.03

［22］（明）宋濂著；高志忠，高天选注,宋濂散文选集［M］.百花文艺出版社,
2002.01

［23］（明）陆容撰；佚之点校,菽园杂记［M］.中华书局,1985.05

［24］（明）汤显祖著,汤显祖全集 1-4集［M］.北京古籍出版社,1999.01

［25］（明）王夫之著,明诗评选［M］.上海古籍出版社,2011.07

［26］（清）陆心源撰,宋诗纪事补遗.2［M］.山西古籍出版社,1997.07

［27］（清）庄仲方编,中华传世文选.南宋文范［M］.吉林人民出版社,1998.10

［28］（清）聂先编撰；王雷整理,续指月录［M］.巴蜀书社,2018.10

［29］（清）左辅纂修；合肥市地方志办公室整理,嘉庆合肥县志［M］.黄山书社,
2006.12

［30］（清）阮元记,定香亭笔谈 1-4册［M］.中华书局,1985

［31］（清）袁枚著；吕树坤译评,随园诗话［M］.吉林文史出版社,2004.01

［32］（民国）柯劭忞著,新元史 卷189-257［M］.吉林人民出版社

［33］湛之编,古典文学研究资料汇编 杨万里范成大资料汇编［M］.中华书局,
1964.04

［34］杭州大学中文系编.古书典故辞典 校订本［M］.江西教育出版社,1988.09

［35］侯百朋编,《琵琶记》资料汇编［M］.书目文献出版社,1989.12

［36］刘广生编选,中国古代邮亭诗钞［M］.北京邮电学院出版社,1991.09

［37］全明诗编纂委员会编,全明诗 第2册［M］.上海古籍出版社,1993.01

［38］霍有明著,文艺的"复古"与创新［M］.中国戏剧出版社,1997.03

［39］梦雷原著；鼎文版古今图书集成 中国学术类编 职方典 7［M］.鼎文书局,
1977.04

［40］洪焕椿编著,浙江方志考［M］.浙江人民出版社,1984.06

［41］俞剑华,中国绘画史 下［M］.上海书店出版社,1992.10

［42］郑连来藏谱,郑昆明注译,泉州少林古拳谱注译［M］.厦门大学出版社,
1996.05

［43］孔凡礼,苏轼年谱 上册［M］.中华书局,1998.02

［44］任继愈主编；（明）程敏政编,中华传世文选 明文衡［M］.吉林人民出版社,
1998

［45］傅璇琮等主编,中国诗学大辞典［M］.浙江教育出版社,1999.12

［46］罗月霞主编,宋濂全集 第一至四册［M］.浙江古籍出版社,1999

［47］朱铸禹编,中国历代画家人名辞典［M］.人民美术出版社,2003.12

［48］王学泰：中国古典诗歌要籍丛谈（上册）2［M］.天津古籍出版社,2004.7

［49］李修生主编,全元文　第26册,凤凰出版社,2004.12

［50］罗争鸣著,杜光庭道教小说研究［M］.巴蜀书社,2005.12

［51］王鸿鹏选注,中国历代探花诗　金榜第三名　明朝卷［M］.昆仑出版社,
　　　2006.01

［52］张秀民著；韩琦增订,中国印刷史　上　插图珍藏增订版［M］.浙江古籍出
　　　版社,2006.10

［53］刘明今选注；徐柏容，郑法清主编：刘基散文选集［M］.百花文艺出版社,
　　　2006

［54］史杰鹏编著,中国古典诗词精品赏读　秦观［M］.五洲传播出版社,2006

［55］丽水市莲都区文学艺术界联合会选编.莲都古代诗词选［M］.浙江古籍出
　　　版社，2007.03

［56］赵禄祥主编,中国美术家大辞典　上［M］.北京出版社,2007.07

［57］郑午昌撰,中国画学全史,上海古籍出版社,2008.05

［58］莲都区文联编.莲都区历史人物　［M］.中国文史出版社，2009.02

［59］张沛之著,元代色目人家族及其文化倾向研究［M］.天津古籍出版社,2009.06

［60］曾枣庄编著,文星璀璨　北宋嘉祐二年贡举考论［M］.复旦大学出版社,
　　　2010.01

［61］吴志华主编.千秋古堰好溪堰　［M］.研究出版社，2011.07

［62］刘向东编著,古诗词文名句识诗集［M］.台海出版社,2011.12

［63］吕立汉编,浙江畲族民间文献资料总目提要［M］.民族出版社,2012.02

［64］张勇编,大家精要　杜光庭［M］.云南教育出版社,2012.03

［65］朱连法著,叶法善传略［M］.上海人民出版社,2012.09

［66］魏平桂著,米襄阳传,长江出版传媒［M］.湖北科学技术出版社,2013.01

［67］沈乃文主编,明别集丛刊　第1辑　第20册［M］.黄山书社,2013.03

［68］清张作楠著，吴志华校注,《梅簃随笔》［M］.浙江古籍出版社：2013.07

［69］谢贵安著,宋实录研究［M］.上海古籍出版社,2013.10

［70］赵文著,明朝后期对蒙古策略研究［M］.中央民族大学出版社,2013.10

［71］张剑，徐雁平，彭国忠主编；俞樾著；张燕婴整理,俞樾函札辑证　上［M］.
　　　凤凰出版社,2014.03

［72］刘琳，刁忠民，舒大刚校点,宋会要辑稿　13［M］.上海古籍出版社,2014.06

［73］吴志华吴志标编著.处州金石上册［M］.浙江古籍出版社，2014.07

［74］魏涵民编著,马鞍山古诗词选注［M］.合肥工业大学出版社,2015.01

［75］张志远编著,中医源流与著名人物考［M］.中国医药科技出版社,2015.03

［76］白寿彝总主编,中国通史　18　第10卷　中古时代　清时期　下［M］.上海人民出版社,2015.06

［77］林建华主编,福建武术人物志［M］.厦门大学出版社,2015.06

［78］《丽水市教育志》编纂委员会编,丽水市教育志［M］.浙江人民出版社,2015.09

［79］王英志编纂校点,袁枚全集新编　第3册［M］.浙江古籍出版社,2015.10

［80］曾枣庄主编,宋代序跋全编　7,齐鲁书社［M］.2015.11

［81］郑志惠主编,中华大典　民俗典　3　南方地区总部［M］.北京日报出版社,2015.11

［82］俞剑华著；周积寅导读,朵云文库　学术经典　中国绘画史［M］.上海书画出版社,2016.08

［83］杨建峰主编,名方名医［M］.江西科学技术出版社,2017.04

［84］吴志华吴志标编著.处州金石下册　［M］.浙江古籍出版社，2017.05

［85］董正华，步凡著,中医历代名家学术研究丛书　汪昂［M］.中国中医药出版社,2017.09

［86］许振东著,明代京畿文人编年史［M］.山东人民出版社,2017.12

［87］宋永刚著,神农本草经讲读［M］.中国中医药出版社,2018.01

［88］卞龙，常浩如著,铁军文华　新四军中的文化名人［M］.华文出版社,2018.01

［89］熊梦祥；李之勤校释,析津志·天下站名校释［M］.三秦出版社,2018.04

［90］杨恩成本书主编,宋词观止［M］.陕西人民教育出版社,2019.01

［91］周良霄著,元史,上海人民出版社,2019.01

［92］顾之川，徐永平,名师语文课　高中［M］.山东教育出版社,2019.02

［93］张小庄，陈期凡编著,明代笔记日记绘画史料汇编［M］.上海书画出版社,2019.02

后 记

莲都是一片年轻又古老的神奇热土。说她年轻，因为这一区域名词的出现仅有21年；说她古老，自隋文帝开皇九年（589）设立处州括苍县，至今已有1432年的悠久历史。无论是隋代括苍县，还是唐代的丽水县，以及如今的莲都区，都是地处浙西南中心区域千年沿革的县域名称，也是历代处州（路、府）以及当今丽水市政府驻地。

因人类的集聚活动而形成城市聚落。每个城市在发展的道路上，文化名人和由此所形成的名人文化，都是一座城市建设与发展的重要资源。莲都是古代州、路、府以及现在的丽水市政府的所在地，特殊的地缘关系，使这方土地拥有丰富历史和文化名人资源。莲都区政协文化文史和学习委组织编纂《文化名人与莲都》，旨在深入挖掘、梳理、研究名人效应下发展的丽水城市文脉和人文资源，为丽水城市全面发展、莲都乡村振兴提供更广泛的路径。

课题组历时近年余，走街串巷，访耆问老，不畏寒暑，秉灯夜书，终于顺利按时完成书稿。本课题由莲都区政协主席陈立新总策划，副主席任文红、文化文史和学习委主任黄建兵具体策划，吴志华组织实施。具体分工：吴志华负责全书编目设计编写、晋代至清代名人章节全部文章以及现当代名人章节中《军事理论家端木彰》《革命音乐家阙大津》《美术家周天初情系碧湖山水》《郁达夫情系莲城》的撰写、全书通稿、参考书目整理以及《后记》撰写；周率负责现当代名人章节的撰写；黄建兵负责书稿审读把关；吴冬霞等负责编务工作。

众手成书。《文化名人与莲都》能如期出版，离不开陈立新主席、任文红副主席、黄建兵主任的关心和指导，离不开编委会全体同志的认真审阅、严格把关，离不开课题组成员的和衷共济、密切配合，离不开有关部门和单位的支持与帮助，陈立新主席还在百忙之中抽出时间为本书作序，值此成书之际，一并致谢！

吴志华

2021年11月